Knörzer/Grass/Schumacher
Den Anfang der Schulzeit pädagogisch gestalten

Wolfgang Knörzer/Karl Grass/Eva Schumacher

Den Anfang der Schulzeit pädagogisch gestalten

Studien- und Arbeitsbuch für den Anfangsunterricht

6. Auflage

Beltz Verlag · Weinheim und Basel

Dr. Wolfgang Knörzer ist Professor für Erziehungswissenschaft an der Pädagogischen Hochschule Schwäbisch Gmünd.

Karl Grass ist Oberstudienrat für Erziehungswissenschaft mit dem Schwerpunkt Grundschulpädagogik an der Pädagogischen Hochschule Schwäbisch Gmünd.

Dr. Eva Schumacher ist Professorin für Erziehungswissenschaft und Grundschulpädagogik an der Pädagogischen Hochschule Schwäbisch Gmünd.

6., überarbeitete und ergänzte Auflage 2007

Lektorat: Peter E. Kalb, Conny Matz

www.beltz.de
Herstellung: Lore Amann
Satz: Druckhaus »Thomas Müntzer«, Bad Langensalza
Druck: Druck Partner Rübelmann, Hemsbach
Umschlaggestaltung: glas ag, Seeheim-Jugenheim
Umschlagabbildung: Veit Mette, Bielefeld
Printed in Germany

ISBN 978-3-407-25441-2

Inhaltsverzeichnis

Vorwort

»Den Anfang der Schulzeit pädagogisch gestalten« – ein Buchtitel, der bis heute, fünfzehn Jahre nach Erscheinen der ersten Auflage, nicht an Aktualität eingebüßt hat. Diese Einschätzung spiegelt u.a. auch die gegenwärtige internationale bildungspolitische und pädagogische Diskussion wider: Konzepte wie die »Neue Schuleingangsphase« oder der Topos »Auf den Anfang kommt es an!« belegen die Bedeutsamkeit, die dem Schulanfang und der »Frühen Bildung« seit geraumer Zeit – und verstärkt seit PISA – wieder beigemessen wird.

Das Grundlagenwerk bleibt seinem alten Anspruch treu, die aktuelle Forschungslage zu berücksichtigen, eine anspruchsvolle theoretische Fundierung zu vermitteln und diese mit einer Fülle von praktischen Hinweisen und Erfahrungsberichten aus dem Schulalltag zu veranschaulichen. Auch diesmal war es wichtig, das Buch in einer klaren, gut verständlichen Sprache zu verfassen.

Mit der vorliegenden Auflage wurde die Autorenschaft erweitert, die bisherigen Kapitel aktualisiert und das Buch inhaltlich um drei Kapitel ergänzt.

Schwäbisch Gmünd im Juli 2006

Wolfgang Knörzer
Karl Grass
Eva Schumacher

Der Anfang vom Anfang

Die Grundschule, ein hart erkämpftes Erbe, das bewahrt und weiterentwickelt werden muss

»Unser Kind kommt in die Schule«. Wenn Eltern das sagen, müssen sie nicht weiter klären, welche Schule damit gemeint ist. Allen ist klar: das Kind wird die Grundschule besuchen, wie 97% aller anderen schulpflichtig gewordenen Kinder auch. Das war nicht immer so. Dass alle Kinder eine gemeinsame Schule besuchen, ist in Deutschland erst seit Ende des Ersten Weltkriegs Wirklichkeit. In der am 11. November 1919 von der Deutschen Nationalversammlung verabschiedeten Verfassung, der sogenannten Weimarer Verfassung, legte Artikel 11 fest:

> *»Auf einer für alle gemeinsamen Grundschule baut sich das mittlere und höhere Schulwesen auf. ... Für die Aufnahme eines Kindes in eine bestimmte Schule sind seine Anlage und Neigung, nicht die wirtschaftliche und gesellschaftliche Stellung oder das Religionsbekenntnis der Eltern maßgebend.«*

Um diese gemeinsame Schule für alle Kinder gab es fast ein Jahrhundert lang erbitterte politische Auseinandersetzungen, bei denen standespolitische Interessen, häufig mit pädagogischen Argumenten verbrämt, eine maßgebliche Rolle spielten. Heute ist die Existenz einer für alle Kinder gemeinsamen Grundschule unumstritten. Gestritten wird allerdings um ihre Dauer: Sollen Kinder vier oder sechs Jahre lang die Grundschule besuchen?

Dass es lange dauerte, bis es zu einer solchen gemeinsamen Schule kam und dass diese Gegenstand erbitterter Auseinandersetzungen war, ist eine notwendige Erinnerung. Sie muss wach gehalten werden, um zu ermessen, welch kostbares Erbe uns von den Vorkämpfern für diese Schule anvertraut wurde.

Wie war es vor 1919?

Die renommierteste Schulart war das Gymnasium. Den Gymnasien waren häufig sogenannte Vorschulen[1] vorgeschaltet. Wenn Eltern der höheren Schichten den Plan hatten, dass ihr Kind einmal das Gymnasium besuchen sollte, schickten sie es in der Regel gleich auf dessen Vorschule. Diese dauerte drei Jahre. Das Schulgeld, das zu ent-

1 Solche Vorschulen gab es nicht überall in Deutschland. In Preußen besaßen etwa die Hälfte der weiterführenden Schulen Vorschulen. Auch in Württemberg und Baden waren sie weit verbreitet. In Bayern gab es nur wenige. Auch Mittelschulen hatten vereinzelt Vorschulen.

richten war, war relativ hoch und für ärmere Eltern unerschwinglich. Diese Vorschulen waren erheblich besser ausgestattet als die Anfangsklassen der Volksschulen, hatten kleinere Klassen, legten spezielle Grundlagen für den späteren Gymnasialunterricht und führten nach drei Jahren ohne Aufnahmeprüfung direkt ins Gymnasium. Neben diesen öffentlichen gab es private Vorschulen, und besonders reiche Eltern stellten für den ersten Unterricht ihrer Kinder einen eigenen Hauslehrer an. Dies war rechtlich möglich, es bestand eine gesetzliche Unterrichtspflicht, nicht aber Schulpflicht. Die Schulanfänger der ärmeren Leute gingen in die Volksschule. Nun war es zwar möglich, auch von der Volksschule nach der vierten Klasse in eine höhere Schule überzuwechseln, aber erst nach einer Aufnahmeprüfung und nach Maßgabe der noch freien Plätze. Oft brauchte man einen Lehrer als »Fürsprecher«. Der Weg in das Gymnasium über die Vorschulen war sicherer und kürzer.

Viele Kinder der oberen Schichten kamen so mit den Armeleutekindern in der Schule gar nicht in Berührung. Über die Vorschulen wurde der Zugang von Kindern zu den Gymnasien aus dem Arbeitermilieu und bäuerlichen Kreisen bewusst gebremst. Vorschulen halfen, das Bildungsprivileg der höheren Schichten und den konkurrenzlosen Zugang zu den akademischen Berufen zu sichern.

Als gemäß der am 11. August 1919 verabschiedeten Weimarer Verfassung am 28. April 1920 das Grundschulgesetz die Auflösung der Vorschulen nach einer Übergangszeit (die allerdings immer wieder verlängert wurde) verfügte und im ganzen Deutschen Reich den Besuch der Grundschule für alle Kinder verpflichtend machte, wurde eine Vision Wirklichkeit, für die jahrhundertelang Pädagogen gekämpft hatten.

Vier unterschiedliche Motive und Argumentationsstränge, die die ganz unterschiedlichen Verfechter einer gemeinsamen Schule für alle Kinder vorbrachten, lassen sich unterscheiden: religiöse, politische, nationale und soziale (vgl. Sienknecht 1968; Schwartz 1969).

Inmitten der Wirren des Dreißigjährigen Kriegs setzte sich *Johann Amos Comenius* (1592–1670), Bischof der böhmischen Brüdergemeinde, für eine gemeinsame Schule aller Kinder ein. Alle, so seine Argumente, seien Kinder Gottes, alle gleichermaßen dazu berufen, Gottes Weisheit zu erkennen, schon hier in dieser Welt, in Vollendung dereinst im Himmel. Dazu bräuchten sie eine Schule, die ihnen hierfür die Augen öffnen und die zudem dazu dienen solle, die weltlichen Dinge schon heute nach Gottes Weisheit zu ordnen. Daneben führte Comenius zwei weitere, sehr modern anmutende Gründe, ins Feld. Es wäre gut, so meinte er, wenn alle in einer gemeinsamen Schule zu gegenseitiger Dienstbarkeit erzogen würden. Auch könne man im Alter von 6 Jahren noch nicht erkennen, zu welchem Beruf ein Kind sich eignen werde; nicht nur die Kinder der Reichen, der Adligen und der Beamten seien für die höheren Berufe ausersehen, denn »der Geist weht, wo er will.« (Große Didaktik, IX, S. 52)[1]

1 Comenius, J.A.: Große Didaktik (Hrsg.: A. Flitner, Reihe Pädagogische Texte, Düsseldorf [7]1992: Klett. Comenius veröffentlichte seine Didactica Magna 1632 in Tschechisch, 1658 in Latein. In diesem Werk sowie in seiner Pansophia (in den Jahren zwischen 1633 und 1648 geschrieben) ist auch sein Schulplan enthalten.

Der Schulplan von Comenius sah für jedes Dorf eine sechsjährige, nach Jahrgängen organisierte Muttersprachschule vor. Diese sollte als erste Schule von allen Kindern besucht werden. Danach könnten begabtere Schüler auf die Lateinschule und danach einige, nach dem Maß ihrer Fähigkeiten und Neigungen, auf die Akademie (Universität) überwechseln.

Dieser Organisationsplan unterschied sich vom damals üblichen Schulsystem in vielfacher Hinsicht. Kinder der Adligen hatten Hauslehrer und besuchten nach dem häuslichen Unterricht Ritterakademien. Die Heranbildung des geistlichen Nachwuchses geschah in Kloster-, Dom- und Stiftsschulen. Die Mehrzahl der Bauernkinder besuchte überhaupt keine Schule, allenfalls in einigen Regionen »Pfarr- und Küsterschulen«, in denen sie den Katechismus und die Lieder für den Gottesdienst lernten. Die in den Städten existierenden Lateinschulen waren Höhere Schulen, in denen Erwachsene und Kinder zusammen in der gleichen Klasse unterrichtet wurden. Sie setzten voraus, dass man zuvor privat Lesen und Schreiben gelernt hatte und unterrichteten in den sogenannten Sieben Freien Künsten (Grammatik, Rhetorik, Dialektik, Arithmetik, Geometrie, Musik und Astronomie). In der Grammatik wurde Latein gelernt, denn der Unterricht in den anderen Fächern wurde in Latein erteilt. Daneben gab es in den Städten zusätzlich »Deutsche Lese- und Rechtschreibschulen« und »Rechenschulen«, an deren Einführung vor allem die Handwerkerzünfte Interesse hatten.

Comenius wünschte sich eine gemeinsame »Grundschule« für alle Kinder. Der Unterricht sollte in der Muttersprache erteilt werden. Im Unterschied zur Lateinschule sollten hier auch die »Realien« vertreten sein und einen breiten Raum einnehmen.[1] Außer für kurze Zeit im kleinen Herzogtum Gotha wurde dieser Schulplan nie verwirklicht.

Freiheit, Gleichheit, Brüderlichkeit, die Ideale der Französischen Revolution bestimmten einen Schulentwurf, den *Condorcet* (1743–1794), Abgeordneter der Französischen Nationalversammlung und Führer der Girondisten, 1792 der Nationalversammlung vorlegte. Dieser sah ein fünfstufiges Schulsystem vor, beginnend mit einer vierjährigen Primärschule für alle Kinder. Diese gemeinsame Primärschule wurde politisch begründet. Nur wenn *alle* entsprechend belehrt werden, so Condorcet, können sie die ihnen zustehenden Rechte auch ausüben. Nur wenn alle gebildet werden, kann verhindert werden, dass die Menschheit in zwei Klassen zerfällt, in diejenigen, die sich ihrer Vernunft bedienen und die andern, die nur die Meinung anderer übernehmen, in Herren und Sklaven. Auch dieser Schulplan wurde nie realisiert.

Als im Jahr 1806 das Königreich Preußen von Napoleon in der Doppelschlacht von Jena und Auerstädt vernichtend geschlagen, Berlin von französischen Truppen

1 In seinem berühmten Werk »Orbis Sensualium Pictus« finden sich folgende Kapitel: Gott, die Welt, der Himmel (Sonne, Mond, Sterne, Planeten), die Elemente, die Erde, die Pflanzen, die Tiere, der Mensch, die Berufe, das Haus, das Innere des Hauses, der Verkehr, der intellektuelle Austausch, die Lehren, die Sozialreformen, die Stadt, das Spiel, die Politik, die Religionen, das Jüngste Gericht. Die einzelnen Kapitel sind in eine Vielzahl von Einzelthemen gegliedert. Es handelt sich um das erste bebilderte Schulbuch. Zu allen Themen gibt es Bilder, wobei Zahlen bei den Details der Bilder auf die einzelnen Abschnitte des Textes verweisen.

besetzt wurde, der preußische König nach Russland fliehen musste und Napoleon erwog, den Staat Preußen ganz aufzulösen, suchte man nach Gründen für den Zusammenbruch und nach Wegen für einen Wiederaufbau. Ursachen für den Niedergang sah man in der mangelnden Bereitschaft der Bevölkerung, sich für das Gemeinwohl einzusetzen. Verschiedene, tief greifende gesellschaftliche Reformen (Abschaffung der Leibeigenschaft der Bauern, Abschaffung von Privilegien des Adels, z.B. Steuerfreiheit, Abschaffung des Zunftwesens, Heeres- und Verwaltungsreform) sollten die Identifikation mit dem eigenen Staat, nationales Bewusstsein und Gemeinsinn fördern. Die notwendigen geistigen Grundlagen hierfür sollten durch eine Reform des Bildungswesens geschaffen werden.

Diese Krisen- und zugleich nationale Aufbruchstimmung schuf das Klima, in dem *Wilhelm v. Humboldt* (1767–1835), in der kurzen Zeitspanne zwischen 1809 und 1810 in Preußen Leiter der »Sektion für den Kultus und den Öffentlichen Unterricht«, das mit seinem Namen verbundene Konzept der Allgemeinbildung und Pläne für eine Neuorganisation des Schulwesens entwickelte. Das hinter seinem Begriff von Allgemeinbildung steckende Bildungsideal besagte, dass Kern und Ziel aller Bildung die Entwicklung der Persönlichkeit zu sein habe. Zuerst und zuvörderst sollte der Mensch in seiner ganzen Persönlichkeit entfaltet und zu sittlicher Reife gebracht werden. Allgemeinbildung sollte nicht in der Anhäufung von Wissen, sondern in einer »höchsten und proportionierlichsten« Ausbildung aller menschlichen Kräfte bestehen; sie sollte allen zuteil werden, denn »der gemeinste Tagelöhner und der am feinsten Ausgebildete muss in seinem Gemüth ursprünglich gleich gestimmt werden« (Litauischer Schulplan).[1] Diesem Ziel nachgeordnet und zeitlich erst später sollte die spezielle Ausbildung für die einzelnen Berufe erfolgen. Das öffentliche Schulwesen sollte ausschließlich dieser Allgemeinbildung dienen, die berufliche Ausbildung Aufgabe anderer Institutionen sein.

Die wichtigste Institution zur Vermittlung von Allgemeinbildung sah Humboldt im Gymnasium. Zentrale Fächer sollten dort die alten Sprachen Latein und Griechisch sowie Mathematik sein. Von diesen Fächern erhoffte sich Humboldt eine optimale Ausbildung der Verstandeskräfte. Aber auch eine Art von politischer Bildung war vorgesehen. Unterschiedliche staatliche Organisationsformen sollten im Unterricht miteinander verglichen werden, wobei vor allem die demokratische Regierungsform im alten Athen behandelt werden sollte.

Welchen Stellenwert hatte nun in diesem Bildungsentwurf die »Elementarschule«? Die Elementarschulen, in denen ja vornehmlich die Grundfertigkeiten Lesen, Schreiben und Rechnen vermittelt wurden, hatten nach Humboldt vorbereitenden Charakter. Sie sollten dazu befähigen, dem späteren Unterricht folgen zu können. Das Neue für diese Elementarschulen war, dass sie von allen Kindern besucht werden und Grundlage des gesamten Bildungssystems sein sollten. Wenn diese Elementarschulen nicht »Volksschulen im verächtlichen Sinn des Wortes« werden sollen, so Humboldt im Litauischen und Königsberger Schulplan (beide 1809), müssen sie auch von den

1 Zit. Nach Michael/Schepp 1973, S. 211.

Kindern bürgerlicher Eltern besucht werden. Entsprechend plädierte er für die Abschaffung der Vorklassen der Höheren Schulen.

Durch Allgemeinbildung Stärkung der sittlichen Persönlichkeit, durch Stärkung der sittlichen Persönlichkeit mehr Gemeinschaftsgefühl und Einsatz für das Gemeinwohl, durch mehr Einsatz für das Gemeinwohl nationale Erneuerung, das waren die Ziele der Humboldt'schen Bildungsreform.

Das Motiv der nationalen Erneuerung und die Vorstellung von Allgemeinbildung waren dabei bei Humboldt eng miteinander verknüpft. Auch später wurde das nationale Motiv immer wieder ins Feld geführt, nicht zuletzt bei den Auseinandersetzungen um eine gemeinsame Grundschule nach dem Ersten Weltkrieg, wohlgemerkt, auch damals nach einer politischen Katastrophe.

Auch Humboldts Plan blieb die Realisierung versagt. Weil seine Vorstellungen von einer allgemeinen Menschenbildung vielen allzu revolutionär erschienen, wurde er bereits nach zwei Jahren aus seiner Position entfernt. Die Diskussion politischer Verhältnisse, in den Gymnasien als Teil der Allgemeinbildung vorgesehen, wurde verboten.

Der *Deutsche Lehrerverein*, im Revolutionsjahr 1848 in Eisenach durch den Zusammenschluss lokaler Lehrervereine gegründet, forderte wiederholt die Einführung einer gemeinsamen Grundschule für alle Kinder. Erstmals wurde die Forderung nach einer gemeinsamen Schule von einer großen Gruppe von Lehrern erhoben. Eine entsprechende Petition ging auch an die Frankfurter Paulskirche.

Bereits im Jahr seiner Gründung wurde im Zug der Niederschlagung der Bürgerlichen Revolution 1848 dieser Lehrerverein wieder verboten. Als er 1871 neu gegründet wurde, war die für alle Kinder gemeinsame Grundschule wieder eines seiner zentralen Anliegen. Es gab keine Volksschullehrertagung, auf der nicht die »Allgemeine Volksschule« gefordert wurde. Hierfür wurden vor allem soziale Gründe geltend gemacht. Auch Kinder von Eltern mit niederem Einkommen sollten die Chance haben, das Gymnasium zu besuchen und später ein Studium aufnehmen können.[1]

So kam zu dem religiösen, dem politischen und dem nationalen Motiv das soziale.

Dass der pädagogische Traum von einer für alle Kinder gemeinsamen Grundschule trotz vieler Widerstände Wirklichkeit wurde, war letztlich Folge der katastrophalen Niederlage Deutschlands im Ersten Weltkrieg.[2] Der Kaiser war geflohen, die Monarchie zusammengebrochen, die konservativen Kräfte waren über kurze Zeit nachhaltig geschwächt. Die Mehrheitsverhältnisse in der verfassungsgebenden Nationalversammlung – es gab eine Koalition aus SPD, Zentrum und Deutscher Demokratischer Partei – ermöglichten den Beschluss, eine gemeinsame Grundschule einzuführen.

1 Im Wintersemester 1886/87 waren an allen preußischen Universitäten insgesamt 13.552 Studierende zugelassen. Davon kamen nur 17 aus Arbeiterfamilien und von diesen studierten 8 katholische oder evangelische Theologie. Von den 3.633 Medizinstudenten und 2.220 Jurastudenten hatte keiner einen Arbeiter als Vater.

2 Für eine detaillierte Zusammenfassung der Entwicklung der Grundschule siehe Knörzer/Grass 1998.

Dieser Beschluss hat seine Vorgeschichte. Er wäre nicht möglich gewesen, wenn nicht viele Menschen, trotz aller Rückschläge, an der Idee einer gemeinsamen ersten Schule, in der alle Kinder gleichermaßen gefördert werden, alle die gleichen Chancen haben und alle, über die Standesschranken hinweg, gemeinsam miteinander lernen sollten, unbeirrt festgehalten und sich dafür eingesetzt hätten.

Der Einführung der Grundschule gingen heftige innenpolitische und bildungspolitische Kontroversen voraus. Der Deutsche Lehrerverband unter Leitung von Johannes Tews kämpfte für eine sechsjährige Grundschule. Konservative Kräfte wollten sie als Pflichtschule am liebsten ganz verhindern, allenfalls auf wenige Jahre begrenzen. Hierfür wurden die unterschiedlichsten Argumente vorgebracht: Proletarierkinder könnten das Zusammensein mit Kindern aus besser situierten Kreisen nicht neidlos ertragen. Kinder aus »besseren« Elternhäusern seien gesundheitlichen und sittlichen Gefahren ausgesetzt. Die gesetzliche Pflicht, alle Kinder in die Grundschule zu schicken, widerspreche dem Elternrecht. Durch eine gemeinsame Grundschule käme es dazu, dass zu viele Schüler ins Gymnasium übertreten würden, die Arbeiterklasse würde so ihrer Führer beraubt. Die gymnasiale Bildung werde Schaden leiden, weil begabtere Kinder in der Grundschule verbummeln würden; da sie, gegenüber der dreijährigen Vorschule, erst ein Jahr später aufs Gymnasium kämen, würde die Zeit, in der sie noch fast mühelos Vokabeln lernen könnten, nutzlos verstreichen, dies erst recht, wenn die Grundschule 6 Jahre dauern sollte. Die Befürworter einer gemeinsamen Grundschule plädierten dafür, dass Höhere Schulen auch für Kinder aus unteren Sozialschichten offen stehen müssten und dass für alle Deutschen eine gemeinsame Grundbildung, eine basale kulturelle Gemeinsamkeit gesichert werden müsse. Als Argument für eine sechsjährige Grundschule wurde von Vertretern des Deutschen Lehrervereins ins Feld geführt, dass die Gymnasialeignung eines Kindes erst im Alter zwischen dem 11. und 13. Lebensjahr hinreichend und eindeutig erkannt werden könne. Die Vertreter des Philologenverbands, der Standesvertretung der Gymnasiallehrer, hielten mit dem Argument dagegen, dass ein Urteil darüber, welche Kinder sich für das Gymnasium eignen würden, auch nach einer längeren Grundschulzeit nicht sicherer sei.

In der 1920 einberufenen Reichsschulkonferenz, die nach den Worten des preußischen Kultusministers Haenisch »Ordnung in das wild gärende Chaos der Reformpläne« bringen sollte, kam es bezüglich der Dauer der Grundschule zu keiner Einigung. Sie wäre auch zu spät gekommen, denn das drei Monate zuvor erlassene Grundschulgesetz sah eine nur vierjährige Grundschule vor. In einer, die ganze Weimarer Zeit anhaltenden, viele Kundgebungen und Elternversammlungen bestimmenden Hetzkampagne, wurde die Grundschule als »Werk der roten Novemberverbrecher«[1] diffamiert und bekämpft. Erst im beginnenden Nationalsozialismus verstummten die Stimmen, sie wieder abzuschaffen.

1 »Novemberverbrecher« deshalb, weil im November 1918 der Kaiser abgedankt hatte und die Republik ausgerufen wurde. Die militärische Niederlage und die ganze politische Umwälzung wurde auf den Verrat innenpolitischer Gegner zurückgeführt (Dolchstoßlegende)

Die Grundschulbefürworter wünschten sich aber nicht nur eine Änderung der Schulorganisation, eine äußere Schulreform. Sie wünschten auch, dass die neue Grundschule eine kinderfreundliche Schule sein sollte, nicht wie die Volksschule (und andere Schulen auch) eine Drill- und Paukschule.

Und die neu gegründete Grundschule, zum Leidwesen ihrer Verfechter auf nur vier statt der gewünschten sechs Jahre beschränkt, wurde ihrer inneren Gestaltung nach tatsächlich eine andere Schule. In keiner anderen Schulart konnten die Ideen der Reformpädagogik in Lehrplänen und Unterricht so Fuß fassen, wie in dieser Schule. Der neue Unterricht versuchte an der Lebenswirklichkeit der Kinder anzusetzen (Kindorientierung). Erstmals wurde offiziell das Fach Heimatkunde eingeführt. Diese sollte als Gesamtunterricht zumindest in den unteren Klassen alle Fächer einschließen. In diesem »heimatkundlichen Gesamtunterricht« sollten die Prinzipien der Ganzheitlichkeit und des Erlebnisunterrichts realisiert werden. Durch Neugestaltung des Unterrichts sollte versucht werden, Schüler aus der Rolle passiver Rezipienten herauszulocken und sie zu aktiven Lernern zu machen (Selbsttätigkeit). Jede Schulkasse und jede Schule sollte eine kleine Gemeinschaft sein (Gemeinschaftsprinzip). Solche Vorstellungen zeichneten die Grundschule vor allen anderen Schularten aus und machten aus der neuen Schule auch eine gute Schule.

Nach dem Zweiten Weltkrieg versuchte man, an die Tradition der Weimarer Grundschule wieder anzuknüpfen. Die Grundschule sollte ein Ort »ruhig reifender Kindheit« sein. »Vier volle Jahre wird das Kind in ungestörter Arbeit, ohne die Leistungswettbewerbe, die es in diesem Alter irritieren würden, aber in intensiver Hinwendung auf die sich ihm erschließende Welt zu sachlichem Verstehen und Verhalten angeleitet« (Deutscher Ausschuss 1962, S. 40). Die Grundschule wurde als eine Schulform angesehen, an der nichts Entscheidendes mehr zu verbessern war. Als Kernfach des Grundschulunterrichts galt weiterhin der heimatkundliche Gesamtunterricht, in dem sich die reformpädagogischen Prinzipien »Ausgang von der Lebens- und Erfahrungswelt des Kindes«, »Ganzheitlichkeit«, »Unterricht als Erlebnis« am ehesten verwirklichen ließen. Eduard Spranger schrieb bereits in den 20er-Jahren dieser Heimatkunde einen besonderen Bildungswert zu (Spranger 1923),[1] in ihr sah er das Bildungsideal der »volkstümlichen Bildung«,[2] das nach seiner Meinung die Volksschule charakterisieren sollte, besonders ausgeprägt.

Bei diesen, für die Nachkriegszeit typischen restaurativen Vorstellungen konnte die Grundschule nicht stehen bleiben.

Ende der 60er-Jahre wandelten sich die wissenschaftlichen Vorstellungen bezüglich des Konstrukts Begabung. Begabung wurde nicht mehr primär als genetisch vorgegebene statische Größe verstanden. Neuere Ergebnisse der Intelligenzforschung legten vielmehr nahe, von einem dynamischen Intelligenzbegriff, von einem Begabungs*prozess*, auszugehen, bei dem für die Intelligenzentwicklung neben Anlagen Umweltbe-

1 Spranger, E.: Vom Bildungswert der Heimatkunde. In: Fiege, H. (Bearb.): Die Heimatkunde. Quellen zur Unterrichtslehre. Weinheim, Basel 1964, S. 71–78.

2 Spranger, E.: Der Eigengeist der Volksschule. Heidelberg 1950, ^{5}1963: Quelle & Meyer.

dingungen und Lernchancen, vor allem in der Kindheit, eine große Rolle spielten. Das musste auch das Konzept der Grundschule nachhaltig beeinflussen. Kinder waren nicht einfach begabt, sie mussten begabt werden. Bildungsmäßig benachteiligte Kinder sollten deshalb besonders gefördert werden, um Defizite der familiären Erziehung auszugleichen. Schuleintritt bereits mit 5 Jahren, zumindest eine engere Verzahnung zwischen Schule und Kindergarten wurden diskutiert.

1966 wurde Erwin Schwartz auf den ersten Lehrstuhl für Grundschuldidaktik in Deutschland, an die Universität Frankfurt berufen. Schwartz stellte in einem 1967 erschienenen Aufsatz die damals provozierende Frage »Ist die Grundschule reformbedürftig?« Und er beantwortete die Frage mit einem kräftigen »Ja«. Binnen kurzer Zeit gelang es ihm, eine Gruppe von Erziehungswissenschaftlern und von engagierten Grundschullehrerinnen und Grundschullehrern um sich zu scharen. Sie bildeten den Kern des 1967 gegründeten Arbeitskreises Grundschule. In zahlreichen Veröffentlichungen hat dieser Arbeitskreis Grundschule zu nahezu allen aktuellen Fragen, die Grundschule betreffend, Stellung genommen und ihre Weiterentwicklung bis zum heutigen Tag maßgeblich bestimmt. Bei vielen Innovationen in der Grundschule handelt es sich um Impulse, die von Lehrerinnen und Lehrern ausgingen, um eine »Bewegung von unten«. Sie fand in dem bereits erwähnten Arbeitskreis Grundschule ein Gesprächsforum, eine Clearingstelle und ein Sprachrohr. Diesem Arbeitskreis ist es zu verdanken, dass um die Grundschule eine rege und fruchtbare Diskussion einsetzte, von der viele Impulse auch auf alle anderen Schularten ausgingen.

1969 fand in Frankfurt auf Initiative dieses Kreises der erste Grundschulkongress statt. Zwei der drei dort behandelten Themenkreise hingen mit dem Thema Begabung zusammen: Begabung und Lernen im Kindesalter und ausgleichende Erziehung in der Grundschule. Beim dritten ging es um Inhalte grundlegender Bildung.

Das Bemühen, die zukünftigen Erwachsenen auf eine von Wissenschaft und Technik bestimmte Welt vorzubereiten und die Zahl der Schulabgänger mit höheren Bildungsabschlüssen zu erhöhen, schlug sich im Konzept der in den 70er-Jahren propagierten Wissenschaftsorientierung nieder. Im Strukturplan für das deutsche Bildungswesen forderte der Deutsche Bildungsrat (1970), Wissenschaftsorientierung zum Prinzip des gesamten Unterrichts zu machen, auch des Unterrichts in der Grundschule (Deutscher Bildungsrat 1970). Aus Rechnen wurde Mathematik, aus Heimatkunde Sachunterricht. Besondere, für den naturwissenschaftlichen Unterricht gedachte Curricula, entwickelt von den amerikanischen Autoren Tütken und Spreckelsen,[1] wurden erprobt. Zugleich mit dem Prinzip »Wissenschaftsorientierung« wurde für den Unterricht das Konzept der Lernzielorientierung propagiert. Der Un-

1 Der Ansatz von Tütken wollte die Erstklässler vor allem mit naturwissenschaftlichen Verfahren (verfahrensorientierter Ansatz) vertraut machen, der von Spreckelsen war ein Spiralcurriculum, bei dem die Schüler im Lauf der Grundschulzeit auf immer höherer Ebene, immer differenzierter in wesentliche naturwissenschaftliche Sachverhalte, die Teilchenstruktur, die Wechselwirkung der Stoffe und das Gesetz der Erhaltung, eingeführt werden sollten (strukturorientierter Ansatz).

terricht sollte vorher genau definierten, operationalisierten Lernzielen folgen und am Ende daraufhin überprüft werden, ob diese Lernziele erreicht wurden.

Bald wurden allerdings die Grenzen und die Einseitigkeit dieses Konzepts erkannt. Eine Gegenbewegung setzte ein, das Prinzip der Kindgemäßheit wurde neu durchdacht. Aus dem wissenschaftlich orientierten Sachunterricht wurde in den meisten Bundesländern wieder »Heimat- und Sachunterricht«.[1] Als eine Art Gegenbewegung zu dem streng lernzielreglementierten, vom Lehrer gesteuerten Unterricht, führten Lehrerinnen und Lehrer, angeregt von reformpädagogischen Ideen und der Auseinandersetzung mit dem aus England stammenden Konzept des Offenen Unterrichts, in ihrem Unterricht Freiarbeit ein. Hand in Hand damit ging eine Neugestaltung der Klassenzimmer.

Als weitere Reformmaßnahmen seien erwähnt: Engere Zusammenarbeit mit dem Kindergarten, die Einführung der Verbalbeurteilung an Stelle der Ziffernnoten, die Abschaffung der Probearbeiten für die Aufnahme in weiterführende Schulen, Versuche zur Integration behinderter Kinder, Überlegungen und Unterrichtsversuche zur Einführung einer Fremdsprache, das Bemühen um Verwirklichung der Ganztagsschule sowie die Veränderung der Schuleingangsphase.

Das mäßige Abschneiden der deutschen Schüler bei der 2000 durchgeführten internationalen Vergleichsstudie PISA (Deutsches PISA-Konsortium 2001) hat auch die Diskussion um die Grundschule neu belebt. Zwar ging es in der PISA-Studie um die Leistungen 15-Jähriger, und die ein Jahr später bei Schülern des vierten Schuljahrs durchgeführte internationale IGLU-Untersuchung (Bos u.a. 2003) bescheinigte den deutschen Grundschülern insgesamt ordentliche Ergebnisse. Aber die Konsequenzen, die aus PISA gezogen wurden, zielen unter anderem auf eine Verbesserung der frühen Bildung in Kindergärten (vgl. S. 84ff.) und auch der Grundschule. Auch die IGLU-Untersuchung hat bei einem Drittel der deutschen Viertklässler vor allem hinsichtlich ihrer Lesekompetenz erhebliche Defizite festgestellt. Im Zusammenhang mit PISA ist auch die Diskussion um die Dauer der Grundschule neu entbrannt, denn in nahezu allen anderen Ländern, auch in den Ländern, in denen die Leistungsergebnisse deutlich über denen der deutschen Schüler lagen, werden die Schüler viel länger gemeinsam unterrichtet. Zudem zeigen die Ergebnisse der IGLU-Studie, dass es der Grundschule noch einigermaßen gelingt, die Unterschiede zwischen den Leistungen der einzelnen Schüler zu begrenzen. Im Sekundarbereich klaffen sie immer weiter auseinander.

Alle Kinder sind Kinder Gottes (Comenius), *alle* sollen am gesellschaftlichen Leben teilnehmen können (Condorcet), *alle* sollen gebildet werden (Humboldt), *niemand* soll auf Grund seiner sozialen Herkunft benachteiligt sein (Deutscher Lehrerverein), dieses Bemühen der Vorkämpfer um eine gemeinsame Schule für alle Kinder erhält angesichts unserer augenblicklichen, von ungleichen Bildungschancen be-

1 »Heimatkunde«, »Sachunterricht«, »Heimat- und Sachunterricht«, die verschiedenen offiziellen Bezeichnungen spiegeln das Bemühen, in je unterschiedlicher Akzentuierung Sachgemäßheit und Kindgemäßheit, Wissenschaftsorientierung und Kindorientierung zu verbinden.

stimmten gesellschaftlichen Situation und der neu entfachten Diskussion um die frühe Bildung, eine neue, hoch aktuelle Bedeutung.

Das über viele Generationen hinweg andauernde Bemühen so vieler Lehrerinnen und Lehrer um eine gute Grundschule ist eine Verpflichtung. Auch dieses Buch will helfen, dass am Anfang der Schulzeit die Weichen richtig gestellt werden.

Literatur

Arbeitskreis für Unterrichtsforschung Göttingen (1971): Weg in die Naturwissenschaft. Ein verfahrensorientiertes Curriculum im ersten Schuljahr. Stuttgart: Klett.

Bos, W./Lankes, E./Prenzel, M./Schwippert, K./Valtin, G. (2003): Erste Ergebnisse aus IGLU. Schülerleistungen am Ende der vierten Jahrgangsstufe im internationalen Vergleich. Münster: Waxmann.

Blankertz, H. (1982): Die Geschichte der Pädagogik. Von der Aufklärung bis zur Gegenwart. Wetzlar: Büchse der Pandora.

Deutscher Ausschuss für das Erziehungs- und Bildungswesen (1962): Bemerkungen zur Arbeit in der Grundschule. Stuttgart: Klett.

Deutsches PISA-Konsortium (Hrsg.) (2001): PISA 2000. Basiskompetenzen von Schülerinnen und Schülern im internationalen Vergleich. Opladen: Leske und Budrich.

Knörzer, W./Grass, K. (1998): Einführung Grundschule. Geschichte – Auftrag – Innovation. Weinheim und Basel: Beltz.

Michael, B./Schepp, H. (Hrsg.) (1973): Politik und Schule von der Französischen Revolution bis zur Gegenwart. Band 1 und 2. Frankfurt a.M.: Athenäum.

Neuhaus, E. ([5]1991): Reform der Grundschule. Bad Heilbrunn: Klinkhardt.

Reichsministerium (Hrsg.) (1991): Die Verfassung des Deutschen Reichs. Berlin: Reichsdruckerei.

Schwartz, E. (1969): Die Grundschule. Funktion und Reform. Braunschweig: Westermann.

Sienknecht, H. ([2]1968/1970): Der Einheitsschulgedanke. Geschichte, Entwicklung und gegenwärtige Problematik. Weinheim: Beltz.

Spranger, E. (1964; Orig. 1924): Vom Bildungswert der Heimatkunde. In: Fiege, H. (Bearb.): Die Heimatkunde. Quellen zur Unterrichtslehre. Weinheim und Basel: Beltz, S. 71–78.

Spranger, E. ([5]1950/1963): Der Eigengeist der Volksschule. Heidelberg: Quelle & Meyer.

Spreckelsen, K. (1971–1975): Naturwissenschaftlicher Unterricht in der Grundschule. Erstes bis viertes Schuljahr, 6 Teilbände. Frankfurt a.M.: Diesterweg.

Kindheit heute, Chance und Gefährdung

Grundschulkinder sind anders geworden, so die Erfahrung vieler Lehrerinnen und Lehrer: Viele von ihnen, so meinen sie, sind Einzelgänger und können mit den andern nicht viel anfangen. Sie sind egozentrisch und haben Schwierigkeiten, sich in eine Gruppe einzuordnen. Sie können sich weniger konzentrieren, sind unruhiger, zappeliger, leichter irritierbar, aber auch selbstbewusster geworden. Anweisungen leisten sie nur nach wiederholtem Ermahnen Folge oder kümmern sich gar nicht darum. Sie können weniger mit sich anfangen, ruhen weniger in sich selbst und sind dauernd »in action«. Sie sind leicht reizbar, geraten rasch in Streitereien und tragen diese nicht selten hoch aggressiv aus. Vor allem, so meinen die Lehrerinnen und Lehrer, seien die Unterschiede in der kognitiven Entwicklung zwischen den Kindern größer geworden, speziell im sprachlichen Bereich, die Entwicklungsschere habe sich weiter geöffnet (Fölling-Albers 1989, 1992). Solche auffälligen Veränderungen im Verhalten von Kindern legen nahe, veränderte Bedingungen des Aufwachsens, veränderte Kindheit, dafür verantwortlich zu machen.

Kindheit, was ist das?

Wenn von veränderter Kindheit die Rede ist, wird nicht selten Unterschiedliches darunter verstanden. Oft denkt man dabei sofort an veränderte Kinder, die Änderung kindlichen Verhaltens und kindlicher Verhaltensdispositionen. Der Begriff Kindheit bezieht sich aber zunächst auf Bedingungen des Aufwachsens, und wenn von veränderter Kindheit die Rede ist, geht es um die Veränderung der gesellschaftlichen Bedingungen, unter denen Kinder aufwachsen. Kindheit ist primär kein biologisches, sondern ein gesellschaftliches Faktum. Kindheit ist gesellschaftlich konstruiert. Die gesellschaftlichen Bedingungen, unter denen Kinder aufwachsen, beeinflussen dann allerdings natürlich auch ihre Persönlichkeit; die Persönlichkeit von Menschen ist bis in den innersten Kern hinein gesellschaftlich strukturiert. Dabei darf aber nicht übersehen werden, dass Eltern und Kinder die vorgefundenen gesellschaftlichen Bedingungen und ihre »innere« Realität (Geschlecht, Körperliche Besonderheiten) individuell verarbeiten. Kindheit ist auch eine von den Kindern selbst mitgestaltete Lebensphase. »Auch das kleine Kind ist, ebenso wie der Jugendliche, der Erwachsene und der alte Mensch ein produktiver Verarbeiter der äußeren und inneren Realität und ein Gestalter seiner eigenen Persönlichkeit« (Hurrelmann 1998, S. 252). Man kann also nicht vorschnell von gesellschaftlichen Veränderungen, von Kindheit, auf veränderte Kinder schließen.

Ein von Geulen und Hurrelmann (1980) entwickeltes Modell von Komponenten und Ebenen des Sozialisationsprozesses kann die wechselseitige Beeinflussung von gesellschaftlichen Bedingungen und Persönlichkeitsentwicklung verdeutlichen. Es wird in leicht veränderter Form (vgl. Tillmann [9]1999) hier vorgestellt.

Gesellschaftsebene

Ökonomische, technologische, politische, soziale und kulturelle Struktur der Gesellschaft, z.B.: *wirtschaftliche Bedingungen, technologischer Entwicklungsstand, Ressourcen, Erfindungen, politische Organisation, gesellschaftliche Ordnung, Arbeitsbedingungen, Werte, Einstellungen (z.B. zu Kindern), instrumentelle Überzeugungen (z.B. Auffassungen über Erziehung)*

↓ ↓

Organisations- und Institutionsebene

Öffentliche Einrichtungen, Betriebe, Massenmedien, Raumstrukturen; Kleingruppen und soziale Netzwerke, z.B.: *Familie (Größe, Vollständigkeit, Ressourcen, Werte, Einstellungen, Erziehungstheorien), Kindergärten, Schulen, räumliche Umwelt, Spielplätze, Freizeiteinrichtungen, Verwandte, Gleichaltrige*

↓ ↓

Interaktionsebene

Unmittelbare Interaktionen zwischen Kindern und Eltern oder anderen Bezugspersonen, z.B.: *Erziehungsverhalten, Verbote, Erlaubnisse, Umgang mit Kindern (Reden, aufgewandte Zeit), Verhaltensmodelle, Vorbilder, Familienleben, Freizeitgestaltung, Fernsehen*

↓ ↕ ↓

Individualebene

Gesundheit, Persönlichkeitsentwicklung, Persönlichkeitsstruktur der Kinder, z.B.: *Bedürfnisse und Motive, Wahrnehmung, Denkmuster, Kompetenzen, Ängste, Ideale und Wertvorstellungen, Erlebnis- und Verhaltensweisen*

Dieses Strukturmodell unterscheidet zwischen verschiedenen Ebenen des Sozialisationsprozesses und regt dazu an, nach möglicherweise korrespondierenden Veränderungen auf den verschiedenen Ebenen zu suchen.

Es geht davon aus, dass es hauptsächlich zu Beeinflussungsprozessen von oben nach unten, aber auch zu wechselseitigen Beeinflussungsprozessen kommt. Das ist zumindest für die beiden untersten Ebenen offenkundig. Nicht nur die Eltern beeinflussen ihre Kinder; sie werden auch von ihren Kindern beeinflusst. Mit solchen Rückwirkungen ist auch auf die Ebene der Institutionen zu rechnen, so etwa, wenn Elternwünsche oder Schülerverhalten Rückwirkungen auf die Organisationsstruktur der Schule haben. Man denke daran, wie verändertes Schülerverhalten evtl. dazu zwingt, den Unterricht oder sogar die Institution Schule zu verändern (siehe z.B. die Diskussion um die Gestaltung der Hauptschule im Anschluss an die Krawalle und

Gewalttätigkeiten in Berliner Schulen). Aber zunächst ist, wenn man der Logik des Modells folgt von einem Beeinflussungsgefälle von oben nach unten auszugehen. Es dauert lange, bis Eltern- und Schülerverhalten Rückwirkungen auf die Institution Schule haben. Das gilt verstärkt für Einflüsse auf die oberste, die gesellschaftliche Ebene.

Zudem sollte bedacht werden, dass die Einflüsse nicht im Sinne einer Determination verstanden werden dürfen. So sind Schulen zum Beispiel häufig über lange Zeit hinweg gegenüber gesellschaftlichen Veränderungen relativ immun und weisen ein von außen nur schwer beeinflussbares Eigenleben auf. Das gilt in gleicher Weise hinsichtlich des Zusammenhangs zwischen Gesellschaft und Familie. Manche Familien widerstehen gesellschaftlichen Trends, indem sie eigenen Wertvorstellungen folgen und gegenüber gesellschaftlichen Veränderungen eine relative Unabhängigkeit zeigen. Und es gilt für den Zusammenhang zwischen familiären Bedingungen und kindlicher Entwicklung. Besonderheiten oder Veränderungen der Institution Familie, etwa wenn nur ein Elternteil die Kinder erzieht oder Kinder keine Geschwister haben, schlagen nicht unbedingt auf die Persönlichkeit der Kinder durch. Kinder, die durch Scheidung oder Tod ihren Vater verloren haben, sind nicht notwendigerweise anders als in einer vollständigen Familie aufwachsende Kinder, Kinder, die geschlagen werden und Opfer elterlicher Gewalt sind, bezahlen dies nicht immer mit einer veränderten Persönlichkeitsstruktur. Das hängt zum einen damit zusammen, dass neben den familiären mit einer Vielzahl anderer Einflüsse zu rechnen ist, die korrigierend, ergänzend, substituierend wirken können. Das hängt zum andern auch mit der relativen Autarkie der sozialen und personalen Systeme zusammen.

Nicklas Luhmann (1983) hat dies durch Begriffe wie Autopoiesis und Selbstreferentialität (Selbstorganisation von Systemen nach einem systemeigenen Code) im Rahmen seines systemtheoretischen Ansatzes dargestellt. Systeme sind zwar, um die Sprache Luhmanns zu gebrauchen, gegenüber anderen anschlussfähig, sie können durch ihre Umwelt perturbiert (durcheinander gebracht) werden oder im Extremfall zusammenbrechen. Nach einer Perturbation reorganisieren sie sich aber in der Regel wieder nach ihrem systemeigenen Code.

Kinder entwickeln sich in Abhängigkeit von den Bedingungen, unter denen sie aufwachsen. Sie entwickeln sich aber *in Auseinandersetzung* mit diesen Bedingungen. Sie sind kein Abklatsch gesellschaftlicher Wirklichkeit, sondern setzen sich mit dieser produktiv auseinander. Darüber hinaus gibt es für sie nicht *die* gesellschaftliche Wirklichkeit, sondern ganz unterschiedliche Lebensumstände. Das sind wichtige Ursachen der großen Unterschiedlichkeit zwischen den Kindern, ganz abgesehen von ihren genetischen Unterschieden.

Kindheit, eine historische Errungenschaft, die aber unterschiedlich bewertet wird

Kindheit im Sinne eines von der Gesellschaft eigens etablierten Schonraums wird heute weitgehend als Ergebnis von Scholasierung und Familialisierung gesehen (Zeiher 1996). Galten im Mittelalter Kinder ab dem 7. Lebensjahr als Erwachsene, die ab diesem Zeitpunkt in den Arbeitsprozess integriert wurden und weitgehend am Leben der Erwachsenen teilnahmen, so merkte man in der Gelehrtenschule der frühen Neuzeit, dass Kinder einen anderen Unterricht und eine andere soziale Umwelt brauchen als Erwachsene. Das schärfte den Blick für die besondere Eigenart von Kindern.

Die Trennung von Arbeit und Wohnen sowie die Freistellung der bürgerlichen Frauen vom unmittelbaren Erwerbsleben im aufkommenden 19. Jahrhundert schufen ein besonderes familiäres Binnenklima, als dessen Kennzeichen Abschottung nach außen, Intimität und stärkere gefühlsmäßige Aufladung gelten können. In dieses warme, fürsorgliche (aber nichtsdestoweniger autoritäre) Binnenklima wurden die Kinder einbezogen. Mutterliebe wurde zum normativen Muster (Schütze 1991). Aus der durch die Funktionsabläufe der Arbeit bestimmten Haushaltsfamilie wurde, zunächst begrenzt auf die bürgerlichen Familien, dann, als die wirtschaftlichen Verhältnisse dies zuließen, auch bäuerliche Familien und Arbeiterfamilien ergreifend, die Kernfamilie. Familie wurde zum »warmen Nest«.

Auch wenn die Vision von Ellen Key (1902), das 20. Jahrhundert werde zum Jahrhundert der Kindheit, sich nicht erfüllte, kann behauptet werden, dass in den westlichen Industrieländern Kindheit für viele Kinder heute zu einer Lebensphase geworden ist, in der sie ohne wirtschaftliche Not, gesundheitlich gut versorgt, von elterlicher Fürsorge und Liebe umgeben, in einer Vielzahl von Schulen individuell gefördert, relativ günstige Voraussetzungen für ihre Persönlichkeitsentwicklung haben, wenngleich es erhebliche Unterschiede zwischen den verschiedenen Elternhäusern gibt, nicht zuletzt auch in Abhängigkeit von finanziellen Ressourcen. Kinder, so unsere Auffassung, haben es in unserer westlichen Industriewelt, gemessen an früheren Jahrhunderten und Kindern in anderen Teilen der Welt, überwiegend gut.

Nach Ariès (1975, [7]1985) ist die Entstehung der Kindheit eine Folge zunehmenden Einflusses der Schule auf immer mehr Kinder. Ariès beruft sich dabei auf zahlreiche detaillierte Untersuchungen zum französischen Schulwesen zwischen dem 16. und 19. Jahrhundert, das für ganz Europa richtungsweisend wurde. In der Gelehrtenschule, in der ursprünglich erwachsene Männer und 12-jährige Knaben gemeinsam die Sieben Freien Künste erlernten (Gruppierungsprinzip war nicht das Alter, sondern der Kenntnisstand), wurde erkannt, dass Kinder einen anderen Unterricht benötigen als Erwachsene. Das führte zunehmend dazu, den Unterricht nach Altersgruppen zu trennen.

Ab dem 17. Jahrhundert kristallisierte sich ein weiterer Grund heraus, die jüngeren Schüler von den erwachsenen zu trennen: die Sorge um ihr moralisches Wohl. Hatten die jüngeren und älteren Schüler zunächst noch gemeinsame Schlafräume in den Schulen oder wohnten sie zunächst noch in der Stadt bei irgendwelchen Wirtsleuten, so wurden jetzt die gemeinsamen Schlafräume verboten und nur noch bestimmte »ehrbare Familien« erhielten die Erlaubnis, Studierende bei sich logieren zu lassen. Mehr und mehr ging man dazu über, die Schüler in einem Internat unterzubringen und sie einer strengen sittlichen und religiösen Überwachung zu unterziehen. Kinder wurden nach Ariès zunehmend gettoisiert, zum Zweck »gesunder« moralischer Entwicklung aus der Erwachsenenwelt ausgeschlossen. Behütete, geschützte, aber auch reglementierte Kindheit entstand. Die von Pädagogen, Moralisten und Klerikern propagierte Vorstellung von einem moralischen Schonraum, setzte sich mehr und mehr durch. Sie wurde im 19. Jahrhundert, in dem die affektive Zuneigung zu den Kindern, vor allem in den Bürgerfamilien, immer mehr Bedeutung erhielt, zum Leitbild für richtige Kindheit.

Ariès lässt keinen Zweifel daran, dass er diese Entwicklung überwiegend negativ einschätzt. Sie führte dazu, dass Kinder immer mehr in einen Schonraum abgedrängt, aus der Welt der Erwachsenen und den echten Erfahrungen des Lebens ausgegrenzt wurden. Aus Kindheit wurde, wie H. v. Hentig ([7]1985) meint, »Kinder-Kindheit«, »pädagogisierte Kindheit«, »Getto-Kindheit«, zwar behütet, aber durch Erfahrungsverlust einer künstlichen Kinderwelt und zunehmende pädagogische Repression teuer erkauft.

Ganz anders sieht und bewertet der amerikanische Kindheitsforscher Lloyd de Mause diese Entwicklung. In seinem 1974 erschienenen Buch »Hört ihr die Kinder weinen«, wendet er sich gegen die Vorstellung von Ariès, Kinder seien in früheren Jahrhunderten glücklicher gewesen. »Die Geschichte der Kindheit ist ein Albtraum, aus dem wir gerade erst erwachen. Je weiter wir in der Geschichte zurückgehen, desto unzureichender wird die Pflege der Kinder, die Fürsorge für sie, und desto größer die Wahrscheinlichkeit, dass Kinder getötet, ausgesetzt, geschlagen, gequält und sexuell missbraucht werden« (1977, S. 12). Die zentrale Antriebskraft für einen Wandel zum Besseren sieht de Mause weder in den Meinungen von Moralisten und Schulmeistern, noch in wirtschaftlichen Veränderungen, sondern in zunehmender Reife der Eltern, die bis heute zumindest einen Teil der Eltern erreicht hat.

De Mause ist Psychoanalytiker. Der Umgang mit Kindern, so argumentiert er, reaktualisiert bei den Erwachsenen Probleme der eigenen Kindheit.[1] Unbewusst sieht sich der Erwachsene selbst im Kind. Er selbst ist dieses Kind, das Liebe und Zuwendung sucht und diese früher einmal bei den eigenen Eltern fand oder nicht fand. Der eigene Vater, die eigene Mutter ist in der Interaktion der Eltern mit ihren Kindern also gegenwärtig. Die Enttäuschung über die eigenen Eltern wird wieder lebendig. Vom Kind wird nun jene Liebe verlangt, die man von den eigenen Eltern nicht erhielt. Und weil das Kind diese Liebe zu geben nicht in der Lage ist, wird die Enttäuschung über die eigenen Eltern am Kind abgearbeitet: es wird vernachlässigt, gestraft, eingeschüchtert, wie man das selbst erlitt. In der Psychologie spricht man von Umkehrreaktionen: das Kind wird zum Elternteil, von dem man Liebe erwartet und wird bestraft, wenn es diese Liebe nicht geben kann. So wird das Kind gleichzeitig geliebt und unbewusst gehasst.

1 Lloyd de Mause hat neuerdings versucht, auch Terror, Krieg und Unterdrückung, der von gewalttätigen Nationen ausgeht, mit Hilfe dieses psychohistorischen Ansatzes zu erklären. Vgl.: Lloyd de Mause: Das emotionale Leben der Nationen. Klagenfurt 2006: Drava.

Die größere Reife vieler Eltern besteht nun darin, dass diese ihre Kinder immer weniger in ihre eigene traumatische Kindheit und unerledigten Kindheitsprobleme hineinziehen müssen. Kinder fungieren nicht mehr als Objekte eigener negativer Projektionen, als Objekte, an denen sie ihre eigenen unerledigten Probleme mit ihren Eltern abarbeiten. So sind zunehmend mehr Eltern in der Lage, ihre Kinder, unverstellt durch eigene Projektionen, wahrzunehmen und als eigenständige Wesen zu respektieren. Diesen, mit Empathie und Rücksicht erzogenen Kindern wird es dann möglich, später den eigenen Kindern noch mehr Einfühlungsvermögen entgegenzubringen. De Mause spricht so von einer psychogenetischen Höherentwicklung.

Was den Eltern früherer Zeiten fehlte, so meint de Mause, war nicht Liebe, sondern psychische Reife. Die aber, so glaubt er, ist langsam von Generation zu Generation gewachsen. In dem Ausmaß, in dem die Eltern auf Grund besserer eigener Eltern – Kindbeziehungen psychisch reifer wurden, wurde es ihnen auch möglich, das Kind als Wesen mit eigenen Bedürfnissen zu sehen und sich in es einzufühlen.

Nun zeigt schon ein flüchtiger Blick in die Geschichte, dass Kinder heute im Allgemeinen ihren Eltern mehr bedeuten als vor 200 Jahren oder noch früher. Kinder werden gepflegt, umsorgt, geliebt. Kindstötung und Kindsmisshandlung, in der Antike eine Selbstverständlichkeit, sind zwar nicht verschwunden, aber viel seltener geworden und allseits verpönt. Kinder werden seltener und weniger hart geschlagen. Wer würde heute schon ein Kind zu einer Amme geben wollen?

1958 konnte der amerikanische Sozialisationsforscher Urie Bronfenbrenner in einem Forschungsbericht, in dem er Hunderte von Einzeluntersuchungen aus einem Zeitraum von nur 25 Jahren (1932–1957) über Einstellung der Eltern zu ihren Kindern sichtete, einen historischen Trend der Art feststellen, dass in diesem Zeitraum Eltern im Durchschnitt ihren Kindern gegenüber nachsichtiger und toleranter wurden, weniger versuchten, ihren Willen zu brechen und sich mehr um ein einfühlendes partnerschaftliches Verhältnis bemühten. Ein Trend, der sich sicher in den letzten Jahren fortgesetzt hat.

Dieser nachweisbare Trend zu mehr Wertschätzung und Einfühlung in die Kinder darf aber nicht einfach als pauschale Rechtfertigung des psychogenetischen Ansatzes von de Mause interpretiert werden. Kritisch zu betrachten ist zunächst die Auswahl der für seine Theorie herangezogenen Quellen. Was nicht in sein Schema der psychogenetischen Abfolge von historischen Perioden der Kindheit passte, wurde nicht berücksichtigt. Das führte dazu, dass manche Historiker es schlichtweg ablehnten, sich mit der These von de Mause überhaupt zu beschäftigen.

So wies Loffl-Haag (1991) auf eine Reihe mittelalterlicher Quellen zur Ausbildung von Hebammen, Kindererziehung und kindlichem Spielzeug hin, die darauf schließen lassen, dass Kindern durchaus hoher Wert beigemessen und diese liebevoll behandelt wurden. In bewusstem Gegensatz zu de Mauses Buch »Hört ihr die Kinder weinen« hat ihr Buch den Titel »Hört ihr die Kinder lachen«.

Die Auffassung, dass einzig die zunehmende Reife der Eltern den entscheidenden Einfluss für die Verbesserung von Kindheit hatte, ist zudem einseitig. Kindheit verbesserte sich auch durch die Beseitigung des ungeheuren Ausmaßes an wirtschaftlicher

Not, durch die Verbesserung der hygienischen Verhältnisse und der Wohnbedingungen. Die hohe Kindersterblichkeit machte es früher Eltern nahezu unmöglich, allzu viel psychische Energie auf diese kleinen »Wesen zwischen Leben und Tod« zu verschwenden. Hinzu kommt die Veränderung des emotionalen Binnenklimas in der bürgerlichen Familie. Als weiterer wichtiger Faktor ist die geringere Kinderzahl dank effizienter Geburtenkontrolle zu nennen. Musste früher eine Familie sechs bis zehn Kinder schicksalhaft hinnehmen, so sind die wenigen Kinder heute weitgehend Wunschkinder. Das bleibt nicht ohne Auswirkung auf die Einstellung der Eltern gegenüber ihren Kindern. So wird man zusammenfassend sagen müssen, dass ein ganzes Bündel von Faktoren Kindheit veränderte (vgl. Shorter 1965, 1975, 1986). In einem Punkt möchten wir aber de Mause folgen. Sie hat sich überwiegend zum Positiven verändert.

Widersprüchliche Tendenzen in den letzten 40 Jahren

Die soziokulturellen Bedingungen des Aufwachsens seit den 60er-Jahren sind durch widersprüchliche Entwicklungen gekennzeichnet. Das Bildungswesen expandierte. Bildungs- und Berufskarrieren sind nicht mehr in gleichem Ausmaß wie früher abhängig von gesellschaftlicher Herkunft. Allen stehen alle Chancen offen, so ein sicher nicht richtiges Schlagwort. Das erhöht aber auch das Risiko des Scheiterns. Schule, einst ein Faktor, der zur Entwicklung eines Schonraums für Kinder maßgeblich beitrug, wird wegen hoher Bildungsaspirationen und daraus entstehendem Leistungsdruck manchmal zu einem modernen »Albtraum« für Eltern und Kinder.

Die emotionale Zuwendung zu den Kindern stieg, nicht zuletzt als Folge der kleiner werdenden Familien. Dadurch wächst allerdings auch der emotionale Druck. Nicht alle Kinder genießen überdies diese emotionale Zuwendung. Es muss zudem mit 10–15% Kindern gerechnet werden, die extrem vernachlässigt und misshandelt werden.

Der wirtschaftliche Wohlstand führte dazu, dass die meisten Kinder gut ernährt sind, ihr eigenes Zimmer haben, viele Freizeitmöglichkeiten nutzen können und die Kinderzimmer voll von Spielsachen sind. Andererseits zeichnete sich auch ein Trend zu steigender Armut ab. 2005 bezog jedes vierte Kind unter 15 Jahren Sozialhilfe. Eine halbe Million Kinder lebt unter äußerst schlechten Wohnbedingungen. So ist inmitten der Wohlstandsgesellschaft Armut zu einem hochrangigen gesellschaftlichen Problem geworden.

Die unter dem Begriff der Risikogesellschaft (Beck 1986) diskutierte Freisetzung aus traditionellen Bindungen schuf auch für Kinder neue Freiheiten. Die Erziehungsnormen sind liberaler geworden und werden weniger rigid durchgesetzt. Dies führte andererseits auch zu einer gewissen Ratlosigkeit, wie ein Kind erzogen werden soll und schafft bei den Kindern Unsicherheit.

Kindern wird ein hohes Recht auf ihre eigene Individualität eingeräumt. Die Kehrseite davon ist, dass sie in hohem Maß erwarten, beachtet und berücksichtigt zu werden und es ihnen schwer fällt, auch einmal zurückzustehen und auf eigene Ansprüche vorübergehend zu verzichten.

Den größer gewordenen Freiheiten der Kinder stehen zudem neue Zwänge gegenüber, die vom Konsummarkt ausgehen. Zugleich kam es im Zuge der verschiedenen Modernisierungsprozesse zu einer Erosion des kindlichen Schonraums. Das Fernsehen drang in die Familien ein. Wohnverhältnisse, Urbanisierung, zunehmender Verkehr veränderten die Spielmöglichkeiten der Kinder.

Die wirtschaftliche Entwicklung und der Anspruch der Frauen auf ein Stück eigenen Lebens neben Familie und Kindererziehung führten zur Berufstätigkeit beider Elternteile und damit im Leben vieler Kinder zu einem Rückgang elterlicher Präsenz. Ehescheidungen erschütterten für viele Kinder die Stabilität des innerfamiliären Beziehungsraums.

Der familiäre Schutzraum wurde, nicht zuletzt auf Grund der »strukturellen Rücksichtslosigkeit der Gesellschaft« (Kaufmann 1980) in Form von finanzieller Benachteiligung von Familien mit Kindern, von Verkehrsbedingungen, Wohnbaupolitik oder der von Seiten der Wirtschaft geforderten Anpassungsleistungen der berufstätigen Eltern an wirtschaftliche Erfordernisse bedroht.

So erscheint das Leitbild einer geschützten Kindheit mehr und mehr gefährdet. Kulturpessimistische Einschätzungen sprechen gar vom Verschwinden der Kindheit und dem Ende der Erziehung (Postman 1983, 1995) oder von Kindheit als einer Fiktion (Hengst u.a. 1981).

Kindheitsforschung

Derartige Veränderungen waren ein entscheidender Anstoß für eine in den 70er- und 80er-Jahren breit einsetzende, soziologisch orientierte Kindheitsforschung. Diese setzte sich zunächst vorwiegend mit den Gefährdungspotentialen auseinander, denen Kinder ausgesetzt sind. Die dabei erarbeiteten Analysen und Thesen wurden dabei nicht selten überspitzt, generalisierend und einseitig vorgetragen und als bedrohliche Zerfallserscheinungen des für die kindliche Entwicklung notwendigen Schonraums interpretiert.

Das diesen Untersuchungen zu Grunde liegende Forschungsparadigma ist teilweise einer strukturfunktionalen Sichtweise verhaftet, indem vor allem die Auswirkungen der Veränderungen kindlichen Verhaltens auf die Schule und die Gesellschaft thematisiert wurden.

Offen blieb die Frage, ob die Kinder ihre Lebenssituation ähnlich pessimistisch beurteilen wie die erwachsenen, ihrer eigenen Sicht verhafteten Kindheitsforscher. So urteilen u.a. Rolff und Zimmermann (1997, S. 8): »Es fehlt Kindheitsforschung aus der Sicht der Kinder, die eine ganz andere sein könnte als die von Erwachsenen.«

Die Kindheitsforschung der 90er-Jahre versucht Kindheit eher aus der Perspektive der Kinder zu erfassen. So steht jetzt die Frage im Vordergrund, wie Kinder ihre Umwelt erleben, wie sie sich mit ihr auseinandersetzen (vgl. Lang 1985; Deutsches Jugendinstitut 1992; Wilk, Bacher 1994; Zinnecker 1996), wie sie die neuen Gegebenheiten nutzen, eine eigene Kinderwelt und Kinderkultur schaffen. In den neuen Untersuchungen werden jetzt primär die Kinder selbst befragt. Kinder erscheinen in dieser neuen Perspektive nicht als passive Opfer, sondern als Akteure, die sich ihre Umwelt aneignen. Sozialisation wird dabei stärker im Sinne von Selbstsozialisation verstanden. Im Unterschied zu einer sozialstrukturellen spricht man so von einer akteursbezogenen Kindheitsforschung (Honig u.a. 1996; Bründel/Hurrelmann [3]2003).

Teilweise wird das ganze Sozialisations- und Entwicklungsmodell als von der Erwachsenenperspektive ausgehend und primär anpassungsorientiert problematisiert (vgl. Zinnecker 1996). Kindheit wird als eigene gesellschaftliche Lebensform gesehen und »konzeptionell befreit aus der Vereinnahmung und Formung der anthropologisch bedingten Abhängigkeit der Kinder in einem spezifischen Generationenverhältnis« (Zeiher 1995), eine Auffassung, der man ebenfalls den Vorwurf der Einseitigkeit nicht ersparen kann.

Interessant und für Grundschullehrer und -lehrerinnen anregend ist der Versuch von Anna Katharina Hein (2003), Grundschulkinder mit Kindheit in früherer Zeit (Mittelalter, Kindheit der eigenen Großeltern) zu konfrontieren und sie im Unterschied hierzu die Lebensumstände der eigenen Kindheit heute entdecken und bewerten zu lassen. Es geht ihr darum, die Kinder selbst sprechen zu lassen. Das nicht überraschende Ergebnis ist, dass die 20 Kinder der vierten Grundschulklasse, mit denen Hein arbeitete, überwiegend die Vorzüge ihrer heutigen Kindheit gegenüber früheren Kindheiten artikulierten: »wir haben eine tolle Kindheit«, »unsere Kindheit ist eine richtige Kindheit«, »wir haben unzählige Spielmöglichkeiten«, »wir haben eine freie Kindheit«, »die Kindheit wird immer besser« (Hein 2003, S. 141). Aber: hätten auch andere Kinder so geurteilt? Hätten sie bei einem anderen unterrichtlichen Arrangement, bei dem es nicht um den Vergleich heutiger Kindheit mit Berichten über schwierige Lebensbedingungen von Kindern aus früherer Zeit gegangen wäre, sich ähnlich geäußert?

Die überwiegend positive Sichtweise ihrer Kindheit wird aber auch von den meisten Kindern, die in groß angelegten empirischen Untersuchungen befragt wurden, geteilt (vgl. S. 37). Insofern fallen die Ergebnisse von Hein sicher nicht aus dem Rahmen.

Es kann kaum bestritten werden, dass die größere affektive Zuwendung der Eltern zu ihren Kindern, die stärkere Beachtung ihrer Bedürfnisse, die Auflösung des rigiden Befehls-Gehorsamsverhältnisses in den meisten Familien, die erweiterten Möglichkeiten für Mitbestimmung und Selbstbestimmung, die erhöhten Bildungschancen für alle Kinder, das kinderfreundlichere Klima in den Schulen, die weit gehende Befreiung von Kinderarbeit, das Vorhandensein von Freizeit und Freizeitangeboten, der höhere Wohlstand, die Informationsmöglichkeiten, die das Fernsehen bietet und vieles mehr auf der Habenseite anzusiedeln ist.

Darüber dürfen natürlich nicht die Einengung von Entfaltungsmöglichkeiten und die Gefährdungen, denen Kinder heute ausgesetzt sind, aus den Augen verloren werden. So versucht Hein die kulturpessimistische These und die kulturoptimistische Antithese zu einer kulturkritischen Synthese zu verbinden. »Die gegenwärtige Kindheit, oder genauer gesagt die Wandlungsprozesse der Aufwachsensbedingungen der heutigen Kinder, bewegen sich in einem Spektrum von Gefährdung und Fortschritt, und das in einer eigentümlichen Mischung, die eben sowohl Risiken als auch Chancen birgt« (Hein 2003, S. 162). Ähnlich meinen Rolff und Zimmermann (1997, S. 13), »dass der Wandel von Kindheit von negativen und positiven Elementen, von Reduktion und Fortschritt zugleich angetrieben wird, aber nicht in einem Nebeneinander, sondern zusammengekettet in einem widersprüchlichen Verhältnis«.

Dieses Ineinander von Chancen und Gefährdung soll im Folgenden näher beleuchtet werden.

Einzelaspekte veränderter Kindheit

Im Folgenden sollen einzelne Aspekte veränderter Kindheit aus den Bereichen Familie, Schule und Freizeit dargestellt werden. Dabei muss Folgendes bedacht werden:

1) Allen Verallgemeinerungen ist zu wehren. Kindheit ist nicht Kindheit, und Kinder sind nicht Kinder, heute vielleicht weniger denn je. Wenn z.B. vom Wegfall von Straße, Höfen, Wald, Hecken usw. als Spielmöglichkeiten die Rede ist, trifft das für viele Kinder vom Land und Wohngebieten an Siedlungsrändern, teilweise auch Stadtkinder nicht zu. Kindern, die überbehütet sind, stehen Kinder gegenüber, die sich viel allein herumtreiben und eher Verwahrlosungserscheinungen zeigen. Neben vereinsamten Kindern gibt es solche, die optimal in Kindergruppen und in ein Netz von Freundschaften integriert sind. Neben verwöhnten, unselbstständigen Kindern gibt es Kinder, die schon früh selbstständig sind. So ließe sich fortfahren. Hinzu kommt, dass die Differenzierung nach dem Entwicklungsstand deutlich zugenommen hat. Innerhalb einer einzigen Grundschulklasse gibt es Leistungsunterschiede von zwei bis drei Jahren. So ist von einem Prozess zunehmender Diversifikation von Kindheitsmustern (Fölling-Albers 1989) die Rede.
Demnach ist wohl eines der wichtigsten Merkmale heutiger Kindheit, dass es *die* Kindheit nicht gibt. Stattdessen existieren gleichzeitig zahlreiche hochindividuelle Muster von Kindheit nebeneinander.
2) Viele Aussagen über Kindheit und Kinder kommen über Behauptungen nicht hinaus. Einzelbeobachtungen werden nicht selten generalisiert, empirische Untersuchungen an repräsentativen Stichproben von Kindern sind relativ selten und häufig nicht miteinander vergleichbar. Vor allem bleibt vielfach hypothetisch, welchen Stellenwert ein isolierter Faktor hat, wie verschiedene Faktoren zusammenwirken, wie Einzeleinflüsse verstärkt oder auch abgeschwächt werden, wie die Kinder diese Einflüsse verarbeiten.
3) Es muss zudem dem Eindruck gewehrt werden, alle Entwicklungen seien Entwicklungen zum Schlechteren hin. In vielen Veröffentlichungen über Kindheit heute überwiegt die kulturpessimistische Perspektive, die Wandlungsprozesse werden überwiegend als negativ bewertet, Kindheit gilt als gefährdet. »Die gefährdete

Kindheit« ist die Überschrift eines Aufsatzes über heutige Kindheit (Textor 1994). Jeder der im Folgenden beschriebenen Einzelaspekte von Kindheit hat auch positive Seiten. Und die, die unter den veränderten Bedingungen aufwachsen, die heutigen Grundschulkinder sind nicht nur schwieriger geworden, sie haben gegenüber früheren Kindergenerationen auch eine Reihe erfreulicher Seiten aufzuweisen.

4) Wie können Lehrerinnen und Lehrer auf diese Veränderungen reagieren? Darauf gibt es im Augenblick keine überzeugende Antwort. Die veränderten Bedingungen machen es einerseits notwendig, manches pädagogische Konzept neu zu durchdenken. Was konkret zu tun ist, kann aber erst zukünftiges Ergebnis eines gemeinsamen Such- und Experimentierwegs vieler Lehrerinnen und Lehrer sein. Der Grundschulkongress 1989 hat schon vor gut 15 Jahren versucht, unterrichtliche Maßnahmen aufzuzeigen, die erste Schritte in dieser Richtung sein könnten (Faust-Siehl u.a. 1990).

Es ist allerdings davor zu warnen, aus der sozialwissenschaftlichen Beschreibung der Bedingungen des Aufwachsens direkt pädagogische Konzepte ableiten zu wollen, vor allem, wenn dies überwiegend unter dem Blickwinkel der gefährdeten Kindheit geschieht.[1] Es gibt nicht *die* Kindheit, sondern äußerst unterschiedliche Kindheiten und von den Bedingungen des Aufwachsens kann nicht ohne weiteres auf die Persönlichkeit der Kinder geschlossen werden. Kinder verarbeiten ihre Umwelt selbstständig und produktiv. Darüber hinaus muss die Gefahr der Überforderung der Schule und die Überschätzung der pädagogischen Möglichkeiten gesehen werden. Andererseits meint Holtappels (1998, S. 62) zu Recht »Wenn sich in der Kinderwelt die Lebensverhältnisse verändern, können die Lernverhältnisse nicht auf der Stelle treten«. Im Anschluss an die Empfehlungen des Arbeitskreises Grundschule (Faust-Siehl u.a. 1996) spricht er sich für einige grundlegende didaktisch-erzieherische Orientierungen[2] aus, aus denen er dann Konsequenzen für die Lerninhalte (entwicklungstypische Schlüs-

1 Diesen Vorwurf macht Hein (2003) den vom Arbeitskreis Grundschule verschiedentlich vorgetragenen Überlegungen, in denen sie eine »einseitige Orientierung an der aus der Erwachsenenperspektive proklamierten Verlustkindheit« (Hein 2003, S. 175) zu erkennen glaubt. Als Perspektiven für die Grundschule des 21. Jahrhunderts nennt Hein Akzeptanz und Schutz des Eigenwerts der Lebensphase Kindheit, Offenbleiben für den Wandel der Kindheit, Aufgeschlossen sein für die Perspektive der Kinder, die Vielfalt der Lebensmuster von Kindheit als Chance zu interpretieren und zu nutzen, Unterstützung einer auf die gelebte Gegenwart bezogene Lebensausrichtung und Entwicklung von personal-authentischer Selbstständigkeit in Solidarität (S. 178–180).

2 Holtappels nennt folgende Orientierungen: (1) Durchschaubarkeit und Reflexion schulischer Lerninhalte und eigener Erfahrungen: Expertenwissen, Medieninformationen aber auch eigene Alltagserfahrungen bedürfen der Entschlüsselung, kritischer Reflexion und Verarbeitung. (2) Ganzheitlichkeit durch Lernen in Zusammenhängen, (3) Sinnlichkeit durch Eigentätigkeit und Authentizität, (4) aktives Gestaltungshandeln, Partizipation und Verantwortung, erste demokratische Erfahrungen von Interessenausgleich und Willensbildung, (5)Gemeinsinn und soziales Lernen. Die Grundschule soll allen Kindern individuelle Entwicklungschancen durch allseitige Förderung bieten, ein Ort der Vielfalt und Integration, ein pädagogisch gestalteter Lebens-Lern- und Erfahrungsraum und ein Ort sozialen Lernens sein.

selfragen), Lernmethoden (Freiarbeit, entdeckendes Lernen), die Lernumgebung (Klassenzimmer mit Werkstattcharakter) und die Lernorte (schulisches und außerschulisches Lernen) ableitet.

Auch wir versuchen (vgl. S. 289ff.) einige Tipps zu geben, von denen wir meinen, dass sie für alle Kinder am Anfang ihrer Schullaufbahn, unabhängig von den recht unterschiedlichen Lebensverhältnissen, in denen sie aufwachsen, von Belang sind.

Im Folgenden soll im Anschluss an die Darstellung von Einzelaspekten heutiger Kindheit versucht werden, Lehrerinnen und Lehrern einige konkrete Anregungen zu geben, wie sie angesichts konkreter Probleme, die sich für einige Kinder aus deren Lebensbedingungen ergeben, pädagogisch handeln können. Der Grenzen dieser Tipps sind sich die Verfasser wohl bewusst.

Aufwachsen ohne Geschwister: Einzelkinder

Mehr als die Hälfte aller Familien mit Kindern sind Einkindfamilien. 25% der Kinder haben keine Geschwister, 47% einen Bruder oder eine Schwester, 19% zwei und 8,6% drei und mehr Geschwister (Statistisches Bundesamt, 2005). Betrug der Anteil der Kinder unter 15 Jahren 1950 noch 30% der Gesamtbevölkerung, so waren es 1994 nur mehr 19,1% und 2004 nur noch 14,5%. Dem standen 2004 18,6% ältere Menschen über 65 Jahre gegenüber (Statistisches Bundesamt 2005). Mit 1,29 Geburten je Frau liegt Deutschland im Vergleich von 15 europäischen Ländern auf dem fünftletzten Platz (Harenberg, Lexikon aktuell, 2005).

Der Rückgang der Kinderzahl hat mehrere gesellschaftliche Ursachen. Je größer die Zahl der Kinder, umso schwieriger wird es für die Mutter, einer außerfamiliären Beschäftigung nachzugehen. Wenn Frauen aber zu Hause bleiben, sinkt das Familieneinkommen gegenüber einer Beschäftigung beider Partner erheblich ab, von Renteneinbußen ganz zu schweigen. Kinder sind teuer. Mit zwei Einkommen für zwei Personen lebt es sich besser als mit einem für fünf.

Nach den amerikanischen Value of Child Studies (Buhr/Kaufmann 1989), die sich auf die USA, Asien und Europa beziehen, können Kinder für ihre Eltern eine dreifache Funktion haben, eine wirtschaftliche, eine Prestigefunktion und eine emotionale Funktion. Kinder können für die wirtschaftliche Versorgung der Eltern wichtig sein, eine große Zahl von Kindern kann das Prestige einer Familie erhöhen und Kinder können emotionale Befriedigung verschaffen. Je höher der technische Industrialisierungsgrad einer Gesellschaft, umso wichtiger wird die dritte Funktion, und diese kann bereits durch ein oder zwei Kinder befriedigt werden. Entsprechend hat die Kinderzahl in allen westlichen Industrieländern ständig abgenommen.

Neuere Untersuchungen (Gilles 1987; Rollin 1990; Kasten 1995) haben ergeben, dass die traditionellen Vorurteile, wonach Einzelkinder schwieriger, kontaktschwächer, egoistischer, altklug, verwöhnt und stärker an die Familie gebunden seien, einer empirischen Überprüfung nicht standhalten. Geschwister können für Kinder eine

Hilfe, aber auch eine Belastung sein. Einzelkinder können hervorragend in Kindergruppen integriert und selbstständiger als »Geschwisterkinder« sein. Die Variable Einzelkind an und für sich sagt noch wenig aus. Möglichen Problemen, die sich aus der Tatsache ergeben könnten, keine Geschwister zu haben, kann durch Kontakte mit anderen Kindern und entsprechendes Elternverhalten gegengesteuert werden. Allen Pauschalisierungen ist zu wehren.

Aber: Einzelkinder machen andere Erfahrungen als Kinder mit mehreren Geschwistern, die sie allerdings individuell unterschiedlich verarbeiten. Auf ein paar Punkte sei hingewiesen:

- Einzelkinder erleben keine geschwisterliche Konkurrenz. Sie bleiben verschont von den häufig anzutreffenden Zänkereien und Streitereien unter Geschwistern, die manchmal jahrelang anhalten, vielleicht ein Leben lang.
- Einzelkinder erleben aber auch nicht, wie Geschwister einander helfen, wie sie zusammenstehen, wie sie füreinander sorgen.
- Einzelkinder erleben nicht geschwisterliche Solidarität gegen Eltern, das Verschweigen der kleinen Geheimnisse, den gemeinsamen Widerstand gegen Eltern. Sie müssen ihre Freiheiten weitgehend allein erkämpfen und haben keine älteren Geschwister, die eine Art Pionierfunktion übernehmen könnten.
  Dafür stehen Einzelkinder häufig im Mittelpunkt der Familie. Sie werden »übersorgt«, überbehütet. Manchmal sind sie der »King«, um den sich alles dreht. So haben sie es vielleicht schwer, sich zurückzunehmen. Ihre Ansprüche an Liebe sind möglicherweise riesengroß.
- Einzelkindheit ermöglicht intensive emotionale Verbundenheit mit Eltern. Aber vielleicht sind Einzelkinder elterlicher Liebe und Sorge oft zu *direkt* ausgesetzt. Und wenn diese intensive Beziehung zu den Eltern zerbricht, etwa durch Tod oder Scheidung, gibt es wenig Auffangnetze für sie.

Für die Grundschullehrerin wird das bedeuten:
Es ist mit einer zunehmenden Zahl von Kindern – aber nicht nur Einzelkindern – zu rechnen, die es nicht leicht haben, die Lehrerin mit anderen Kindern zu teilen. Die Notwendigkeit, die eigene Person und die eigenen Ansprüche zurückzunehmen, kann Schwierigkeiten bereiten und in Krisen führen. Evtl. leidet darunter auch die Beziehung zur Lehrerin. Nichtbeachtung, ein unbedachtes Wort können tief kränken. Die Konkurrenz um eine bevorzugte Stellung kann härter werden. Selbstverständliche soziale Verhaltensweisen wie einander unterstützen, teilen, sich etwas ausleihen, zusammenzuarbeiten usw. können erschwert sein.

Viele Kinder stehen häufig im Mittelpunkt der Familie. Umso wichtiger wird sein, dass die Grundschullehrerin ihnen hilft, sich zurückzunehmen, sich einzuordnen, universalistische Regeln zu akzeptieren, die für alle Kinder gelten (vgl. S. 180 ff.) und ihnen trotzdem das Gefühl vermittelt, in ihrer Einmaligkeit geachtet und persönlich geliebt zu sein. Schule als Ort sozialen Lernens hat gerade für Einzelkinder einen hohen Stellenwert. Zugleich könnte das Thema »Geschwister haben – einziges Kind sein« im Unterricht thematisiert, die Erfahrungen, die Kinder mit Geschwistern oder mit Einzelkindheit gemacht haben, könnten aufgenommen und besprochen werden.

Wandel der Beziehungen zwischen Eltern und Kindern – Verändertes Erziehungsverhalten. Mehr emotionale Wärme, aber auch Vernachlässigung

Das emotionale Klima in den Familien ist wärmer geworden. Menschen heiraten heute meist aus Liebe. Sie stellen hohe Erwartungen an gegenseitiges Verständnis und an emotionale Unterstützung. Das war vor allem die Errungenschaft der bürgerlichen Familie des 19. Jahrhunderts und gilt heute für nahezu alle Familien. In dieses warme emotionale Klima sind die Kinder selbstverständlich eingeschlossen, ja sie sind häufig das Zentrum der emotionalen Verbundenheit.

Dabei spielt eine entscheidende Rolle, dass die Familien kleiner geworden sind. Je kleiner die Gruppe, umso größer die Chance hoher Emotionalität zwischen ihren Mitgliedern. Die geringere Kinderzahl geht mit stärkerer Emotionalisierung und Kindzentrierung einher. Die Beziehung zu den Kindern ist teilweise sogar emotional überfrachtet. Zu viel Emotionalität kann auch einengen und erdrücken.

Durch die Intensivierung der Beziehungen zwischen den Familienmitgliedern werden diese auch störungsanfälliger. So stehen einer größeren emotionalen Nähe in den Familien eine wachsende Konflikthaftigkeit und Labilität der Beziehungen gegenüber. Treten tatsächlich Störungen und Spannungen auf, kann sie das Kind in dieser kleiner gewordenen Familie aber durch Beziehungen zu anderen Verwandten kaum ausgleichen.

Viele Eltern legen heute auf ein gutes Verhältnis zu ihren Kindern besonderen Wert. Sie bemühen sich, ihre Kinder zu verstehen und sich in sie einzufühlen. Die elterlichen Anordnungen werden begründet und nicht mehr autoritär verordnet. Es wird nicht mehr einfach befohlen und gehorcht, es wird vielmehr verhandelt, was das Erziehungsgeschäft nicht unbedingt leichter macht. Aus einem Erziehungsverhältnis ist vielfach ein Beziehungsverhältnis von fast gleichberechtigten Partnern geworden.

So warb auch in den 70er-Jahren eine sich als Antipädagogik bezeichnende pädagogische Strömung mit dem Motto »Beziehung statt Erziehung« für ein Ende aller, wie man meinte, letztlich immer repressiven, das Kind dem Willen der Eltern unterordnenden Erziehungsmaßnahmen (v. Braunmühl 1975).

Für viele Eltern ist es zunehmend zu einem Problem geworden wie man ein Kind richtig erziehen soll. Eine Vielzahl pädagogischer Ratschläge, verbreitet über Zeitschriften, Fernsehen (vgl. die hohen Einschaltquoten der RTL-Serie »Super Nanny«), Elternkurse (vgl. Tschöpe-Scheffler 2003) und Vorträge bieten Hilfen an, vermehren die Unsicherheit aber auch nicht selten. Früher war das anders. Unter den Erwachsenen herrschte große Einigkeit, wie man Kinder erziehen müsse. Kinder wurden auch nicht nur von ihren Eltern erzogen, sondern von allen Erwachsenen, mit denen die Kinder zu tun hatten, von Lehrern, Pfarrern, Nachbarn, Verwandten. Heute gibt es diesen breiten Konsens über Erziehung nicht mehr. Eltern wollen zudem nicht, dass ihr Kind auch von anderen Leuten erzogen wird. Hinzu kommt, dass das Erziehungsverhalten vieler Eltern, nicht zuletzt auch aus Bequemlichkeit und um endlich Ruhe zu haben, häufig inkonsequent ist. Unsicherheit und Inkonsequenz in der Erziehung sind aber manchmal problematischer als das traditionell autoritäre, an Befehl und Gehorsam ausgerichtete fragwürdige, dafür aber verlässliche Erziehungsverhalten, auf das Kinder sich einstellen können. Es erzeugt vor allem bei jungen Kindern Unsicherheit und ist zudem eine der wichtigsten Ursachen für aufsässiges Verhalten (Patterson, Hautzinger 1983). Andererseits ist es sicher von Vorteil, wenn Eltern ihr Erziehungsverhalten nicht einfach von anderen übernehmen, sondern es reflektieren.

Neuere Untersuchungen zum Erziehungsverhalten der Eltern zeigen, dass ein »autoritativer Erziehungsstil« (im Unterschied zu einem autoritären, gewähren lassenden und inkonsequenten Erziehungsstil), der auf einer liebevollen, einfühlsamen und fürsorglichen Beziehung zum Kind beruht, der in bestimmten Bereichen Entscheidungsfreiheit gewährt und die kindliche Autonomie fördert, der aber auch durch klare, begründete Regeln und eine gewisse Kontrolle von Freizeit und Freunden gekennzeichnet ist, sich besonders günstig auf Kinder und Jugendliche auswirkt (Baumrind 1989; Steinberg u.a. 1991). Hurrelmann und Unverzagt ([3]2000) sprechen von einem »magischen Dreieck« als Grundausrichtung von Erziehung; seine drei Seiten sind »Herzenswärme«, »klare Regeln« und »Freiräume«.

Zinnecker (1996) hat die amerikanischen Befunde im Rahmen der 1994 durchgeführten Untersuchung des Deutschen Jugendinstituts an über 700 deutschen 10- bis 13-jährigen Kindern überprüft und festgestellt, dass dieser Erziehungsstil von etwas mehr als 20% der Eltern praktiziert wird und sich auf Schulnoten, Selbstwirksamkeitsüberzeugung, Depressionsneigung und Delinquenzbelastung günstiger auswirkt als andere Erziehungsstile.

Die meisten Kinder fühlen sich nach eigenen Aussagen in ihrer Familie wohl. Fast 90% der 10-jährigen österreichischen Kinder der Untersuchung von Wilk und Bacher (1994) geben an, sich in ihrer Familie sehr wohl (68%) oder zumindest wohl (20%) zu fühlen. Mit »teils teils« oder »eher schlecht« und »sehr schlecht« antworten 12%. Mehr als zwei Drittel der Kinder sagen, dass Mutter und Vater sie häufig loben (Mütter häufiger als Väter) und stolz auf sie sind. 82% geben an, nur selten oder gar nicht bestraft zu werden. Dabei werden Jungen häufiger bestraft als Mädchen. Die meisten Kinder erleben ihre Mütter als einfühlend und unterstützend, für die Väter trifft das seltener zu. Etwa drei Viertel berichten von einem intensiven Zusammengehörigkeitsgefühl in der Familie und über 80% von wenig (nie: 53%) Streit.

Die positive Einschätzung der eigenen Familie geht aber zurück, wenn es um die Häufigkeit des Miteinander-Redens oder um gemeinsame Unternehmungen geht. Nur noch 60% der Kinder geben an, dass sie viel mit ihren Eltern reden (»selten« und »nie« 16%!) und nur ein Drittel meint, dass häufig oder manchmal etwas gemeinsam (Wanderungen, Sport, Spiele, Besuche) unternommen werde (»selten« und »nie« 60%). Dabei ist die Sichtweise der Kinder kritischer als die der Eltern, die für das Miteinander-Reden und die gemeinsamen Unternehmungen größere Häufigkeiten angeben. Immerhin jedes sechste Kind meint, in seiner Familie werde sehr wenig oder gar nicht mit ihm geredet. Ein Drittel der Kinder gibt an, an Wochentagen habe der Vater fast nie für es Zeit, für das Wochenende behaupten dies immer noch knapp 8%. Die Werte für die Mütter fallen günstiger aus. Fast nie an Wochentagen Zeit haben nach Angaben der Kinder 8,5%, an Wochenenden 3,9% der Mütter. Dabei haben ganztags arbeitende Mütter nach dieser Untersuchung auch am Wochenende weniger Zeit für ihre Kinder.

17% der Kinder, Jungen häufiger als Mädchen, sind nicht damit zufrieden, dass ihre Mütter ganztags berufstätig sind. Dem steht aber eine etwa gleich große Zahl von Kindern gegenüber, die es lieber sähen, wenn ihre Mutter berufstätig wäre. Zufrieden mit mütterlicher Berufstätigkeit sind 64% der befragten Kinder, 73% halten es für gut, dass ihre Mutter *nicht* berufstätig ist.

Interessant ist, dass auch zwei Drittel der Kinder annimmt, auf ihre Familie Einfluss nehmen und etwas in ihr verändern zu können, durch »Brav sein« (77%), durch Suchen nach einer gemeinsamen Lösung (66%), durch Meckern, bis die Eltern es nicht mehr aushalten (21%).

Nach der oben erwähnten Untersuchung des Deutschen Jugendinstituts an 10- bis 13-jährigen Kindern gibt knapp die Hälfte der Kinder an, ein Vorbild zu haben. 70% dieser Kinder wählen als Vorbild ihre Eltern, die Jungen überwiegend den Vater, die Mädchen die Mutter. Dies geschieht vor allem dann, wenn die Eltern ihnen wichtige Fragen (Hobbys, Technik, aber auch Fragen nach Lebenszielen und Sinnfragen) beantworten und viel mit ihnen unternehmen (Zinnecker u.a.1996).

Diese positive Einschätzung der eigenen Familie wird auch von Jugendlichen geteilt. In der 2002 durchgeführten Shell-Studie gaben über 90% der befragten Jugendlichen zwischen 12 und 25 Jahren an, das Verhältnis zu ihren Eltern sei gut und 71% würden ihre Kinder genauso erziehen, wie sie selbst erzogen wurden (Jugendwerk der Deutschen Shell 2002). Eine repräsentative Jugendstudie vom Februar 2005 bestätigt dieses Ergebnis (Institut Allensbach 2005).

Über dem positiv ausfallenden Bild hinsichtlich elterlicher Zuwendung und Fürsorge darf freilich nicht vergessen werden, dass 5–10% aller Kinder vernachlässigt und misshandelt werden (Bründel/Hurrelmann 1996). Allein in Baden-Württemberg wurden 2004 242 Kindesmisshandlungen polizeilich verfolgt. Dabei ist mit einer Dunkelziffer von über 90% zu rechnen. Wegen abgeschaffter medizinischer Schuleingangsuntersuchungen, mangelndem Personal und Schweigen werden Misshandlungen gar nicht oder zu spät erkannt. Bedenkt man ferner, dass damit die Fälle von gravierender emotionaler Ablehnung, seelischer Grausamkeiten und psychosozialer Vernachlässigung noch nicht erfasst sind, dann stößt man auf eine nicht unbeträchtliche Gruppe von Kindern, die in ihren Familien leiden.

Nach Wolff (1994) haben Vernachlässigung und Misshandlung eine »soziale Matrix«. »Viele Kinder, die vernachlässigt werden, kommen aus Familien, die arm und deklassiert sind und am Rande des Existenzminimums leben. Arbeitslosigkeit, Einkommensrückgänge, Wohnungsnot und persönliche Enttäuschungen stellen die Basis für das Anwachsen von Kindesvernachlässigung und Kindesmisshandlung dar ... Vernachlässigungsfamilien sind über 90 Prozent arme Familien. Sie sind häufig abhängig von der Sozialhilfe, wohnen in den schlechtesten Wohngegenden, und ihre Wohnungen sind bei relativ großer Kinderzahl klein und obendrein schlecht ausgestattet. Der soziale Stress durch Armut, geringes Einkommen, Arbeitslosigkeit und soziale Isolation gefährdet die Beziehungen der Familienmitglieder zueinander.« (Bründel/Hurrelmann 1996, S. 284)

Nach dem Ursachenmodell für psychische Gewalt und Vernachlässigung von Engfer (1995) sind vor allem folgende Bedingungen Risikofaktoren für die Misshandlung von Kindern: (1) Spannungen in der Familie, besonders im Vorfeld von Trennung und Scheidung und bei wechselnden Partnerbeziehungen eines oder beider Elternteile, (2) wirtschaftliche Notsituation mit hoher Beeinträchtigung des Selbstwertgefühls der Eltern, vor allem bei Arbeitslosigkeit, (3) soziale Isolation der Familie in Verwandtschaft und Nachbarschaft, (4) ein gesellschaftliches Umfeld mit vielen aggressiven Handlungen und (5) Misshandlungen und Vernachlässigungen, die die Eltern in ihrer eigenen Kindheit erfahren haben.

Gewalt gegen Kinder hängt mit der Familienstruktur zusammen. Diese hat Kennzeichen von autoritärer Verfasstheit. Familien sind nach außen relativ stark abgeschottet, man kann ihnen kaum entkommen und sie haben häufig ein deutliches innerfamiliäres Machtgefälle. Diese Familienstruktur kommt rigiden männlichen Persönlichkeitsstrukturen, die sich als »Familienoberhaupt« verstehen und ein Macht- und Eigentumsrecht auf die Frau und die Kinder geltend machen, entgegen. »Gewalt gegen Kinder entsteht – so gesehen – nicht aus einer absoluten Ausnahmesituation heraus, sondern aus der Normalität von Familienkonstellationen und aus dem Beziehungsgeflecht von Familienmitgliedern, die in eine Belastungsprobe hineingeraten sind. Diese ›Perversion der Normalität‹ wird in der trotz gesetzlichem Verbot weit verbreiteten Akzeptanz von körperlicher Züchtigung der Kinder deutlich: Die Grenzen zwischen dem ›kleinen Klaps‹, der bei uns zum selbstverständlichen Repertoire von ›Erziehungs-Handlungen‹ von fast zwei Dritteln der Eltern gehört, und dem starken, ›physischen Übergriff‹ sind aber schwer auszumachen.« (Bründel/Hurrelmann 1996)

Ein besonders gravierender Machtmissbrauch ist der sexuelle Missbrauch von Kindern, der quer durch alle Sozialschichten hindurchgeht (Engfer 1995).

Grundschullehrer und -lehrerinnen wissen, dass ihre Schüler ein hohes Maß an emotionaler Zuwendung erwarten. Schulfreude und Schulerfolg sind in erheblichem Maß davon abhängig, ob das Kind seine Lehrerin oder seinen Lehrer »mag«. Dabei spielen persönliches Eingehen auf das einzelne Kind, gelegentliche persönliche Begrüßung und Verabschiedung, persönliche Gespräche, ein Händedruck, ein Streicheln über den Kopf, ein Berühren an der Schulter eine wichtige Rolle (vgl. S. 291, 301).

Emotionale Zuwendung zu den Schülern kann nicht einfach »gemacht« werden. Persönliche Echtheit ist gerade in diesem Bereich von entscheidender Bedeutung. Wer mit emotionaler Zuwendung zu den Schülern aber Schwierigkeiten hat, kann sich auch nicht einfach auf seine Eigenart berufen. Muss er unbedingt Lehrer oder Lehrerin in der Grundschule sein?

In der Grundschule werden Lehrerinnen und Lehrer auch darauf zu achten haben, dass verlässliche Regeln gelten. Diese Regeln sollten aber, wie viele Kinder von zu

Hause wissen besprochen und ausgehandelt werden. Störverhalten durch das Nichteinhalten von Regeln ist heute auch in der Grundschule eines der größten Probleme (vgl. 293 ff.). Man wird nicht fehlgehen, die Ursache hierfür auch im elterlichen Erziehungsverhalten zu suchen. Klare Regeln, Konsequenz, eingebettet in die unverbrüchlich geltende Akzeptanz und liebevolle Zuwendung zu allen Kindern sind hier wichtige Grundsätze für Lehrerverhalten. Eine besondere Bedeutung kommt in diesem Zusammenhang den in der Klasse geltenden Ritualen zu (vgl. S. 294).

Bei einem Verdacht von Kindesmisshandlung und Kindesvernachlässigung werden Lehrer gut dran tun, durch Gespräche mit dem Kind und Elterngespräche sich zunächst ein genaueres Bild zu verschaffen. Leider werden sie dann oft erleben, dass die Kinder schweigen oder Ausreden vorbringen und die Eltern den Kontakt verweigern. Dann bleibt ihnen nur noch die Möglichkeit, sich beim Kinderschutzbund oder beim Jugendamt beraten zu lassen und die Hilfe dieser Organisationen in Anspruch zu nehmen.

Berufstätigkeit beider Elternteile

Häufig ist Schuleintritt damit gekoppelt, dass die Mütter wieder eine Berufstätigkeit aufnehmen. 40% der Mütter von Schulanfängern sind heute berufstätig, 2004 hatten 57% aller Kinder unter 10 Jahren eine berufstätige Mutter. Zur Umstellung auf die neue Situation Schule hat das Kind dann noch die geringere Verfügbarkeit der Mutter oder die Tatsache zu verkraften, dass die Mutter wegen der beruflichen Belastung ihm nicht mehr jenes Ausmaß an Geduld und Nachsicht entgegenbringt, wie es dies vielleicht von früher gewohnt war. Die Versorgung des Kindes vor Unterrichtsbeginn, die Betreuung am Nachmittag, die Überwachung der Hausaufgaben und der Freizeit werden oft zu einem gravierenden Organisationsproblem. Manche Kinder kommen zu spät oder verhetzt, ohne Frühstück zum Unterricht. Nach Schulschluss müssen sie die Zeit überbrücken, bis ein Familienmitglied nach Hause kommt. Viele Eltern erwarten, dass sich das Kind allein das Essen warm macht und selbstständig seine Schulaufgaben erledigt. Am Nachmittag, evtl. auch am Morgen, wird manches Kind mit Fernsehen »beschäftigt«, was vielen Eltern immer noch lieber ist, als wenn es sich auf der Straße herumtreibt. Viele Eltern wissen nicht, wo sich ihre Kinder nachmittags aufhalten und welche Freunde sie haben. Das muss nicht immer so sein, kann sich aber leicht als Folge der Doppelbelastung durch Beruf und Haushalt einstellen. Zahlreiche Forschungsergebnisse haben gezeigt, dass die Erwerbstätigkeit der Mutter per se noch nichts über Chancen und Risiken in der Entwicklung der Kinder aussagt. Entscheidend sind die Qualität der Ersatzbetreuung (etwa jedes vierte Kind hat heute zu bestimmten Tageszeiten mit zusätzlichen Betreuungspersonen zu tun), die Mithilfe des Ehemanns, die Arbeitsbedingungen, die Zufriedenheit der Mutter mit ihrer beruflichen Tätigkeit, die Zeit und Kraft, die ihr noch für die Betreuung ihrer Kinder bleibt.

Berufstätigkeit beider Eltern ist immer noch schwer mit der Versorgung der Kinder und dem Erziehungsalltag zu verbinden. Zwar hat in allen Parteien in den letzten Jahren ein Politikwechsel eingesetzt. Das neue Konzept, es trägt die Bezeichnung »nachhaltige Familienpolitik«, zielt auf die bessere Vereinbarkeit von Familie und Beruf, den Ausbau von Kinderbetreuungseinrichtungen, finanzielle Besserstellung von Familien mit Kindern, Ausbau der Schulen zu Ganztagesschulen. Aber immer noch warten über 1,2 Millionen Kleinkinder auf einen Betreuungsplatz, und das Angebot an Ganztagsschulen ist, von Bundesland zu Bundesland unterschiedlich, im Vergleich zu anderen europäischen Ländern niedrig.

Viele Lehrerinnen und Lehrer haben in ihren Klassen Schülerinnen und Schüler, die zu viel sich selbst überlassen sind, keine geregelten Mahlzeiten erhalten, gehäuft fernsehen, ihre Hausaufgaben schlampig erledigen. Nicht selten stellen sie bei diesen Kindern auch gehäuft Lern- und Verhaltensdefizite fest.

Scheidungskinder, Kinder mit nur einem Elternteil

Wenn in der Schule von »zu Hause«, von Eltern oder von Familie gesprochen wird, löst das bei Kindern ganz unterschiedliche Assoziationen aus. Die meisten Kinder, 2003 waren es 85%, erleben zu Hause die traditionelle Familie mit leiblichem Vater und leiblicher Mutter. Andere aber wachsen in Stief- und Fortsetzungsfamilien oder in Patchworkfamilien auf, in denen die zusammen mit ihnen aufwachsenden Kinder nicht leibliche Geschwister und ein Elternteil nicht der leibliche Vater oder die leibliche Mutter sind. Eine zunehmende Zahl von Kindern hat Eltern, die nicht verheiratet sind. Viele Kinder leben mit nur einem Elternteil zusammen, meist der Mutter, manchmal, weil der Vater gestorben ist, meist aber wegen Trennung der Eltern. Die Zahl der Ehescheidungen hat in den letzten 30 Jahren drastisch zugenommen; die Scheidungsrate (das ist der Prozentsatz der Ehescheidungen eines Jahrs bezogen auf Eheschließungen in diesem Jahr) hat sich mehr als verdoppelt. Sie betrug 2003 (bezogen auf die Eheschließungen in diesem Jahr) in Westdeutschland knapp 43%, in Ostdeutschland 37,1%. 2004 wurden 213.700 Ehen geschieden, die Hälfte davon mit minderjährigen Kindern. Betroffen waren 168.859 Minderjährige.[1] Bis zum Alter von 18 Jahren erlebt ca. jedes fünfte Kind die Scheidung seiner Eltern. Zwar sind Familien mit kleineren Kindern etwas weniger betroffen, dafür steigt aber die Zahl der von Anfang an Alleinerziehenden. 16% aller Kinder im Alter bis zu 10 Jahren leben mit nur einem Elternteil zusammen. 2005 gab es in Deutschland 2,3 Millionen Alleinerziehende mit Kindern unter 18 Jahren.

Die Gründe für die zunehmende Instabilität der Ehen sind unterschiedlich. Die emotionalen Ansprüche der Partner, vor allem der Frauen an eine Partnerschaft, sind gestiegen. So ist nach Nave-Herz auch die Enttäuschung über die Beziehung der entscheidende Grund für eine Trennung. Als verstärkende Bedingungen (Stressoren)

1 Pressemitteilung des Statistischen Bundesamts Wiesbaden vom 13. Juli 2005 (Quelle: Destatis.de).

kommen die Erwerbstätigkeit der Frau, unbefriedigende innerfamiliäre Arbeitsteilung, unregelmäßige Arbeitszeiten und berufsbedingte längere Abwesenheit sowie Untreue eines Partners hinzu. Entsprechende gesellschaftliche Rahmenbedingungen erleichtern die Trennung. Diese sind in gewandelten Wertvorstellungen (der institutionelle Charakter der Ehe und religiöse Bindungen haben an Bedeutung verloren), in der Entdiskriminierung von Scheidung (Scheidung wird immer häufiger als legitime Form ehelicher Konfliktlösung akzeptiert) und der größeren wirtschaftlichen Unabhängigkeit der Frauen von ihren Männern zu suchen (vgl. Nave-Herz u.a. 1990; Schneider 1990).

Sehr eindringlich stellen Hurrelmann und Unverzagt (2000) die durch Scheidung ausgelösten seelischen Belastungen von Kindern dar. Fragt man Kinder nach dem Schlimmsten, das ihnen passieren könnte, nennen sie an erster Stelle den plötzlichen Tod eines Elternteils. Gleich danach folgt aber die Vorstellung, dass die Eltern sich trennen könnten. Daraus kann man ermessen, welch gewaltigen Einbruch in ihr Leben eine Scheidung darstellt und mit welcher massiver Bedrohung ihres psychischen Lebens eine solche Veränderung verbunden ist. Die für Kinder so notwendige bedingungslose Gewissheit, zu wissen, wohin sie gehören und zu wem sie in allen Notsituationen flüchten können, ist durch die Trennung der Eltern brüchig geworden. Vater und Mutter sind für Kinder mindestens bis zu Pubertät die wichtigsten Menschen, denen sie vertrauen, bei denen sie Sicherheit und Geborgenheit erfahren und von denen sie sich geliebt fühlen. Im sicheren Nest, das die Familie darstellt und zu der auch Großeltern oder sogar Haustiere gerechnet werden, sind sie die Fixsterne. Die Eltern sind dabei mehr als nur zwei Einzelpersonen. Sie sind mehr als nur Vater und Mutter allein. Sie bilden »eine ganz eigene und in sich geschlossene Gestalt,…eine psychische Ganzheit eigener Art« (S. 71), obwohl jedes der beiden Elternteile einzeln und verschieden handelt. Scheidung bedeutet Zusammenbruch dieses ganzheitlichen Gebildes. »Eine durch Liebe zusammengehaltene Beziehungseinheit wird zerschlagen – darin liegt die eigentliche Bedrohung. Und das hat durchaus mit Tod zu tun« (ebd.).

Sicher werden diese Aussagen nicht auf alle Familien zutreffen. Dass Vater und Mutter als eine Ganzheit erlebt werden, ist in vielen Fällen eher kindliches Wunschbild als Realität. Die Trennung von einem Elternteil kann für Kinder auch eine Entlastung sein. Sie warnen aber davor, die Auswirkungen der Trennung der Eltern auf die leichte Schulter zu nehmen.

Das Faktum der Scheidung für sich allein sagt bezüglich seiner Auswirkungen auf Kinder zunächst noch wenig aus. Scheidung ist nicht gleich Scheidung. Wichtige zusätzliche Faktoren sind das Alter der Kinder, die vorausgegangene Qualität der Beziehungen zwischen den beiden Eltern, die Qualität der Beziehung zwischen dem ausziehenden Elternteil und dem Kind, das Ausmaß, in dem Kinder in die Konflikte der Eltern hineingezogen werden, der Verlauf des Scheidungsprozesses (in Hass und Wut oder so, dass die Eltern wenigstens noch vernünftig miteinander reden können), das Klima der Beziehung zwischen den beiden Elternteilen nach der Trennung, das Vorhandensein von sozialen Auffangsystemen (Großeltern, Freunde) und wie der Partner, bei dem das Kind bleibt, die Trennung verarbeitet.

Betrachten wir zunächst Probleme, die sich in der *Vorscheidungsphase* ergeben können. Ehescheidungen gehen Ehekrisen voraus, in die die Kinder mehr oder weniger stark hineingezogen werden. Kinder leiden unter der Gereiztheit der Eltern. Sie werden nicht selten Zeugen dramatischer Gefühlsausbrüche ihrer Eltern (Anschreien, Wut, eisiges Schweigen, Weinen). Evtl. wird das Kind als Bundesgenosse des einen gegen den anderen Ehepartner ausgespielt. Der Ehepartner wird dem Kind gegenüber abgewertet. Dadurch geraten Kinder in kaum lösbare Loyalitätskonflikte. Nicht selten fühlen sich jüngere Kinder, weil sie die Gründe für die Trennung ihrer Eltern nicht verstehen, mitschuldig für den Auszug des Vaters oder der Mutter. Wenn das Verhältnis des Kindes zu beiden Elternteilen gut war, wünschen Kinder bis zur Pubertät fast immer, dass die Eltern sich wieder versöhnen. Manchmal versuchen Kinder, die Ehe ihrer Eltern dadurch zu retten, dass sie krank werden, in der Schule versagen oder sonstige Schwierigkeiten machen. Über die gemeinsame Sorge für das Kind, so die teils unbewussten Phantasien, müssten die Eltern doch wieder zusammenfinden. Nicht selten nutzen Kinder die Uneinigkeit der Eltern aber auch aus, um ihre eigenen Wünsche durchzusetzen und um ein Elternteil gegen das andere auszuspielen; die elterliche Koalition und die Einheitlichkeit des Erziehungsverhaltens droht zu zerbrechen. Solche Belastungen des Kindes in dieser Vorscheidungsphase sind oft schwerer und gravierender als die Probleme, die durch die Scheidung entstehen.

Die *Scheidung* selbst wird von Kindern, die nicht verstehen, warum ihre Eltern sich trennen, als ein Geschehen, dem sie ohnmächtig gegenüber stehen, erlebt. Sie können nichts gegen die Trennung tun. Evtl. haben sie Angst, dass auch der bleibende Elternteil sie noch verlassen könnte.

Nach der Scheidung ist die schwierige Frage der Praktizierung des Besuchs- und Sorgerechts zu lösen. Wenn Kinder nicht misshandelt wurden möchten sie in der Regel Kontakt zu beiden Eltern.

Während früher die Mütter in der Regel das alleinige Sorgerecht erhielten, hat in der Justiz ein Umdenken begonnen. So kann beiden Elternteilen das Sorgerecht zugesprochen werden. Umfangreiche amerikanische Untersuchungen haben ergeben, dass es den Kindern meist besser geht, wenn beide Eltern sich das Sorgerecht teilen. Während Kinder geschiedener Eltern, so die Ergebnisse vieler Untersuchungen, meist deutlich mehr Probleme haben als Kinder, die in intakten Familien aufwachsen, ließ sich ein derartiger Unterschied bei Kindern geschiedener Eltern mit gemeinsamem Sorgerecht nicht mehr nachweisen. Diese Vorteile gelten nicht nur für Kinder, die abwechselnd bei Vater und Mutter wohnen, sondern auch für Kinder, die ständig bei der Mutter wohnen. Dabei nutzt das gemeinsame Sorgerecht gleichermaßen Kleinkindern und Jugendlichen. Das gilt unabhängig vom Ausmaß der elterlichen Konflikte in der Scheidungs- und Nachscheidungsphase. Das heißt aber nicht, dass das gemeinsame Sorgerecht in allen Fällen die für das Kind bessere Lösung ist.

Oft bleiben die Kinder aber hin- und hergerissen. Sie merken, dass es der Mutter evtl. nicht recht ist, wenn sie den Vater besuchen oder ihr nach dem Besuch erzählen, was sie mit ihm unternommen haben. Evtl. erleben sie, dass sie über den andern ausspioniert werden. Die Erziehung kann dadurch erschwert sein, dass die Mutter das bei ihr wohnende Kind auf die Erledigung seiner Pflichten drängt, während der »Samstagsvater« das Kind verwöhnt. Viele Eltern entwickeln nach der Trennung eine neue Form funktionierender Elternbeziehung und arbeiten zusammen, wenn es um das Wohl des Kindes geht. In nicht wenigen Scheidungsfamilien hetzt aber ein Elternteil die Kinder regelrecht gegen das andere auf (vgl. hierzu Bauerle/Moll-Strobel 2001). Das führt bei Kindern, die bislang zu diesem Elternteil gute Beziehungen hatten, zu einer Entfremdung, dem sogenannte PAS (Parental alienation syndrom). Dieser Sachverhalt ist nicht nur für das Kind äußerst problematisch, der Tatbestand kann heute auch gerichtlich verfolgt werden. Es ist aber darauf hinzuweisen, dass es zur Entfremdung von einem Elternteil nicht nur als Folge der negativen Beeinflussung des Kindes durch den anderen Elternteil kommen kann, sondern auch dadurch, dass die betroffenen Kinder von sich aus ihre Einstellungen zu den Eltern in eine stimmige Balance bringen. Diese Einstellungskonsistenz ist eher gegeben, wenn bei einer schlechten Beziehung der beiden Elternteile zueinander das Kind zu dem Elternteil, bei dem es wohnt, eine positive und zu dem anderen eine negative Einstellung entwickelt, als wenn es beiden Elternteilen gegenüber eine positive Einstellung hat, während die beiden Eltern sich nicht mögen. In der Sozialpsychologie ist dieser Sachverhalt als Balancetheorie seit langem bekannt (vgl. Heider 1977). Die nachstehenden Grafiken können das verdeutlichen:

Beispiele für ausbalancierte Einstellungen

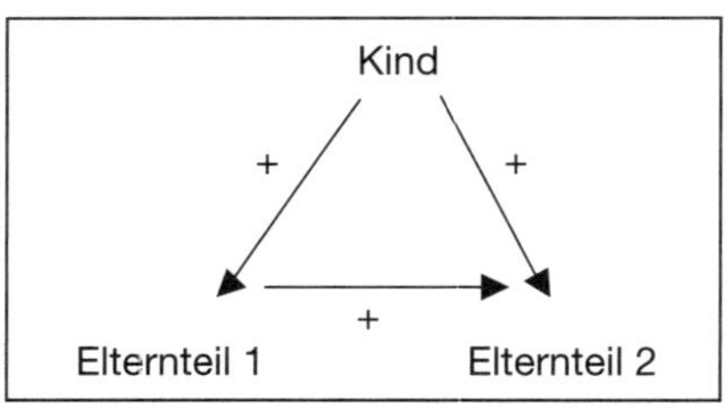

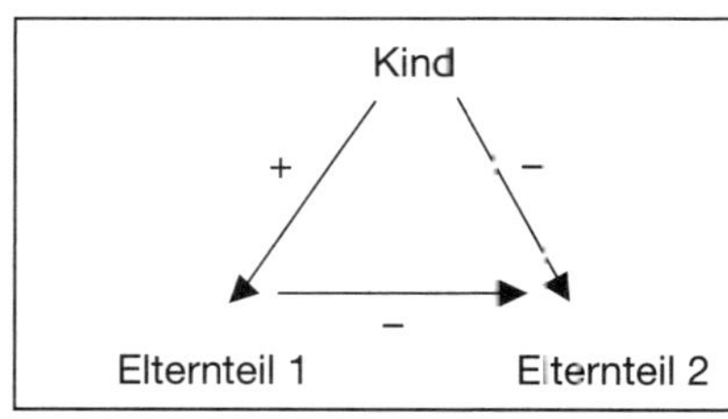

Das Kind hat eine positive Einstellung gegenüber beiden Elternteilen wie auch die beiden Elternteile zueinander eine positive Einstellung haben (Grafik links).
Das Kind hat nur zu einem Elternteil eine positive Einstellung, wie auch das eine Elternteil das andere nicht mag (Grafik rechts).

Beispiel für eine nicht ausbalancierte Einstellungsstruktur

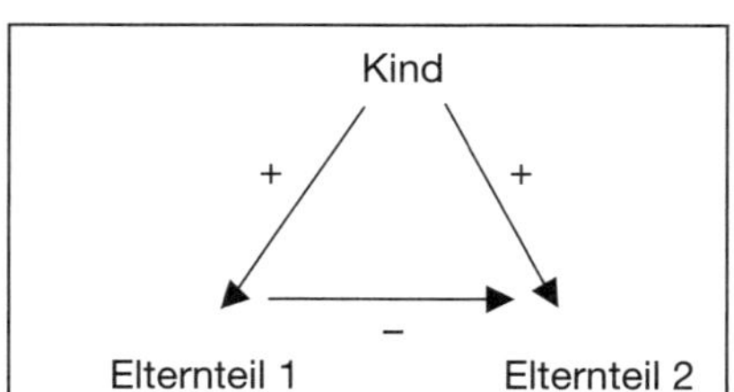

Kind hat beiden Elternteilen gegenüber eine positive Einstellung, während ein Elternteil das andere ablehnt.

Nicht vergessen werden darf, dass nach einer Scheidung die finanzielle Situation der Restfamilie meist schwierig ist. Etwa ein Drittel der geschiedenen Frauen lebt von der Sozialhilfe. Viele Mütter gehen wieder zur Arbeit. Dann wird die Zeit für das Kind knapper, Organisationsprobleme (Fahrt zum Kindergarten, zur Schule, wer ist zu Hause, wenn das Kind heimkommt ...) nehmen zu, das Kind wird evtl. nicht mehr genügend betreut. Oft klammern sich die Mütter jetzt besonders an das Kind. »Du bist das Einzige, was ich noch habe.« Das kann zur Instrumentalisierung des Kindes für emotionale Bedürfnisse der Mutter, zu stärkerer Bindung, zu Selbstvorwürfen, weil man für das Kind zu wenig Zeit hat, zu häufigem Nachgeben gegenüber seinen Wünschen führen.

Zusammenfassend urteilt Fthenakis (1982): Die Scheidung der Eltern stellt für Kinder bis zur Pubertät im Regelfall eine erhebliche seelische Belastung dar, die sie allerdings unterschiedlich verarbeiten. Regressionen, Schlafstörungen, Depression, ängstliche Bravheit und Überanpassung, aber auch Aggression, destruktives Verhalten und Schulprobleme sind Erscheinungen, die in der Akutphase der Scheidung häufig beobachtet werden. Etwa zwei Jahren nach der Scheidung gelingt es aber den meisten betroffenen Kindern, sich in der neuen Situation zurechtzufinden. Alle Trennungskinder haben Probleme, nicht alle aber müssen Problemkinder werden. Dennoch rechnet Fthenakis damit, dass bei etwa einem Drittel der Kinder mit mittel- und längerfristigen Beeinträchtigungen ihrer Entwicklung zu rechnen ist, wobei diese durchaus auch auf Traumatisierungen vor der Scheidung zurückgehen können.

Nochmals aber sei betont, dass es nicht automatisch zu Schäden kommen muss. Im Verhältnis zu einer Hass-Ehe mit ständigem psychischem Terror oder physischen Verletzungen wird die Ehescheidung eventuell als Befreiung erlebt und stellt für Partner und Kinder wohl das geringere Übel dar. So urteilt der Schweizer Psychotherapeut Jürg Willi (1991, S. 144): »Um der Kinder willen verheiratet bleiben? Selbstverständlich nicht! Alle unsere Ergebnisse deuten darauf hin, dass Kinder, die miterleben, wie die Eltern sich terrorisieren und schlagen, dadurch noch schwerere Schäden davontragen als durch Scheidung.«

Viele Kinder haben ihren Vater gar nie gekannt. Eventuell ist auch niemand anders in die Position eines Ersatzvaters eingetreten. Kleinkinder können hier in Schwierigkeiten geraten, wenn sie sich aus der symbiotischen Einheit mit der Mutter lösen müssen. Hier wird der zweite, »alternative Stützpunkt«, der Vater wichtig. Er verbürgt Sicherheit, wenn die Angst aufsteigt, wegen der neu gewonnenen Selbstständigkeit von der Mutter verlassen zu werden (vgl. Mahler 1978; Fthenakis 1984).

Vor allem Jungen leiden unter der Abwesenheit des Vaters (Fthenakis 1982). Jungen kommen eventuell in Schwierigkeiten mit dem Erwerb ihrer Geschlechtsrolle. Sie überkompensieren ihre Männlichkeitsrolle oder prägen ihre männliche Geschlechtsidentität zu wenig aus. Mädchen haben später Schwierigkeiten, ungezwungen mit Jungen und Männern umzugehen oder fliegen auf sie. Die Situation wird möglicherweise verschärft durch die Tatsache, dass in der Grundschule überwiegend Frauen unterrichten. Wann lernen diese Kinder im Alltag einen Mann kennen? Wann lernen sie, dass die Alltagsmänner ganz anders sind als die Männer im Fernsehen?

Sicher hängt es von vielerlei Faktoren ab, wie Kinder mit der Ehescheidung der Eltern oder mit dem Fehlen des Vaters (bzw. der Mutter) zurechtkommen. Das Faktum »unvollständige Familie« für sich allein sagt für die weitere Entwicklung eines Kindes wenig aus. Zu den stützenden Faktoren könnte, wenn auch nur in bescheidenem Ausmaß, die Schule gehören. Der Lehrer bzw. die Lehrerin sollte eine verlässliche, das Kind akzeptierende Bezugsperson sein, die aber auch klare Verhaltensregeln vorgibt.

Kinder reagieren in der Schule auf Scheidung ganz unterschiedlich. Oft gehen ihre Leistungen drastisch zurück,[1] manche Kinder werden verschlossen und ziehen sich zurück, andere kompensieren durch Disziplinstörungen verschiedenster Art. Oft wird der Umgang mit diesen Kindern recht schwierig. Zuverlässige Liebe, aber auch konsequentes Ziehen von Grenzen, wo es nötig ist, werden wichtig. Lehrerinnen und Lehrer werden die innere Not und Zerrissenheit dieser Kinder in ihrem pädagogischen Handeln berücksichtigen. Bei der Behandlung des Themas Familie und Eltern sollte die Vielzahl der familialen Lebensformen angesprochen werden. Betroffene Kinder sollten wissen, dass viele andere Kinder mit ihnen in der gleichen Situation sind, dass Scheidung und Leben in einer Ein-Eltern-Familie kein Makel ist, dass auch in anderen Familien Kinder mit Kindern zusammenleben, die nicht ihre leiblichen Geschwister sind und auch eine Ein-Eltern-Familie eine richtige Familie sein kann (vgl. hierzu Kiper 1994). Ob es sinnvoll ist, dass betroffene Kinder selbst ihre Erfahrungen thematisieren, muss von Fall zu Fall entschieden werden müssen. Eventuell kann auch der Hinweis auf einige Kinderbücher zu diesem Thema hilfreich sein.[2]

Schule und Schulerfolg sind wichtiger geworden

Modernisierung und Demokratisierung unserer Gesellschaft haben dazu geführt, dass Bildungs- und Berufschancen nicht mehr vom Beruf des Vaters abhängig sind. Allen stehen im Grundsatz (fast) alle Möglichkeiten offen.[3] Zugleich erhöht sich aber auch

1 Bossong (1995) befragte 64 Lehrerinnen und Lehrer von Grundschulen über Scheidungskinder in ihren Klassen. Die befragten Lehrer schätzten die Leistungshöhe, das Ausschöpfen der Begabungsreserven, die Bewältigung von Misserfolgen, Motivation, Konzentration, aber auch das Sozialverhalten (Aggression, soziale Integration) und die Stimmungslage der durch Scheidung betroffenen Kinder ungünstiger ein als das eines, nach Zufall diesen zugeordneten Vergleichskindes. Offen muss bei dieser Untersuchung allerdings bleiben, inwieweit das Urteil der Lehrer nicht auch auf durch Vorurteile bedingte selektive Wahrnehmung zurückgeht.

2 Für die Grundschule Klasse 1 und 2 eignen sich: Maar, N./Ballhaus, V.: Papa wohnt jetzt in der Heinrichstraße. Zürich [8]1998 und Reichstetter, F./Rieckhoff, J.: Wir sind trotzdem beide für dich da. Würzburg: arena. Für ältere Grundschulkinder seien folgende Bücher empfohlen: Härtling, B.: Fränze. Weinheim 1994: Beltz; Napoli, D.: Als Papa das Klavier mitnahm. München 2004: dtv; Schöberl, E.: Meine Eltern trennen sich. Wien 2004: Überreuter; Snoe, C./Flannery, T.: Warum wohnt Papa nicht zu Haus? Gießen 2003: Brunnen.

3 Dass die Wirklichkeit anders aussieht, hat erst kürzlich (2000) wieder die PISA-Studie aufgedeckt. In Deutschland sind Kinder aus niederen Sozialschichten in Realschulen und Gymnasien deutlich unterrepräsentiert.

das Risiko des Scheiterns, das dann nicht mehr den Lebensumständen, sondern persönlichem Versagen zugeschrieben werden muss (Beck 1986). Damit hat sich die Bedeutung von Schule für Eltern und Kinder grundlegend geändert. Schulerfolg wird wichtig, um berufliche Chancen zu sichern.

Das merkt man nicht selten bereits am Schulanfang. Die Zuneigung zu den Kindern kann darunter leiden, wenn diese nicht den in sie gesetzten Erwartungen entsprechen (Stöckli 1989, vgl. S. 269). Eltern erleben nicht selten Schule als eine Überprüfung dessen, was sie selbst in der Erziehung des Kindes geleistet haben. War bis zu diesem Zeitpunkt der elterliche Glaube an das Kind ungebrochen, so setzen jetzt Zweifel ein. Der Wert des Kindes bemisst sich für viele Kinder plötzlich an seiner schulischen Leistung.

Deswegen üben Eltern Druck aus (S. 267 ff.). Schon von der ersten Grundschulklasse an achten die meisten Eltern auf sorgfältige Erledigung der Hausaufgaben. Sie üben mit ihren Kindern, zusätzlich zu den Hausaufgaben (vgl. Paetzold 1988). Noten und der Vergleich mit anderen werden wichtig. Oft sind die elterlichen Forderungen wesentlich rigider als die der Lehrerinnen und Lehrer. Wenn Grundschulkinder Leistungsdruck empfinden, geht dies überwiegend von den Eltern aus.

Kinder verinnerlichen unter diesen Umständen die elterlichen Leistungsnormen. Dann weinen sie, weil sie drei Fehler gemacht haben oder haben Angst vor jeder kleinen Klassenarbeit, auch wenn kaum etwas von ihr abhängt. Der schulische Leistungsstand wird zur Hauptquelle des Selbstwertgefühls. Zudem kann der tägliche Kampf um die Erledigung der Hausaufgaben oder der Ärger im Zusammenhang mit den von den Eltern gegebenen Zusatzaufgaben das Verhältnis zu den Eltern belasten.

Auch die Lehrerinnen und Lehrer werden, aufgeschreckt durch das nicht befriedigende Abschneiden der 15-jährigen deutschen Schüler bei der im Jahr 2000 durchgeführten internationalen PISA-Untersuchung (vgl. Deutsches PISA-Konsortium 2001), auch in der Grundschule den Leistungsaspekt stärker berücksichtigen. Die für die Klassen 2 und 4 vorgesehenen Diagnosevergleichsarbeiten (DVA) werden sicherlich dazu beitragen.

In der 2001 durchgeführten internationalen IGLU-Grundschuluntersuchung, an der insgesamt 146.490 Grundschüler der vierten Klasse aus 35 Staaten, darunter 8.997 Schülerinnen und Schüler aus 211 deutschen Schulen teilnahmen, wurden den deutschen Grundschülern insgesamt befriedigende Leistungen bescheinigt (vgl. Bos u.a. 2003).

In der Lesekompetenz (informierende Texte und literarische Texte) lagen sie über dem internationalen Durchschnitt (11. Platz) im oberen Leistungsdrittel, wenngleich die Leistungen der drei Länder der Spitzengruppe, Schweden, Niederlande und England nicht erreicht wurden. Das Gros der Schülerinnen und Schüler erreichte so ein adäquates Leistungsniveau. Die Streuung der Leistungswerte ist, gemessen an den Werten der meisten anderen Länder, relativ nieder, d.h. dass der Unterschied zwischen guten und schlechten Lesern im Vergleich zu anderen Ländern relativ gering ist.

Aber mehr als ein Drittel des Jahrgangs erreichte von 4 möglichen Kompetenzstufen beim Lesen nur die Kompetenzstufe 2, das heißt, dass diese Schüler ohne weitere

Förderung in der Sekundarstufe auf Grund ihrer geringen Lesekompetenz bei der Erarbeitung neuer Lerninhalte in allen Fächern Schwierigkeiten bekommen werden. Auch bei den Mathematikleistungen lagen die deutschen Grundschüler deutlich oberhalb des internationalen Durchschnitts, bei den Leistungen im naturwissenschaftlichen Bereich sogar im oberen Drittel. Aber knapp ein Fünftel der Grundschüler verlässt auch in Mathematik die Grundschule mit erheblichen Schwächen. Die orthographischen Kompetenzen der Viertklässler – diese wurden nur bei den deutschen Grundschülern erhoben – konnten nicht befriedigen.

Schichtspezifische Leistungsunterschiede waren in allen Leistungsbereichen erkennbar, und Kinder aus Familien mit Migrationshintergrund schnitten ebenfalls in allen Bereichen schlechter ab als Kinder aus deutschen Familien. Die Leistungsunterschiede zwischen den Schülern insgesamt waren aber am Ende der vierten Klasse deutlich geringer als in der Sekundarstufe. Es gelingt der Grundschule also zumindest, herkunftsbedingte Benachteiligungen in Grenzen zu halten.

Berücksichtigt man hierzu die Ergebnisse der PISA-Untersuchung, ist zu sagen, dass es im Unterschied zu anderen Ländern in der Sekundarstufe nicht gelingt, die Schwächen bestimmter Schülergruppen zu verringern, sie werden vielmehr größer. Was auf der Ebene der Grundschule nicht gelungen ist, lässt sich offenbar auch später nicht mehr aufholen. So lastet also auch auf den Schultern der Grundschullehrerinnen und -lehrer ein erheblicher Erwartungsdruck.

Die Grundschule kann kein leistungsmäßiger Schonraum sein. Jedes Kind muss im Rahmen seiner Möglichkeiten gefordert und entsprechend seiner Bedürftigkeit gefördert werden. Kinder dürfen aber nicht dem durch den internationalen Vergleich angeheizten Leistungsdenken geopfert werden. Das ist der Kern der Forderung nach einer Pädagogisierung des Leistungsprinzips (vgl. S. 243 ff.) Es kann fatale Auswirkungen haben, wenn elterlicher und schulischer Leistungsdruck sich gegenseitig hochschaukeln. Dann kommt es vor, dass Lehrer, entgegen den amtliche Vorschriften, auch in den ersten Klassen Tests mit Noten oder Punkten bewerten und dies Eltern und Schülern mitteilen. Gerade leistungsschwächere Schüler können dadurch entmutigt werden und schon in den ersten Klassen die Freude an der Schule verlieren (vgl. S. 187). Vor über 70 Jahren warnte der damals führende Pädagoge Hermann Nohl (1935) davor, pädagogisches Handeln als technologische Umsetzung gesellschaftlicher Forderungen, Pädagogik unreflektiert als verlängerten Arm der gesellschaftlichen Ansprüche zu verstehen. Die gesellschaftlichen Ansprüche müssen nach Nohl vielmehr daraufhin befragt werden, welchen Sinn sie für den Aufbau und die Steigerung der Kräfte des Kindes haben und sich entsprechend eine Umformung gefallen lassen. Darin sah er das entscheidende Kriterium pädagogischen Handelns. Diese Aufgabe, die gesellschaftlichen Ansprüche ernst zu nehmen aber auch zu modifizieren, sollte in der heutigen Debatte um Steigerung der Schülerleistungen nicht vergessen werden (vgl. S. 243).

Das Thema Leistung, fordern aber nicht überfordern ist bei Elternabenden (vgl. S. 150) und der persönlichen Elternberatung immer wieder anzusprechen.

Was unternehmen Kinder am Nachmittag? Freizeitorte und Freizeitaktivitäten

Neuere Untersuchungen haben die Thesen von der Verhäuslichung der Freizeit (Zinnecker 1979, 1990), dem Mangel an Primärerfahrungen, der Verplanung durch viele Termine (Rabe-Kleberg/Zeiher 1984) und der Verinselung der Lebensräume (Zeiher 1983) relativiert.

Dass Kinder ihre Freizeit überwiegend im Haus verbringen, Kindheit also zunehmend verhäuslicht wird, legt sich als Schlussfolgerung aus der zunehmenden Verstädterung zwar nahe, wird aber durch neuere Untersuchungen nicht bestätigt. So ergab die Untersuchung des Deutschen Jugendinstituts an 2000 10- bis 12-jährigen Kindern aus verschiedenen Wohngebieten, dass 70–80%, auch Kinder in Städten (Innenbezirk München), sich in erheblichem Umfang mehrmals in der Woche draußen aufhalten (Nissen 1992). 60% der Kinder spielen überwiegend im Freien (Herzberg 1992). In den Großstädten werden öffentliche Räume (Parks, Spielplätze, Straßen) aufgesucht, in kleineren Gemeinden auch private Nahräume.

Selbst 51% der Stadtkinder geben an, gelegentlich auf der Wiese oder einem Feld zu spielen (in der Landgemeinde sind es 65%), 72% der Stadtkinder spielen auf dem Spielplatz, 45% in Parks, 20% auf der Straße, 18% auf dem Schulhof (Mehrfachnennungen waren möglich). Dabei ließ sich durch diese Studie die nahe liegende Vermutung, dass jüngere Kinder eher sich in nahen und privaten, ältere eher in öffentlichen Räumen aufhalten, nicht belegen.

In jeder Altersgruppe aber werden die öffentlichen Räume von Mädchen weniger benutzt als von Jungen.

Nach einer Untersuchung von Kustor (1996) an 10- bis 13-jährigen Mädchen aus einer Kleinstadt und mittleren Großstadt werden die Räume von Jungen und Mädchen unterschiedlich genutzt. Mädchen ab 10 Jahren treten als spielende Kinder in öffentlichen Räumen kaum in Erscheinung. Sie verbringen ihre Freizeit häufiger in Innenräumen, haben dabei aber seltener als die Jungen ein eigenes Zimmer. Mädchen erfahren so mehr Restriktionen und räumliche Einschränkungen als Jungen. Sie müssen in der Großstadt früher zu Hause sein und bewegen sich häufiger zu Fuß, während für die Jungen mit Abstand das Fahrrad das wichtigste Verkehrsmittel ist. Jungen gehen an Nachmittagen vor allem sportlichen Aktivitäten nach, Mädchen eher sozialen, indem sie etwa ihre Freundin besuchen. Ängste der Eltern verstärken hier wohl das traditionelle Rollenmuster. Das alles dürfte auch für Grundschulkinder zutreffen. Kustor befürchtet, dass sich aus geringerer räumlicher Kompetenz der Mädchen für die späteren Erwachsenen auch eine geringere Mobilität ergeben könnte.

Nach Nagl und Kirchler (1994) gaben 10-jährige Kinder, danach befragt, was sie in den letzten 14 Tagen in ihrer Freizeit unternommen hätten, am häufigsten Fahrradfahren und Zusammensein mit Freunden an, erst dann folgt das Fernsehen, unmittelbar vor sportlicher Betätigung. Das Spektrum der dort genannten Freizeitaktivitäten ist groß und viele davon können nicht zu Hause durchgeführt werden.

In einem eingeschränkten Sinn hat die These von der Verhäuslichung der Kindheit aber Gültigkeit. Nach der Untersuchung des Deutschen Jugendinstituts sind in allen

Regionen Wohnungen als Treffpunkte wichtiger als die öffentlichen Räume. Sich zu Hause treffen schließt aber nicht aus, dass die Kinder dann zum Spielen ins Freie gehen (Herzberg 1992). So ist auch die »Straßenkindheit« nicht völlig verschwunden, und es lässt sich annehmen, dass die Kinder draußen auch Primärerfahrungen machen. Auch nach der Untersuchung von Wilk (1994) an 2.745 österreichischen Kindern des vierten Schuljahrs ist das Haus (neben Feld, Wald, Wiese, Verein und Spielstraße) der weitaus häufigste Treffpunkt.

Ähnlich lässt sich auch die These von der verplanten Kindheit nach neueren Untersuchungen nicht halten oder trifft nur auf einen Teil der Kinder zu.

Nach Zeiher (1989) hatte das Zeiterleben der Nachkriegskinder eine gewisse Ähnlichkeit mit dem Zeiterleben der vorindustriellen Zeit: man orientierte sich an der natürlichen Zeit. So ist es auch heute noch weitgehend mit dem Zeiterleben von Vorschulkindern. Das Zeiterleben des heutigen Schulkindes dagegen, so nimmt Zeiher an, ist bestimmt durch die Uhr, am Morgen wegen der Unterrichtszeit, am Nachmittag wegen vielfältiger Termine. Das Empfinden der grenzenlosen, unendlichen, weitgehend frei verfügbaren Zeit wird ersetzt durch ein Zeiterleben nach dem Terminkalender. Wie für Erwachsene wird Zeit dabei zu einem knappen Gut.

Nach den Untersuchungen des Deutschen Jugendinstituts haben dagegen 22% der 8- bis 12-jährigen außer der Schule überhaupt keine Termine, 47% ein bis zwei Termine pro Woche, allerdings 31% auch drei und mehr. Fast alle Kinder geben an, noch genügend Zeit zum Spielen im Freien mit Freunden zu haben (Nissen 1992). Möglicherweise ist die Vorstellung des von Terminen gehetzten Kindes eher eine Projektion der Erwachsenen.

Auch die Belastungen durch Schule und Hausaufgaben halten sich in Grenzen. Nach der gleichen Untersuchung benötigen 70% der Grundschüler weniger als eine Stunde Zeit für Hausaufgaben, 20% eine bis eineinhalb Stunden, während 10% der Kinder angeben, mehr als eineinhalb Stunden Hausaufgaben zu machen (Elskemper-Mader 1992). In allen Schultypen sind Mädchen dabei fleißiger als Jungen.

Selbst bei den 11- bis 12-jährigen Gymnasiasten steht noch genügend Zeit für das Spielen zur Verfügung. 38% machen weniger als eine Stunde und ebenfalls 30% eine bis eineinhalb Stunden Hausaufgaben, 30% aber mehr. Welche Auswirkungen das 8-jährige »Turbogymnasium« und die frühe Einführung einer zweiten Fremdsprache im Gymnasium auf das Freizeitverhalten von Schülern hat, bleibt noch abzuwarten.

Das Ausmaß der Freizeitaktivitäten beeinflusst nach Angaben der Schüler *nicht* die für die Hausaufgaben aufgewandte Zeit, wie auch umgekehrt die Hausaufgaben die Freizeitaktivitäten nicht beeinträchtigen. Trendmäßig sind Kinder, die mehr Hausaufgaben machen, auch freizeitaktiver (Elskemper-Mader 1992).

80% aller Kinder nehmen institutionalisierte Freizeitangebote wahr, dabei Mädchen in stärkerem Ausmaß als Jungen. Bei den Mädchen überwiegen musisch kreative, bei den Jungen Sportangebote.

Da nach der schon mehrfach zitierten Studie des Deutschen Jugendinstituts das Fahrrad oder die eigenen Füße die häufigsten Transportmittel sind, nur 20% der Kinder mit dem Auto gefahren werden und nur sehr wenige Kinder die öffentlichen Verkehrsmittel benutzen (Nissen 1992), ist auch die These von der Verinselung der Lebensräume (Zeiher 1983) mit Vorsicht zu genießen.

Die These von der Verinselung der Kindheit besagt, dass zumindest Großstadtkinder Raum nicht mehr als eine Folge verschiedener Raumzonen erleben, die, nach Art konzentrischer Kreise, im vertrauten Wohnraum beginnen und sich mehr und mehr auf entfernter liegende weniger bekannte Zonen ausdehnen. Das Leben der Kinder vollzieht sich vielmehr auf Rauminseln mit großen dazwischen liegenden unbekannten Zwischenräumen. So kennt ein Großstadtkind seine Wohnung, den Hauseingang (aber schon nicht mehr die anderen Stockwerke, an denen es mit dem Aufzug vorüber fährt), die Nahumgebung des Hauses, die drei km entfernte Schule (aber nicht, was dazwischen liegt, weil es mit der U-Bahn fährt), einen Supermarkt in der anderen Richtung, die Wohnung einer Freundin in einem anderen Stadtteil, den Garten der Oma in der 25 km entfernten Kleinstadt und einen Badestrand in Italien, den man jedes Jahr in den Ferien aufsucht.

Welche Konsequenzen ergeben sich aus dem Freizeitverhalten der Kinder für die Schule?

Obwohl es keine Veranlassung gibt, zu befürchten, dass Kinder in ihrer Freizeit keine Primärerfahrungen mehr machen und nur in ihren Kinderzimmern vor dem Fernseher sitzen, werden Grundschullehrerinnen und -lehrer gut daran tun, ihren Schülern, wo immer nur möglich, vor allem naturbezogene Erfahrungen zu vermitteln. Einmal, weil sie sicher manchen Kindern dadurch etwas Neues vermitteln, dann aber auch aus grundsätzlichen pädagogischen Überlegungen. Als Stichworte seien die reformpädagogischen Prinzipien des ganzheitlichen Lernens, des Lernens durch Erfahrung und der Erlebnispädagogik genannt. Grundschule kann, wenn auch nur in bescheidenem Rahmen, elementare Erfahrungen vermitteln: ein Gewitter im Freien, eingepackt in Regenmäntel, ein Lerngang (mit Eltern) abends um zehn Uhr im nächtlichen Wald, zwei Tage Aufenthalt auf einem Bauernhof mit Übernachten im Stroh, Lauschen auf nächtliche Tierstimmen und Beobachten der Morgendämmerung, Harz riechen und durch einen Bach waten, barfuß laufen im Gras, der Bau eines Drachens und das Erlernen des Umgangs mit dem Wind. Das alles bringt Probleme mit sich, ist vielleicht gefährlich, im Lehrplan so nicht direkt vorgesehen und muss mit den Eltern sorgfältig abgesprochen werden. Schule könnte mithelfen, kleine Ausbrüche aus der »vermauerten« (Zimmer 1986), regulierten und sterilen Kinder-Kindheit (v. Hentig 1975) zu wagen.

Auch wenn die These von der verplanten Kindheit als generalisierte Aussage nicht haltbar ist, wird es wichtig sein, manchen Eltern zu sagen, dass ein Weniger oft mehr ist, dass die Kinder unverplante Zeit brauchen, um ihrem Bedürfnis, zu verweilen, zu trödeln, spontanen Einfällen zu folgen, nachgehen zu können.

Gelegentlich ist zwischen Eltern eine regelrechte Konkurrenz entstanden, was sie ihren Kindern an Hobbys gewähren können. Wer nicht reitet, ist bemitleidenswert, wer nicht zur Malschule geht, vernachlässigt seine Kreativität, wer nicht Sport treibt, wird krank und wer nicht musiziert, verkümmert. Wer aber zu viel macht, wird zum Roboter, und aus dem Geschenk der Zeit wird die Last eines unerbittlichen Programms.

Auch die Schule selbst kann mithelfen, das Diktat der Zeit am Vormittag zu reduzieren. Viele Grundschulen arbeiten ohne Klingel oder beginnen mit einer »gleitenden« Arbeitszeit (Kinder können schon vor dem eigentlichen Unterrichtsbeginn im Klassenzimmer arbeiten). Zusehends wird versucht, Themen fächerübergreifend zu erarbeiten, um die ungewohnte und unnatürliche Fächer- aber auch Zeitzerstückelung aufzubrechen. Kinder können so leichter ihrem persönlichen Zeitrhythmus folgen. Auch Freie Arbeit (vgl. S. 294) kann dazu beitragen, Kinder vom Diktat der Zeit zu entlasten. Schule, die zweifelsohne zeitliche Zwänge setzt, sollte das Diktat der Zeit nicht einfach verschärfen, sondern ihm auch entgegenwirken.

Freundschaften und Kontaktstrukturen

Wenn früher Kinder auf die Straße gingen, konnten sie sicher sein, andere Kinder aus der Nachbarschaft zu treffen, jüngere und ältere, freundliche und weniger freundliche. Diese Spielgruppe war gleichsam durch die Straße, in der man wohnte, vorgegeben. Heute ist das anders. Die Zahl der Kinder, die in der Nachbarschaft wohnen, ist geringer geworden. Zudem kann man auf der Straße aus Verkehrsgründen vielfach gar nicht mehr spielen.

An die Stelle der schicksalhaft vorgegebenen Kinderspielgruppe ist heute das »Verabredungsgeflecht« (Krappmann/Oswald 1985; Zeiher 1989) getreten. Es ist ein soziales Netzwerk von 6–8 Kindern, hauptsächlich Klassenkameraden, das sich als Ganzes nie trifft, aus dem aber einzelne Kinder ausgewählt und eingeladen werden. Dieses »Kindergeflecht« besteht aus Kindern mit ähnlichen Interessen, aus Kindern, die einem sympathisch sind.

Die Untersuchung des Deutschen Jugendinstituts belegt diese These und zeigt, dass die Spielkontakte vor allem durch Verabredungsgeflechte zu Stande kommen. Das gilt auch für Kinder auf dem Land (Herzberg 1992). Nur 17% der 8- bis 12-Jährigen vertrauen darauf, dass man auch ohne Verabredung einen Freund treffen könnte. Ohne Vorplanung loszurennen wagen eher jüngere Kinder als ältere und eher Jungen als Mädchen. Die Verabredung erfolgt über die Schule oder das Telefon, meist beides zusammen.

Der Vorteil dieser Kontaktstrukturen liegt in der Möglichkeit der Auswahl der Spielgefährten und in der Erfahrung, dass man selbst aktiv werden muss. Dies ist aber auch ihr Nachteil. Die Kontakte sind einseitig. Man trifft sich nur noch mit jenen Kindern, die man mag. Die Kontakte sind auch in gewissem Sinn unverbindlich. Wenn mit einem bestimmten Kind Probleme auftreten, wird es eben nicht mehr eingeladen. Da waren die Erfahrungen mit der Kinderhorde der Nachbarschaft sicher vielfältiger. Dort wurden andere soziale Kompetenzen gelernt. Dort musste man auch lernen, sich durchzusetzen oder sich zu schützen. Dabei sollen diese nachbarschaftlichen Kinderhorden keineswegs idealisiert werden. Man war auf diese Kinder angewiesen, musste sich – wollte man nicht allein bleiben – mit ihnen arrangieren, manche litten auch unter ihnen.

Kinder haben in der Regel mehrere Freunde. Die Hälfte der in der oben genannten Untersuchung des Deutschen Jugendinstituts befragten Kinder gab an, drei oder mehr Freunde zu haben. Viele Kinder möchten diesen Kreis noch erweitern. Der Freundeskreis setzt sich überwiegend aus Klassenkameraden oder Kindern aus der gleichen Schule zusammen (80%). Dennoch spielt auch das Wohnumfeld für die Wahl der Freunde noch eine gewisse Rolle. Meist überschneiden sich Wohnfeld und Schulzugehörigkeit. Dass Freunde über die institutionalisierten Freizeitangebote gefunden werden, ist nur selten der Fall. Eher ist es umgekehrt. Vereinsmitgliedschaften kommen über vorher bereits bestehende Freundschaften, seltener Freundschaften über einen Verein zu Stande (Herzberg 1992).

Etwa 10% der Kinder aber haben keine Freunde und spielen meist allein. In der Stadt steigt dieser Prozentsatz auf 21%. Was sind das für Kinder? Es sind gleich viele Jungen wie Mädchen, und die Kinder kommen aus allen sozialen Schichten. Es sind nicht Einzelkinder, wie man vielleicht vermuten könnte. Es sind nicht Kinder, die erst kürzlich zugezogen sind, Kinder, die wegen beschränkter Wohnverhältnisse keine Freunde einladen können, Kinder, die wegen vieler Termine keine Zeit haben oder besonders viel Zeit vor dem Fernseher verbringen. Allenfalls ein schwer interpretierbarer Stadteffekt fällt auf. Nach Aussagen der Eltern handelt es sich bei den Alleinspielern eher um schüchterne, erwachsenenorientierte Kinder. Nach Herzberg (1992) dürfen diese Kinder nicht als sozial isoliert angesehen werden. Sie fühlen sich weder ausgeschlossen noch einsam. Am plausibelsten ist die Vermutung, dass sie andere Präferenzen setzen und einfach lieber allein spielen möchten.

In der Schulklasse finden Kinder ein soziales Gebilde vor, das sie sich nicht auswählen und aus dem sie nicht einzelne Kinder abwählen können. Sie treffen dort auf Kinder, mit denen auszukommen vielleicht nicht leicht ist, gegen die man sich behaupten muss, vor denen man sich vielleicht fürchtet, die man vielleicht erst im Lauf der Zeit zu schätzen lernt oder die einem gleich von Anfang an sympathisch sind.

Die Schulklasse mit den schicksalhaft verordneten Klassenkameraden stellt so ein einzigartiges Soziotop dar, dessen Bedeutung für das Erlernen sozialer Kompetenzen sehr bedeutsam ist. Die Integration aller Kinder, die Pflege des Zusammenlebens und Zusammenarbeitens mit allen, hat gerade angesichts der veränderten Kontaktstrukturen von Kindern erhebliche Bedeutung.

Wenn Kontakte zwischen den Kindern heute überwiegend über Verabredungsgeflechte zu Stande kommen und diese hauptsächlich aus den Kindern der Schulklasse bestehen, kann es passieren, dass Kinder, die in der Schulklasse eine Außenseiterposition einnehmen, aus solchen Verabredungsgeflechten herausfallen und leicht auch in der Freizeit in eine soziale Isolation geraten. Grundschullehrerinnen werden deshalb ein besonderes Augenmerk darauf zu richten haben, dass möglichst alle Kinder in der Klasse in eine der verschiedenen Kindercliquen integriert sind.

Fernsehkindheit

Kindheit heute ist Fernsehkindheit, so hatte bereits 1975 Hartmut v. Hentig in seinem Vorwort zu Ariès »Geschichte der Kindheit« lapidar festgestellt.

Der tägliche Fernsehkonsum bei den 6- bis 9-Jährigen beträgt im Durchschnitt gut 1,5 Stunden, bei den 10- bis 13-Jährigen knapp zwei Stunden. Die Schwankungsbreite ist aber sehr groß. Teilt man die Kinder nach der Fernsehdauer in zwei gleich große Gruppen, die Wenigseher und Vielseher, so liegt der Mittelwert der Vielseher bei über drei Stunden, der der Wenigseher nur bei einer Stunde. Wenn ein Kind ein eigenes Fernsehgerät hat – 2003 waren es 37% der Kinder – schaut es mehr fern, desgleichen Kinder, denen über Kabel- und Satellitenempfang viele Programme zur Verfügung stehen (Feierabend/Klingler 2004). Immer ist etwas dabei, was den Kindern gefällt. Nach einer älteren Untersuchung von Hurrelmann (1989) sieht jedes dritte Kind der Altersgruppe zwischen 6 und 8 Jahren pro Woche 30 Stunden fern, ein Viertel regelmäßig Sendungen bis Mitternacht. Hinzu kommen die Stunden, die Kinder mit Videospielen verbringen.

Kindheit heute, ist Medienkindheit, so die etwas plakative Vereinfachung. Vom Kleinkindalter vermitteln den Kindern Bildmedien ein Bild von der Welt, d.h. ihr Weltbild wird in hohem Maß von Medien bestimmt (Hopf 1996).

Die von Liselotte Wilk und anderen 1991 an 2.745 österreichischen 10-jährigen Kindern durchgeführte Untersuchung liefert hinsichtlich des Fernsehkonsums der Kinder und seiner Abhängigkeit von familiären Rahmenbedingungen detaillierte Daten. Diese Untersuchung ist für uns deshalb besonders aufschlussreich, weil hier gezielt das Fernsehverhalten von Grundschülern (vierte Klasse) erfasst wird. Danach sehen 50% der Kinder täglich zwei oder mehr Stunden fern. Solche Kinder, die täglich mehr als zwei Stunden fernsehen, werden üblicherweise als Vielseher bezeichnet. Nicht wenige Kinder sahen am Tag drei Stunden und länger fern, an Wochentagen waren es über 26%, an Samstagen sogar 45%. Zwei Drittel der Kinder sitzen mindestens einmal in der Woche bis spät in die Nacht hinein (d.h. noch nach 22.00 Uhr) vor dem Bildschirm, 20% zwei bis drei Mal, 9% mehr als drei Mal.[1]

Die meisten Kinder sitzen allein vor dem Fernsehgerät. Sie erhalten also von den Eltern wenig Hilfe für das Verstehen, keine Orientierungs- und Bewertungshilfen. Auch wenn Eltern und Kinder gemeinsam fernsehen, kann daraus nicht geschlossen werden, dass auch Gespräche über den Inhalt der Sendungen zu Stande kommen. Gemeinsames Fernsehen schafft meist nur die Illusion von Gemeinsamkeit.[2] Dass Möglichkeiten fehlen, die Erlebnisse im Gespräch zu verarbeiten, ist unter anderem deswegen problematisch, weil die emotionalen Erinnerungen, die durch die Bilder

1 Werden die Eltern hinsichtlich der Fernsehgewohnheiten ihrer Kinder befragt, erhält man niederere Werte. Beschönigen die Eltern oder wissen sie nicht, wie lange ihre Kinder fernsehen? Oder übertreiben die Kinder?

2 Nach Hurrelmann (1989) kann man sagen: Je mehr gelesen wird, desto mehr wird in der Familie auch gesprochen; je höher der Fernsehkonsum, desto weniger gemeinsames Gespräch über die Inhalte.

hervorgerufen werden, nachweislich länger im Gedächtnis haften bleiben als die kognitiven. Kinder, die nachmittags weder vom Vater oder der Mutter betreut werden, sehen mehr fern.[1] 31% der Kinder entscheidet über die Auswahl der Sendungen allein, 27% geben an, dass sie auch über die Dauer ganz allein entscheiden.

Unter den *Vielsehern* (Kriterium zwei und mehr Stunden pro Tag) gibt es mehr Jungen als Mädchen. Bei ganztägiger Berufstätigkeit der Mutter steigt nach dieser österreichischen Untersuchung der Anteil der Vielseher auf über 70%. Unter den Vielsehern sind besonders viele Kinder, die ohne die Eltern ganz allein entscheiden, was und wie lange sie fernsehen wollen. 72% der türkischen Kinder sind Vielseher.

Vielseher geben an, beim Fernsehen manchmal Angst zu haben, zu schwitzen, Herzklopfen und kalte Hände zu bekommen. Drei Viertel von ihnen geben an, »überhaupt nicht gern« in die Schule zu gehen!

Als Gründe für Fernsehen nennen knapp drei Viertel der Kinder Langeweile, zwei Drittel möchten eine Sendung sehen, die ihnen gefällt, 61% sagen, sie sähen fern, wenn sie allein zu Hause sind, 68%, weil sie draußen nicht spielen können (etwa wegen Regen), 28% sehen bestimmte Fernsehsendungen an, weil diese auch von ihren Freunden angesehen werden.

Neben dem Fernsehen ist der Gebrauch des *Computers* nicht zu unterschätzen. Knapp ein Drittel aller Grundschüler besitzt einen Computer, auf dem manche zwar auch Lernprogramme absolvieren, die meisten aber überwiegend spielen (Glogauer 1993). Hinzu kommen die elektronischen Geräte für Videospiele, die viele Kinder besitzen. Hier gibt es Geschicklichkeitsspiele, Denkspiele, Sportspiele, Strategiespiele, drei Viertel aller derartigen Spiele befassen sich aber nach Glogauer mit Eroberung, Zerstörung, Schießen und Töten. *Videospiele* sind in ihrer grafischen Gestaltung nicht nur immer realistischer, sondern auch immer gewalthaltiger geworden. Im Unterschied zu Gewalt im Fernsehen wird in diesen Spielen Gewalt nicht nur passiv konsumiert sondern aktiv trainiert.

So wird etwa durch das Ansammeln von Punkten Gewalt belohnt, der Spieler identifiziert sich mit der Gewalt ausübenden Figur, die er bedient, das wiederholte Betrachten eindrücklich dargestellter Gewaltszenen führt zu einer Abstumpfung. Die lerntheoretischen Befunde belegen eindeutig, dass diese Mechanismen die Wiederholung der entsprechenden Handlung begünstigen. Amerikanische Untersuchungen wiesen einen signifikanten Anstieg feindseliger Handlungen nach gewalthaltigen

1 Nach einer Untersuchung von Hurrelmann, B. u.a. (1995) ist das Fernsehproblem gravierend bei Alleinerziehenden und in kinderreichen Familien. Die Autoren vermuten als Grund hierfür, dass bei diesen Personengruppen die finanziellen Ressourcen niedrig sind, so dass den Kindern keine Alternative zum Fernsehen geboten werden kann. Die ungünstigen Lebensbedingungen bewirken, dass hier Kinder, aber auch die Eltern mehr fernsehen. Während der Zeit, in der Alleinerziehende ihrem Beruf nachgehen oder die Hausarbeiten verrichten, sind die Kinder häufig sich selbst überlassen und schauen fern. In kinderreichen Familien verleitet die Geschwisterdynamik auch jüngere Kinder zum Mitsehen mit den älteren Geschwistern. Hier sehen Eltern und Kinder besonders häufig getrennt fern. Dem Fernsehen kommt also keine familienintegrierende Funktion zu.

Computer- und Videospielen bei 14-jährigen Schülern und selbst bei Studenten nach, wobei ein Anstieg der Feindseligkeit auch bei Personen festgestellt wurde, die ansonsten wenig feindselige Tendenzen zeigten (Gentile u.a. 2004; Anderson/Dill 2000). Hierbei spielt der sogenannte Primingeffekt eine entscheidende Rolle. Es handelt sich um einen Bahnungseffekt: Vor kurzem aktivierte gedankliche Schemata (aggressionsbezogene gedankliche Schemata beim Videospiel) aktivieren später ähnliche Gedanken (in der Real-life-Situation). Aggressionspsychologen haben darauf auch im Zusammenhang mit Videokonsum hingewiesen (Bushman 2002).

Computerspiele sind deshalb so attraktiv, weil sie interaktiv sind und mehrere Kinder zusammen spielen können. Die Spiele befriedigen nicht nur das Bedürfnis nach Spannung und Spaß, man kann auch Wettkämpfe machen, gegeneinander spielen, sein Können steigern. Die Nutzungshäufigkeit liegt immerhin zwei Drittel so hoch wie beim Fernsehen. Nur Mädchen benutzen den Computer nicht einmal halb so oft wie Jungen, während es bei der Fernsehnutzung, was die Häufigkeit anbelangt, keine geschlechtsspezifischen Unterschiede gibt (Nagl/Kirchler 1994).

Fernsehen hat Auswirkungen auf Kinder, auch auf ihr Verhalten in der Schule. Im Folgenden sollen ganz unterschiedliche, teils positive, teils äußerst bedenkliche Auswirkungen aufgezählt werden. Sie zeigen die ganze Buntheit der Auswirkungen des Mediums auf die Lebenswirklichkeit und die Ambivalenz ihrer Einschätzung.

- Fernsehen weitet den Horizont der Kinder. Es führt in fremde Länder, in die Tiefen des Ozeans, in die Welt der Satelliten und der Weltraumfahrt. Niemals wussten Kinder früher wohl so viel von Tieren, von Spinnen und Schlangen, von Haien und Tiefseefischen, von Vögeln und Insekten.
- Fernsehen liefert Bezugspunkte für das eigene Rollenverständnis, Bausteine zum Aufbau der eigenen Identität und der eigenen Weltdeutung sowie Handlungsmuster für Problemlösungen.
- Fernsehen frisst einen erheblichen Teil der freien Zeit, ohne dass dadurch aber andere Freizeitaktivitäten notwendig verdrängt würden (vgl. S. 51). Fernsehen beeinflusst den Tagesrhythmus. Der Termin beliebter Kinderfernsehsendungen ist ein fixer Zeitpunkt, nach dem sich andere Aktivitäten zu richten haben.
- Bilder legen die Phantasie stärker fest als Bücher, die noch viel Raum dafür lassen, dass eigene Bilder entstehen. Das Fernsehen liefert fertige Bilder, bewegte, schnell aufeinander folgende Bilder von großer suggestiver Kraft, die Gedanken und Gefühle mitreißen. Das kann die Phantasie bei Kindern beeinträchtigen. Andererseits sollte nicht übersehen werden, dass Fernsehen die Phantasie auch anregen kann.
- Fernsehen gibt Themen vor, worüber die Kinder in der Schule sprechen. Mitsprechen können ist ein wichtiges Motiv für Fernsehkonsum bei Grundschülern. Wer bei bestimmten, bei den Mitschülern beliebten Sendungen nicht mitsprechen kann, gerät rasch ins Abseits.
- Die Dramaturgie des Fernsehens erfordert einen Szenenwechsel innerhalb von 15 Sekunden; Werbespots, bei Kindern sehr beliebt, haben gar nur eine Dauer von 3–5 Sekunden. Wer die nächste Szene verfolgen will, darf nicht lang über die ver-

gangene nachdenken. Bei einem Buch kann man eine Sache zweimal lesen oder eine Seite zurückblättern. Beim Fernsehen muss man sehen, dass man die nächste Szene nicht verpasst. Kinder lernen so, sich schnell zu orientieren, erkaufen dies aber möglicherweise mit Schwierigkeiten, bei einer Sache länger zu verweilen. Die schnellen Schnitte machen es Kindern schwer, eigene Gedanken einzubringen und Gefühle auszuleben. Hertha Sturm (1975) bezeichnete dies als die fehlende Halbsekunde.

- Der tägliche Umgang mit dem Fernsehen hat auch, unabhängig von den Inhalten, Einfluss auf den eigenen Gefühlshaushalt. »Wenn unangenehme Gefühle wie Langeweile, Angst oder Einsamkeit sich per Knopfdruck vertreiben und angenehme Empfindungen wie Entspannung oder Fröhlichkeit sich durch denselben Mechanismus herstellen lassen, lernt das Kind, sich dieser Mittel zur Steuerung seiner Gefühle zu bedienen und Stimmungen abzurufen – noch bevor es den Raum seiner eigenen Empfindungen ausgemessen hat.« (Hurrelmann/Unverzagt ^{3}2000, S. 151)
- Die Dramaturgie einer Fernsehsendung ist anders als die eines Vortrags oder eines Buches. Die Abfolge der Szenen wird weniger von der Logik der Argumentation als von Gesichtspunkten der Abwechslung und Spannung bestimmt. Es gibt keine logische Strukturierung der Inhalte. Wichtiges steht völlig gleichrangig neben weniger Wichtigem. So bleiben im Kopf nur einzelne Bilder, nicht aber geordnete Zusammenhänge zurück.
- Fernsehen hat Auswirkungen auf die körperliche Gesundheit. Spitzer (2005) weist auf eine Reihe von Untersuchungen hin, die einen Zusammenhang zwischen Übergewichtigkeit und Fernsehdauer belegen.
- Viele Kinder kommen am Morgen müde in die Schule, weil sie zu lange ferngesehen haben. Die Konzentration an Montagen liegt meist unter der von anderen Wochentagen. Wochenendstress, aber auch stärkerer Fernsehkonsum dürften dafür verantwortlich sein. Hinzu kommt ein Bewegungsstau, wenn lange ferngesehen wurde und Freizeitaktivitäten außerhalb des Hauses darunter leiden.
- Zwischen Lesehäufigkeit und Fernsehen gibt es komplexe Zusammenhänge. Lese- und Fernsehverhalten beeinflussen sich nicht wechselseitig, beide sind aber abhängig von der sozialen Schicht und vom Bildungsstatus der Eltern. »Fernsehen verdrängt zwar nicht unmittelbar und direkt das Bücherlesen, aber ein erhöhter Fernsehgebrauch führt dazu, dass diejenigen Kompetenzen und Verhaltensweisen in der Familie weniger kultiviert werden, die das Leseverhalten von Kindern sozialisieren.« (Bründel/Hurrelmann 1996, S. 241)
  Nach Bonfadelli (1988) hat allerdings das Leseverhalten in allen Altersstufen abgenommen. Glogauer (1993) sieht das im Zusammenhang mit dem gestiegenen Medienkonsum.
- Das Ausmaß des Fernsehkonsums hat Auswirkungen auf die Entwicklung der Lesekompetenz in der Grundschule. Dies hat eine empirische Untersuchung von Ennemoser (2003) an über 330 Kindern aus Bayern und Baden-Württemberg ergeben. Die Hälfte der Kinder nahm an einer Längsschnittuntersuchung teil, bei der am Ende der Kindergartenzeit die Fernsehdauer, am Ende der ersten und der

dritten Klasse jeweils Fernsehdauer und Leseleistung erhoben wurden. Von der ersten bis zur dritten Klasse nimmt die Leseleistung (gemessen als Lesegeschwindigkeit) aller Kinder verständlicherweise zu. Die Vielseher (mehr als 2 Stunden am Tag) konnten aber nicht die gleichen Leistungszuwächse erzielen wie Wenigseher (eine Viertelstunde am Tag) und Normalseher (1 Stunde am Tag). Eine pfadanalytische Auswertung der Daten ergab, dass die Fernsehdauer am Ende der Kindergartenzeit nicht nur die Leseleistung in der ersten, sondern auch in der dritten Klasse beeinflusst, letzteres unabhängig von der Leseleistung in der ersten. Aus der Fernsehdauer lassen sich also Prognosen für die Leseleistung ein oder sogar zwei Jahre später erstellen. Dieser Effekt war bei Kindern aus höheren Sozialschichten besonders stark ausgeprägt. Die tägliche Fernsehdauer wirkt sich dabei auf intelligente Kinder und Kinder mit niedrigem IQ aus, auf letztere besonders stark. Dieser Effekt tritt schon bei einer Fernsehdauer von täglich 2 Stunden auf, nicht erst, wie schon vermutet, bei drei oder vierstündiger täglicher Fernsehdauer. Es ist also nicht gleichgültig, ob Kinder am Ende der Kindergartenzeit oder in der ersten Klasse eine Viertelstunde oder zwei Stunden täglich fernsehen. Die Untersuchung ergab zudem, dass die Fernsehdauer im Kindergarten in hohem Maß mit der Fernsehdauer in der ersten und dritten Klasse korreliert, die Kinder behalten also ihre Fernsehgewohnheiten, was die Dauer des Fernsehens anbelangt, weitgehend bei.

- Die von den Kindern gern gesehenen Werbespots können Wünsche und eine latente Dauerunzufriedenheit erzeugen. Immer wird etwas gezeigt, was man noch nicht hat, aber laut Fernsehen haben sollte.
- Fernsehen kann zu einer Quelle von Aggression werden. Für die Öffentlichkeit gilt Gewalt in den Medien seit Jahren als eine zentrale Ursache für die Zunahme von Gewalt in der Gesellschaft, vor allem bei Jugendlichen. Lange Zeit wurde diese Meinung in Frage gestellt. Die Ergebnisse empirischer Untersuchungen waren teilweise widersprüchlich (teilweise waren die Auftraggeber solcher Untersuchungen die Medienkonzerne selbst, die ein Interesse an sprudelnden Einnahmequellen durch hohe Zuschauerquoten hatten) und die Effektstärken niedrig. Gelegentlich wurde unter Bezugnahme auf die (inzwischen widerlegte) Katharsishypothese sogar behauptet, durch Fernsehen werde vorhandene Aggression abgebaut. Derartige Behauptungen können seit 20 Jahren seriöserweise nicht mehr aufrechterhalten werden. Eine Fülle von ganz unterschiedlich angelegten Untersuchungen (Querschnittuntersuchungen, Längsschnittuntersuchungen, Feldstudien, Laborexperimente) kam zu dem weitgehend einhelligen Ergebnis, dass durchaus Zusammenhänge zwischen häufig beobachteter Gewalt im Fernsehen und erhöhter Aggressivität bestehen. Schon vor über 30 Jahren ergab eine Studie von Eron, Walder und Lefkowitz (1972), dass eine vergleichsweise hohe Aggressivität von 18-Jährigen mit relativ häufigem Sehen von Gewaltfilmen im Alter von 8 Jahren einherging. Andere Untersuchungen kamen zu ähnlichen Ergebnissen. Eine Metaanalyse von mehr als 1.000 Untersuchungen (Comstock/Paik 1991) ergab ein ziemlich eindeutiges Bild. In allen Arten von Studien wurde festgestellt, dass sich Gewalt im Fernsehen

kurzfristig auf das Verhalten der Zuschauer auswirkt. Was langfristige Auswirkungen anbelangt, konnten zumindest signifikante Zusammenhänge zwischen der Menge der im Fernsehen beobachteten Gewalt und der Ausprägung der Tendenz zu aggressivem Verhalten nachgewiesen werden. Gewalt im Fernsehen steigert die aggressiven Tendenzen des Zuschauers vor allem, wenn die Gewalt Erfolg hat und straffrei bleibt, wenn das Leid der Opfer nicht ausgemalt wird und die Täter als Helden dargestellt werden, wenn die Aggression realistisch und nicht als Phantasieprodukt oder Fiktion dargestellt wird und wenn die Zuschauer die Darstellung in einem Zustand emotionaler Erregung betrachten, die eine distanziertere und kritischere Einstellung verhindert. Modelllernen, Desensibilisierung gegenüber brutalem Vorgehen, Abbau von Hemmungen, die Vorstellung, Gewalt sei etwas Normales sind die entscheidenden Mechanismen, die die höhere Gewaltbereitschaft fördern. »Wenn Kindergehirne die Regeln aus den gesehenen Gewaltszenen extrahieren, dann kann sich in ihrem Frontalhirn nur das Folgende in Form breiter Trampelpfade ergeben: Gewalt gibt es sehr viel in der Welt, sie löst Probleme und hierzu gibt es keine Alternative, sie tut nicht weh und der Gewalttäter kommt ungeschoren davon.« (Spitzer 2005, S. 161)
Als besonders gefährdet müssen Kinder und Jugendliche gelten, die eine ohnehin schon hohe Aggressionsneigung haben, in deren Freundeskreis Aggression weit verbreitet ist, die allein fernsehen und mit niemandem über die Sendungen reden können bzw. in deren Familie es generell wenig Kommunikation gibt. Dabei ist das Geschlecht (besonders gefährdet sind Jungen) eine entscheidende Moderatorvariable.
Kinder, die in ihrer Familie und in ihrem Umfeld selbst Opfer von Gewalt sind, suchen sich häufiger Sendungen mit aggressivem Inhalt aus. Groebel (1981) konnte nachweisen, dass ängstliche Kinder bevorzugt gewalthaltige Sendungen ansehen und so in ihrer Angst weiter verstärkt werden.
Im deutschen Fernsehen haben Gewaltdarstellungen seit den 80er-Jahren ständig zugenommen. Die Einführung der kommerziellen Sender 1984 brachte auch für das öffentlich rechtliche Fernsehen einen starken Konkurrenzdruck. Da gewalthaltige Sendungen höhere Zuschauerquoten bescheren und diese sich in Einnahmen durch Werbung niederschlagen, zog das öffentliche Fernsehen nach. Nach Lukesch u.a. (2004) kam in 78,7% aller Sendungen einer Stichprobe von 712 Fernsehsendungen (von ARD, ZDF, BR 3, 3Sat, Arte, Kika, RTL, Sat 1, Pro Sieben, RTL 2, VOX, Kabel 1, Super RTL, Viva und DSF) Gewalt vor. Zu Beginn der 90er-Jahre lag dieser Wert noch bei 47,7% (Groebel/Gleich 1993). In jeder Stunde Fernsehen werden im Durchschnitt 4,12 schwerste Gewalttaten (z.B. Morde) und 5,11 schwere Gewalttaten (z.B. jemanden schlagen) gezeigt. Auch Kindersendungen machen hier keine Ausnahme. Die Gewaltdarstellungen häufen sich genau zu der Zeit, in der die 3- bis 13-Jährigen besonders häufig fernsehen.
Die häufig vertretene Meinung, dass die meist gewalthaltigen Zeichentrickfilme von Kindern eher als lustig denn als gewalthaltig eingestuft und von den Kindern als Spiel interpretiert würden, kann nach Spitzer (2005) nicht aufrechterhalten

werden. Einmal können Kinder erst etwa ab dem 8. Lebensjahr zwischen Realität und Phantasie unterscheiden. Zum andern hat sich gezeigt, dass Trickfilme und Comicsendungen etwa so effektiv in der Vermittlung von Gewaltverhalten sind wie das direkte und reale Vormachen.[1]

- Es kann kaum damit gerechnet werden, dass durch Fernsehen die sprachliche Kompetenz der Kinder gefördert wird. Für die Kinder ist das Bild entscheidend, nicht die Sprache. So wird man kaum von einer »kompensatorischen Erziehung« durch Fernsehen sprechen können.[2]
- Fernsehen lässt Tabuzonen verschwinden. Darauf hat vor allem Neil Postman (1983) aufmerksam gemacht. Er bezeichnet das Fernsehen als Medium der totalen Enthüllung. Dies gilt für den Bereich der Sexualität, der Gewalt, aber auch der Entzauberung der Erwachsenen. Fernsehen trägt damit nach Postman dazu bei, dass Kindheit verschwindet.

Kinder sind nicht einfach passive Rezipienten von Fernsehsendungen. Sie sind selbst aktiv, indem sie auswählen und die gesehenen Inhalte umdeuten, mit subjektiver Relevanz versehen, auf ihrem eigenen Erfahrungshintergrund interpretieren. Dabei ist die Selbstständigkeit im Umgang mit Medieninhalten natürlich abhängig von ihrem emotional-kognitiven Entwicklungsstand. Es ist anzunehmen, dass Vorschulkinder und jüngere Kinder im Grundschulalter die dargebotenen Inhalte unmittelbar in ihr Erleben aufnehmen und Schwierigkeiten haben, zwischen Wirklichkeit und Fiktion zu unterscheiden. So wies Geretschlaeger (1990) nach, dass Vorschulkinder häufig Ängste (vor Einbrechern, Überfällen, Mord, Schießereien, Krieg) haben, die durch Fernsehsendungen ausgelöst wurden.

Die Schule tut sich schwer damit, das Fernsehverhalten von Schülern zu beeinflussen. Ferngesehen wird zu Hause, an den Nachmittagen und den Abenden. Es wäre vor allem Sache der Eltern, hier regelnd einzugreifen. Viele Eltern sind aber desinteressiert, haben kapituliert, halten das Fernsehen immer noch für das kleinere Übel, als wenn sich das Kind unbeaufsichtigt auf der Straße herumtreibt, oder lassen die Sache deshalb auf sich beruhen, weil sie selbst viel fernsehen. Die durchschnittliche Fernsehdauer der Erwachsenen liegt deutlich über der der Kinder (Darschin/Frank 1994).

Als Leitlinie für eine medienpädagogische Arbeit (vgl. Tulodziecki 1992; Hiegemann/Swoboda 1994) in der Grundschule könnte gelten:

1 Bezüglich der Zusammenhänge zwischen Gewalt in den Medien und aggressivem Verhalten der Mediennutzer siehe die zusammenfassenden Darstellungen von Kunczik 1987, 1993; Groebel 1986; Rogge 1993; Stoebe u.a. 2002; Spitzer 2005.

2 Dabei sei daran erinnert, dass in den Anfängen des Kinderfernsehens in den 60er-Jahren (Sesamstraße, Rappelkiste) diese kompensatorische Funktion ausdrücklich verfolgt wurde und das Fernsehen gewillt war, Kindersendungen auf diese Funktion zu beschränken. Zudem kam es 1960 unter den Fernsehverantwortlichen zu einer Einigung darüber, aus psychologischen und pädagogischen Gründen keine Sendungen für Kinder unter 6 Jahren auszustrahlen. Durch die Übernahme amerikanischer Zeichentrick- und Serienfilme der öffentlichen Fernsehanstalten und das Aufkommen privater Fernsehsender wurde dieser Beschluss aber rasch durchbrochen.

- Fernsehen darf nicht einfach schlecht gemacht werden. Das wäre nicht nur unwirksam, sondern auch töricht. Fernsehen ist ein wichtiger Teil unserer Kultur, zudem ein wertvoller. Medien dienen nicht nur der Entspannung, sondern auch der Information. Ihre Nutzung ist nicht immer Flucht vor der Realität, sie kann auch spielerische Auseinandersetzungen mit der Wirklichkeit sein. Medien führen meist nicht in soziale Isolierung; sie eröffnen neue Kommunikationsformen und ermöglichen eine Teilhabe an der Altersgruppenkultur, auch dadurch, dass man in der Schule über Fernsehsendungen spricht. Medien befriedigen nicht nur den Erlebnishunger, das Bedürfnis nach Spannung und Abwechslung, sie können auch zu einer ernsthaften Auseinandersetzung mit Problemen anspornen und die kognitiven Fähigkeiten fördern (Greenfield 1987).
- Fernsehen muss kritisiert werden. Vor allem hinsichtlich der Gewaltdarstellungen sind Gespräche mit den Kindern notwendig. Die Kritik der Lehrerin sollte aber frei sein von Abwertung der Kinder als Person, wenn diese eine bestimmte Fernsehsendung mögen, mit der die Lehrerin nicht einverstanden ist. Statt »was, du schaust diesen Mist an« wäre besser »ich finde diese Sendung nicht so gut« und eine nachfolgende Begründung.

  Man könnte mit den Schülern etwa vereinbaren, dass möglichst alle eine bestimmte Sendung ansehen. Am nächsten Tag spricht man mit ihnen darüber, was ihnen gefallen hat und was sie nicht so gut fanden. In diesem Zusammenhang könnte auch das Thema Gewalt thematisiert werden. Erfahrungsgemäß ist es allerdings nicht leicht, sich auf eine bestimmte Sendung zu einigen.
- Die Lehrerin sollte sich das von den Kindern Gesehene nacherzählen lassen. »Das schafft Distanz zum Gesehenen, regt zum Nachdenken an, hilft der Kritikfähigkeit auf die Sprünge und legt das Fundament für die Fernsehmündigkeit.« (Hurrelmann/Unverzagt 2000, S. 163)
- Kinder sollten über ihr Fernsehverhalten nachdenken. Die meisten wissen auf Anhieb nicht, wie lange sie vor dem Fernsehapparat sitzen. Im Rahmen des Unterrichts könnte dies bewusst gemacht und problematisiert werden.
- Im Rahmen eines mit den Eltern abgestimmten und von ihnen unterstützen Klassenprojekts könnten die Schüler über zwei Tage in der Woche, dann einmal über ein Wochenende hinweg die Tagesaktivitäten vom Aufwachen bis zum Schlafengehen stundenweise auflisten. Die Ergebnisse könnten besprochen, überlange Zeiten vor dem Bildschirm (Fernsehen, Videospiele) thematisiert und Alternativen hierzu angeregt werden.
- Kinder sollten angehalten werden, das Fernsehen selektiv zu nutzen und nicht einfach herumzuzappen. Man könnte »Nutzungspläne« aufstellen. Welche TV-Sendungen sind geeignet, welche nicht? Wichtig wäre, dass Kinder lernen, den Fernseher auszuschalten, wenn eine ausgewählte Sendung zu Ende ist und nicht einfach in ein anderes Programm umzuschalten.
- Bei Elternabenden könnten gängige Videospiele der Kinder analysiert werden. Vielen Eltern ist nicht bewusst, welche problematischen Einflüsse auch von Spielen ausgehen können (vgl. hierzu Spitzer 2005).

- Auch Grundschulkinder könnten durch kleine Videoprojekte einen ersten Einblick in die Tricks gewinnen, mit denen im Film und im Fernsehen Realität vorgetäuscht wird. Vor allem für die jüngeren Kinder wäre es wichtig, auf diese Weise zwischen Realität und Fiktion unterscheiden zu lernen.
- Vor allem muss daran gearbeitet werden, Kinder für das Lesen zu begeistern. Viele Kinder lesen keine Bücher, weil sie nicht richtig lesen können, sie können nicht richtig lesen, weil sie keine Bücher lesen (Bamberger 1975). Die Bücherecke, Lesen im Rahmen von Freier Arbeit, Lesen mit »Lesemüttern«, regelmäßiges Hören einer Geschichte, etwa im Montagskreis, erhalten hier einen überragenden Stellenwert.
- Der Trend, sich der Welt mit dem Auge zu bemächtigen, wird durch Fernsehen gestärkt. Es ist Aufgabe der Schule, dem Hören als einer anderen, sanfteren, weniger zupackenden, eher passiven Form der Weltbegegnung entsprechenden Raum zu geben. Das gilt für das Hören von Geschichten wie für das Hören von Musik, das Zuhören, wenn andere etwas sagen möchten, wie für Stille- und Meditationsübungen, bei denen dem Hören eine besondere Bedeutung zukommt.
- Lehrer und Lehrerinnen sollten nicht versuchen, durch ihren Medieneinsatz mit dem Fernsehen mitziehen zu wollen. Sie sollten bewusst auf »Buchkultur« setzen, auf nachdenkliches Verweilen, auf genaues und wiederholtes Hinschauen und Durchdenken, auf geordnete Gedankenfolge. Das schließt natürlich einen verantwortungsvollen Medieneinsatz im Unterricht nicht aus.

Konsumkinder, Wegwerfmentalität, aber auch Armut und Betroffenheit durch Arbeitslosigkeit

Viele Kinder haben heute an Spielzeug- und Konsumartikeln nahezu alles, was sie haben möchten. Den meisten Eltern ist für ihre Kinder nichts zu teuer. Legokästen, Rollschuhe, Autos, Schiffe, Flugzeuge, Ritter und Indianer, Mountain-Bike und Skateboard, Barbie-Puppen, Plastikfigürchen und Tonbandkassetten, viele Kinder ersticken geradezu im Überangebot an Spielmaterialien. Oft ist der Warenbesitz wichtiger als das Spielen mit den Dingen.

Kinder stehen heute unter einem ungeheueren Konsumdruck. Die Werbung, speziell auf Kinderwünsche zugeschnitten, hämmert pausenlos ein, was man haben muss, um glücklich zu sein. Für jeden Baukasten gibt es den Anschlussbaukasten, für jede Tonkassette die Fortsetzung, die Garderobe der Barbie-Puppen kann fast beliebig erweitert werden usw. Der Konsumdruck wird durch Klassenkameraden erhöht. Wer die neue Serie nicht hat, ist eben nicht »in«.

Parallel hierzu hat sich eine Wegwerfmentalität entwickelt. Die Überschwemmung mit Waren führt – vom Lieblingsspielzeug abgesehen – zu einer Beziehungslosigkeit gegenüber den einzelnen Spielsachen und mangelnder Sorgfalt im Umgang mit ihnen. Wenn das Spielzeug kaputt ist, wird es eben weggeworfen, ein eben gekauftes wird durch neue Produkte rasch zum alten Eisen. »Ex und hopp!« – ist die Devise: Konsumieren und wegwerfen. Daran nimmt nicht nur die Achtung vor Sachen und die Sorgfalt im Umgang mit Dingen Schaden. Diese Mentalität kann sich auch leicht auf das, was in der Schule erarbeitet wurde, vielleicht sogar auch auf den Umgang mit Menschen übertragen. Ein Aufsatz wird geschrieben, ein Bild gemalt – und weggeworfen. Beziehungen werden geknüpft und rasch wieder gelöst, Freunde sind, wenn es zu Schwierigkeiten kommt, rasch durch neue zu ersetzen.

Aber es gibt nicht nur Konsumkinder. Nach Schätzungen des Kinderschutzbundes leben eine halbe Million Kinder in Obdachlosigkeit und schlechten Wohnverhältnissen, und zwei Millionen Kinder wachsen in Familien auf, in denen ein oder beide Elternteile arbeitslos sind. Wenn Eltern arbeitslos werden, hat das erhebliche Auswirkungen auf die materielle, aber auch auf die psychische Situation der Familie, vor allem auch auf die Kinder. »Arbeitslosigkeit bedeutet einen tief greifenden Bruch im Lebensrhythmus der Familie, der auch von Kindern sensibel empfunden wird: Sicherheit und Verlässlichkeit der Bezugspersonen Vater und Mutter werden mit einem Schlag in Frage gestellt. Kinder spüren Gefühle der Verunsicherung ihrer Eltern, der Enttäuschung, der Ungerechtigkeit, des Ärgers und des Zornes.« (Bründel/Hurrelmann 1996, S. 103)

Viele Kinder, die in materiellen Notsituationen aufwachsen, werden falsch ernährt, leiden an Krankheiten, haben geringere Bildungschancen und tragen erhebliche emotionale Schädigungen davon. Sozial benachteiligte Kinder sind, weil sie sich nicht alles leisten können, häufig nicht oder zu wenig in die Gleichaltrigengruppe integriert. Sie schämen sich, weil sie nicht mithalten können, werden verhaltensauffällig und neigen zu aggressivem Verhalten.

Auch Wohlstandsarmut ist bitter.

Grundschullehrerinnen müssen solchen benachteiligten Kindern besondere Aufmerksamkeit schenken. Das ist nicht leicht, weil diese häufig ihre Probleme durch störendes Verhalten zu kompensieren versuchen und Eltern aus Scham und aus Gefühlen der Ohnmacht den Kontakt mit der Schule meiden. Unter keinen Umständen dürfen sie von Schulausflügen oder anderen Unternehmungen ausgeschlossen bleiben. Bescheidenere Vorhaben für alle, aber auch finanzielle Unterstützungen aus der Schulkasse oder evtl. auch der Klassenkasse können hier helfen.

Was die Konsum- und Wegwerfmentalität anbelangt, könnte auch schon mit Grundschulkindern das Problem des Prahlens mit modischen Markenartikeln und teurem Spielzeug thematisiert werden. Entscheidend, wenn auch schwierig, wird hier die Mitarbeit der Eltern sein. Nur wenn die Eltern mitmachen, kann dem Sog, der von der Werbung auf die Kinder ausgeht, Widerstand geleistet werden.

Kinder sollten ihre, von ihnen selbst hergestellten Arbeiten schätzen lernen. Das sollte für Texte und Bilder, schön gestaltete Schriftblätter und hergestellte Gegenstände gelten. Vor allem in Freien Arbeitsphasen haben Grundschulkinder die Möglichkeit, eigene kleine Heftchen zu gestalten (z.B. Gedichtheft, Rätselheft, Ichheft, aber auch Sachhefte unter Benützung konkreter Materialien), die für sie wertvoll werden können.[1]

Weil die Spielsachen der Kinder überwiegend aus gekauften, fertigen Produkten bestehen, sollten Schüler in der Schule wieder Entstehungsprozesse kennen lernen. Als mögliche Beispiele seien genannt: Drachen oder ähnliche Flugobjekte bauen, Windspielzeuge wie Windrädchen, »Hubschrauber«, Segelwagen herstellen; Handpuppen aus Papier und Kleister fertigen, ein Steinzeithaus aus Zweigen, Bast, Schilf und Gras bauen, Wasserfahrzeuge aus Rinde und Ästen konstruieren, flechten und weben, Bestellung des Schulgartens mit entsprechenden Pflanzen, die gesät, gepflanzt, beobachtet und gemeinsam gegessen werden, Herstellung eines kleinen Herbariums mittels einer kleinen Pflanzenpresse usw.

Deutsche Kinder, Migrantenkinder

Deutsche Kinder machen schon im Kindergarten, vermehrt noch in der Schule, die Erfahrung, dass fremde Kinder unter uns leben, fremd was Sprache, Aussehen und Lebensgewohnheiten anbelangt. Fremde Kinder zu akzeptieren fällt Kindern oft leichter als Erwachsenen. Doch es kommt auch zu negativen Erfahrungen. Es ist vielleicht nicht leicht, mit allen gut auszukommen, manche Migrantenkinder kapseln sich gegen deutsche ab, wenn sie zu mehreren sind. Die hohe Zahl von Migrantenkindern in einer Klasse kann zur Belastung werden. Der unterschiedliche Sprachstand der Kinder kann einen gemeinsamen Unterricht erheblich erschweren und zu Leistungsrückständen führen. Deutsche Kinder oder deren Eltern fühlen sich dann benachteiligt.

Sicher eröffnet die Schule aber heute allen auch eine neue, historisch erstmalige Chance, fremde Menschen und ihre andere Welt kennen zu lernen, mit ihnen auszukommen und sie als Freunde zu gewinnen (vgl. S. 159). Um diese Chance auszunutzen dürfen Grundschullehrerinnen und -lehrer über die andere Kultur der Ausländerkinder nicht einfach hinweggehen, sondern sollten diese zum Gegenstand gemeinsamer Erkundung, zum Anlass gemeinsamer Feste und zur Relativierung der Selbstverständlichkeiten der eigenen kulturellen Welt machen. Jedes Kind sollte ermuntert werden, den eigenen biographischen Lebenshintergrund in die Schule einzubringen, von sich zu erzählen. So lernen die Schüler die Lebensmuster anderer Kinder kennen und setzen sich mit ihnen auseinander.

Für die Migrantenkinder ist es häufig schwierig, sich in der Klasse zurechtzufinden, die bikulturelle Situation und die unterschiedlichen Erziehungsstile zwischen Familie und Schule zusammenzubringen und eine eigene Identität zwischen Anpassung und Abgrenzung zu finden. Da vor allem die Mütter in den Migrantenfamilien, teilweise selbst noch in der zweiten und dritten Generation, nur ihre Muttersprache

1 Ein wichtiges Prinzip in der Montessoripädagogik ist die Achtung vor dem Arbeitsmaterial. Diese soll dadurch gefördert werden, dass das Material ästhetisch schön und nur einmal für alle Kinder vorhanden ist. Das ist das Gegenteil von Wegwerfmentalität.

sprechen, erschweren auch noch zusätzliche Sprachschwierigkeiten manchen Kindern die Integration. Nicht selten sind Migrantenkinder zwar in der Klasse gut integriert, ihre Freizeit verbringen aber deutsche Kinder und Migrantenkinder getrennt voneinander. Das führt dazu, dass die beiden Gruppen von Kindern trotz eines gelegentlichen gemeinsamen Festes sich gegenseitig fremd bleiben. Bei den Migrantenkindern führt dies nicht selten auch zu einem negativen Fremd-, aber auch Selbstbild. Vielleicht kann auch die Grundschule dabei helfen, die Freizeitkontakte zu verstärken. Das dürfte bei Jungen über sportliche Gruppen leichter gehen als bei Mädchen, da diese nicht selten einer restriktiven Familienpolitik unterworfen sind, die keine Öffnung nach außen zulässt. Das ist für diese Kinder einerseits ein Schutzfaktor, weil so sichere Bindungen an die Familie gesichert werden. Es ist zugleich aber auch ein Risikofaktor, insofern diese Kinder sich dann weiterhin als hier fremd empfinden, die Kontakte mit gleichaltrigen deutschen Kindern erschwert werden und die Integration in die deutsche Gesellschaft unterbleibt. Vielleicht könnten zwischen eingesessenen deutschen Eltern und Eltern von Migrantenkindern Patenschaften abgeschlossen werden, die gegenseitige Besuche und gemeinsame Unternehmungen einschließen. Dabei sollte vor allem im Hinblick auf Familien, die aus dem islamischen Kulturkreis stammen, Sorge getragen werden, dass die Mütter aktiv werden. Als Beispiele hierfür seien die (deutschen) »Lesemütter« erwähnt, die mit Kindern, die Sprach- und Leseprobleme haben, an Nachmittagen, oder auch, wie an manchen Grundschulen üblich, während des vormittäglichen Unterrichts üben, nachdem sie seitens der Lehrerin entsprechendes Material erhalten und methodisch informiert worden sind. Über sie könnten vielleicht auch Kontakte und Begegnungen mit Müttern der Migrantenkinder hergestellt werden. Notfalls könnten dann die Kinder als Dolmetscher fungieren.

Soziale Integration kann aber nur dann gelingen, wenn auch die Migranteneltern dazu bereit sind. Zwei Parallelgesellschaften, eine islamisch orientierte und eine deutsche, sind in vielen Großstädten bereits Wirklichkeit. Von Seiten einiger islamischer Kreise wird die eigene Kultur als der deutschen moralisch überlegen angesehen; die wirtschaftlichen Vorteile, die Deutschland im Augenblick (noch) bietet, werden in Anspruch genommen, eine kulturelle Integration wird dagegen abgelehnt, teilweise werden eigene nationale Privatschulen angestrebt. Das wird auf die Dauer beiden Seiten schaden. Wie immer Integration auch definiert wird, langfristiges gedeihliches Zusammenleben setzt Toleranz und Öffnung für die Andern voraus. Das Beherrschen der deutschen Sprache ist hierbei nicht nur für den beruflichen Werdegang der Kinder, sondern auch für das Zusammenleben von Einheimischen und Migranten eine unverzichtbare Voraussetzung. Die deutschen Schulen haben hierfür schon viel Mühe aufgewandt. Beide Seiten tragen hier Verantwortung.[1]

1 Für die praktische Arbeit in der Schule vgl: Franger/Kneipp (1984), Bücken (1991), Pommerin-Götze (1992), Bienemann (1993), Nick/Sladak (1995), v. Dük (1996), Holzbrecher (1997), Institut für Bildung und Kultur (1997), Auernheimer (2002).
Theoretische Darstellungen des Konzepts der interkulturellen *Pädagogik:* Auernheimer (2003), Holzbrecher (2004).

Die Bedingungen des Aufwachsens unserer Kinder haben sich geändert. Viele Grundschulkinder sind heute anders als vor 30 Jahren. Lehrerinnen und Lehrer erleben dies täglich. Teilweise belastet dies ihre Arbeit, teilweise macht es diese auch leichter. Die Grundschule hat längst begonnen, sich auf diese Veränderungen einzustellen.

Literaturverzeichnis

Anderson, C./Dill, K. (2000): Video games and aggressive thoughts, feelings, and behavior in the laboratory and in life. Journal of Personality and Social Psychology, 78, S. 353–359.

Ariès, Ph. (⁷1975; orig. 1960): Geschichte der Kindheit. München, Wien: Hanser. Als Taschenbuch: München 1985: Deutscher Taschenbuch Verlag.

Auernheimer, G. (Hrsg.) (2002): Interkulturelle Kompetenz und pädagogische Professionalität. Opladen: Leske und Budrich.

Auernheimer, G. (2003): Einführung in die multikulturelle Pädagogik. Darmstadt: Wissenschaftliche Buchgesellschaft.

Badinter, E. (1984; orig. 1980): Die Mutterliebe. Geschichte eines Gefühls vom 17. Jahrhundert bis heute. München: DTV.

Bauerle, S./Moll-Strobel, H. (2001): Eltern sägen ihr Kind entzwei. Trennungserfahrungen und Entfremdung von einem Elternteil. Donauwörth: Auer.

Bamberger, R. (1975): Zum Lesen verlocken. In: Die Grundschule, H. 7, S. 379–382.

Baumrind, D. (1989): Rearing competent children. In: Damon, E. (Ed.): Child Development today and tomorrow. San Francisco: Jossey-Bass Inc Pub, S. 349–378.

Beck, U. (1986): Risikogesellschaft. Auf dem Weg in eine andere Moderne. Frankfurt a.M.: Suhrkamp.

Behnken, J./Jaumann, O. (Hrsg.) (1995): Kindheit und Schule. Weinheim, München: Juventa.

Berger, H./Grosshennig, R./Schirmer, D. (1989): Von Ramadan bis Aschermittwoch. Religionen im interkulturellen Unterricht. Weinheim und Basel: Beltz.

Bienemann, G. u.a. (1993): Komm, wir reißen Zäune ein! Werkbuch Fremdenfreundlichkeit. Münster: votum.

Bonfadelli, H. (1988): Das Leseverhalten von Kindern und Jugendlichen. In: Schweizerisches Jugendbuch-Institut (Hrsg.): Leselandschaft Schweiz. Zürich: Schweizerisches Jugendbuch.

Bos, W./Lankes, E./Prenzel, M./Schwippert, K./Walther, G./Valtin, R. (Hrsg.) (2003): Erste Ergebnisse aus IGLU. Schülerleistungen am Ende der vierten Jahrgangsstufe im internationalen Vergleich. Münster: Waxmann.

Bossong, B. (1995): Lehrerurteile über Scheidungskinder in der Grundschule. In: Psychologie in Erziehung und Unterricht, H. 4, S. 270–277.

von Braunmühl, E.: (⁸1975, 1993): Antipädagogik-Studien zur Abschaffung der Erziehung. Weinheim: Beltz.

Bronfenbrenner, U. (³1958): Socialization and Social Class through Time and Space. In: Maccoby, E./Newcomb, Th./Hartley, E. (Eds.): Readings in Social Psychology, New York, S. 400–425.

Bründel, H./Hurrelmann, K. (³1996, 2003): Einführung in die Kindheitsforschung. Weinheim und Basel: Beltz.

Bücken, H. (Hrsg.) (1991): Das Fremde überwinden. Vom Umgang mit sich und anderen. Offenbach a.M.: Burckhardthaus-Laetare.

Buhr, P./Kaufmann, F.X. (1989): Familie und Bevölkerungsentwicklung. In: Nave-Herz, R./Markefka, M. (Hrsg.): Handbuch der Familien- und Jugendforschung, Bd. I. Neuwied, Frankfurt a.M.: Luchterhand, S. 513–531.

Bundesministerium für Familien und Senioren (Hrsg.) (1994): Fünfter Familienbericht: Familien und Familienpolitik im geeinten Deutschland. Bonn.

Bushman, B. (1998): Priming effects of media violence on the accessibility of aggressive constructs in memory. Personality and Social Psychology Bulletin, 24, S. 537–545.

Bushman, B./Anderson, C. (2002): Violent video games and hostile expectations: a test of the general aggression model. Personality and Social Psychology Bulletin, 28, S. 1679–1686.

Comstock, G./Paik, H. (1995): Television and the American child. San Diego 1991: Academic Press.

Dannenbeck, C. u.a.: Familienalltag in den alten und neuen Bundesländern – Aspekte der Vereinbarkeit von Beruf und Familie. In: Nauck, B. u.a. (Hrsg.): Familie und Lebensverlauf im gesellschaftlichen Umbruch. Stuttgart: Enke, S. 103–118.

De Mause, L. (1977; orig. 1974): Hört ihr die Kinder weinen. Eine psychogenetische Geschichte der Kindheit. Frankfurt a.M.: Suhrkamp.

Deutsches Jugendinstitut (Hrsg.) (1992): Was tun Kinder am Nachmittag? Ergebnisse einer empirischen Studie zur mittleren Kindheit. München: Deutsches Jugendinstitut.

Deutsches PISA-Konsortium (Hrsg.) (2001): PISA 2000. Basiskompetenzen von Schülerinnen und Schülern im internationalen Vergleich. Opladen: Leske und Budrich.

van Diik, L. (1995): Haut hat viele Farben. Aufwachsen in einer multikulturellen Gesellschaft. Düsseldorf: Patmos.

Eicke, U./Eicke, W. (1996): Medienkinder. Vom richtigen Umgang mit der Vielfalt. München: Droemer, Knaur.

Elskemper-Mader, H. (1992): Zum Verhältnis von Schule und Freizeit: 8- bis 12-Jährige zwischen Anforderungen und Freiräumen. In: Deutsches Jugendinstitut (Hrsg.): Was tun Kinder am Nachmittag? Ergebnisse einer empirischen Studie zur mittleren Kindheit. München: Deutsches Jugendinstitut, S. 217–262.

Engfer, A. ([3]1995): Kindesmißhandlung und Vernachlässigung. In: Oerter, R./Montada, L. u.a.: Entwicklungspsychologie. Weinheim und Basel: Beltz, Psychologie Verlags Union, S. 960–966.

Engfer, A. ([3]1995): Sexueller Mißbrauch. In: In: Oerter, R./Montada, L. u.a. : Entwicklungspsychologie. Weinheim und Basel: Beltz, Psychologie Verlags Union, S. 1006–1015.

Ennemoser, M. (2003): Effekte des Fernsehens im Vor- und Grundschulalter. Ursachen, Wirkungen und differentielle Effekte. In: Nervenheilkunde, 22, S. 443–453.

Eron, L./Lefkowitz, M./Walder, L. (1972): Does television violence cause aggression? American Psychologist, 27, S. 253–263.

Eron, L./Huesman, L. (1980): Adolescent aggression and television. Annals of the New York: Akademy of Science, 347, S. 319–331.

Faust-Siehl, G./Schmitt, R./Valtin, R. (Hrsg.) (1990): Kinder heute – Herausforderung für die Schule. Frankfurt a.M.: Arbeitskreis Grundschule.

Faust-Siehl, G. u.a. (Hrsg.) (1996): Die Zukunft beginnt in der Grundschule. Empfehlungen zur Neugestaltung der Primarstufe. Frankfurt a.M.: Arbeitskreis Grundschule.

Feierabend, S./Klingler, W. (2004): Was Kinder sehen. Eine Analyse der Fernsehnutzung von 3- bis 13-Jährigen. In: Media Perspektiven, 4, S. 151–162.

Flade, A./Kustor, B. (1996): Raus aus dem Haus. Mädchen erobern die Stadt. Frankfurt a.M.: Campus.

Fölling-Albers, M. (Hrsg.) (1989): Veränderte Kindheit – Veränderte Grundschule. Frankfurt a.M.: Arbeitskreis Grundschule.

Fölling-Albers, M. (1992): Schulkinder heute. Auswirkungen veränderter Kindheit auf Unterricht und Schulleben. Weinheim und Basel: Beltz.

Fölling-Albers, M./Hopf, A. (1995): Auf dem Weg vom Kleinkind zum Schulkind. Eine Langzeitstudie zum Aufwachsen in verschiedenen Lebensräumen. Opladen: Leske und Budrich.

Fölling-Albers, M. ([3]1996): Veränderte Kindheit – Neue Aufgaben für die Grundschule. In: Haarmann, D. (Hrsg.): Handbuch Grundschule, Bd. 1. Weinheim und Basel: Beltz, S. 76–87.

Fölling-Albers, M.: Veränderte Kindheit – revisited. Konzepte und Ergebnisse sozialwissenschaftlicher Kindheitsforschung der vergangenen 20 Jahre. In: Fölling-Albers, M./Richter, S./Brügelmann, H./Speck-Hamdan, A. (Hrsg.) (2001): Jahrbuch Grundschule III. Fragen der Praxis – Befunde der Forschung. Seelze: Friedrich, S. 10–51.

Fölling-Albers, M.: Soziokulturelle Bedingungen der Kindheit. In: Einsiedler, W./Götz, M./Hacker, H./Kahlert, J./Keck, W./Sandfuchs, U. (Hrsg.) (2001): Handbuch Grundschulpädagogik und Grundschuldidaktik. Bad Heilbrunn: Klinkhardt, S. 123–133.

Fölling-Albers, M. (2003): Soziales Lernen in der Grundschule. Wie reagiert die Schule auf veränderte Lebenswelten des Kindes. Online-Familienhandbuch.

Franger, G./Kneipp, H. (Hrsg.) (1984): Miteinander leben und feiern. Ausländische und deutsche Kinder feiern Feste. Frankfurt a.M.: Dagyeli Verlag.

Fthenakis, W./Niesel, R. (1981): Wie Kinder die Trennung ihrer Eltern erleben. Bild der Wissenschaften, H. 8, S. 70–83.

Fthenakis, W. (1984): Die Vaterrolle in der neueren Familienforschung. Psychologie in Erziehung und Unterricht, H. 1, S. 1–21.

Fthenakis, W./Niesel, R./Kunze, H.R. (1982): Ehescheidung, Konsequenzen für Eltern und Kinder. München: Urban und Schwarzenberg.

Fürstenberg, F./Cherlin, A. (1993): Geteilte Familien. Stuttgart: Klett.

Gentile, D./Lynch, P./Limnder, J./Walsh, D. (2004): The effects of violent video game habits on adolescent hostility, aggressive behaviours and school performance. Journal of Adolescence, 27, S. 5–22.

Geretschlaeger, I. (1990): Fernsehen – Warum KindergärtnerInnen es nicht gern sehen. In: Deutsches Jugendinstitut (Hrsg): Medienerziehung bei Vorschulkindern. Weinheim, München: Juventa, S. 79–96.

Geulen, D./Hurrelmann, K. (1980): Zur Programmatik einer umfassenden Sozialisationstheorie. In: Hurrelmann, K./Ulich, D. (Hrsg.): Handbuch der Sozialisationsforschung. Weinheim und Basel: Beltz.

Gilles, A. (1987): Nur ich allein. Aufwachsen als Einzelkind. In: Hagedorn, F. (Hrsg.): Kind sein ist kein Kinderspiel. Frankfurt a.M.: Fischer TB.

Glogauer, W. (1993): Die neuen Medien verändern die Kindheit. Weinheim: Deutscher Studien Verlag.

Greenfield, P. (1987): Kinder und neue Medien. Weinheim, München: Juventa.

Groebel, J. (1981): Vielseher und Angst. Theoretische Überlegungen und einige Längsschnittergebnisse. In: Fernsehen und Bildung, H. 1–3, S. 114–136.

Groebel, J.: Fernseh- und Videogewalt: Der aktuelle Forschungsstand. In: Unterrichtswissenschaft, H. 2, 14, 1986, S. 154–162.

Groebel, J./Gleich, U. (1993): Gewaltprofil des deutschen Fernsehprogramms. Eine Analyse des Angebots privater und öffentlich-rechtlicher Sender. Opladen: Leske und Budrich.

Gutschmid, G. (1986): Kind und Beruf. Alltag alleinerziehender Mütter. Weinheim, München: Juventa.

Hanke, P. (2002): Anfangsunterricht – Grundschule. Leben und Lernen in der Schuleingangsphase. Neuwied: Luchterhand.

Harenberg, B. (Hrsg.) (2005): Harenberg Lexikon aktuell 2006. Mannheim: Harenberg Verlag.

Heider, F. (1977; orig. 1958): Die Psychologie der interpersonalen Beziehungen. Stuttgart 1977: Klett.

Hein, A. (2003): Perspektiven auf Kindheit im chronologischen Wandel. Die kulturkritische Perspektive als Herausforderung für die Grundschule im 21. Jahrhundert. Münster: LIT.

Hengst, H./Köhler, M./Riedmüller, B./Wambach, M. (Hrsg.) (1981): Kindheit als Fiktion. Frankfurt a.M.: Suhrkamp.

von Hentig, H. (^{7}1985): Vorwort zur deutschen Ausgabe von Ariès, Ph.: Geschichte der Kindheit. München: Hanser, S. 7–44.

Herzberg, I. (1992): Kinderfreundschaften und Spielkontakte. In: Deutsches Jugendinstitut (Hrsg.): Was tun Kinder am Nachmittag. Ergebnisse einer Studie zur mittleren Kindheit. München: Deutsches Jugendinstitut, S. 75–126.

Hiegemann, S./Swoboda, W. (Hrsg.): Handbuch der Medienpädagogik. Opladen: Leske und Budrich.

Holtappels, H.G. (1998): Lebenswelt von Kindern – Sozialwissenschaftliche Erkenntnisse und Orientierungen für die Grundschule. In: Kahlert, J. (Hrsg.): Wissenswertes in der Grundschule. Bad Heilbrunn: Klinkhardt.

Holzbrecher, A. (1997): Wahrnehmung des Anderen. Zur Didaktik interkulturellen Lernens. Opladen: Leske und Budrich.
Holzbrecher, A. (2004): Interkulturelle Pädagogik. Berlin: Cornelsen, Skriptor.
Honig, M.S. (1995): Normative Implikationen der Kindheitsforschung. In: Zeitschrift für Sozialisationsforschung und Erziehungssoziologie, H. 1, S. 9–25.
Hopf, A. (1996): Grundschularbeit heute. Didaktische Antworten auf neue Lebensverhältnisse. Oldenbourg: Schulverlag.
Hurrelmann, B./Hammer, M./Stelberg, K. (1995): Familienmitglied Fernsehen. Fernsehgebrauch und Probleme der Fernseherziehung in verschiedenen Familienformen. Opladen: Leske und Budrich.
Hurrelmann, B. (1989): Fernsehen in der Familie. Weinheim, München: Juventa.
Hurrelmann, K./Unverzagt, G. ([3]2000): Kinder stark machen für das Leben. Freiburg: Herder.
Hurrelmann, K. (1998): Einführung in die Sozialisationstheorie. Über den Zusammenhang von Sozialstruktur und Persönlichkeit. Weinheim, Basel: Beltz.
Institut Allensbach (Hrsg.): Familienanalyse 2002 und 2005 für die Zeitschrift »Eltern«.
Institut für Bildung und Kultur (Hrsg.) (1997): Gemeinsam erleben. Handreichungen zur interkulturellen Bildungsarbeit. Remscheid: Robin-Hood.
Jugendwerk der Deutschen Shell (2002): Jugend 2002. Frankfurt a.M.: Fischer TB.
Kasten, H. (1995): Einzelkinder. Berlin/Heidelberg: Springer.
Kaufmann, F.X. (1980): Kinder als Außenseiter der Gesellschaft. Merkur, Jg. 34, S. 761–771.
Key, E. (1992): Das Jahrhundert des Kindes. Berlin 1902. Nachdruck Weinheim und Basel: Beltz.
Kiper, H. (1994): Erfahrungen von Kindern mit Scheidung. In: Grundschule, H. 11, S. 51–53.
Kleiter, E. (1993): Aggression und Gewalt in Filmen und Fernsehen und gewalttätiges Verhalten von Schülern. Problemstand. In: Empirische Pädagogik, H. 7, S. 345–389.
Krappmann, L./Oswald, H. (1989): Freunde, Gleichaltrigengruppen, Geflechte. In: Fölling-Albers, M. (Hrsg.): Veränderte Kindheit – Veränderte Grundschule. Frankfurt a.M.: Arbeitskreis Grundschule, S. 94–102.
Kunczik, M. (1993): Gewalt im Fernsehen. In: Media Perspektiven, H. 3, S. 98–106.
Kunczik, M. (1987): Gewalt und Medien. Köln: Böhlau.
Kustor, B. (1996): Das Verschwinden der Mädchen aus dem öffentlichen Raum. In: Flade, A./Kustor, B. (Hrsg.): Raus aus dem Haus: Mädchen erobern die Stadt. Frankfurt a.M.: Campus, S. 28–44.
Lang, S. (1985): Lebensbedingungen und Lebensqualität von Kindern. Frankfurt a.M.: Campus.
Loffl-Haag, E. (1991): Hört ihr die Kinder lachen? Zur Kindheit im Spätmittelalter. Pfaffenweiler: Centaurus-Verlagsgesellschaft.
Luhmann, N. (1983): Soziale Systeme. Grundriß einer allgemeinen Theorie. Frankfurt a.M.: Suhrkamp.
Lukesch, H./Bauer, C./Eisenhauer, R. (2004): Das Weltbild des Fernsehens: eine Untersuchung der Sendungsangebote öffentlich-rechtlicher und privater Sender in Deutschland. Bd 1 und Bd. 2. Regensburg: Roderer.
Mahler, M./Pine, F./Bergmann, A. (1978): Die psychische Geburt des Menschen. Frankfurt a.M.: Fischer.
Nagl, R./Kirchler, E. (1994): Kinderfreundschaften und Freizeitgestaltung. In: Wilk, L./Bacher, J. (Hrsg.): Kindliche Lebenswelten. Opladen: Leske und Budrich, S. 295–348.
Nave-Herz, R./Daum-Jaballah, M./Hauser, S. u.a. (1990): Scheidungsursachen im Wandel. Eine zeitgeschichtliche Analyse des Anstiegs der Ehescheidungen in der Bundesrepublik Deutschland. Neuwied: Kleine Verlag.
Nave-Herz, R. ([2]2002): Familie heute. Wandel der Familienstrukturen und Folgen für die Erziehung. Darmstadt: Wissenschaftliche Buchgesellschaft.
Nick, P./Sladak, B. (1995): Farbe ins Spiel bringen. Interkulturelles Lernen. Holzheim: Georgs-Verlag.
Nissen, U. (1992): Raum und Zeit in der Nachmittagsgestaltung der Kinder. In: Deutsches Jugendinstitut (Hrsg.): Was tun Kinder am Nachmittag. Ergebnisse einer Studie zur mittleren Kindheit. München: Deutsches Jugendinstitut, S. 127–170.

Nohl, H. (1963; orig. [6]1935): Die pädagogische Bewegung und ihre Theorie. Frankfurt a.M.: Schulte, Bulmke.
Nohl, H. (1949): Pädagogik aus dreißig Jahren. Frankfurt: Schulte, Bulmke.
Paetzold, B. (1988): Familie und Schulanfang. Bad Heilbrunn: Klinkhardt.
Patterson, G.R./Hautzinger, Ch. (1983): Aggressives und antisoziales Verhalten bei Kindern. In: Zeitschrift für Pädagogische Psychologie, H. 2, S. 187–194.
Peuckert, R. ([2]1996): Familienformen im sozialen Wandel. Opladen : Leske und Budrich.
Pommerin-Götze, G. (Hrsg.) (1992): Es geht auch anders! Leben und Lernen in der multikulturellen Gesellschaft. Frankfurt a.M.: Dagyeli.
Postman, N. (1983): Das Verschwinden der Kindheit. Frankfurt a.M.: Fischer TB.
Postman, N. (1995): Keine Götter mehr. Das Ende der Erziehung. Berlin: Berlin Verlag.
Rabe-Kleberg, U./Zeiher, H. (1984): Kindheit und Zeit. Über das Eindringen moderner Zeitorganisation in die Lebensbedingungen von Kindern. In: Zeitschrift für Sozialisationsforschung und Erziehungssoziologie, H. 1, S. 29–43.
Rogge, J. (1993): Wirkung medialer Gewalt. In: medien praktisch, H. 1, S. 15–19.
Rolff, H./Zimmermann, P. ([5]1997): Kindheit im Wandel. Weinheim und Basel: Beltz.
Rollin, M. (1990): Typisch Einzelkind. Das Ende eines Vorurteils. Hamburg: Hoffmann und Campe.
Schneider, N. (1990): Woran scheitern Partnerschaften? In: Zeitschrift für Soziologie, H. 19, S. 458–470.
Schütze, Y. ([2]1986, 1991): Die gute Mutter. Zur Geschichte des normativen Musters »Mutterliebe«. Bielefeld: Kleine.
Shorter, E. (1975): Der Wandel der Mutter-Kind-Beziehungen zu Beginn der Moderne. In: Geschichte und Gesellschaft, H. 2/3, S. 256–287.
Shorter, E. (1982; orig. 1965): Die Geburt der modernen Familie. Frankfurt a.M.: rororo.
Shorter, E.: Die großen Umwälzungen in den Mutter-Kind-Beziehungen vom 18.–20. Jahrhundert. In: Martin, J./Nitschke, A. (1986): Zur Sozialgeschichte der Kindheit. München: Karl Alber.
Spitzer, M. (2005): Vorsicht Bildschirm. Elektronische Medien, Gehirnentwicklung, Gesundheit und Gesellschaft. Stuttgart: Klett.
Statistisches Bundesamt Wiesbaden (Hrsg.) (2005): Statistisches Jahrbuch 2005 für die Bundesrepublik Deutschland. Wiesbaden: Statistisches Bundesamt.
Stoebe, W./Jonas, K./Hewstone, M. (Hrsg.) ([4]2002): Sozialpsychologie. Berlin: Springer.
Steinberg, L./Mounts, N./Lamborn, S./Dornbusch, S. (1991): Authoritative parenting and adolescent adjustment across varied ecological biches. In: Journal of Research on Adolescence, H. [illegible], S. 19–36.
Stöckli, G. (1989): Vom Kind zum Schüler. Bad Heilbrunn: Klinkhardt.
Sturm, H. (1975): Die fehlende Halbsekunde. Vom Einfluss des Fernsehens. In: Bildschirm – Faszination oder Information. Friedrich Jahresheft III. Seelze: Kallmeyer, S. 52–55.
Textor, M. (1994): Veränderte Kindheit – gefährdete Kindheit. In: Grundschulmagazin 6, S. 4–6.
Tillmann, K.-J. ([9]1999): Sozialisationstheorien. Eine Einführung in den Zusammenhang von Gesellschaft, Institution und Subjektwerdung. Reinbek b. Hamburg: Rowohlt Taschenbuch.
Tschöpe-Scheffler, S. (2003): Elternkurse auf dem Prüfstand. Opladen: Leske und Budrich.
Tulodziecki, G. (1992): Medienerziehung in Schule und Unterricht. Bad Heilbronn: Klinkhardt.
Ulich, K. (1989): Schule als Familienproblem. Frankfurt a.M.: Athenäum.
Wilk, L./Bacher, J. (Hrsg.) (1991): Kindliche Lebenswelten. Eine sozialwissenschaftliche Annäherung. Opladen 1994: Leske und Budrich.
Willi, J. (1991): Was hält Paare zusammen? Hamburg: Rowohlt.
Wolff, R. (1994): Warum Kinder vernachlässigt werden. Zu Situation, Struktur und Dynamik von Vernachlässigungsfamilien. In: Kürner, P./Nafroth, R. (Hrsg.): Die vergessenen Kinder. Vernachlässigung und Armut in Deutschland. Köln: PapyRossa.
Zeiher, H. (1993): Die vielen Räume der Kinder. Zum Wandel räumlicher Lebensbedingungen seit 1945. In: Preuss-Lausitz, U. (Hrsg.): Kriegskinder, Konsumkinder, Krisenkinder. Weinheim und Basel: Beltz, S. 176–195.

Zeiher, H. (1989): Modernisierungen in den sozialen Formen von Gleichaltrigenkontakten. In: Geulen, D. (Hrsg.): Kindheit. Weinheim und Basel: Beltz, S. 68–85.

Zeiher, H./Zeiher, H. (1994): Orte und Zeiten der Kinder. Soziales Leben im Alltag von Großstadtkindern. Weinheim, München: Juventa.

Zeiher, H. (1995): Die Entdeckung der Kindheit in der Soziologie. In: Sahner, H./Schwendtner, S. (Hrsg.): Gesellschaften im Umbruch. Abstract Band zum 27. Kongress der Deutschen Gesellschaft für Soziologie, Halle/Saale.

Zeiher, H. (1996): Kinder in der Gesellschaft und Kindheit in der Soziologie. In: Zeitschrift für Sozialisationsforschung und Erziehungssoziologie, H. 1, S. 26–46.

Zimmer, J. (1986): Die vermauerte Kindheit. Weinheim und Basel: Beltz.

Zinnecker, J. (1990): Vom Straßenkind zum verhäuslichten Kind. Kindheitsgeschichte im Prozeß der Sozialisation. In: Behnken, J. (Hrsg.): Stadtgesellschaft und Kindheit im Prozeß der Zivilisation. Opladen: Leske und Budrich.

Zinnecker, J./Silbereisen, R. (1996): Kindheit in Deutschland. Aktueller Survey über Kinder und ihre Eltern. Weinheim, München: Juventa.

Zinnecker, J./Strzoda, G.: Beziehungen zwischen Eltern und Kindern aus Kindersicht. Eine Typologie. In: Zinnecker, J./Silbereisen, R. (1996): Kindheit in Deutschland. Aktueller Survey über Kinder und ihre Eltern. Weinheim, München: Juventa, S. 213–228.

Zinnecker, J. (1996): Soziologie der Kindheit oder Sozialisation des Kindes? Überlegungen zu einem aktuellen Paradigmenstreit. In: Honig, M.S./Leu, H.R./Nissen, U. (Hrsg.): Kinder und Kindheit. Soziostrukturelle Muster-Sozialisationstheoretische Perspektiven. Weinheim, München: Juventa, S. 31–54.

Die Zeit vor dem Schuleintritt Kooperation mit dem Kindergarten

Die meisten Kinder besuchen vor Schuleintritt einen Kindergarten. Als Friedrich Fröbel um 1840 seine Idee eines Kindergartens entwickelte, war der Unterschied zur damaligen Schule so groß, dass eine Kooperation zwischen Kindergarten und Grundschule schon von der Konzeption her kaum möglich erschien. Dazu kam, dass Kindergärten bis weit in das 20. Jahrhundert hinein noch wenig verbreitet waren. Inzwischen wissen wir aus der Übergangsforschung, wie wichtig und förderlich eine gute Zusammenarbeit zwischen Kindergarten und Grundschule ist. Sie kann dazu beitragen, dass Kinder gezielt in jenen kognitiven, motorischen und sozialen Kompetenzen gefördert werden, die auch für die Schule wichtig sind. Die für manche Eltern sich stellende Frage nach dem für ihr Kind richtigen Einschulungstermin lässt sich am besten mit den Erzieherinnen in Kooperation mit der Schule klären. Im Kindergarten können erste Überlegungen angestellt werden, wie einzelne Kinder mit Entwicklungsrückständen am besten gefördert werden könnten. Schließlich können die Kinder durch die Kooperation zwischen Kindergarten und Schule schon vor Schuleintritt erste Erfahrungen mit Lehrern und Schule sammeln. Diese Maßnahmen können dazu beitragen, eventuell vorhandene Ängste abzubauen, falsche Vorstellungen zu korrigieren und den Kindern eine realistische Sicht auf das, was sie in der Schule erwartet, zu vermitteln.

Der Schulanfang aus der Sicht von Kindern, Müttern und eines Schriftstellers

Vorstellungen über Schule bei Kindergartenkindern

Was geht in den Köpfen von Kindergartenkindern vor, wenn sie am Ende ihrer Kindergartenzeit und kurz vor dem Eintritt in die Schule stehen? Wie gehen sie mit den vielfältig gehörten Hinweisen, jetzt ja bald in die Schule zu kommen, um? Wie verarbeiten sie die gezielten oder zufällig aufgeschnappten Bemerkungen, die Eltern, Großeltern, Geschwister, Gleichaltrige, der Erzieherin und andere Bekannte über die Schule machen?

Wir berichten im Folgenden über Ergebnisse dreier Untersuchungen (1985, 1991, 2006) von Kindergartenkindern über ihre Vorstellungen von Schule. Die Untersuchungen wurden in verschiedenen Kindergärten durchgeführt, zwischen den Untersuchungen lag ein Zeitraum von 20 Jahren. Insgesamt umfasste die Untersuchung ca. 40 künftige Schulanfänger.

Die Erhebungen erfolgten durch ein Kreisgespräch und ein Rollenspiel. Die Beobachter hatten sich den Kindern zuvor durch einige Kindergartenbesuche vertraut gemacht.[1]

Das *Kreisgespräch* bezog sich auf Erwartungen gegenüber der Schule und dauerte etwa 15–20 Minuten. An jedem dieser Gespräche nahm eine Gruppe von etwa 6–8 Kindern teil. Der Interviewer konnte, falls nötig, auf einen kleinen Gesprächsleitfaden zurückgreifen. Angestrebt wurde ein möglichst freies, sich selbst tragendes Gespräch unter den Kindern über die bevorstehende Schule, also kein gezieltes Interview einzelner Kinder.

Das zweite Erhebungsinstrument war ein *Rollenspiel,* bei dem die Kinder Schule spielten. Ein Kind übernahm die Rolle des Lehrers, die anderen spielten Schüler. Weitere Vorgaben wurden nicht gemacht, die Kinder waren in der Gestaltung dieses Spiels also sehr frei. Jedes dieser Spiele dauerte ein paar Minuten, dann kam es zu einer neuen Spielrunde mit einem anderen Kind als Lehrer. Die Kreisgespräche wurden in den einzelnen Kindergruppen jeweils vor den Unterrichtspielen durchgeführt, sind von diesen also nicht beeinflusst.

Eine Passage aus den 2006 durchgeführten Kreisgesprächen und eine Passage aus einem 15 Jahre zurückliegenden Schulspiel sollen hier dokumentiert werden.

Kreisgespräch am 31. Mai 2006[2]

Tom, Claudia, Sven, Micha, Michael, Petra, Robert, Nadine

Ich:	Jetzt dauert es nicht mehr lange, dann kommt ihr in die Schule.
Tom (freudig):	Schule, ja Schule!
Ich:	Du freust dich auf die Schule.
Tom:	Ja, Schule, das wird toll.
Andere Kinder:	Ich freue mich auch auf die Schule.
Claudia:	Ich freue mich ganz arg.
Ich:	Was ist denn so toll in der Schule?
Sven:	Lesen, Schreiben.
Claudia:	Rechnen.
Tom:	Nicht mehr Kindi. Da haben wir einen großen Turm gebaut und die kleinen Kinder werfen ihn immer um.
Micha:	Und lange Ferien!
Michael:	Ich hab schon eine Schulmütze von meinem Bruder und Buntstifte.
Ich:	Haben eure Geschwister schon etwas von der Schule erzählt?
Claudia:	Ja, meine Schwester. Die ist im Gymnasium. Die hat viele Hausaufgaben.

1 Alle im Folgenden angeführten Namen sind aus Anonymitätsgründen frei erfunden.

2 Die Aussagen der Kinder bei den Kreisgesprächen 1985 und 1991 unterschieden sich so gut wie nicht von dem hier vorgestellten Gespräch.

Nadine: Ich mach meine Hausaufgaben, sonst bekomme ich eine Sechs.
Micha: Ich freu mich nicht auf die Hausaufgaben.
Ich: Warum nicht?
Micha: Weil man nicht mehr so viel spielen kann.
Robert: Im Kindergarten kann man spielen und in der Schule muss man lernen.
Ich: Aber in der Schule darf man doch auch spielen.
Sven: Nur in der Pause.
Claudia: Ich freu mich auf die Schule, da bin ich endlich die Jungs los.
Ich: Aber in der Schule sind doch auch Jungs?
Claudia: Aber die machen nicht so viel Lärm und stehen auf den Tischen.
Ich: Und in der Schule machen sie keinen Lärm?
Claudia: Nein, da macht ja einer Unterricht.
Ich: Seid ihr auch ein bisschen traurig, dass die Zeit im Kindergarten bald vorbei ist?
Robert: Im Kindergarten bekommt man eine Krone und ein Tier, wenn man Geburtstag hat.
Ich: Und in der Schule?
Robert: (schüttelt den Kopf)
Michael: Mein Bruder ist in der dritten Klasse.
Ich: Geht der auch gern in die Schule?
Michael: Nein, nicht so gern. Der geht nicht so gern in die Schule.
Ich: Warum geht der nicht so gern in die Schule?
Michael: Weiß nicht. Das hat er nicht gesagt. Die Frau X ist böse.
Ich: Warum ist die böse?
Michael: Hat er nicht gesagt.
Petra: Wenn die Kinder Quatsch machen zieht der Lehrer an den Ohren.
Claudia: Wenn sie nicht gut rechnen wollen.
Robert: Oder sie schlagen mit dem Stock auf den Po.
Ich: Das glaube ich nicht, das machen Lehrer nicht.
Robert: Ich habe es im Fernsehen gesehen.
Ich: Aber heute dürfen Lehrer gar nicht schlagen.
Claudia: Doch, sie dürfen.

Unter den Kindern entwickelt sich eine Diskussion, ob Lehrer in der Schule schlagen dürfen. Die Hälfte der Kinder meint das, die andern glauben es nicht. Ich versuche, den Sachverhalt richtigzustellen.

Ich: Michael, dein Bruder geht nicht so gern in die Schule. Und du?
Michael: Ich gehe gern. Ich freue mich auf die Schule. Wenn ich richtig schreibe malt mir der Lehrer ein Gesicht (Smily) ins Heft.
Tom: Wenn Kinder einen Buchstaben nicht richtig schreiben geht er hin und zeigt es ihnen.

Rollenspiel vom 1. Juli 1991

Rudi, Bernd, Tobias, Sabine, Carola, Gudrun, Walter, Andreas, Brigitte, Nicole, Markus

Der Name des Kindes, das die Rolle des Lehrers übernimmt, ist kursiv geschrieben.

Rudi:	Guten Morgen!
Alle:	Guten Morgen!!
Walter:	Herr Lehrer!
Rudi:	Da muss man strecken!
Sabine:	Herr Lehrer, stimmt das?
Rudi:	Ruhe!! Jeder bekommt eine Strafarbeit, die ganze Klasse, wenn ihr Blödsinn macht!
Tobias:	Herr Lehrer, ich möcht etwas lesen.
Rudi:	Nein, Rechnen! Rechenseite, Rechenseite 1! Bist du gar nicht ruhig!
Walter:	Herr Lehrer, jetzt möchte ich etwas lernen!! Die sind alle nicht ruhig, man soll in der Schule etwas lernen und keinen Blödsinn machen!!
Rudi:	Er bekommt eh schon seine 18. Strafarbeit.
Sabine:	Herr Lehrer! Herr Lehrer, schauen Sie mal!
Rudi:	3 und 1 gibt 4. Geh auf deinen Platz!
Sabine:	Herr Lehrer, guck mal, was der Bernd auf mein Blatt gemalt hat!
Rudi:	21. Strafarbeit!
Carola:	Guck mal!
Rudi:	22. Strafarbeit!
Bernd:	Das war ich nicht, gell!
Rudi:	Der Bernd bekommt eine Sechs!
Brigitte:	Bei mir glotzen alle ab! (sie schirmt das Blatt mit dem Arm ab)
Ich:	Darf man das nicht?
Brigitte:	Normal nicht!
Ich:	Aber gegenseitig helfen darf man sich doch!
Brigitte:	(schüttelt den Kopf)
Ich:	Auch nicht?
Brigitte:	Nee. Guck, die halten immer die Hand so hin, halten das Blatt. Der Thommy legt immer in der Schule das Blatt so hin, dass man es nicht sieht, hat er mir gesagt. Dass andere nicht glotzen. ...
Rudi:	Ich mach jetzt die Schulglocke. Die Schule ist aus!
Mehrere:	Pause! Hurra! Raus aus dem Zimmer! Schule aus! Es läutet!

Brigitte:	Rechenstunde!
Andreas:	Also weiter mit der Rechenstunde.
Nicole:	Immer Rechenstunde, scheiß Rechenstunde!
Andreas:	Rechnen kann ich eh nicht – und ich wills auch nicht!!!
Brigitte:	4 und 5! Markus – mach dies! Falsch geschrieben! Der zählt schon wieder an den Händen ab! Der Andreas genauso und die Nicole auch!

Brigitte: Au weia, wie hat der die Einser gemacht! 3 und 4! Ein Strich und so rüber – die »4«!
Andreas: Scheiße, das ist nichts geworden!
Brigitte: Ist auch egal.
Andreas: Nein, das ist nicht egal!!!
Nicole: Hab halt gerade nicht aufgepasst! Das gibt 8!
Brigitte: 8 doch nicht, eins weniger!
Andreas: 5! 7!
Brigitte: 3 und 4!
Markus: Die kann mich mal!
Andreas: 3 und 4 gleich 7?! Also ich kapier jetzt gar nichts mehr!
Brigitte: 3 und 4 gleich…
Markus: 7!
Andreas: 3 und 4! 3 und 4! Ich kriegs doch nicht hin!! (zerknüllt sein Papier und fängt an zu weinen)
Abbruch des Spiels.

Wir wollen die Ergebnisse dieser kleinen Untersuchungen nicht allzu hoch bewerten. Sie sind nicht repräsentativ und vor allem die Ergebnisse des Schulspiels könnten verzerrt sein. Die Kinder rissen sich darum, den Lehrer spielen zu dürfen; die Ausgewählten versuchten dann auch, die ihnen übertragene Rolle und Macht entsprechend auszukosten. Kam dann beim nächsten Schulspiel ein neues Kind als Lehrer zum Zug, ahmte dieses seinen Vorgänger vielleicht nur nach oder versuchte ihn gar noch zu überbieten.

Wir gewannen aus den Kreisgesprächen und den Schulspielen[1] aber den Eindruck, dass die Vorstellungen von Schule sich innerhalb des langen Zeitraums, der zwischen den Untersuchungen lag zum Positiven gewandelt haben. Wahrscheinlich haben sich die inzwischen häufiger praktizierten Kooperationsformen zwischen Kindergarten und Schule positiv ausgewirkt.

Allerdings zeigten auch die Kreisgespräche neuesten Datums, dass für einige Kinder der Gedanke an die Schule nicht nur freudige Erwartungen auslöst.

Was kann man nun mit aller Vorsicht aus den Interviewausschnitten und den Spielszenen entnehmen?

- Die Vorstellungen der Kinder von Schule und ihre Erwartungen sind sehr unterschiedlich. Zufällige örtliche Gegebenheiten, zufällig aufgeschnappte Informationen, zufällige Kontakte mit Schulkindern und anderes bestimmen, was ein Vor-

1 Auch in den hier nicht dokumentierten Schulspielen 2006 war das Bild vom Lehrer bzw. der Lehrerin positiver und realistischer. Die »Lehrer« gingen freundlicher mit ihren »Schülern« um, halfen bei Schwierigkeiten, erteilten aber immernoch mit Eifer Strafarbeiten. Ein Mädchen wurde auf den »Strafstuhl« gesetzt, weil es nicht richtig rechnete – und begann sofort zu weinen, wurde dann aber vom »Lehrer« getröstet.

schulkind von der Schule weiß und welche Gefühle es seinem neuen Lebensabschnitt als Schulkind entgegenbringt. Dabei spielen ältere Geschwister, die schon in die Schule gehen, eine wichtige Rolle.

- Die meisten Kinder freuen sich auf die Schule. In die Schule gehen heißt, zu den Großen gehören, einen Brief schreiben können, selbst das Fernsehprogramm lesen können, den Papa nicht mehr zum Vorlesen von Büchern brauchen. »Die Kenntnis der Schrift schafft eigene Verfügbarkeit über Informationen (etwa das Fernsehprogramm). Sie gewährt Teilhabe an der Schriftkultur (Bücher lesen, Briefe schreiben). Und sie versetzt den Kundigen in eine größere Unabhängigkeit von seiner sozialen Umgebung« (Speck-Hamdan 1990). Aber die Kinder freuen sich auch auf Rechnen, sie weisen stolz darauf hin, wie weit sie schon zählen können und hoffen, bald bis 1000 zählen zu können.
- Es gibt auch Kinder, die nicht so gern in die Schule gehen, ja sogar Angst vor ihr haben. Schule heißt für sie, nicht mehr so viel spielen können, Hausaufgaben machen, still sitzen müssen. Fast alle wissen von Strafarbeiten und schlechten Noten. Einige meinen sogar, man würde an den Ohren gezogen, komme auf den Strafstuhl oder erhalte Schläge.
- Das Verhältnis der Schüler zueinander ist in den Rollenspielszenen geprägt durch Konkurrenz. Andere Kinder werden verpetzt. Man ist schadenfroh, wenn andere Misserfolge haben. Gegenseitige Hilfe ist ein Fremdwort. Man lässt andere nicht abschreiben.
  In Ansätzen zeigt sich aber auch schon eine gewisse Solidarität. Aber es ist nur eine Solidarität gegen den Lehrer, nicht eine Solidarität, die sich in gegenseitiger Hilfsbereitschaft äußert.
- Das Bild vom Lehrer ist reduziert auf Befehlsfunktionen und Beurteilungsfunktionen. Er bestimmt, was zu machen ist, gibt Strafarbeiten und schlechte Noten. Bei unseren weiter zurückliegenden Erhebungen wurde er als ungemein autoritär dargestellt. Nur in den Schulspielen 2006 haben wir erlebt, wie ein »Lehrer« einem Kind etwas zeigte, erklärte, ihm half, es ermutigte.
- Kinder wissen, dass Schule möglicherweise auch bedeutet, Misserfolge erleben zu müssen. Für ein Kind in unserem Schulspiel war das so schlimm, dass es sein Papier zusammenknüllte und zu weinen begann. Die Spielsituation kippte in Ernst um. Die Sorge, »es nicht hinzukriegen« überwältigte Andreas so sehr, dass das Rollenspiel abgebrochen werden musste.
- Kein Wunder, dass das Unterrichtsende und das Läuten der Schulglocke als Erlösung gefeiert werden. Wie bei erfahrenen »Schulprofis« gilt schon bei manchen Kindern die Pause (und die Ferien) als das Schönste an der Schule.
- Bei vielen Kindern ist eine angeregte bis aufgeregte Erwartungsstimmung festzustellen. Sie denken viel an Schule, jeden Tag, stellen sich vor, bald früher aufstehen zu müssen und einer läuft schon jeden Tag mit dem Schulranzen auf dem Rücken herum. Nur bei wenigen Kindern überwiegt eine ruhige Gelassenheit.

Was ist aus diesen Beobachtungen abzuleiten?

Zunächst sollte es nicht verwundern, dass Kinder dem neuen Lebensabschnitt mit gemischten Gefühlen entgegensehen. Derartige Ambivalenzen gehören zum Menschenleben. Sie werden sich immer wieder einstellen, etwa wenn nach der Grundschule die Schule gewechselt werden muss, vor dem Eintritt in eine Lehre, vor einem Studium. Solche Ambivalenzen können den Kindern nicht erspart werden. Sie durchzustehen kann seelisch stabile Kinder stärker machen, vermittelt wichtige Erfahrungen. Aber die Ambivalenzen müssen für das einzelne Kind verkraftbar sein. Die Ängste dürfen nicht zu groß werden.

Woher kommen solche Ängste? Woher kommt das negativ überzeichnende Phantasiebild von Schule? Sicher mag es noch Eltern oder Großeltern geben, die mit Schule drohen. Sicher mag manches Kind von älteren Geschwistern dies und jenes aufgeschnappt haben, dass jemand eine Strafarbeit machen musste, dass schlechte Noten erteilt wurden usw. Wahrscheinlich erzählt man zu Hause auch eher das, was einem missfallen hat. Entscheidend aber dürfte sein, dass mehrere Faktoren zusammenwirken: Da entsteht ein Klima hoher Erwartungsspannung, dem sich kaum ein Kind entziehen kann. Eltern, Verwandte und Bekannte sprechen das Kind darauf an, dass es jetzt bald in die Schule komme, der Schulranzen wird gekauft, entsprechende Vorbereitungen im Kindergarten weisen auf das baldige Ereignis hin. Dazu kommt, dass das unbekannte Neue reizvoll, aber immer auch mit einer gewissen Unsicherheit verbunden ist. Da hört man Aussagen wie »Wart nur, bis du in die Schule kommst«, oder »Das kannst du in der Schule aber nicht machen«, vielleicht auch »In der Schule weht ein anderer Wind«, »Bald beginnt der Ernst des Lebens«,[1] aus Erwachsenenperspektive harmlos, für Kinder aber schwer interpretierbar, nichts Gutes verheißend und in ihrer Vagheit eher Angst auslösend.

Entscheidend ist, dass die vielleicht aufkeimenden Ängste an der Realität nicht überprüft werden können. Man muss noch lange Zeit warten, bis man weiß, wie es in der Schule wirklich ist. Wahrscheinlich werden sich manche Befürchtungen schon mit dem ersten Schultag als hinfällig erweisen. Aber vorläufig können die Phantasien der Kinder, angeregt durch die Erwartungsspannung und weil noch nicht an der Realität überprüfbar, abstruse Formen annehmen. Um so wichtiger wird es sein, in dieses »Treibhausklima« aus Unsicherheiten, Vermutungen, Ängsten und Hoffnungen durch

1 Wir verweisen auf das schöne Kinderbilderbuch von Jörg, S./Kellner, J.: Der Ernst des Lebens. Stuttgart 2003: Thienemann.
Weitere Kinderbücher zum Vorlesen für die zukünftigen Schulanfänger:
Janosch, K.: Schnuddel geht in die Schule und andere Geschichten. München 2006: Bertelsmann.
Lindren, A.: Ich will auch in die Schule gehen. Hamburg 2002: Oetinger.
Minte-König, B./Döring, H.G.: Komm mit, die Schule fängt an. Stuttgart 2001: Thienemann.
Nöstlinger, Chr./Nöstlinger, C.: MINI muss in die Schule. Wien 2003: Dachs Verlag.
Schneider, L.: Conni kommt in die Schule. Hamburg 2003: Carlsen.
Wissmann, M./Gottschalk, B.: Juhu, die Schule fängt an. Ravensburg 2006: Ravensburger Buchverlag.

Begegnungen mit Lehrerinnen und Lehrern, durch Konfrontation mit Unterrichtssituationen wirkliche Erfahrungen einzubringen, um der eventuell üppig wuchernden kindlichen Phantasie Realität als Gegengewicht entgegenzusetzen (vgl. S. 98f.)

Schulanfang aus der Sicht von Müttern

Wir zitieren im Folgenden zwei Texte, in denen die Ambivalenz und Unsicherheit deutlich wird, mit der Mütter den Schulanfang erleben.

Vom Stamm der Platane versteckt, erwartete sie ihn.
Er trat aus dem Schatten des Wohnblocks.
Vor der Verkehrsampel blieb er stehen, schaute aufmerksam nach links und rechts.
Er kam über den Fußgängerstreifen auf sie zu.
Er hatte ihr verboten, ihn zu begleiten. Sie dachte an seinen Starrsinn und an seine Heftigkeit. Er wusste nicht, dass sie ihm vorausgegangen war.
Jetzt sah sie sein Gesicht einen Augenblick aus der Nähe. Es war ihr, als sähe sie es zum ersten Mal, ernst, auf Sicherheit bedacht. Als er dicht an ihr vorüberging, hätte sie ihn gerne gerufen. Gestern noch hatte er, Schutz suchend, seine Hand in die ihre gelegt. Zusammen waren sie denselben Weg gegangen.
Und nun?
Brauchte er sie nicht mehr?
Sie hatte immer versucht, ihn nicht zu sehr an sich zu binden. Sie wollte ihn seinen eigenen Weg gehen lassen. Und nun lief sie heimlich hinter ihm her!
Sie spürte, wie entschlossen er vorwärts strebte.
Plötzlich blieb er stehen.
Aus einem blühenden Forsythienstrauch sprang eine Katze.
Er musste etwas entdeckt haben. Er stieg über den niederen Gartenzaun und verschwand zwischen den Büschen. Als er zurückkam, hielt er einen Gegenstand in der offenen Hand. Es war ein aus dem Nest gefallener kleiner Vogel.
Früher wäre er damit zu ihr gekommen.
War sie eifersüchtig?
Er war nun so mit seinem Fund beschäftigt, dass er nicht mehr auf den Weg achtete und mit einer alten Frau zusammenstieß.
Sie hörte, wie die Frau mit ihm schimpfte. Aber es schien ihn nicht sehr zu beeindrucken.
Die Kirchturmuhr zeigte fünf vor acht.
Wenn er sich jetzt nicht beeilte, würde er zu spät kommen.
Als ob er ihre Gedanken erraten hätte, fing er an zu rennen.
Ein kleines Mädchen, das die Lehrerin gestern, am ersten Schultag, neben ihn gesetzt hatte, kam ihm entgegen und begrüßte ihn stürmisch.
Hand in Hand verschwanden sie im Strom der anderen Kinder im Schulhaus.
Der Pausenplatz leerte sich.

Sie stand da, kam sich verlassen vor.
Eine Zeit, unwiederbringlich, war vorbei.
Ein Abschied.
Gab er ihr nicht auch ein Stück Freiheit wieder?
Im Augenblick wusste sie noch nichts damit anzufangen.

(Grundschule 7/8, 1984, S. 13)

Eine Mutter berichtet:

Es ist Donnerstag, der 4. August 1983: Schulbeginn für unseren ältesten Sohn Christoph.
Wir sind dank der vielen Initiativen der Schulleitung auf diesen ersten Schultag gut vorbereitet. Christoph hat im Frühjahr in einer Anfangsklasse hospitiert und war mit seinen neuen Klassenkameraden bereits vor den Sommerferien in der Schule, um zu malen, zu spielen und die Räumlichkeiten zu erkunden.
Auch die Erwachsenen sind informiert. Wir haben uns bei einem ersten Elternabend im Juni schon oberflächlich kennen gelernt, sind über das erste Schuljahr im Allgemeinen und den Ablauf des ersten Schultags im Besonderen unterrichtet worden; man hat uns Vorschläge zum Inhalt der Schultüte gemacht und eine Liste mit Namen und Adressen der Erstklässler zugesandt ...
Jetzt ist es soweit: auf dem Schulhof stehen 28 Kinder der Klasse 1b mit ihren bunten Schultüten und warten darauf, dass es endlich losgeht. Dennoch – ganz unbefangen sind wohl wenige der hier Versammelten. Christoph jedenfalls trennt sich nur nach gutem Zureden, nachdem die neuen Lehrerinnen sich vorgestellt haben und mit den Kindern im Schulgebäude verschwinden. Wie immer, wenn eine neue, noch unüberschaubare Situation auf ihn zukommt, schreckt er erst einmal zurück.
Auch mich plagen Zweifel. Wird Christoph sich in der Schule wohl fühlen? Wird er merken, dass Lernen auch in der Schule Spaß machen kann? Wird er Freunde finden? Wird er sich den neuen Anforderungen anpassen? – Und dann die Fragen, die mich selbst betreffen: Wo werde ich ihm helfen können, wo wird er sich allein zurechtfinden müssen? Wie mag ich wohl in Zukunft mit seinen Lehrern, wie mit den anderen Eltern zurechtkommen?
Eines ist deutlich, nicht nur für Christoph ist heute Schulanfang; auch für uns Eltern beginnt ein neuer Lernprozess ...
Gleich in der ersten Woche hat der Unterricht richtig begonnen: jeden Tag ein neuer Buchstabe, neue Ziffern, Rechenaufgaben, Lese- und Schreibübungen. Christoph lernt leicht, die Arbeit geht ihm schnell von der Hand. Wenn er mittags nach Hause kommt, hat er den größten Teil der Hausaufgaben schon erledigt. Aber dann fällt mir auf, dass Christoph flüchtig ist, dass seine Hefte Eselsohren haben, dass die Buchstaben tanzen, manches von ihm nicht richtig verstanden worden ist. Ich beobachte z.B., dass er die »1« rückwärts schreibt: gerader Strich von unten nach oben und erst dann das Fähnchen! Ich entdecke, dass unser Sohn keinen besonderen schulischen Ehrgeiz entwickelt: einmal lesen reicht, auch wenn die Sätze immer noch holpern und stocken.

Soll ich mich jetzt einmischen? Von unserem Elternabend ist mir noch im Ohr, wie wichtig es sei, dass die Kinder von Anfang an ihre Hausaufgaben alleine machen. Nur so würden sie zu selbstständiger Arbeit erzogen, nur so könne die Lehrerin erkennen, was die Schüler wirklich begriffen haben und was im Unterricht noch einmal vertieft werden muss.
Ich frage mich: Soll ich warten, dass die Lehrerin die verkehrte »1« entdeckt, die Eselsohren bemängelt, auf die tanzenden Buchstaben aufmerksam wird? Wird ihr das bei 28 Schülern überhaupt gelingen? Was, wenn sich Falsches bei Christoph festsetzt? Andererseits – wie würde sich eine Kritik der Lehrerin bei Christoph niederschlagen? ...
Die anfängliche Schuleuphorie wird bald gedämpft. Die erste Woche ist noch voll gestopft mit ungewohnten Eindrücken und Aufregungen, fast ein Endlosgeburtstag: da sind die netten Lehrerinnen, voller Zuwendung für jedes einzelne Kind; da gibt es 27 potenzielle neue Freunde, einen Unterricht mit wechselnden überraschenden Aktivitäten und schließlich den Ranzen, in den allmorgendlich unbekannte Utensilien gepackt werden.
Aber dann beginnt der Alltag. Eines Morgens will Christoph nicht mehr in die Schule, er weint und möchte zurück in den Kindergarten.
Mittags, wenn er nach Hause kommt, hat er schlechte Laune, meckert an den Geschwistern herum und entspannt sich erst auf meinem Schoß. Andere (nicht alle!) Mütter bestätigen diese Erfahrung.
Was ist geschehen? Die Schonzeit ist offensichtlich vorüber, Prügeleien auf dem Schulhof sind jetzt an der Tagesordnung, ebenso das Geschubse beim Aufstellen nach der Pause. Auch im Unterricht ist es unruhiger geworden. Wir hören, dass Timo schon zwei Striche bekommen habe, weil er immer wieder zwischen den Tischen herumlaufe, dass die Schulleiterin in der Klasse gewesen sei und wegen des Lärms geschimpft habe und dass Nicole oft weine, weil die Nachbarin sie ärgerte ... .

(Grundschule 16, 1984, Heft 7/8, S. 45)

Die beiden Texte machen deutlich, dass der Schulanfang auch von Eltern ambivalent erlebt wird: Freude, dass das Kind jetzt schon so groß ist, aber auch Wehmut, dass ein Stück unbeschwerter Kinderzeit, eine Zeit inniger Verbindung mit dem Kind, eine Zeit in der das Kind einem »allein« gehörte, endgültig vorbei ist. Auch ein Stück des eigenen Erwachsenenlebens ist endgültig vorbei. Dass der Schuleintritt von den Eltern als wichtiger Lebenseinschnitt erlebt wird, ist nicht zuletzt an den vielen zu diesem Ereignis geknipsten Fotos und gedrehten Filmen abzulesen. Vielleicht haben am ersten Schultag und bei der Schuleintrittsfeier mehr Eltern heimliche Tränen in den Augen als Kinder. So ist es wohl auch eine wichtige Funktion des Rituals der Schuleintrittsfeier, Eltern zu trösten (vgl. S. 141ff.).

Schulanfang aus der Sicht des Schriftstellers Erich Kästner

Die folgende »Ansprache zu Schulbeginn« von Erich Kästner ist für Erwachsene, nicht für Kinder bestimmt, auch wenn Kinder angesprochen werden. Kästner trug sie erstmals unmittelbar nach Kriegsende in einem Münchner Kabarett vor, eine Nummer, die weniger zum Lachen, als zum Nachdenken anregen sollte. Die Rede veranschaulicht, wenn auch etwas einseitig, was geschehen kann, wenn die durch die Schule in Gang gesetzten Sozialisationsprozesse die Kinder erfassen.

Sozialisation macht nämlich nicht nur dazu fähig, in der Gesellschaft bestehen zu können, Sozialisation beschneidet auch, verschüttet Möglichkeiten, verstümmelt, ist mit Leid verbunden (vgl. S. 177 ff.).

Ansprache zu Schulbeginn:

Liebe Kinder,
da sitzt ihr nun, alphabetisch oder nach der Größe sortiert, zum ersten Mal auf diesen harten Bänken, und hoffentlich liegt es nur an der Jahreszeit, wenn ihr mich an braune und blonde, zum Dörren aufgefädelte Steinpilze erinnert. Statt an Glückspilze, wie sich's eigentlich gehörte. Manche von euch rutschen unruhig hin und her, als säßen sie auf Herdplatten. Andre hocken wie angeleimt auf ihren Plätzen. Einige kichern blöde, und der Rotkopf in der dritten Reihe starrt, Gänsehaut im Blick, auf die schwarze Wandtafel, als sähe er in eine sehr düstere Zukunft.
Euch ist bänglich zu Mute, und man kann nicht sagen, dass euer Instinkt tröge. Eure Stunde X hat geschlagen. Die Familie gibt euch zögernd her und weiht euch dem Staate. Das Leben nach der Uhr beginnt, und es wird erst mit dem Leben selber aufhören. Das aus Ziffern und Paragraphen, Rangordnung und Stundenplan eng und enger sich spinnende Netz umgarnt nun auch euch. Seit ihr hier sitzt, gehört ihr zu einer bestimmten Klasse. Noch dazu zur untersten. Der Klassenkampf und die Jahre der Prüfungen stehen bevor. Früchtchen seid ihr, und Spalierobst müsst ihr werden! Aufgeweckt wart ihr bis heute, und einwecken wird man euch ab morgen! So, wie man's mit uns getan hat. Vom Baum des Lebens in die Konservenfabrik der Zivilisation, – das ist der Weg, der vor euch liegt. Kein Wunder, dass eure Verlegenheit größer ist als eure Neugierde.
Hat es den geringsten Sinn, euch auf einen solchen Weg Ratschläge mitzugeben? Ratschläge noch dazu von einem Manne, der, da half kein Sträuben, genauso »nach Büchse« schmeckt wie andre Leute auch? Lasst es ihn immerhin versuchen, und haltet ihm zugute, dass er nie vergessen hat, noch je vergessen wird, wie eigen ihm zu Mute war, als er selber zum ersten Mal in der Schule saß. In jenem grauen, viel zu groß geratenen Ankersteinbaukasten. Und wie es ihm damals das Herz abdrückte. Damit wären wir schon beim wichtigsten Rat angelangt, den ihr euch einprägen und einhämmern solltet wie den Spruch einer uralten Gedenktafel:
Lasst euch die Kindheit nicht austreiben! Schaut, die meisten Menschen legen ihre Kindheit ab wie einen alten Hut. Sie vergessen sie wie eine Telefonnummer, die nicht

mehr gilt. Ihr Leben kommt ihnen vor wie eine Dauerwurst, die sie allmählich aufessen, und was gegessen worden ist, existiert nicht mehr. Man nötigt euch in der Schule eifrig von der Unter- über die Mittel- zur Oberstufe. Wenn ihr schließlich droben steht und balanciert, sägt man die überflüssig gewordenen Stufen hinter euch ab, und nun könnt ihr nicht mehr zurück! Aber müsste man nicht in seinem Leben wie in einem Hause treppauf und treppab gehen können? Was soll die schönste erste Etage ohne den Keller mit den duftenden Obstborten und ohne das Erdgeschoss mit der knarrenden Haustür und der scheppernden Klingel? Nun – die meisten leben so! Sie stehen auf der obersten Stufe, ohne Treppe und ohne Haus, und machen sich wichtig. Früher waren sie Kinder, dann wurden sie Erwachsene, aber was sind sie nun? Nur wer erwachsen wird und Kind bleibt, ist ein Mensch! Wer weiß, ob ihr mich verstanden habt. Die einfachen Dinge sind so schwer begreiflich zu machen! Also gut, nehmen wir etwas Schwierigeres, womöglich begreift es sich leichter. Zum Beispiel:

Haltet das Katheder weder für einen Thron, noch für eine Kanzel! Der Lehrer sitzt nicht etwa deshalb höher, damit ihr ihn anbetet, sondern damit ihr einander besser sehen könnt. Der Lehrer ist kein Schulwebel und kein lieber Gott. Er weiß nicht alles, und er kann nicht alles wissen. Wenn er trotzdem allwissend tut, so seht es ihm nach, aber glaubt es ihm nicht! Gibt er hingegen zu, dass er nicht alles weiß, dann liebt ihn! Denn dann verdient er eure Liebe. Und da er im Übrigen nicht eben viel verdient, wird er sich über eure Zuneigung von Herzen freuen. Und noch eins: Der Lehrer ist kein Zauberkünstler, sondern ein Gärtner. Er kann und wird euch hegen und pflegen. Wachsen müsst ihr selber!

Nehmt auf diejenigen Rücksicht, die auf euch Rücksicht nehmen! Das klingt selbstverständlicher, als es ist. Und zuweilen ist es furchtbar schwer. In meine Klasse ging ein Junge, dessen Vater ein Fischgeschäft hatte. Der arme Kerl, Breuer hieß er, stank so sehr nach Fisch, dass uns anderen schon übel wurde, wenn er um die Ecke bog. Der Fischgeruch hing in seinen Haaren und Kleidern, da half kein Waschen und Bürsten. Alles rückte von ihm weg. Es war nicht seine Schuld. Aber er saß, gehänselt und gemieden, ganz für sich allein, als habe er die Beulenpest. Er schämte sich in Grund und Boden, doch auch das half nichts. Noch heute, fünfundvierzig Jahre danach, wird mir flau, wenn ich den Namen Breuer höre. So schwer ist es manchmal, Rücksicht zu nehmen. Und es gelingt nicht immer. Doch man muss es stets von neuem versuchen.

Seid nicht zu fleißig! Bei diesem Ratschlag müssen die Faulen weghören. Er gilt nur für die Fleißigen, aber für sie ist er sehr wichtig. Das Leben besteht nicht nur aus Schularbeiten. Der Mensch soll lernen, nur die Ochsen büffeln. Ich spreche aus Erfahrung. Ich war als kleiner Junge auf dem besten Wege, ein Ochse zu werden. Dass ich's, trotz aller Bemühung, nicht geworden bin, wundert mich heute noch. Der Kopf ist nicht der einzige Körperteil. Wer das Gegenteil behauptet, lügt. Und wer die Lüge glaubt, wird, nachdem er alle Prüfungen mit Hochglanz bestanden hat, nicht sehr schön aussehen. Man muss nämlich auch springen, turnen, tanzen und singen können, sonst ist man, mit seinem Wasserkopf voller Wissen, ein Krüppel und nichts weiter.

Lacht die Dummen nicht aus! Sie sind nicht aus freien Stücken dumm und auch nicht zu eurem Vergnügen. Und prügelt keinen, der kleiner und schwächer ist als ihr!

Wem das ohne nähere Erklärung nicht einleuchtet, mit dem möchte ich nichts zu tun haben. Nur ein wenig warnen will ich ihn. Niemand ist so gescheit oder stark, dass es nicht noch Gescheitere und Stärkere als ihn gäbe. Er mag sich hüten. Auch er ist, vergleichsweise, schwach und ein rechter Dummkopf.

(Aus: E. Kästner: Gesammelte Schriften für Erwachsene. Band 7: Vermischte Beiträge II. Zürich 1969: Atrium Verlag, S. 180–183.)

Kooperation Kindergarten – Schule

Historische Entwicklungen – aktueller Stand

Eine gute Zusammenarbeit zwischen Grundschule und Kindergarten ist für einen gelungenen Schulanfang von überragender Bedeutung. Im Kindergarten kann über die Schule gesprochen werden. Im Kindergarten können die zukünftigen Erstklässler eine »richtige« Lehrerin, am besten ihre zukünftige eigene, kennen lernen. Kindergartenkinder können mit ihrer Erzieherin einen Besuch in der Schule machen. Über den Kindergarten können die meisten Eltern der zukünftigen Schüler erreicht werden. Und schließlich kann die Erzieherin der zukünftigen Lehrerin wichtige Informationen geben, die eine gezielte pädagogische Hilfe später in der Schule oder eventuell die Entscheidung über die Schulfähigkeit eines Kindes erleichtern.

Den offiziellen Anstoß für eine Zusammenarbeit zwischen Kindergarten und Schule gaben sehr weit reichende Überlegungen zur Neukonzeption von Kindergarten und Eingangsstufe der Grundschule Ende der 1960er-/Anfang der 1970er-Jahre.

Es muss Erstaunen hervorrufen, dass es für eine Zusammenarbeit von Kindergarten und Schule überhaupt eines Anstoßes bedurfte und dass diese Zusammenarbeit so lange auf sich warten ließ. Sollte sie sich nicht von selbst nahe legen? Geht es nicht beiden Institutionen um das gleiche Kind?

Die relative Distanz beider Institutionen lässt sich aus weit zurückliegenden bildungspolitischen Entwicklungen und aus den in diesem Rahmen getroffenen administrativen und organisatorischen Regelungen ableiten.

Die Kindergartenidee von Friedrich Fröbel

Warum ein derartig ausführlicher Exkurs über den Kindergarten, wie Fröbel sich ihn vorstellte, wo heute doch der Trend in Richtung früher, gezielter, vor allem kognitiver Förderung der Kinder geht? Fröbel setzte auf die Eigenentfaltung des Kindes, forderte das Zurücktreten des Erziehers hinter den im Kind angelegten und im freien Spiel sich entfaltenden göttlichen Entwicklungsplan, sah im Erzieher den Gärtner, nicht den Former der kindlichen Kräfte. Die Stimme Fröbels als kontrapunktisches Gegengewicht zu den augenblicklichen Tendenzen der kognitiven Frühförderung sollte im Rahmen der heutigen Überlegungen nicht überhört werden.

Als Vater des deutschen Kindergartens gilt mit Recht Friedrich Fröbel (1782–1852). Friedrich Wilhelm August Fröbel[1] wurde als sechstes Kind eines evangelischen Pfarrers in Oberweißbach in Thüringen geboren. Friedrich war noch kein Jahr alt, als seine Mutter starb und der Vater zum zweiten Mal heiratete. Das zunächst gute Verhältnis zu dieser zweiten »Mutter« kühlte sich ab, als diese sich stärker ihren zwei in der Zwischenzeit geborenen eigenen Kindern zuwandte. Im Unterschied zu ihren eigenen Kindern durfte er sie nicht mit »du« anreden. Friedrich galt als zurückgezogen und eigensinnig, was man ihm als Bosheit auslegte. So blieb der Knabe weitgehend isoliert und sich selbst überlassen, vor allem nachdem seine eigenen Geschwister nicht mehr im elterlichen Haus waren. Möglicherweise liegen hier die psychologischen Wurzeln dafür, dass die Theorie und Praxis des Umgangs mit Kindern und insbesondere das Verhältnis zwischen Mutter und Kind, zum Lebenswerk Fröbels wurden. Noch nach 50 Jahren sprach er von einer ersten seelischen Wunde, die ihm durch den Tod seiner Mutter zugefügt wurde, einer frühen Verletzung der ursprünglichen Seelen- und Gemütseinigung mit der Mutter.

Fröbels pädagogische Laufbahn begann im Jahr 1805–1806 in Frankfurt als Lehrer an der dortigen Pestalozzi-Musterschule. 1806 wurde er Hauslehrer der vier Kinder der Familie v. Holzhausen in Frankfurt. Danach leitete er verschiedene Internatsschulen, in Griesheim (1816), in Keilhau bei Rudolstadt (1817–1829) und in der Schweiz (1831–1837). Hier versuchte er bereits Prinzipien zu verwirklichen, die – 80 Jahre später – für die Landerziehungsheime der Reformpädagogik leitend waren: Einfacher Lebensstil, gesundes Leben, Sport, neben geistiger Beschäftigung Arbeit in der Landwirtschaft, partnerschaftlicher Umgang zwischen Lehrern und Schülern. Während seiner Frankfurter Zeit im Jahre 1806 wanderte er zu Fuß nach Iferten in die Schweiz, um dort Pestalozzi, den er tief verehrte, zu sehen und zu erleben. Zwei Jahre später hielt er sich dort zwei Jahre lang auf (1808–1810), verließ Iferten aber im Dissens mit Pestalozzi wegen dessen sogenannter Elementarmethode, die er als zu mechanistisch ablehnte. Die zentralen Elemente der Pädagogik Pestalozzis fanden aber seine volle Zustimmung.

Erst relativ spät wandte sich Fröbel der Idee der Kleinkindererziehung zu. 1840 erließ er einen »Aufruf an alle deutsche Frauen und Jungfrauen«, denen er den »Entwurf eines Planes zur Begründung und Ausführung eines Kindergartens« zur »Prüfung und Mitwirkung« vorlegte.

Auf Fröbel geht der Begriff »Kindergarten« zurück. »Kindergarten« war für ihn aber zunächst kein Name für eine Institution, sondern eine allgemeine pädagogische Zielvorstellung für das Aufwachsen im Kleinkindalter. Jedes Kind sollte in seinen ersten Lebensjahren ein behütetes, glückliches Kinderleben haben, gleichsam wie eine sorgfältig gepflegte Pflanze in einem behüteten Garten aufwachsen. Jede Mutter sollte eine echte »Kindergärtnerin« sein. Damit seine Methode schnelleren Eingang in die Familien fände, demonstrierte er diese in bereits bestehenden Bewahr- und Beschäfti-

1 Vgl. hierzu Heiland, H.: Friedrich Fröbel, Reinbek b. Hamburg 1982: Rowohlt Monographien. Alle folgenden Zitate sind diesem Buch entnommen.

gungsanstalten für Kleinkinder und errichtete eine Musteranstalt in Blankenburg. 1842 hielt Fröbel dort erste Kurse für »Kindergärtnerinnen« ab. Jede Stadt sollte nach ihm eine solche Belehrungsstätte für Mütter und Mädchen haben. Gemäß seiner Überzeugung, dass Erziehung nur Unterstützung der Selbstentfaltung des Kindes sein dürfe, sprach er von »Anstalten zur allseitigen Beachtung des Lebens der Kinder besonders durch Pflege ihres Tätigkeitstriebs«.

In vielen Vorträgen, Kursen und Veröffentlichungen versuchte er, die Frauen für eine von warmer Mütterlichkeit bestimmte Erziehung ihrer Kinder zu gewinnen. Auf zahlreichen Reisen warb er für seine Kindergartenidee. Auch in einer Reihe anderer Städte entstanden derartige Einrichtungen. Diese zielten nicht darauf ab, eigene Kindergärten zu gründen, sondern die Mütter an die richtige Kindererziehung heranzuführen. Für seine Veröffentlichungen betrieb er eine eigene Druckerei, für die Herstellung der Spielgaben errichtete er eine kleine Fabrik, zur Finanzierung des »zu einem durch deutsche Frauen und Jungfrauen zu begründenden und auszuführenden Erziehungsunternehmen, einem Deutschen Kindergarten« ließ er Aktien ausgeben.

Aus den Belehrungsstätten entwickelten sich aber rasch Einrichtungen zur außerhäuslichen Betreuung von Kindern.

1844 veröffentlichte Fröbel nach längeren Vorarbeiten für den Umgang der Mütter mit ihren Kleinkindern die bekannten »Mutter- und Koselieder« und »100 Lieder zu dem Spielen mit dem Ball«.

Fröbels Ideen, verbreitet durch Tagungen, Fortbildungen und eine Reihe von Zeitschriften, fanden auch bei den Volksschullehrern ein lebhaftes Echo. Der Ruf nach allgemeinen Volkserziehungsanstalten schon im Vorschulalter wurde laut und 1848 auf einer Lehrerversammlung Teil der Forderungen der Lehrerschaft an die Staatsregierungen. Auf einer anderen Lehrerversammlung 1848 in Rudolstadt, zu der Fröbel eingeladen wurde, wurde drei Tage lang über Fröbels Kindergarten diskutiert. Dabei wurde eine Resolution verabschiedet, in der die deutschen Regierungen und der Deutsche Reichstag aufgefordert wurden, der Idee der öffentlichen Kleinkindererziehung und Kindergärten mehr Beachtung zu schenken und die Errichtung von Kindergärten zu fördern. Fröbel fühlte sich bestätigt, meinte aber, das Kind solle der Schule »entgegengeführt, entgegengebildet«, aber noch nicht geschult werden. Aufgabe des Kindergartens sei es, sich mit dem Kind seiner kindlichen Natur entsprechend zu beschäftigen, freilich nicht in »läppischer, leerer Weise«, aber auch noch nicht in »harten, vorschreibenden Verstandesformen«.

1850 zog Fröbel nach Schloss Marienthal bei Meiningen. Er hielt Kurse zur Ausbildung von Kindergärtnerinnen in Hamburg und gab zwei Kindergarten-Wochenzeitschriften heraus. Als die gescheiterte Bürgerliche Revolution von 1848 seine politischen und bildungspolitischen Hoffnungen zunichte machte, wurde er von Adolph Diesterweg (1790–1866), dem »Vater der Lehrerbildungsanstalten« und einer Reihe gleich gesinnter Frauen gestützt. 1851 heiratete Fröbel zum zweiten Mal, nachdem bereits 1839 seine erste Frau gestorben war und zwar die um 33 Jahre jüngere Luise Levine, die ihn kindlich verehrte und in den kommenden schweren Jahren liebevoll für ihn sorgte.

1850 verbot die Preußische Regierung die Fröbelschen Kindergärten als »atheistisch« und »sozialistisch«. Hinter dem ersten Vorwurf steckten Anfeindungen seitens der evangelischen Kirche. Durch das Verdikt »atheistisch« sollten freireligiöse Gemeinschaften getroffen werden, bei denen die Fröbelsche Kindergartenidee besondere Verbreitung fand. Der zweite Vorwurf zielte auf Fröbels Beziehungen zu seinem Neffen Karl Fröbel, der sozialistische Ideen vertrat, aber auch auf die Forderungen der Volksschullehrer, welche die Kindergartenidee mit der Forderung nach einer gemeinsamen Schule für alle verbanden. Eine Eingabe an den preußischen König mit der Bitte um Überprüfung des Erlasses blieb erfolglos. Fröbel glaubte, in Deutschland nicht verstanden zu werden und trug sich mit dem Gedanken, nach Amerika auszuwandern, um in diesem jungen Land seine Kindergartenidee zu verbreiten. Ein Jahr später starb er in Marienthal, resigniert und durch die Zerstörung seines Lebenswerks zutiefst verwundet. Auf seinem Grab in Schweina stehen in Stein gehauen Grundformen seiner Spielgaben, ein Würfel, eine Walze, eine Kugel dazu sein Wahlspruch »Kommt lasst uns unseren Kindern leben«.

1860 wurde das Kindergartenverbot wieder aufgehoben, und von da an kam es zu einer raschen Verbreitung von Kindergärten in Deutschland.

Wo liegen die Wurzeln der Fröbelschen Erziehungstheorie?

Sein in Keilhau praktiziertes Erziehungskonzept hatte viel Ähnlichkeit mit der viel späteren Landerziehungsbewegung um die Jahrhundertwende: Schulen auf dem Land, einfacher Lebensstil, körperliche Ertüchtigung, Wandern, Gartenbau, Pflege von Pflanzen und Tieren, praktische Arbeit und musische Betätigung. Dahinter steckte aber wesentlich mehr als die aufklärerische Auffassung von einer gesunden Lebensführung. Fröbels Erziehungskonzept, das vor allem in seinem Werk »Die Menschenerziehung« (1826) seinen Niederschlag fand, war letztlich religiös geprägt.

Alle Dinge, so Fröbel in seiner »Menschenerziehung«, sind nur dadurch, dass Göttliches in ihnen wirkt. Jedes Lebewesen wiederholt in seiner Entwicklung den Schöpfungsprozess, ist Schöpfung seiner selbst durch das in es hineingelegte göttliche Entwicklungsgesetz. Das gilt auch für die Kinder. In der Entwicklung jedes Kindes offenbart sich das in ihm wirkende Göttliche. Erziehung kann dementsprechend nur heißen, hinter das Göttliche zurückzutreten, Ehrfurcht haben vor der Offenbarung des Unendlichen im Kind. Der Erzieher kann nur Gärtner sein, der das sich im Kind Offenbarende hegt und unterstützt; er darf keine äußeren Vorbilder für das Kind aufrichten. Da im Kind das Göttliche wirkt, kann dieses, wenn man es sich ungestört entfalten lässt, auch nur gut sein. Deswegen stellte Fröbel auch die Selbsttätigkeit und den natürlichen »Darstellungs- und Beschäftigungstrieb« in den Mittelpunkt seiner Erziehung.

Da das Göttliche in allen Dingen wirkt, liegt aller Vielgestalt des Seienden eine letzte Einheit zu Grunde.[1]

1 Fröbel entwickelte zur Erfassung dieser Dialektik von Einheit und Vielheit eine eigene philosophische Theorie, die Theorie der Sphäre. In der Kugel (griech. sphaira) tritt das innere Gesetz dieses Körpers in besonders vollkommener Weise zu Tage. Was hier deutlich sichtbar wird, ist

Sich des in der Natur, in den Dingen und im eigenen Selbst wirkenden *einen* Göttlichen bewusst zu werden und dieses in Selbstbestimmung und Freiheit im eigenen Leben wirksam werden zu lassen, ist Ziel des Menschenlebens.[2] Dem hat auch die Erziehung zu dienen. Nachdem sich das Kind im Verlauf seiner Entwicklung aus der unbewussten und undifferenzierten Einheit mit der es umgebenden Welt gelöst hat und die Vielgestalt alles Seienden wahrnimmt, soll es auch wieder lernen, die hinter allem Seienden wirkende Einheit zu erkennen. Diesem Ziel sollen auch die »Spielgaben« dienen. Es geht nicht um irgendwelches Spielzeug. Die Spielgaben sollen vielmehr die Grundformen der Schöpfung, die überall wiederkehren, widerspiegeln.

Die Kleinkinderziehung sollte nach Fröbel vier pädagogische Elemente umfassen:

(1) Mutter- und Koselieder,
(2) Gegenständliche Spielgaben,
(3) Turn- und Bewegungsspiele und
(4) Tier- und Gartenpflege.

Die *Mutter- und Koselieder* sollten zur Gemüts- und Herzensbildung beitragen und, ganz im Sinne Pestalozzis, im kleinen Kreis der Familie zunächst ein pädagogisches Verhältnis aufbauen. Sie waren zugleich aber auch Lieder zu »Körper- Glieder- und Sinnenspielen«. Die Sammlung enthielt kleine Reime aus der Erlebniswelt des Kindes (Kirchturmhahn, Vogelnest, Kuchenbacken), entsprechende Bilder, die die Mütter mit ihrem Kind betrachten sollten und Anleitungen zu Hand- und Fingerbewegungen, beim Sprechen der Reime.[3]

Mittels seiner *Spielgaben* versuchte Fröbel die vorhandenen Entwicklungstendenzen und naturhaft vorgegebenen Gestaltungskräfte des Kindes zu unterstützen. In der

aber nur der besonders vollkommene Fall eines allgemeinen Entwicklungsgesetzes. Entwicklung ist sich in Mannigfaltigkeit äußernde Einheit. Das verborgene göttliche Sein entäußert sich in der Vielgestalt des Seienden und tritt sich dadurch gleichsam selbst gegenüber. Mit Hilfe dieser Sphärentheorie versuchte Fröbel auch die Polarität der Geschlechter (Ehe erschien ihm als der vollkommenste Ausdruck der Verbindung der sich in polaren Gegensätzen äußernden inneren Einheit) und sein Verhältnis zu Charlotte v. Holzhausen zu verstehen.

2 Fröbels religiöse Auffassung und die darauf fußende theoretische Grundlegung der Erziehung waren pantheistisch fundiert. So schrieb er auch 1810: »Drei Richtungen sind dem menschlichen Geist gegeben: die Erforschung der Natur, das Hinabsteigen in sich, das Erheben zu Gott: Diese Drei sind eins.«

3 Manche werden sich vielleicht noch aus ihrer Kinderzeit beispielsweise an folgende Gedichte und das zugehörige Spiel mit Hand und Fingern aus der Fröbelschen Sammlung erinnern: »Wie das Hähnchen auf dem Turme, sich kann dreh'n im Wind und Sturme, kann mein Kind sein Händchen wenden, so sich neue Freuden spenden«, oder »Dies ist das runde Däumchen, es sieht aus wie Pfläumchen. Dies Fingerchen gerade zeigt, doch aber auch gar schön sich neigt. Dies Fingerchen das größte ist, obgleich es nur zu mittelst ist. Dies Fingerchen trägt's Ringelein, drum ist es auch wie Gold so rein. Dies Fingerchen das kleinste ist, die Fingerzahl gar fein beschließt.«

Form des Spiels, so meinte er, erfährt das Kind die Welt. Deshalb sollten seine sieben Spielgaben die »urtümlichsten Formen der Schöpfung« widerspiegeln: Kugel, Walze, Würfel, lineare Gegenstände (Stäbchen, Fäden), Flächen (Dreiecke, Vierecke, Sterne), punktförmige (Steinchen, Samen, Knöpfe) und formlose Stoffe (Sand, Ton, Wasser).

Zu jeder dieser Spielgaben erfand er eine Reihe von Spielen.

Beim ersten Spiel des Kindes mit der ersten Spielgabe beispielsweise sollte die Mutter eine Kugel rollen lassen, mit einer an einem Faden befestigten Kugel Pendelbewegungen ausführen und diese Bewegungen sprachlich mit »hin und her«, »hinüber und herüber«, »roll, roll, roll«, »links herum, rechts herum« usw. begleiten.

Die Spielgaben hatten nach Fröbel eine dreifache Funktion zu erfüllen: Als *Erkenntnisformen* sollten sie der kognitiven Entwicklung dienen (z.B. Begegnung mit der vollkommensten Form der Schöpfung, der Kugel, oder Vermittlung der Erfahrung, in wie vielfältiger Weise ein aus 8 Würfeln gebauter großer Würfel zerlegt werden kann). Als *Schönheitsformen* sollten sie den ästhetischen Sinn des Kindes anregen und auf die Schönheit der Dinge verweisen; hierzu sollten aus den Spielelementen schöne Formen, Vielecke, Sterne, Muster gelegt werden. Als *Gebrauchsformen* sollten sie auf die geheimnisvolle Einheit aller Dinge hinweisen. Dazu sollten mit den Spielgaben Gegenstände des täglichen Lebens z.B. ein Tisch, eine Bank, ein Gartenhäuschen nachgebaut werden. Bei diesen Spielen dachte Fröbel im Unterschied zu der fast 100 Jahre später lebenden Maria Montessori (1870–1952), nicht an eine Schulung der Sinne, sondern an wirkliches, freies Spiel.

Die *Turn- und Bewegungsspiele* boten Anregungen zum Nachspielen von Szenen aus dem Alltagsleben und der Natur (etwa das Fließen eines Baches, das Fliegen eines Vogels, das Schwimmen eines Fisches) oder zu Kreisspielen, Gehspielen und Laufspielen (Wettläufe). Sie sollten der Begegnung mit der Natur und der Körperstärkung dienen.

Durch *Gartenarbeit und Tierpflege* soll das Kind lernen, für einen kleinen Bereich Verantwortung zu übernehmen. So sollte in einem Kindergarten jedes Kind ein etwa 1/3 m^2 großes kleines Beet haben, in dem es ein paar Blumen pflanzen, ihr Wachstum beobachten und die darin wirkenden Gesetzmäßigkeiten erkennen konnte.

Dem Spiel schrieb Fröbel für die Entwicklung des Menschen eine ganz besondere Bedeutung zu. In den Spielen des Kindes sah er die »Herzblätter des ganzen künftigen Lebens«. Spiel war für ihn die reinste Form, durch die der Mensch auf der Stufe des Kindseins erzeugt wird. Durch Spiel, so nahm er an, differenzieren sich verschiedene Fähigkeiten aus einem zunächst undifferenzierten Triebzustand aus. Spiel ist der Anfang einer Entwicklung, die von der ungegliederten Einheit der Natur zur harmonisch gegliederten Einheit der Kultur führt. Im Spiel äußert sich am reinsten das Innerste des Kindes, es ist das reinste und geistigste Erzeugnis des Menschen auf dieser Stufe. Im Spiel entdeckt das Kind die Welt. Das geschieht handelnd, nicht durch Sprache oder Belehrung. Die vom Kind in diesem Zeitraum gemachten Grunderfahrungen sind zwar von Sprache begleitet, nicht aber primär durch Sprache vermittelt. Diese Vorstellung prägt den Fröbelschen Kindergarten bis heute.

Zusammenarbeit von Kindergarten und Schule – ein langer Weg

Sowohl der Fröbelsche Kindergarten wie später das »Kinderhaus« Maria Montessoris setzten gegenüber dem Alltag der damaligen Volksschule, der von der rein kognitiven Vermittlung des Lernstoffs, vom Memorieren und von disziplinärem Drill geprägt war, deutlich andere Akzente. Handelnder Umgang und eigenes Entdecken statt verbaler Belehrung, Eigentätigkeit statt vorgeschriebener Aktivitäten, Individualisierung statt Lernen im Gleichschritt mit den andern nach dem Plan des Lehrers waren die entscheidenden Unterschiede.

Diese unterschiedlichen Konzeptionen machen verständlich, warum es im 19. Jahrhundert nicht zu einer Zusammenarbeit zwischen den beiden Einrichtungen kam. Mit der Übernahme reformpädagogischen Gedankenguts in die 1919 gegründete Grundschule hatten sich die pädagogischen Konzepte der beiden Institutionen aber deutlich angenähert.

Auf der 1920 abgehaltenen Reichsschulkonferenz stand auch das Thema Kindergarten zur Diskussion. Hier forderten SPD nahe Delegierte die Integration des Kindergartens in die Schule, den Pflichtbesuch des Kindergartens für alle Kinder und die Unterstellung der beiden Institutionen unter ein gemeinsames Schulministerium. Sie konnten sich aber nicht durchsetzen. Immerhin wurde erreicht, dass jetzt die Kindergärten erstmals einem staatlichen Ministerium, dem Sozialministerium, unterstellt wurden, und so nicht mehr rein private Unternehmungen waren. Ab dieser Zeit stieg in den Städten auch die Zahl der Kindergärten steil an. Zu einer wirklichen Zusammenarbeit mit der Schule kam es aber nicht. Beide Institutionen gingen weiterhin ihre eigenen Wege. Hier spielte wohl eine entscheidende Rolle, dass Kindergärten im Gegensatz zur Schule, wie bis heute, meist in kirchlicher Trägerschaft sind.

Einen wichtigen Anstoß erhielt die Zusammenarbeit zwischen Kindergarten und Schule durch das 1964 in den USA erschienene Buch von Glenn Doman, »How to teach your baby to read«. Doman wies nach, dass auch schon Dreijährige bei Anwendung geeigneter Methoden lesen lernen können. Dabei ging es weniger um das frühe Lesenkönnen an und für sich. Er erhoffte sich vielmehr durch die frühe Leseförderung einen wichtigen Beitrag zur generellen Förderung der kognitiven Entwicklung der Kinder. Der »Ackerboden Intelligenz«, so meinte Doman, sei bisher nach völlig veralteten und überholten Methoden bearbeitet worden. Durch andere Methoden könne auch der Ertrag des Bodens verbessert werden.

Domans Buch wurde von H.R. Lückert ins Deutsche übersetzt. Zudem entwickelten Lückert und ihm folgend andere ein breites Angebot an Lesematerialien für den Vorschulbereich. Auch in Deutschland setzte ein entsprechender Boom ein. Bildungsbeflissene Eltern versuchten, ihren Kindern lesen beizubringen. Sie drängten darauf, dass in den Kindergärten Programme zur Frühförderung durchgeführt wurden. »Arbeiten Sie mit Mappen?« war eine damals viel gehörte Frage an die Erzieherinnen. Unter »Mappen« verstand man Arbeitshefte, in denen es bald nicht mehr nur um Frühleseförderung, sondern um das Training verschiedenster kognitiver Fähigkeiten

(Begriffsbildung, Entdecken von Regelmäßigkeiten, Steigerung der Wahrnehmungskompetenz, Konzentrationsaufgaben, Schulung der Feinmotorik) ging.

Für die Kindergärten waren diese Forderungen neu und ungewohnt. Sie stießen auf Vorbehalte, hatte doch der »Vater« des Kindergartens, Friedrich Fröbel, den Kindergärten das Konzept verordnet, die Kinder durch Spiel und nicht primär durch Sprache zu fördern. Zugleich ging er von der Vorstellung aus, es sei die vorrangige Aufgabe des Erziehers, den Kindern Bedingungen zu schaffen, in denen sie sich ungestört, abgeschirmt von schädlichen äußeren Einflüssen entfalten könnten. Dieses Konzept wurde von der Entwicklungspsychologie übrigens bis in die 60er-Jahre vertreten. So sprach man vom Kindergarten und der Grundschule als dem Ort ruhig reifender Kindheit (vgl. S. 19). Die neue Bewegung aber forderte vom Kindergarten gezielte Eingriffe, systematisches und zu einem guten Teil verbales Training. In der Zwischenzeit hatten sich freilich die entwicklungspsychologischen Vorstellungen verändert. Dem Lernen wurde gegenüber dem von innen gesteuerten »Reifen« ein überragender Stellenwert eingeräumt. Die Umwelt und das Lernangebot wurden als Haupttriebkraft der kognitiven Entwicklung angesehen. Dabei wurde vor allem dem *frühen* Lernen große Bedeutung zugemessen. Spätere Defizite wurden als Folge versäumter Lernchancen, als Folge mangelnden Anregungsmilieus in vielen Familien, vor allem der sozialen Unterschicht gesehen. Als Gegenmittel setzte man auf »kompensatorische Vorschulprogramme«. Diese kamen vor allem in den USA in großem Umfang zur Anwendung (z.B. das Head Start Program).

Die neuen entwicklungspsychologischen Erkenntnisse schlugen sich auch in der Bundesrepublik in Überlegungen zur Neugestaltung des Bildungswesens nieder, in die der Kindergarten unbedingt einbezogen werden sollte. So schlug der Deutsche Bildungsrat und die Bildungskommission[1] im »Strukturplan« 1970[2] eine Neukonzeption des Elementarbereichs und der Eingangsstufe der Grundschule vor. Die Schulpflicht sollte grundsätzlich mit dem 5. Lebensjahr beginnen. Die bisherige erste Grundschulklasse und das neu gewonnene Schuljahr der 5- bis 6-Jährigen sollten zu einer zweijährigen Eingangsstufe, in der Grundschullehrer/innen und Erzieherinnen gemeinsam die Kinder unterweisen, zusammengefasst werden. Umstritten war, ob die erste Klasse dieser Eingangsstufe organisatorisch an Kindergärten oder an der Schule angesiedelt werden sollte. Dies sollte in Modellversuchen geklärt werden. Der zweijährigen Eingangsstufe sollte eine zweijährige Grundstufe folgen und dieser die zweijährige Orientierungsstufe. Die vierjährige Grundschule wäre damit einfach um ein Jahr vorverlegt worden. Aber bereits in seinem »Bericht 75« favorisierte der Bildungsrat[2] ein

1 Der 1965 gegründete Deutsche Bildungsrat war ein Gremium führender Erziehungswissenschaftler, die Bildungskommission setzte sich aus Wissenschaftlern und Bildungspolitikern der Länder zusammen.

2 Deutscher Bildungsrat. Empfehlungen der Bildungskommission: Strukturplan für das Bildungswesen, Stuttgart 1970: Klett

2 Deutscher Bildungsrat, Empfehlungen der Bildungskommission: Bericht 75. Entwicklungen im Bildungswesen. Stuttgart 1975: Klett, S. 70f.

2+3 Modell (2 Jahre Eingangsstufe und 3 Jahre Grundschule. Des Weiteren sollte das Curriculum der verbleibenden Kindergartenzeit im kognitiven Bereich stärker im Sinne der Frühförderung verändert werden. Dabei sollten Begriffsbildung und sprachliche Kompetenzen, Wahrnehmungsleistungen und Konzentrationsfähigkeit, Denkschulung und motorisches Geschick gefördert werden. Das alles konnte nur durch eine engere Zusammenarbeit zwischen Schule und Kindergarten geschehen. Die Erziehungsprogramme sollten aufeinander abgestimmt werden und in pädagogischen Einzelfällen auch Beratung umfassen.

Im gleichen Zusammenhang wurde für die Grundschule das Konzept wissenschaftsorientierten Lernens an Stelle einer einseitigen Kindertümlichkeit propagiert. Wissenschaftsorientierung der Bildung bedeutete, dass die Bildungsgegenstände, gleich ob sie dem Bereich der Natur, der Technik, der Sprache, der Politik, der Religion, der Kunst oder der Wirtschaft angehören, in ihrer Bedingtheit und Bestimmtheit durch die Wissenschaften erkannt und entsprechend vermittelt werden sollten. Die Wissenschaftsorientiertheit von Lerngegenstand und Lernmethode sollte für den Unterricht in jeder Altersstufe gelten. Lernprozesse sollten so begonnen werden, »dass sie später in ihrer grundlegenden Richtung nicht mehr geändert werden müssen«. Es sollte »kein Wesens- und Wertunterschied zwischen den Lernprozessen am Anfang oder am Ende der Lernstufen« bestehen (Strukturplan S. 133). Das sollte freilich nicht heißen, höhere Lernansprüche einfach zeitlich vorzuverlegen. Es ging vielmehr um die Anbahnung elementarer Lernschritte, die für späteres Lernen Voraussetzung sind. So sollte sich Problemstellung und Vermittlung dem Alter der Schüler anpassen. Zugleich wurden für die Grundschule neue Inhalte gefordert. »Die Anfänge der Naturwissenschaften, der Sozialwissenschaften sowie der modernen Mathematik und Sprachlehre müssen in elementarisierter Form Eingang in den Primarbereich finden« (Strukturplan S. 134). Dabei wurde auf die anspruchsvollen Curricula verwiesen, die in den USA für die Grundschule entwickelt wurden. Vor allem Spreckelsen und Tütken haben diese neuen Ansätze für den deutschsprachigen Raum modifiziert und bekannt gemacht.

Neue Inhalte – das hieß neue Mathematik (Mengenlehre) statt Rechnen, Sachunterricht statt Heimatkunde und der Plan, ab dem 3. Schuljahr Englisch als erste Fremdsprache einzuführen.

Hinter diesem umfassenden bildungspolitischen Ansatz standen zwei Motive: der Versuch, durch kompensatorische Erziehung die Benachteiligung von Kindern bildungsferner Bevölkerungsschichten aufzuheben (Chancengleichheit), aber auch ein wirtschaftliches Motiv: durch Anhebung des allgemeinen Bildungsniveaus und durch die Erhöhung der Zahl der Absolventen mit qualifizierten Abschlüssen sollte dem erhöhten Bedarf an Facharbeitern Rechnung getragen werden (Sputnikschock 1957; Versiegen des Zustroms qualifizierter Arbeitskräfte aus der ehemaligen DDR nach dem Bau der Mauer 1960) (vgl. Knörzer/Grass 1998).

Viele dieser Anregungen wurden nicht verwirklicht, andere (Mengenlehre, Wissenschaftsorientierung im Sachunterricht, Strukturierung des Unterrichts durch operationalisierbare Lernziele) wieder teilweise rückgängig gemacht. Geblieben sind

Stütz- und Förderkurse, Verzicht auf Klassenwiederholungen am Ende des ersten Schuljahrs (es sei denn mit Einverständnis der Eltern), Verbalbeurteilung statt Ziffernzeugnis zumindest in Klasse 1 und 2 (in Klasse 2 evtl. beides) sowie die wissenschaftliche Lehrerausbildung an Pädagogischen Hochschulen oder Universitäten.

Die Vorschläge waren nicht unumstritten. Die Kindergärten, überwiegend in kirchlicher Trägerschaft, wehrten sich gegen die Vereinnahmung durch die staatliche Schule. Zunehmend mehrten sich auch wissenschaftliche Stimmen, die vor allzu großer Euphorie warnten. In den USA zeigten sich die kompensatorischen Vorschulprogramme als bei weitem nicht so erfolgreich, wie man ursprünglich annahm. Die erzielten Erfolge erwiesen sich dann als äußerst kurzlebig, wenn nicht die Mütter in die Programme einbezogen wurden, so dass eine längerfristige, und über die Trainingssituation hinausgehende Veränderung der Lern- und Interaktionsbedingungen des Kindes gewährleistet war. Generell zeigte sich auch in der Bundesrepublik, dass die zunächst bei Schuleintritt feststellbaren Vorsprünge der besonders geförderten Kinder von den anderen rasch aufgeholt wurden. Die Hoffnung auf eine generelle und langfristige Anhebung des kognitiven Niveaus musste jedoch aufgegeben werden. Vor allem mehrten sich die Bedenken gegen eine einseitige Forcierung der kognitiven Fähigkeiten. Wurden damit andere wichtige Bereiche der Persönlichkeit möglicherweise nicht nur nicht berücksichtigt, sondern evtl. sogar beeinträchtigt (soziales Verhalten, emotionaler Bereich, Kreativität usw.)?

Trotz dieser Bedenken haben diese Anstöße zur kognitiven Frühförderung das Programm des heutigen Kindergartens beeinflusst und wichtige Förderungsdimensionen ins Bewusstsein gehoben. Aber zahlreiche Kooperationsvorhaben zwischen Schule und Kindergarten wurden wieder eingestellt.

Eine ab ca. Mitte der 70er-Jahre beginnende Entwicklungsphase sah vor, die strukturelle Verzahnung zwischen Kindergarten- und Grundschulbereich im Sinne eines »gleitenden Übergangs« durch eine – auf freiwilliger Basis beruhende – Kooperation zwischen beiden Einrichtungen einzulösen. In diesem Zusammenhang wurden unterschiedliche Aktivitäten empfohlen (wechselseitige Besuche von Erzieher/innen und Grundschullehrer/innen im Kindergarten bzw. in der Schule, Besuche der Kindergartenkinder in der Grundschule und umgekehrt der Grundschulkinder im Kindergarten, die gemeinsame Beratung der Gestaltung des Übergangs und gemeinsame Teilnahme an Elternabenden sowie gemeinsame Feste an beiden Institutionen und von Erzieher/innen und Lehrer/innen gemeinsam besuchte Fortbildungen).

Diese Bemühungen haben sich, wie das Deutsche Staatsinstitut für Frühpädagogik bereits 1985 konstatierte, in der Praxis kaum etablieren können.

Mittlerweile ist in einigen Bundesländern wie z.B. Baden-Württemberg ein verpflichtender Rahmen für eine intensive Kooperation vorgegeben (siehe S. 95).

Zweifelsohne setzen sich seither viele Erzieherinnen und Grundschullehrerinnen engagiert für eine gedeihliche Zusammenarbeit im obigen Sinne ein. Aber dennoch ist der Verzahnungsprozess noch lange nicht abgeschlossen. Hierfür ist vor allem ein strukturelles Problem verantwortlich. Für die Kindergärten sind die Sozialministerien zuständig, für die Schulen die Kultusministerien, ein Umstand, der die bestehende

Kluft nicht nur räumlich, sondern auch ideell in Erscheinung treten lässt. Die unterschiedlichen Ausbildungswege – bei den Erzieherinnen Fachschulniveau, bei den Lehrerinnen und Lehrern Hochschulniveau, das ungleiche Prestige und die ungleiche Bezahlung erzeugen leicht Unsicherheit, Benachteiligungen oder unangebrachte Überlegenheitsgefühle, die zuweilen auch die gemeinsame Arbeit erschweren können.

Internationale Perspektive

Dass die oben erläuterte Problematik mit ihren negativen Auswirkungen nahezu ausschließlich ein deutsches Problem darstellt, zeigt der Blick in die internationalen Entwicklungen. Viele andere Länder haben die Bedeutung der frühkindlichen Bildung schon weitaus früher erkannt und die notwendigen Maßnahmen zu ihrer Professionalisierung eingeleitet.

Aufschlussreich ist z.B. der Umbau der niederländischen Basisschule, der 1985 damit begann, den früher selbstständigen Kindergarten in die ersten beiden der acht Klassenstufen für 4- bis 12-jährige Kinder zu integrieren. Diese Maßnahme wurde von Beginn an von umfassenden Fortbildungen für die Erzieherinnen begleitet. Inzwischen ist die Ausbildung für alle in der Basisschule tätigen Lehrpersonen vereinheitlicht worden.

Seit dieser Zeit gibt es keinen Kindergarten mehr, und es gibt auch nicht mehr den Beruf der Erzieherin. Die Grundschule (basic-school) dauert 8 Jahre (4. bis 12. Lebensjahr), wobei die eigentliche Schulpflicht mit dem 5. Lebensjahr beginnt. Fast alle Kinder besuchen diese basic-school aber ab dem 4. Lebensjahr und werden hier von einem einheitlich ausgebildeten Lehrerteam unterrichtet. Die einzelnen Schulen haben einen verhältnismäßig hohen Freiheitsspielraum für die Gestaltung dieses Jahres vor Beginn der eigentlichen Schulpflicht. Für Kinder *vor* dem 4. Lebensjahr werden Spielgruppen und Kinderkrippen angeboten, die privat unterhalten oder von lokalen Behörden verwaltet werden.

Interessant ist auch, dass die Kinder während des Besuchs der basic-school regelmäßig einen Beurteilungsbogen erhalten, der über die im Laufe der Schulzeit erzielten Fortschritte Auskunft gibt. Selbst am Ende der basic-school wird kein Zeugnis ausgestellt. Die Schüler wählen die Sekundarschule auf der Basis der erlangten Fähigkeiten und in Beratung mit den Lehrkräften, dem Schulleiter und ihren Eltern aus (siehe S. 113).

Ähnliche Entwicklungen sind auch in den skandinavischen PISA-Siegerländern zu verzeichnen, die in den derzeit angelaufenen umfassenden Schulversuchen in der deutschsprachigen Schweiz als Vorbild dienen. Wie eine 2002 veröffentlichte OECD Vergleichsstudie zeigt, haben seit Mitte der 1990er-Jahre besonders skandinavische Länder und England, aber auch Neuseeland erhebliche Anstrengungen unternommen, die frühkindliche Bildung zu fördern.

Europaweit wurde eine Vielfalt von speziellen Programmen aufgelegt, beispielsweise um Forschungsergebnisse systematisch zu verbreiten, um den Erzieherberuf auch für Männer attraktiv zu gestalten und damit einen notwendigen Ausgleich in der Geschlechterpräsenz herzustellen, um Eltern, Kinder und Erzieher/innen dazu zu bringen, die pädagogische Qualität ihres gemeinsamen Handelns weiter zu entwickeln, und um unterstützende Maßnahmen für Selbstevaluation und Praxis begleitende Forschung zu etablieren.

Deutschland befindet sich im Vergleich hierzu noch in der Anfangsphase und ist damit – nach Einschätzung namhafter Kindheitsforscher wie *Wassilos Fthenakis* (Deutsches Staatsinstitut für Kindheitsforschung, München) oder *Donata Elschenbroich* (Deutsches Jugendinstitut Frankfurt) – nach wie vor (neben Österreich) eines der wenigen Länder der Welt, die den Bereich der vorschulischen Bildung und Erziehung allzu lange vernachlässigt hat.

Gesetzliche Regelungen

Die Zusammenarbeit zwischen Kindergarten und Grundschule ist heute in allen Bundesländern durch Erlasse geregelt. In Baden-Württemberg ist sie seit 2002 verpflichtend vorgeschrieben. Ziel der Kooperation ist die Sicherung eines möglichst bruchlosen Übergangs vom Kindergarten in die Grundschule. Dabei soll es keineswegs um eine einseitige Anpassung des Kindes an die Anforderungen der Schule, sondern auch um eine entsprechende Gestaltung der schulischen Eingangsbedingungen und Methoden gehen.

Die pädagogische Zusammenarbeit zwischen Kindergarten und Schule soll auf drei Ebenen geschehen:

1. der Ebene direkter Aktionen mit den Kindergartenkindern und Schulanfängern;
2. der Ebene der Elternarbeit in Form von gemeinsamen, von Kindergarten und Schule veranstalteten Elternabenden und
3. auf der Ebene gegenseitiger Informationen und Beratungen zwischen Erzieherinnen und Lehrkräften.

Zu 1: Die direkten Aktionen mit den künftigen Schulanfängern haben das Ziel, falsche Erwartungen der Kinder gegenüber der Schule abzubauen und ihnen Hilfen für die Eingewöhnung in die Schule zu geben. Dazu bieten sich Besuche des Lehrers bzw. der Lehrerin im Kindergarten an. Umgekehrt können Kindergartenkinder die Schule besuchen, an einer Unterrichtsstunde teilnehmen und das Schulhaus besichtigen. Darüber hinaus können Kindergartengruppen und Grundschulklassen sich gegenseitig zu Schulfesten und Kindergartenfesten einladen.

Zu 2: Ziel der gemeinsamen Elternarbeit ist es, die Eltern mit dem spezifischen Auftrag von Kindergarten und Grundschule vertraut zu machen, Fragen des Übergangs vom Kindergarten zur Grundschule zu beraten und individuelle Beratungshilfen bei Fragen einer Zurückstellung oder vorzeitigen Einschulung der Kinder zu geben.

Zu 3: Der Austausch von Informationen und gemeinsamen Beratungen zwischen Erzieherinnen und Lehrkräften soll die Zusammenarbeit der beiden Institutionen sichern und vertiefen. Hier können gegenseitige Hospitationen, gemeinsame Beratungen bei der Entscheidung, ob ein Kind schulfähig ist und gegenseitige Einladungen zu Konferenzen der jeweiligen Einrichtung dienen.

Die letzte Empfehlung dürfte wohl nur sehr selten praktiziert werden. Ihre Umsetzung könnte aber dazu führen, dass Erzieherinnen sich nicht nur als gelegentlich in Anspruch genommene Informanten ohne jede Einflussmöglichkeit auf die Schule verstehen müssen. Häufig wird von ihrer Seite aus beklagt, dass sie noch nicht einmal erfahren, wie sich die Kinder, die sie jahrelang betreut haben, in der weiterführenden Einrichtung entwickelt haben.

Gestaltungselemente für eine kindorientierte Kooperation zwischen Kindergarten und Grundschule

Besuche von Lehrerinnen und Lehrern im Kindergarten

Selbstverständlich bedürfen Besuche von Lehrerinnen und Lehrern im Kindergarten der Vorbereitung. Die Lehrerin bzw. der Lehrer können nicht einfach einmal »vorbeischauen«. Schon die Höflichkeit gebietet es, zuvor mit den Erzieherinnen Kontakt aufzunehmen.

Das soll aber nicht dazu führen, dass diese dann mit den Kindergartenkindern etwas für den Besuch der Lehrerin »vorbereiten«, ein Lied, ein Spiel oder dergleichen. Das Wichtigste beim Kindergartenbesuch ist die *ungezwungene* Kontaktaufnahme mit den Kindern. Umgekehrt sollten natürlich auch nicht die Lehrerin bzw. der Lehrer den Kindern »etwas bieten«, mit ihnen »etwas unternehmen« wollen.

Beim ersten Besuch sollte die Lehrerin, vor allem, wenn sie noch wenig mit Kindergartenarbeit vertraut ist, sich einfach einmal umschauen, den Raum, den Tagesablauf, die Arbeitsweise im Kindergarten kennen lernen und sich den Kindern vorstellen.

Vielleicht kann sie sich den Kindergarten zeigen lassen. Sie wird über das reichhaltige Angebot an Spiel- und Lernmaterialien überrascht sein. Wenn sie die räumliche Gestaltung des Kindergartens mit ihrem Klassenzimmer vergleicht, wird ihr bewusst werden, dass auch die räumliche Umstellung von der Spiel- und Wohnlandschaft des Kindergartens auf die eher nüchterne, unterrichtsbezogene und wenig Wohnqualität bietende Kargheit des durchschnittlichen Klassenzimmers für Kinder schwierig sein kann. Vielleicht erhält sie so auch Impulse für eine kindgemäße Gestaltung des eigenen Klassenzimmers.

Vielleicht lässt sie sich den Tagesablauf eines Kindergartentags erzählen. Sie wird erfahren, dass dieser sehr locker mit einer Spielphase beginnt, in der die Kinder nach eigenem Belieben sich Spielsachen aussuchen, Kontakte aufnehmen oder für sich allein etwas tun. Da stört es nicht, wenn zunächst nur einige Kinder anwesend sind (offener Beginn) und andere erst später dazu kommen. Kindergartenkinder können in der Regel im ersten Teil des Kindergartentags ihren individuellen Bedürfnissen nachgehen, die vor allem zu Tagesbeginn sehr ausgeprägt sind. Da muss ein Kind zuerst nachschauen, ob das Lastauto noch da ist, ob der gestern aufgebaute Turm noch steht, ob die Puppe schon aufgewacht ist. Erzieherinnen wissen, dass Kindergartenkinder zunächst ihre individuellen Spiel- und Kontaktwünsche befriedigen müssen, bevor sie, im zweiten Teil des Vormittags für gezieltere, von den Erzieherinnen gelenkte Aktivitäten offen sind. Die Lehrerin wird vielleicht ein Gefühl für die besondere Bedeutung der ersten 10 Minuten der ersten Unterrichtsstunde in der Schule bekommen, für die Bedeutung eines lockeren Tagesbeginns, eines Morgenkreises, vor allem für Schulanfänger (vgl. S. 293). Sie wird erfahren, dass zwischen erster und zweiter Hälfte des Kindergartenvormittags gemeinsam gevespert wird. Das mag sie anregen, vielleicht zumindest einmal in der Woche die letzten 10 Minuten der Stunde vor – und die große Pause selbst dazu zu verwenden, mit den Kindern gemeinsam ein Tuch auf dem Boden oder auf zusammengeschobenen Tischen auszubreiten, selbst gekochten Tee zu servieren, gemeinsam ein zweites Frühstück zu bereiten, stilvoll mit einem Blumenstrauß, einer brennenden Kerze, mit gegenseitigem Erzählen und gegenseitigem Bedienen (Tee einschenken usw.).[1]

Beim zweiten Besuch kann sie sich zu den Kindern setzen, mit ihnen spielen, sich erzählen lassen. Vielleicht stellen die Kinder Fragen zur Schule. Daraus können sich ein lockeres Gespräch über die Vorstellungen der Kinder von der Schule und evtl. notwendig werdende Korrekturen durch die Lehrerin ergeben. Vielleicht blättert sie gemeinsam mit den Kindern in einem der zahlreichen Kinderbücher zum Schulanfang und liest daraus vor. Die künftigen Schulanfänger lernen einen Lehrer bzw. eine Lehrerin – vielleicht sogar ihre zukünftige – nicht nur vom Hörensagen, sondern wirklich kennen. »Sie war nett«, »er war nett« – wenn dies Kinder über diesen Besuch sagen, war er schon ein Stück weit erfolgreich. Bei einem der folgenden Besuche können einzelne Kinder gezielt beobachtet werden. Vielleicht fallen der Lehrerin selbst ein paar Kinder auf, vielleicht erhält sie seitens der Erzieherin einige Hinweise.[2] Bei weiteren Besuchen können solche Beobachtungen vertieft werden.

Vielleicht ergeben sich auch Gespräche über einzelne Kinder im Anschluss an die Durchführung der diagnostischen Einschätzskalen (DES) zur Beurteilung des Ent-

1 Derartige Aktivitäten transportieren Bildungsinhalte, die für alle, insbesondere aber für jene Kinder bedeutsam sind, bei denen zu Hause keine Alltagskultur gepflegt wird. Denn das Wissen um an sich allgemein gültige Gepflogenheiten stellt für diese Kinder keine häusliche Selbstverständlichkeit dar. Aber die gerade hier angesprochenen Verhaltensregeln, dieses »kulturelle und soziale Kapital« sind eine wichtige Voraussetzung für einen selbstsicheren, vertrauten Umgang mit der Welt bzw. der »Kultur der Anderen« und damit für die Realisierung von Annäherung und Chancenausgleich.

2 Nach den neuen datenschutzrechtlichen Bestimmungen sind die Eltern über die Maßnahmen der Kooperation zu informieren und müssen ihr schriftliches Einverständnis dazu geben, wenn die Kooperation der Gewinnung von Informationen über einzelne Kinder dienen soll.

wicklungsstandes und der Schulfähigkeit von Barth (⁴2005) oder des Beurteilungsbogens für Erzieherinnen zur Diagnose der Schulfähigkeit von Seibert u.a. (²1991). Hingewiesen sei vor allem auch auf Verfahren, die in höherem Maße lernzielnahe Schulfähigkeitskriterien (z.B. phonologische Bewusstheit oder mengen- und zahlenbezogenes Vorwissen) in den Mittelpunkt stellen wie zum Beispiel das Bielefelder Screening (BISC) von Jansen u.a. (²2002), das Würzburger Trainingsprogramm »Hören, lauschen, lernen« von Küspert und Schneider (⁵2006), das Marburger Sprach Screening (MSS) von Holler-Zittlau u.a. (2003) oder der Osnabrücker Test zur Zahlbegriffsentwicklung (OTZ) von Van Luit u.a. (2001).

Bei manchen Kindern wird es darum gehen, Fördermaßnahmen zu erarbeiten. Diese könnten mit den Erzieherinnen besprochen werden. Nochmals sei betont, dass solche Überlegungen gemeinsam aufgestellt werden sollten. Nur gemeinsame Überlegungen und Gespräche, bei denen beide Seiten aufeinander hören und voneinander lernen, können eine tragfähige Basis für eine längerfristige fruchtbare, über die formellen Kontakte hinausgehende Zusammenarbeit beider Institutionen bilden. Und sie sind auch im Interesse der betroffenen Kinder.

Kindergartenkinder besuchen die Grundschule

Den nachhaltigsten Eindruck auf Kindergartenkinder wird es machen, wenn sie zusammen mit ihrer Erzieherin die Schule besuchen. Dabei kann ein erster Besuch dem Kennenlernen des Schulgebäudes dienen. Viel wichtiger aber ist, dass (evtl. in einem zweiten Besuch) Kindergartenkinder eine Stunde lang am richtigen Unterricht teilnehmen.

Bei diesem Unterrichtsbesuch sollte die Erzieherin für ihre Schützlinge Namenskärtchen zum Umhängen mitbringen. Immer wieder hat sich gezeigt, dass die Kinder diesen Besuch besonders dann positiv in Erinnerung behalten, wenn sie von der Lehrerin oder dem Lehrer persönlich mit dem Namen begrüßt oder in der Unterrichtsstunde namentlich aufgerufen wurden. Nach unseren Beobachtungen werden von Lehrerinnen, die in gleicher Weise aktiv und freundlich auf die Kinder zugingen, von den Kindern regelmäßig jene als besonders »freundlich« und »lieb« bezeichnet, die ein Kind einmal mit seinem Namen ansprachen (vgl. S. 291ff.).

Die Größe der den Unterricht besuchenden Kindergartengruppe sollte, wenn möglich, klein gehalten werden, eher 5–8 als 10–12 Kinder.

Es sprechen einige Argumente dafür, eine zweite Schulklasse statt einer ersten zu besuchen. Die Zweitklässler sind wohl schon eher in der Lage, sich der Kindergartenkinder anzunehmen, sie in die gemeinsame Arbeit einzubeziehen, während Erstklässler es vielleicht noch eher nötig haben, ihre Überlegenheit gegenüber den »Kleinen« zu demonstrieren. Sicher gibt es hier keine festen Regeln. Schön wäre es, wenn sich arrangieren ließe, dass die Kindergartenkinder den Unterricht ihrer späteren Lehrerin besuchen, was bei dem üblichen Zweijahresturnus (meist führen Grundschullehrerinnen ihre Klasse 2 Jahre lang) nicht allzu schwierig sein dürfte.

Zusammenstellung wichtiger Gesichtspunkte für eine Beobachtung von Kindergartenkindern, die in die Schule kommen[1]	
Motorische Voraussetzungen	**Möglichkeiten der Überprüfung (Beispiele)**
Grob- und Feinmotorik	• Werfen und Fangen eines Balles • Sprünge mit geschlossenen Füßen • Hüpfen auf einem Bein (5 bis 6 Hüpfer) • selbstständiges An- und Ausziehen • Umgehen mit Bleistift und Papier • Einhalten der Umrisse beim Ausmalen • Ausschneiden/Nachzeichnen einfacher Figuren
Kognitive Voraussetzungen	**Möglichkeiten der Überprüfung (Beispiele)**
Sprache und Sprachverhalten	• Gegenstände richtig benennen, z.B. Abbildungen in einem Bilderbuch • Spiel- und Handlungsanweisungen richtig verstehen, z.B. »Schneide das Viereck aus« • Sachverhalte erklären und darstellen • Fragen beantworten, z.B. nach Vorname, Familienname, Alter, Geschwister • grammatikalisch richtig sprechen, z.B. Artikel, vollständige Sätze • Laute und Lautverbindungen richtig sprechen, z.B. Nachsprechen einfacher Zungenbrecher • flüssiger Sprachrhythmus und flüssiges Sprechtempo
Zahl- und Mengenbegriff	• Zählen bis 10 • simultane Mengenerfassung bis zur Menge 5 • Mengenvergleich bis 10 • Begriffe »mehr, weniger, die meisten, die wenigsten, gleich viele« bis 10 anwenden • Ordnen von Mengen, z.B. nach der Größe
Wahrnehmung	• gute Seh- und Hörfähigkeit • Erkennen/Zuordnen identischer Figuren, z.B. Memory • Ordnen von Figuren/Gebilden der Größe nach, z.B. Cuisenaire-Stäbe • Zusammenlegen einfacher Bilder/Puzzles • Abzeichnen/Nachlegen einer Figur nach Form und Lage • Unterscheiden und Benennen/Zuordnen von Geräuschen
Denkfähigkeit und Kenntnisse	• Ergänzen von Mustern • Ordnen/Klassifizieren von Gegenständen, z.B. nach Form, Farbe • Verfügen über einen altersgemäßen aktiven und passiven Wortschatz und Begriffsvorrat • Erkennen und Benennen der Grundfarben

1 Die Zusammenstellung orientiert sich an einer Checkliste aus Grundschulmagazin (2) 2004 (www.oldenbourg.de/osv/zeitschriften).

	• Erkennen und Benennen von Formen • Erfassen von Handlungsabläufen, z.B. Erzählen zu einer Bildgeschichte
Gedächtnis und Merkfähigkeit	• Wiedererkennen von Bildern/Figuren, z.B. Memory • Behalten von Liedern, Reimen und Gedichten aus dem Kindergarten • Nachsprechen eines zweizeiligen Verses • Nachsprechen von vier Begriffen bzw. Zahlen • Speichern kleiner Arbeitsaufträge und Anweisungen
Motivationale und soziale Voraussetzungen	**Möglichkeiten der Überprüfung (Beispiele)**
Leistungs- und Arbeitsverhalten	• Sorgfältiges Arbeiten, z.B. beim Ausmalen • Interesse für Spiel- und Lernangebote • Abschließen von Arbeiten • zielstrebiges Vorgehen beim Malen, Bauen, Basteln • selbstständiges Arbeiten nach Anweisung • Ausgeglichenheit auch nach längerer Anstrengung • Durchhaltevermögen und Ausdauer bei Spiel und Arbeit
Aufmerksamkeit und Konzentration	• Beschäftigung mindestens zehn Minuten mit einer Sache, z.B. Zuhören, Zuschauen, Spielen • Konzentration zielstrebiges Arbeiten bis zur Beendigung einer Aufgabe ohne Ablenkung durch Außenreize • reflexives an Stelle von impulsivem Lern- und Arbeitsverhalten
Psychischer Zustand und Individualverhalten	• angemessenes Selbstwertgefühl/Selbstbewusstsein • Ertragen von (kleinen) Misserfolgen • psychische Stabilität • keine unangemessene Ängstlichkeit oder Aggressivität • keine Verweigerung sprachlicher Kontakte • Äußerung von Gefühlen, z.B. Zuneigung, Mitleid • angemessenes Durchsetzungsvermögen • keine Trennungsängste • Selbstständigkeit, z.B. alleinige Verrichtung alltäglicher Aufgaben wie das Anziehen
Sozialverhalten	• Freude am Spiel mit anderen Kindern • Einordnung in die Gemeinschaft, z.B. Selbstkontrolle • konstruktives Konfliktlösungsverhalten, z.B. Gespräch, Wiedergutmachung • Kooperationsfähigkeit, z.B. gemeinsames, konstruktives Spielen und Arbeiten • Hilfsbereitschaft gegenüber anderen Kindern • Akzeptieren und Einhalten von Spielregeln • selbstständige, ungezwungene, spontane Kontaktaufnahme

Für die Gestaltung dieser gemeinsamen Unterrichtsstunde sollte man von folgenden Prinzipien ausgehen:

- Es sollte eine richtige Unterrichtsstunde sein, also keine reine Spielstunde, aber auch keine Stunde, in der die älteren Schüler den Kindergartenkindern »ein Programm« bieten.
- Es sollte eine Unterrichtsstunde sein, in der die Kindergartenkinder nicht nur Zuschauer sind, sondern aktiv am Unterricht teilnehmen können.
- Es sollte zu einer Kooperation zwischen Kindergartenkindern und Schulkindern kommen, etwa in Form von Partnerarbeit von einem Schulkind mit einem Kindergartenkind. Zuvor sollte den Schulkindern gezeigt werden, wie sie ihren Schützling in die Arbeit einbeziehen können.
- Wenn möglich sollte das Ergebnis der Stunde zu einem Produkt, zu einem sichtbaren Ergebnis führen, das die Kindergartenkinder mitnehmen und zu Hause vorzeigen können.

Wenn die Kooperationsstunde von beiden Seiten vorbereitet wird, wachsen Spannung und Vorfreude, und beide Seiten wissen, dass ihr Beitrag wichtig ist.

Die Erzieherin könnte mit den Kindern ein Bilderbuch anschauen. Jedes Kind erhält eine Vorlage mit den wichtigsten Figuren aus diesem Buch, schneidet sie aus und malt sie an. In der Kooperationsstunde liest die Lehrerin die Geschichte vor und spricht mit den Kindern darüber. Dann werden die mitgebrachten Figuren jeweils von einem Kindergartenkind und einem Grundschüler auf einen Packpapierbogen geklebt und weiter gestaltet. Das Grundschulkind schreibt einen kleinen Text dazu. Die fertig gestellten Bogen werden dann gemeinsam bewundert und der Bogen, an dem das Kindergartenkind mitgearbeitet hat, diesem zur Erinnerung mitgegeben.

Dies sei ein Beispiel für viele Möglichkeiten. Als Inhalte eignen sich vor allem Themen aus dem Bereich Deutsch (Geschichten), Heimat- und Sachunterricht (z.B. Jahreszeiten, Zuordnung von Bildern zu einer Jahreskette: die Zweitklässler ordnen Kärtchen mit der Bezeichnung der Jahreszeiten den Bildern zu); aber es sind auch Mathematikstunden denkbar. So könnten die Kinder z.B. Symmetrien erarbeiten. Sie stellen diesseits und jenseits einer in das Klassenzimmer geklebten »Straße« Stühle in verschiedener Drehung symmetrisch auf, ertasten diese blind und erstellen Symmetrien auf einem Arbeitsblatt. Oder sie lernen die Bestimmung von »größer« und »kleiner« an Türmen aus Steckwürfeln und dazugelegten Zahlensymbolen.

Gemeinsame Aktivitäten von Kindergarten- und Schulkindern

Über die ein- oder zweimalige Kooperationsstunde hinaus bieten sich viele Möglichkeiten für gemeinsame Aktivitäten von Kindergarten- und Schulkindern an. Hierbei werden nicht nur zwischen den Kindern Kontakte geknüpft oder alte, noch aus der Kindergartenzeit der Schulkinder herrührende Freundschaften wieder belebt. Die gemeinsamen Aktivitäten machen die Kindergartenkinder auch mit Lehrern und Lehrerinnen vertraut, und zwischen diesen und den Erzieherinnen wächst eine zwanglose und selbstverständliche Zusammenarbeit.

Als gemeinsame Aktivitäten eignen sich beispielsweise Laternenbasteln und gemeinsamer Laternenzug im November, ein gemeinsames Picknick (Schulkinder bereiten den Bau einer Feuerstelle zum Würstchenbraten vor, Kindergartenkinder bringen in Thermosflaschen selbst gekochten Tee mit), gemeinsames Faschingsfest, Sternwanderung (Schulkinder und Kindergartenkinder gehen verschiedene Wege und treffen sich an einem gemeinsamen Ziel) und vieles andere mehr.

Dabei sollte aber beachtet werden, dass jeder Institution genügend Raum bleibt, ihre eigenen Feste zu feiern und diesen ihr eigenes Gesicht geben zu können. Keinesfalls sollten der Kindergarten und die Grundschule an ihrer jeweils spezifischen Identität Einbußen erleiden.

Ein gemeinsamer Elternabend von Erzieherin und Lehrerin mit den Eltern der zukünftigen Schulkinder

Die Zusammenarbeit von Erzieherinnen und Lehrern umfasst auch die Ebene der gemeinsamen Elternarbeit. Hier wird es sich vor allem um gemeinsam gestaltete Elternabende handeln.

Wir unterbreiten im Folgenden einen Vorschlag für die Tagesordnung für einen derartigen Elternabend. Es werden Themen genannt, die wohl die meisten Eltern vor dem Schuleintritt interessieren dürften.

- Ist mein Kind schulfähig?
  Hierzu könnte die heutige Auffassung über Schulfähigkeit dargestellt und wichtige Kriterien für Schulfähigkeit genannt werden. Dabei sollte unbedingt darauf hingewiesen werden, dass die Schule nicht erwartet, dass Kinder allen diesen Kriterien entsprechen, sondern dass sie versucht, diese auf ihrem jeweiligen Entwicklungsstand abzuholen. Die Eltern sollten erfahren, dass die Anwendung von Testverfahren zur Feststellung der Schulfähigkeit nur noch in Ausnahmefällen geschieht und auf was der Arzt bei der gesundheitlichen Überprüfung der Schulfähigkeit achtet.
  Dieser Tagungspunkt führt sicher zu Nachfragen einzelner Eltern, die sich unsicher sind, ob ihr Kind schon schulfähig ist. Derartige persönliche Fragen sollten nach dem Elternabend oder zu einem eigens anberaumten Termin individuell zusammen mit Lehrerin, Erzieherin und Eltern durchgesprochen werden.
- Neue Wege des Schulanfangs
  Bezogen auf die örtliche Situation sollte über die Modalitäten des Schulanfangs, über Möglichkeiten vorzeitiger Einschulung und Zurückstellung (vgl. S. 133ff.) und über besondere Fördermaßnahmen informiert werden. Die Eltern sollten wissen, dass ein Antrag auf Zurückstellung der Kinder ernsthaft überlegt werden

muss, weil hierdurch auch entwicklungsbedingte Lernchancen (vgl. S. 174) verspielt werden können.

- Manche Kinder können schon lesen. Ist dies von Vorteil und was geschieht mit den anderen?
  Fast ein Drittel der Kinder, vor allem Mädchen, können vor Schuleintritt bereits lesen, und viele können zumindest ihren Namen schreiben. Manche Eltern ziehen daraus den Schluss, nun ebenfalls ihrem Kind lesen oder schreiben beibringen zu sollen. Vielleicht sind sie auch in Sorge, dass ihr noch nicht lesendes Kind ins Hintertreffen geraten könnte. Solche Bedenken sind zu zerstreuen. Der Lesevorsprung einzelner Kinder wird von den anderen in kürzester Zeit wieder aufgeholt. Eltern sollten ihrem Kind nicht das Lesen beibringen wollen, sie sollten andererseits Fragen ihrer Kinder, was z.B. einzelne Wörter bedeuten, beantworten und nicht »bremsen«, wenn das Kind von sich aus Leseversuche unternimmt und ihnen etwas vorlesen möchte.[1]
- Was können Eltern tun, um ihr Kind auf den Schulanfang vorzubereiten?
  Viele Eltern werden sich mit der Auskunft, sie sollten mit ihrem Kind nicht systematisch üben, nicht zufrieden geben. Sie wissen dann zwar, was sie nicht tun sollen, aber wollen doch auch positiv etwas tun, um ihr Kind auf den Schuleintritt vorzubereiten.

Hierzu einige Anregungen:

- Eltern könnten ihre Kinder auf Lesen, Schreiben und Rechnen neugierig machen. Sie sollten dem Kind vor dem Schlafen eine Geschichte vorlesen, mit ihm Bilderbücher mit einfachen Textpassagen anschauen, aber sich auch darüber freuen, wenn ihnen das Kind in Kritzelschrift ein (nicht zu entzifferndes) Briefchen oder einen Einkaufszettel schreibt und es ihnen vorliest.
  Wenn Eltern ihren Kindern regelmäßig etwas vorlesen, mit ihnen Bilderbücher anschauen oder spielen, erfahren diese, dass es Alternativen zum Fernsehen gibt.
- Eltern sollten die Neugierde ihres Kindes befriedigen und anregen, die vielen Hundert Kinderfragen ernst nehmen und beantworten, auf staunenswerte Sachverhalte in der Natur aufmerksam machen, mit ihnen Wanderungen unternehmen und das eine oder andere erklären, für Kinder interessante Ausstellungen und Museen besuchen und dergleichen.
- Vor allem sollten Eltern mit ihren Kindern viel reden. Damit könnte dem von vielen Lehrerinnen und Lehrern beobachteten Rückgang der sprachlichen Kompetenz bei vielen Kindern gegengesteuert werden.
- Eltern sollten ihr Kind dazu anhalten, bestimmte Regeln einzuhalten: abendliches zu Bett gehen zu bestimmten Zeiten, Aufräumen von Spielsachen, Essens-

1 Vgl. hierzu: Wespel, M.: Wie wird mein Kind zum Leser. Praktische Tipps und alles Wissenswerte zum Lesen lernen. München 1998: ars Edition.

regeln, regelmäßiger Besuch des Kindergartens usw. Das könnte eine Hilfe dafür sein, dass die Kinder leichter auch schulische Regeln akzeptieren.
- Eltern sollten ihren Kindern helfen, dass sie angefangene Arbeiten und Spiele (z.B. Puzzle) auch zu Ende führen, dass sie nicht sofort bei einer auftauchenden Schwierigkeit aufgeben, um sich etwas Neuem zuzuwenden. Dies geschieht am besten dadurch, dass sie selbst zusammen mit dem Kind die angefangene Sache zu Ende bringen.
- Eltern sollten die Selbstverantwortung des Kindes stärken, ihnen etwas zutrauen, ihnen nicht alles abnehmen, ihnen Bereiche anbieten, für die sie zuständig sind (Sprudel holen, Tisch decken), freilich ohne das Kind zu überfordern. Überforderung führt zwangsläufig zu Misserfolgen und kann leicht eine generelle Misserfolgsorientierung nach sich ziehen.
- Eltern sollten nicht jeden Wunsch des Kindes sofort erfüllen, sondern ihrem Kind helfen, Kompromisse zu schließen.
- Ein paar Tage vor Schulbeginn sollten Eltern den Schulweg gemeinsam mit ihrem Kind ablaufen.
- Eltern sollten auf die Schule neugierig machen, unter keinen Umständen mit der Schule drohen oder in irgendeiner Weise vor ihr Angst machen.

Das sind Anregungen, die nicht immer direkt schulbezogen sind, die sicher aber dazu beitragen können, dass das Kind mit den schulischen Anforderungen besser zurecht kommt. Manche dieser Anregungen kommen freilich fast etwas spät und hätten besser schon vor einem Jahr gegeben werden sollen. Diese Erfahrung könnte für die Erzieherin als Anregung dienen, bereits vor dem Schuleintritt gemeinsam mit der künftigen Erstklasslehrerin Elternabende mit Kindergarteneltern durchzuführen.

Einladungsschreiben zum ersten Schultag

In vielen Gemeinden ist es üblich, die Kinder über einen Brief an die Eltern auf den ersten Schultag aufmerksam zu machen. Ein derartiges Schreiben könnte ergänzt werden durch einen Einladungsbrief, der direkt an das zukünftige Schulkind adressiert ist.

Welch eine Freude, einen persönlich adressierten Brief, unterschrieben von der zukünftigen Klassenlehrerin, zu erhalten! Welch ein motivierender Impuls, lesen zu lernen, um später einmal einen solchen Brief auch selbst lesen zu können!

Der Brief kann leicht von Schülern des dritten Schuljahrs vorbereitet und individuell gestaltet werden. Den Text schreibt dann die zukünftige Lehrerin. Nicht vergessen werden sollte die persönliche Anrede des Kindes beim Namen (also nicht: Liebes Schulkind oder dergleichen).

Hier einige Beispiele:

Liebe Christiane!

Jeder fängt einmal klein an. Du siehst hier ein Bild von mir. So sah ich aus, als ich in die Schule gekommen bin. Natürlich bin ich jetzt viel größer geworden. Ich bin ja Deine Lehrerin und heiße Frau Braun.

Bald wirst Du zu uns in die Schule kommen. Ich freue mich, Dich zu sehen und möchte Dir schon heute einen lieben Gruß schicken. Mit Dir kommen noch 19 andere Kinder in Deine Klasse, 12 Mädchen und 7 Jungen. Wir werden fest zusammenhalten und einander helfen, miteinander lernen, reden, spielen, turnen und auch singen. Bis zum ersten Montag im September, dem Tag an dem für Dich die Schule beginnt, grüßt Dich herzlich

Deine Lehrerin Frau Braun

Lieber Andreas!

Bald ist es so weit. Du kommst in die Schule.
Ich bin Deine Lehrerin und heiße Frau Hieber.
Und oben findest Du auch die Namen der
anderen Kinder, die mit Dir in einer Klasse sind.
Für jedes Kind habe ich ein Blütenblättchen gemalt,
und Du wirst Dein Blättchen sicher finden.
Ich freue mich, Dich zu sehen, und sicher freust
Du Dich auch.
Wir werden lesen, schreiben, rechnen,
aber auch singen, malen, basteln und turnen.
Ich werde Dir und den anderen Kindern helfen,
dass Ihr das gut lernen könnt.
Du gehörst jetzt zu den Großen.
Du bist ein Schulkind geworden.
Ich gratuliere Dir dazu.

Deine Lehrerin Frau Hieber

Die Zeit vor dem Schuleintritt pädagogisch gestalten – zeitgemäßer Bildungsanspruch oder »Kuschelpädagogik«?

Neben den Einblicken zur Entstehungsgeschichte des Kindergartens und zur historischen Entwicklung der Kooperation zwischen Kindergarten und Grundschule gibt dieses Kapitel eine Fülle an praxisbezogenen Anregungen dazu, wie die Hinführung der Kinder von der vorschulischen zur schulischen Bildung gestaltet werden kann. Dass die oben dargestellten pädagogisch-didaktischen Erfahrungsberichte und Empfehlungen den ggf. kritischen Vergleich mit der »Kuschelpädagogik« keinesfalls scheuen müssen, das belegt der Blick in die Übergangs- und Kindheitsforschung, die im deutschsprachigen Raum allerdings allzu lange sträflich vernachlässigt wurde (vgl. S. 30 ff.). Insofern liegen hier bisher nur wenige Studien vor.

Die im europäischen und internationalen Ausland verstärkt durchgeführten Studien zur Übergangsproblematik liefern den Beleg dafür, wie wichtig eine kindgemäße Gestaltung der Kooperation zwischen Kindergarten und Grundschule und die Einbeziehung aller vom Übergang Betroffenen ist:

- Kinder, die eine allgemeine optimistische Grundeinstellung, ein starkes Selbstwertgefühl und eine positive Einstellung zum Lernen und zur Schule haben und die über soziale persönlichkeitsbezogene Kompetenzen verfügen, erfahren den Übergang als Herausforderung im positiven Sinne (vgl. Fabian 2002; Griebel/Niesel 2002; Pianta/Cox 1999; Ramey/Ramey 1999; Margetts 2003; Sirsch 1996, 2000; Spangler 1999).
- Kinder, die im Vorfeld über hinreichende realistische Informationen über die Schule (Bezugsgruppen, Zeitstruktur, Erwartungen) verfügen, sind in der Lage, sich besser auf ihre künftige Situation einzustellen (vgl. Fabian 2002; Sirsch 1996, 2000).
- Kinder, deren Eltern eine positive, entspannte Einstellung zum Lernen und zur Schule haben, haben bessere Übergangsbedingungen als Kinder, deren Eltern problembelastete oder angstbesetzte Sichtweisen haben (vgl. Ramey/Ramey 1999).
- Die Eltern nehmen beim Übergang vom Kindergarten in die Grundschule eine wichtige Rolle ein (vgl. Krumm 1999). Der vorschulische Austausch zwischen Lehrerinnen und Eltern (vgl. Pianta/Cox 1999) und insbesondere die aktive Einbeziehung der Eltern in die Gestaltung des Übergangs beeinflussen das Übergangserleben von Vorschulkindern positiv (vgl. Beelmann 2000; Margetts 2002).
- Ungeachtet der großen Bedeutung, die den Eltern zukommt, pflegen die Grundschullehrerinnen vor Schuleintritt nahezu keinen Kontakt zu den Eltern ihrer künftigen Schülerinnen und Schüler (Griebel/Niesel 2004).
- Auch für die Zusammenarbeit der Erzieherinnen und Grundschullehrerinnen scheint eine Verbesserung der Kommunikation und Kooperation dringlich (vgl. Peters 2002; Griebel/Niesel 2004). Denn die hierzu vorliegenden Studien belegen, dass die divergenten vorschulischen und schulischen Erwartungen an die Kinder nachteilige Auswirkungen auf deren Bewältigung des Übergangsprozesses haben (vgl. Hollerer 2002; Pianta/Cox 1999).

Resümiert man die vorliegenden Beobachtungen, so zeigt sich, dass Kinder im Übergang vom Kindergarten in die Grundschule und in ihrer Anfangsschulzeit vielfältigen Belastungen ausgesetzt sein können. In den einschlägigen Studien werden diese unter den Begrifflichkeiten »Entwicklungsdisharmonien«, »Verhaltensprobleme«, »Anpassungsprobleme«, »Ängste« und »Bewältigungsreaktionen« subsumiert (vgl. Beelmann 2000; Fabian 2002; Griebel/Niesel 2002, 2003; Kienig 2002; Sirsch 1996, 2000). Beelmann eruierte in einer deutschen Studie – und die hier gewonnenen Ergebnisse decken sich mit einer größer angelegten nordamerikanischen Studie – lediglich rund 1/6 Übergangsgewinner (d.h. Kinder, denen es in der Schule besser ging als zuvor im Kindergarten). Ein ebenso großer Anteil litt unter Stresssymptomen, rund 30% der Kinder wurde als Risikogruppe eingestuft[1] (vgl. Beelmann 2000).

Wurde bislang vor allem auf den sozialisationstheoretischen und entwicklungsökologischen Ansatz zurückgegriffen, um Übergangsprozesse und ihre Begleiterscheinungen theoretisch zu begründen, so stellt der von Griebel und Niesel (2005) aus der Familienforschung übertragene Transitionsansatz eine aktuelle theoretische Weiterentwicklung dar.

Kern dieses Ansatzes ist, dass der Übergang vom Kindergarten in die Schule nicht nur als eine von den Kindern, sondern auch als eine von den Eltern zu bewältigende Aufgabe gesehen wird. Dabei sind die Eltern in doppelter Weise tangiert: zum einen begleiten sie ihr Kind bei diesem Übergang, bereiten es vor, fördern es, zum anderen müssen sie den Übergang ihres Kindes in die Schule als ein sie selbst betreffendes Lebensereignis auch selbst bewältigen.[2] Wenngleich das Kind im Kontext der Einschulung im Mittelpunkt der Aufmerksamkeit steht, fokussiert der Transitionsansatz jedoch die Entwicklungsaufgaben und -leistungen für das Zusammenwirken *aller* beteiligten Akteure im Sinne eines »ko-konstruktiven« Übergangsprozesses. Zu diesem Akteurkreis zählen neben dem Kind die Eltern, die Erzieherinnen, die Lehrerinnen und Lehrer, und alle Mitarbeiter helfender Dienste (z.B. Schulpsychologen, Sozialarbeiter), die ggf. einbezogen sind. Alle diese vom Übergang betroffenen Personen bilden gemeinsam das »soziale Netzwerk«, das in der Verantwortung steht, das Kind professionell im Übergang zu begleiten. In diesem Zusammenhang werden der individuellen, interaktiven und kontextuellen Ebene besondere Entwicklungsaufgaben und Leistungen zugewiesen:

1 Häufig sind es sozial und soziokulturell benachteiligte Kinder, die nach dem Übergang in die Grundschule Schwierigkeiten haben: »Bei allen Formen von ›Versagen‹ in den ersten Schuljahren (einschließlich Kindergarten) wie Zurückstellung, Zuweisung zu Fördermaßnahmen, Lern- und Verhaltensprobleme sind die Kinder aus niedrigen sozialen Schichten und Minderheitenkulturen überrepräsentiert« (Pianta, Rimm-Kaufmann und Cox 1999).

2 Wie sehr die Eltern in ihrem Selbstverständnis betroffen sein können, wenn aus ihrem Kind ein Schulkind wird, veranschaulichen die Erfahrungsberichte auf S. 79 f.

Auf der individuellen Ebene:
- Veränderung der Identität durch neuen Status (vom Kindergartenkind zum Schulkind werden)
- Bewältigung starker Emotionen
- Erwerb neuer Kompetenzen (Basiskompetenzen, inhaltliche Fähigkeiten und Fertigkeiten)

Auf der interaktiven Ebene:
- Veränderungen bzw. Verlust bestehender Beziehungen
- Aufnahme neuer Beziehungen
- Veränderung der Rollenerwartungen

Auf der kontextuellen Ebene:
- Integration zweier Lebensbereiche
- Ggf. zeitgleiche Bewältigung weiterer familialer Übergänge (z.B. Geburt eines Geschwisterkindes, Rückkehr der Mutter ins Erwerbsleben, Trennung der Eltern)

Nach dem Transitionsansatz setzt eine möglichst optimale Übergangsbegleitung durch die beteiligten pädagogischen Fachkräfte voraus, dass diesen die Anforderungen, mit denen Kinder und Eltern im Übergang konfrontiert werden, möglichst genau bekannt sind.

Als besondere Leistungen des Transitionsansatzes für die pädagogische Unterstützung des Übergangs vom Kindergarten in die Grundschule lassen sich damit zusammenfassend festhalten:

- Die mit dem Übergang verbundenen Anforderungen für Kinder und Eltern lassen sich entsprechend den verschiedenen Ebenen genauer beschreiben.
- Die Doppelfunktion der Eltern als Unterstützer ihres Kindes und Bewältiger ihres eigenen Übergangsprozesses hin zu Eltern eines Schulkindes erweitert den Blickwinkel und lässt neue Formen der Elternarbeit in Kindergarten und Schule erkennbar werden.
- Eine differenzierte Sichtweise des Übergangsprozesses ist eine Voraussetzung für eine Stärkung der diagnostischen Kompetenz der pädagogischen Fachkräfte.
- Da Diskontinuität als ein wichtiger Entwicklungsstimulus erkannt ist, bleibt der eigenständige Bildungsauftrag erhalten: Kindergarten wird nicht wie Schule, Schule wird nicht wie Kindergarten. Insofern geht es nicht um die Gestaltung eines ausschließlich »sanften« Übergangs, sondern vielmehr auch darum, übergangsspezifische Kompetenzen zu benennen und zu vermitteln (vgl. S. 184ff.).

Literaturverzeichnis

Barth, K. ([4]2005): Die diagnostischen Einschätzskalen (DES) zur Beurteilung des Entwicklungsstandes und der Schulfähigkeit. München: Reinhardt.

Beelmann, W. (2000): Normative soziale Übergänge im Kindesalter: Differentielle Anpassungsverläufe bei Eintritt in den Kindergarten, die Grundschule oder die weiterführende Schule. Beitrag zum 42. Kongress der Deutschen Gesellschaft für Psychologie. Jena: 24.–28.9.2000.

Beelmann, W. (1987): Entwicklungsrisiken und -chancen bei der Bewältigung normativer sozialer Übergänge. Erwartungen und Perspektiven von Schulanfängern. Pilotstudie. In: Braun, A.: Empirische Pädagogik, H. 1, S. 53–59.

Doman, G./Lückert, H. ([2]1967): Wie kleine Kinder lesen lernen. Freiburg: Hyperion.

Dräger, M. (Hrsg.) (1997): Der Anfangsunterricht in Regel- und Integrationsklassen. Wie Unterricht und Lernen im 1. Schuljahr beginnen können. Heinsberg: Dieck.

Elschenbroich, D. (2001): Weltwissen der Siebenjährigen. Wie Kinder die Welt entdecken können. München: Antje Kunstmann-Verlag.

Fabian, H. (2002): Children starting school. A guide to successful transitions and transfers for teachers and assistants. London: David Fulton Publishers Ltd.

von Finckenstein, I. (1996): Eingeschult und ausgespielt. Kinder, Eltern, Lehrer und die Grundschule. München: Knaur Taschenbuch.

Fthenankis, W. (2005): Statement in der Expertendiskussion auf der Didakta 2005 zu ›Mehr Bildung in den Kitas.‹ 3.3.2005.

Griebel, W./Niesel, R. (2002): Abschied vom Kindergarten, Start in die Schule. München: Don Bosco.

Griebel, W./Niesel, R.: Die Bewältigung des Übergangs vom Kindergarten in die Grundschule. In: Fthenakis, W.E. (Hrsg.) (2003): Elementarpädagogik nach PISA. Wie aus Kindertagesstätten Bildungseinrichtungen werden können. Freiburg: Herder-Verlag, S. 136–151.

Griebel, W./Niesel, R.: Transitionen. Fähigkeit von Kindern in Tageseinrichtungen fördern, Veränderungen erfolgreich bewältigen. In: Fthenakis, W.E. (Hrsg.) (2005): Beiträge zur Bildungsqualität. Weinheim: Beltz Verlag.

Grossmann, W. ([2]1994): Kindergarten. Eine historisch-systematische Einführung in seine Entwicklung und Pädagogik. Weinheim und Basel: Beltz.

Grundschule (1984): Themenheft: Die pädagogische Aufgabe des Schulanfangs heute, H. 8.

Grundschule (1987): Themenheft: Den Schulanfang pädagogisch gestalten, H. 2.

Grundschule (1987): Themenheft: Schulanfang 1987, H. 5.

Grundschule (1990): Themenheft: Jetzt bin ich ein Schulkind, H. 6.

Grundschulzeitschrift (Die) (1997): Themenheft Integrativer Schulanfang, H. 104.

Hacker, H. (1992): Vom Kindergarten zur Grundschule. Bad Heilbrunn: Klinkhardt.

Heiland, H. (1982): Friedrich Fröbel. Reinbek b. Hamburg: Rowohlt.

Herbert, M. (1984): Der erste Schultag: In: Grundschule, H. 7/8, S. 43–44.

Hollerer, L. (2002): Kooperation zwischen Kindergarten und Schule unter Berücksichtigung von Kindern mit besonderen Bedürfnissen. Wien.

Horn, A. ([3]1996): Brücken zur Einschulung – Kindergarten, Eingangsstufe, Vorklassen. In: Haarmann, D. (Hrsg.): Handbuch Grundschule, Bd. 1. Weinheim und Basel: Beltz, S. 83–101.

Knörzer, W./Grass, K. (1998): Einführung Grundschule. Weinheim und Basel: Beltz.

Lichtenstein-Rother, I./Röbe, E. (1982): Grundschule. Der pädagogische Raum für Grundlegung der Bildung. München: Urban und Schwarzenberg.

Kienig, A.: The importance of social adjustment for future success. In: Fabian, H./Dunlop, A.W. (2002): Transitions in the early years. Debatting continuity and progression for children in early education. London: Routledge Falmer 2002, S. 23–37.

Krumm, V. (1999): Elternhaus und Schule. In: Rost, H.D. (1999): Handwörterbuch Pädagogische Psychologie. Weinheim und Basel: Psychologie Verlagsunion, S. 108–115.

van Luit, J.E. u.a. (2001): Osnabrücker Test zur Zahlbegriffsentwicklung. Göttingen: Hogrefe.
Margetts, K. (1999): Children bring more to school than their backpacks: Starting school down under. European Early Childhood Education research. Monograph No. 1, ›Transitions‹, S. 5–14.
Ministerium für Kultus, Jugend und Sport, Sozialministerium Baden-Württemberg (Hrsg.) (2002): Kooperation zwischen Tageseinrichtungen für Kinder und Grundschulen. Stuttgart: Ministerium für Kultur, Jugend und Sport.
Ministerium für Kultus, Jugend und Sport Baden-Württemberg (Hrsg.) (2006): Orientierungsplan für Bildung und Erziehung für die baden-württembergischen Kindergärten. Pilotphase. Weinheim und Basel: Beltz.
Moll-Strobel, H. (1983): Der Übergang von der Familie und dem Kindergarten zur Grundschule. Möglichkeiten einer Kooperation. In: Siller, R. (Hrsg.): Einführung in die Grundschuldidaktik. Darmstadt: Wissenschaftliche Buchgesellschaft, S. 88–101.
Naegele, I./Haarmann, D. (Hrsg.) (1999): Schulanfang heute. Ein Handbuch für Elternhaus, Kindergarten und Schule. Weinheim und Basel: Beltz.
Neumann, K. (1999): Von der Kindertagesstätte in die Grundschule. Der Schulanfang im kindlichen Bildungsprozess. In: Kiper, H./Nauck, J. (Hrsg.): Unterrichten im ersten Schuljahr. Hohengehren: Schneider, S. 12–23.
Pädagogische Beiträge (Hrsg.) (1987): Themenheft: Rituale im Schulalltag, H. 7/8.
Peters, S.: ›Teachers‹ perspectices of transitions. In: Fabian, H./Dunlop, A. (2002): Transitions in the early years. Debating continuity and progression for children in early education. London: Routledge Falmer, S. 87–97.
Pianta, R.C./Cox, M.J. (1999): The transition to kindergarten. Baltimore: Brookes Publishing Company.
Pianta, R.C./Rimm-Kaufmann, S.E./Cox, M.J.: Introduction. An ecological approach to kindergarten transition. In: Pianta, R.C./Cox, M.J. (1999): The transition to kindergarten. Baltimore: Brookes Publishing Company, S. 3–12.
Ramey, C.T./Ramey, S.L.: Beginning school for children at risk. In: Pianta, R.C./Cox, M.J. (1999): The transition to kindergarten. Baltimore, Paul H. Brookes S. 217–252.
Schmutzler, H.J. (1991): Fröbel und Montessori. Zwei geniale Erzieher – Was sie unterscheidet, was sie verbindet. Freiburg: Herder.
Schneider, I. (1996): Einschulungserlebnisse im 20. Jahrhundert. Studie im Rahmen pädagogischer Biografieforschung. Weinheim: Deutscher Studienverlag.
Schneider, I. (1999): Zur Problematik des Schulanfangs aus der Sicht von Schulanfängern. In: Grundschule, H. 6, S. 23–25.
Schwarz, H. (1994): Lebens- und Lernort Grundschule. Prinzipien und Formen der Grundschularbeit. Frankfurt a.M.: Cornelsen Scriptor.
Seibert, B./Schwab, F./Ingenkamp, K. ([2]1991): Beurteilungsbogen für Erzieherinnen zur Diagnose der Schulfähigkeit. Göttingen: Hogrefe.
Sirsch, U. (1996): Der Schulübertritt – Herausforderung oder Bedrohung? Die subjektive Bedeutung des bevorstehenden Schulübertritts von der Volksschule in weiterführende Schulen. Wien: Diss. an der Universität Wien.
Sirsch, U. (2000): Probleme beim Schulwechsel – Die subjektive Bedeutung des bevorstehenden Wechsels von der Grundschule in die weiterführende Schule. Münster: Waxmann.
Spangler, G. (1999): Leistung, Motivation und Stress in der Grundschule. Vorhersagen aus dem Kleinkind- und Vorschulalter. In: Jerusalem, M./Pekrun, R.: Emotion, Motivation und Leistung. Göttingen, Hogrefe S. 127–145.
Speck-Hamdan, A. (2001): Schulanfänger: Könner? – Debütanten? In: Faust-Siehl, G./Speck-Hamdan, A. (Hrsg.): Schulanfang ohne Umwege. Frankfurt a.M.: Grundschulverband/Arbeitskreis Grundschule, S. 16–29.
Wellendorf, F. ([2]1974): Schulische Sozialisation und Identität. Weinheim und Basel: Beltz.

Schulreife – Schulfähigkeit – Schulanfang auf neuen Wegen

Der Beginn der Schulzeit ist für Eltern und für Kinder ein einschneidendes Ereignis. Die Eltern können nicht mehr allein über ihr Kind entscheiden. Bisher lag es allein an ihnen, was sie von ihrem Kind fordern, welche Freiräume sie ihm einräumen, welche Rücksichten sie ihm gewähren wollten. Jetzt mischt der Staat sich ein. Eltern *müssen* ihr Kind in die Schule schicken, auch wenn sie es selbst unterrichten könnten. Kinder unterliegen der gesetzlichen Schulpflicht. Erst recht dringt die Schule in die Welt der Kinder ein. Eine neue soziale Identität, die des Schülers, wird ihnen zugemutet. Sie müssen sich neuen Anforderungen stellen und bislang unbekannten Regeln unterwerfen. Das erfordert eine Reihe von Umstellungen, für Eltern wie für die Kinder.

Bezüglich der Kinder erhebt sich die Frage, ob sie den neuen Ansprüchen gewachsen sind. Es geht um die Frage der Schulfähigkeit, oder wie es früher hieß, der Schulreife. Worin soll diese Schulfähigkeit bestehen und wann kann man sie von den Kindern erwarten? Das ist das Thema dieses Kapitels.

Doch zunächst soll der Frage nachgegangen werden, welches Alter der Staat für den Beginn der Schulpflicht festsetzt.

In welchem Alter soll die Schulzeit beginnen?

Die gesetzlichen Bestimmungen, wann die Schulzeit beginnen solle, waren nicht immer gleich, und sie variieren von Land zu Land. Im Augenblick lässt sich in einer Reihe von Bundesländern der Trend beobachten, das bisherige Schuleintrittsalter zu senken. Schenkt man Meinungsumfragen Glauben, wünscht die Mehrzahl der Eltern aber keine frühere Einschulung. Gibt es überhaupt ein optimales Alter?

Staatliche Regelungen

Bis 1997 lag das offizielle Einschulungsalter in der Bundesrepublik zwischen 6;2 und 7;2 Jahren. Alle Kinder, die bis zum 30. Juni das Alter von 6 Jahren erreicht hatten, wurden mit Schuljahrsbeginn im September desselben Jahres schulpflichtig. Diese Regelung wurde 1964 im »Hamburger Abkommen« der Kultusminister vereinbart und hatte über 30 Jahre Bestand. Vorher mussten die Kinder früher in die Schule. Bis 1945 lag das Einschulungsalter zwischen 5;8 und 6;8 Jahren. Danach wurde es zwei Mal heraufgesetzt, 1955 auf mindestens 6 Jahre (6;0–7;0), dann 1964 im »Hamburger Abkommen« der Kultusministerkonferenz auf 6;2–7;2 Jahre.

1997 legte die Kultusministerkonferenz in ihren »Empfehlungen zum Schulanfang« neue Rahmenbedingungen für die Regelung des Schuleintritts durch die Länder fest. Danach soll die Schulpflicht wieder früher beginnen. »Auch künftig beginnt die Schulpflicht für alle Kinder, die bis zu dem vom jeweiligen Land festgelegten Stichtag das 6. Lebensjahr vollendet haben, am 1. August desselben Jahres, in der Regel mit Beginn des Unterrichts nach den Sommerferien. Der Stichtag soll zwischen dem 30. Juni und dem 30. September liegen. Darüber hinaus können die Länder zusätzlich Einschulungsmöglichkeiten während des Schuljahrs vorsehen« (KMK Dokument 22/1997, S. 901). Das Schuleintrittsalter wird damit maximal um 3 Monate herabgesetzt. Es liegt demnach zwischen 5;11 und 7;2 Jahren, fast wieder so nieder, wie vor 1945.

Wie sehen die Regelungen in anderen europäischen Ländern aus? In einer Reihe von Ländern werden die Kinder noch früher eingeschult. So liegt in England das Einschulungsalter zwischen 5;0 und 5;4 Jahren; eingeschult wird dabei nicht nur im Herbst, sondern auch an Weihnachten und Ostern. In den Niederlanden liegt das Einschulungsalter zwischen 5;0 und 6;0 Jahren (auf freiwilliger Basis ab 4;0 Jahren), in Frankreich zwischen 5;8 und 6;8 Jahren, in der Schweiz – je nach Kanton zwischen 5;9 und 7;5 Jahren. Später als in Deutschland werden die Kinder in Russland (zwischen 6;0 und 7;0 Jahren), in Schweden (zwischen 6;8 und 7;8 Jahren) oder in Dänemark (zwischen 7;0 und 8;0, auf freiwilliger Basis ab 6;0 Jahren) eingeschult.

Immerhin gibt es eine Übereinstimmung innerhalb der Bandbreite von 5 bis 7 Jahren.

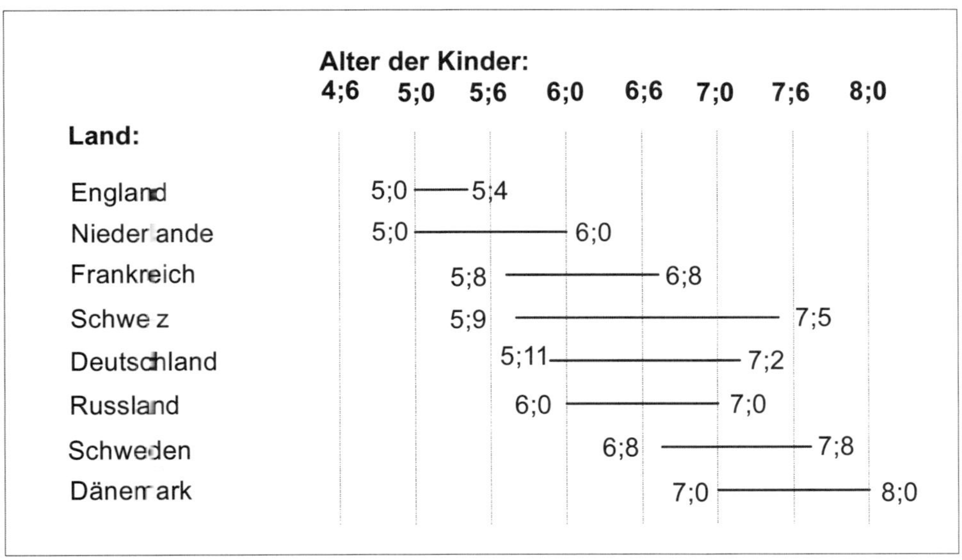

Auch ein Blick in frühere Schulordnungen zeigt, dass das Einschulungsalter unterschiedlich festgelegt wurde. Vor 1750, als erste Versuche zur Durchsetzung einer allgemeinen Schulpflicht unternommen wurden, begann die Schule mit 3 oder 4 Jahren.

Grund hierfür waren ökonomische und agrarrechtliche Verhältnisse, da die Eltern vor allem wegen des Hüterechts gezwungen waren, ihre Kinder möglichst bald zum Hüten der Tiere auf das Feld zu schicken (Burk 1998, S. 10). Nach dem preußischen Generallandschulreglement von 1763 sollten die Kinder spätestens mit fünf Jahren in die Schule gehen. 1920, als auf der Grundlage der Weimarer Verfassung von 1919 im Grundschulgesetz erstmals eine allgemeine Schulbesuchspflicht festgeschrieben wurde, betrug das Mindestalter 5;9 Jahre, d.h. an Ostern wurden jene Kinder eingeschult, die am 30. Juni des gleichen Jahres das 6. Lebensjahr vollendet hatten. Das Durchschnittsalter lag damals also bei 6;3 Jahren.

Die Erfahrung lehrt, dass aus vielen Kindern nach Erreichen des vorgeschriebenen Alters problemlos Schulkinder werden. Früher dienten die Untersuchungen aller potenziellen Schulanfänger mit Hilfe von Testinstrumenten als Anhaltspunkt für mögliche Zurückstellungen. Heute geht man mit einem gewissen Recht davon aus, dass die meisten Kinder mit der Schule zurechtkommen und dass dies, ohne aufwändige und lästige Testprozeduren, von Eltern, Erzieherinnen und Lehrerinnen, die das Kind bei der Schulanmeldung sehen und mit ihm ein paar Worte sprechen, festgestellt werden könne.[1]

Schwieriger wird es bei Kindern, die auf Wunsch der Eltern vorzeitig eingeschult oder zurückgestellt werden sollen. Welche Kriterien sollen hier der schulischen Entscheidung zu Grunde liegen? Hierfür gibt es in den Bundesländern keine einheitliche Regelung. Auch welche Verfahren zur Überprüfung der Schulfähigkeit eingesetzt werden sollen, ist offen. So heißt es etwa im Schulgesetz von Baden-Württemberg:

> *»Kinder, die vorzeitig eingeschult oder vom Schulbesuch zurückgestellt werden sollen, sind verpflichtet sich auf Verlangen der Schule bzw. der Schulaufsichtsbehörde an einer pädagogisch-psychologischen Prüfung (Schuleignungsprüfung und Intelligenztest) zu beteiligen und sich vom Gesundheitsamt untersuchen zu lassen.«* (§ 74 Absatz 3 des SchG von 1976, geändert 1997)

Ob und welche »pädagogisch-psychologische Prüfung« durchgeführt wird, liegt im Ermessensspielraum der einzelnen Schulen bzw. der Schulaufsichtsbehörde.

Länger spielen oder früher lernen – eine Werteentscheidung

Die schroffe Gegenüberstellung von Spielen und Lernen reizt zum Widerspruch. Spielen und Lernen müssen nicht Gegensätze sein. Dennoch darf nicht übersehen werden, dass die Frage nach dem Einschulungstermin auch eine pädagogische Werteentscheidung tangiert, nämlich, wie lange man Kindern einen schulisch nicht reglementierten Eigenraum für ihr individuelles Wachstum, ihre persönlichen Vorlieben und Bedürf-

1 In einzelnen Bundesländern wie z.B. Baden-Württemberg laufen seit 2006 Modellversuche zur Förderung von förderbedürftigen Kindern im Kindergarten (siehe S. 138).

nisse einräumen will. Setzt man auf kognitive Frühförderung oder eher auf freies Spielen? Sollen Kinder früher lesen können oder länger spielen dürfen? Sollen sie sich in ihrem individuellen Tempo entwickeln oder sollen sie in einem gewissen Gleichschritt unter Anleitung lernen? Vertraut man auf spontanes Lernen oder hält man gezielte Förderung für notwendig? Diese Frage lässt sich durch empirische Untersuchungen nicht entscheiden. Es geht nicht um die Frage, was möglich ist, sondern um die Frage, was sein soll, was man aus seiner persönlichen Lebenssicht als wünschenswert erachtet. Hinter der Frage nach dem richtigen Schuleintritt verbirgt sich immer auch eine pädagogische Werteentscheidung.

Schwankungen im Elternwunsch

Blickt man auf die letzten 20 Jahre zurück, so lässt sich feststellen, dass der Wunsch der Eltern nach Rückstellung eines Kindes um ein Jahr oder nach früherer Einschulung – wohl auch in einer gewissen Unabhängigkeit vom individuellen körperlichen oder geistigen Entwicklungsstand des Kindes – gewissen Trends unterlag. In den 60er-Jahren nahm die Zahl der Eltern, die ihre Kinder vorzeitig einschulen wollten, ständig zu. Vor 1970 gab es mehr vorzeitige Einschulungen (in Baden-Württemberg waren es 8% gegenüber 6% Zurückstellungen). Nach 1970 schlug dieser Trend um; die Zahl der Zurückstellungen nahm zu. Dieser Trend war bis Mitte der 90er-Jahre ungebrochen. 1995 wurde z.B. in Baden-Württemberg jedes zwölfte Kind (8,4%) zurückgestellt. Dabei gab es große Schwankungen von Kreis zu Kreis. In Stuttgart war es jedes fünfte Kind, im Bodenseekreis jedes zehnte, im Landkreis Karlsruhe jedes zwanzigste. In Hessen wurden 1970 5,0% der Kinder zurückgestellt, 1980: 9,8%, 1995/96: 11,6%. Auch hier gab es große Schwankungen von Ort zu Ort. Seit etwa 1995 nimmt die Anzahl der Zurückstellungen wieder ab (in Baden-Württemberg von 8,4% auf 5,1% im Jahr 2004), während gleichzeitig die Anzahl der vorzeitigen Einschulungen steigt – von 1,6% 1995 auf 9,5% 2004.

Was steckt hinter diesen Trends?
Es ist zu vermuten, dass zwischen 1960 und 1970 die damals stark propagierte Auffassung vom hohen Wert der kognitiven Frühförderung (Frühlesebewegung: 1964 erschien in den USA das Buch von Glenn Doman, How to teach your baby to read, vgl. S. 90) dazu führte, dass pädagogisch informierte und bildungsbeflissene Eltern sich darum bemühten, ihr Kind einschulen zu lassen, auch wenn es das vorgeschriebene Mindestalter noch nicht oder nicht ganz erreicht hatte. Für den rasch einsetzenden gegenläufigen Trend spielte wohl eine Rolle, dass die auf die kognitive Frühförderung gesetzten Hoffnungen sich nicht erfüllten. Zudem mag die aufkommende Schulstressdebatte dazu geführt haben, dass Eltern jetzt eher dazu tendierten, ihre Kinder zurückstellen zu lassen, zumal wenn ihr Alter nur wenige Wochen oder Monate über dem gesetzlich vorgeschriebenen Einschulungsalter lag. Vielleicht rechnete man sich aus, dass ältere Kinder den schulischen Belastungen, vor allem später in Höheren

Schulen, eher gewachsen sind. Vielleicht wurde auch wieder einer durch äußere Anforderungen möglichst wenig gestörten Spielkindheit größerer Wert beigemessen. Die örtlichen Schwankungen lassen sich durch unterschiedliche lokale Traditionen (Gespräche mit anderen Eltern und den Erzieherinnen der Kindergärten) erklären.

Seit einigen Jahren sehen Kultusbehörden den zunehmenden Trend, Kinder zurückstellen zu lassen, mit Missbehagen. 1990 erschienen beispielsweise in Baden-Württemberg landeseinheitliche Richtlinien für Rückstellungsverfahren mit der Tendenz, Rückstellungswünsche von Eltern eher restriktiv zu behandeln. Auch in den »Empfehlungen zum Schulanfang« der Kultusministerkonferenz (1997) wurde beschlossen, dass eine Zurückstellung vom Schulbesuch nur im Ausnahmefall möglich sein soll.

Mit Recht wird in diesem Zusammenhang auf die Gefahr des »Verbummelns« und mögliche Langeweile älterer Kinder im Kindergarten hingewiesen. Andererseits wird man fragen müssen, warum hier dem Elternwillen nicht ein gewisser Spielraum eingeräumt wird. Sind vielleicht Gründe, die gar nicht primär pädagogischer Natur sind, die entscheidenden Motive? Wir denken hierbei etwa an das im Vergleich zu anderen EG-Staaten hohe Alter, mit dem deutsche Jugendliche, vor allem wenn sie studieren, in den Beruf eintreten oder die Kalkulation, dass bei Rückstellungen ein Jahr Lebensarbeitszeit bis zur Berentung der Volkswirtschaft verloren geht. Die Herabsetzung des Schuleintrittalters 1997 ist wohl auch in diesem Zusammenhang zu sehen.

Die Heterogenität der Jahrgangsklassen

Die staatlichen Schuleintrittsregelungen orientieren sich am Jahrgangsprinzip – sieht man von den Modellversuchen in einzelnen Bundesländern ab. Dies könnte suggerieren, ein Lehrer habe in einer Anfängerklasse Schüler vor sich, die höchstens um ein Jahr in ihrem Alter auseinander liegen. Dies ist aber bei weitem nicht so. Da gibt es zurückgestellte Kinder und frühzeitig eingeschulte. So kann heute bei uns die tatsächliche Altersspanne zwischen 5;2 und 8;2 Jahren bei der Einschulung liegen. Der Gedanke der »Jahrgangsklasse« ist eine Fiktion.

Noch entscheidender aber dürfte sein, dass selbst bei gleichem Alter die individuelle Entwicklung und Leistungsfähigkeit der Kinder äußerst heterogen sind. In einer ersten Klasse gibt es Kinder, die vom äußeren Erscheinungsbild wie Vierjährige und solche, die wie Neunjährige wirken. Da gibt es Kinder, die schon beim Schuleintritt lesen können und im Lesebuch gleich die letzte Seite aufschlagen und solche, die große Mühe haben, sich einen Buchstaben einzuprägen, kleine Rechenkünstler, die im Zahlenraum 1–100 bereits rechnen und solche, die kaum bis 10 zählen können, Kinder, die ihren Namen schreiben können und andere, die den Bleistift noch mit der Faust führen. Es gibt Kinder, die persönliche Erlebnisse und Erfahrungen sprachlich gekonnt in logischer Folge erzählen können und Kinder, die kaum in der Lage sind, sich in zusammenhängenden Sätzen auszudrücken. Man trifft auf Kinder, die sich sofort mit den neuen Mitschülern verstehen und sich in der neuen Umgebung wohl fühlen, aber auch auf solche, die sehr ängstlich und kontaktarm sind. Grundschulklassen sind, was die altersmäßige Zusammensetzung, noch mehr was Können und soziale Kompetenz anbelangt, äußerst heterogen[1] (siehe S. 154 ff.).

Das Konzept der Schulreife

Das Konzept der Schulreife und der Schulreifetest von Artur Kern

Bahnbrechend für die Diskussion um das richtige Einschulungsalter und die damit verbundene Frage der Feststellung der Schulreife war der Schulrat Artur Kern (1951), der mit seinem Buch »Sitzenbleiberelend und Schulreife – ein psychologisch-pädagogischer Beitrag zu einer inneren Reform Grundschule« geradezu eine bildungspolitische Lawine auslöste. Wie der Titel bereits andeutet, war das Sitzenbleiberelend für Kern Anlass, sich mit dieser Thematik auseinanderzusetzen. Kern stellte fest, dass in Deutschland oft bis zu einem Drittel der Schüler einer Klasse während ihrer achtjährigen Schulzeit nicht versetzt wurde. Dabei war der Anteil der Sitzenbleiber in den ersten Klassen besonders hoch. Das Sitzenbleiben war für Kern nun aber nicht in erster Linie eine Folge mangelnder Begabung, sondern eine Folge fehlender »Reife« beim Schuleintritt. Wenn es gelänge, so seine Folgerung, die Kinder zu jenem Zeitpunkt einzuschulen, an dem sie auch für den Schuleintritt »reif« sind, bliebe ihnen das Elend des Sitzenbleibens erspart.

In dieser Annahme spiegelt sich der damals gültige psychologische Forschungsstand, wie er von fast sämtlichen namhaften Entwicklungspsychologen jener Zeit vertreten wurde. Die entscheidenden Annahmen lassen sich in folgenden vier Punkten zusammenfassen:

- Die Entwicklung wird durch endogene Faktoren vorangetrieben. Äußere Umweltbedingungen können die Entwicklung zwar bremsen, man kann aber durch eine Veränderung der äußeren Bedingungen die Entwicklung nicht beschleunigen.
- Die Abfolge der einzelnen Entwicklungsstufen vollzieht sich nach einem inneren Bauplan.
- Die verschiedenen Stufen bauen aufeinander auf. Keine kann übersprungen werden.
- Die Entwicklung der verschiedenen Kompetenzen des Kindes erfolgt im Gleichschritt. So kann man vom Entwicklungsstand eines Merkmals auf den eines anderen schließen.

1 Bei den auf S. 132 erwähnten Modellversuchen wird vor allem aus diesem Grund das Jahrgangsklassenprinzip in Frage gestellt. Aufgabe der schulischen Förderung ist nicht der Ausgleich individueller Unterschiede, um eine möglichst homogene Lerngruppe zu erreichen, sondern die Akzeptanz dieser Unterschiede und der Versuch, für jedes Kind die besten Entwicklungsmöglichkeiten zu erkennen und zu realisieren.

Bedeutende Vertreter dieser »Phasenlehren« waren Otto Tumlirz (1924), Charlotte Bühler (1928), Oswald Kroh (1926, 1929), Adolf Busemann (1925, 1953) und andere.

Vor diesem damals gültigen theoretischen Hintergrund ist jener viel zitierte Satz Kerns (1951, S. 67) zu sehen, »... jedes Kind, extrem schwache Begabung (Idiotie und Imbezillität) ausgenommen, erreicht im Laufe seiner Entwicklung einmal eine Entwicklungsphase, der jenes Leistungsgefüge zugeordnet ist, das als Voraussetzung für ein erfolgreiches Durchlaufen der Schule angesetzt werden muss. Das eine Kind kommt lediglich früher, das andere später zu diesem Entwicklungspunkt«.

Innerhalb des kontinuierlichen Entwicklungsverlaufs glaubte Kern drei typische Stadien unterscheiden zu können:

»1. *Das Kind des Spätstadiums ist so reif, dass ihm bei geeignetem Unterrichtsverfahren der Erwerb der Bildungsgüter nahezu in den Schoß fällt, es lernt ›von selbst‹, also mit dem höchsten Grad von Spontanität.*
2. *Das Kind der Mittelphase lernt ebenfalls manches von selbst, doch muss es sich auch auf weite Strecken hin abmühen und braucht oft die Hilfe des Erwachsenen.*
3. *Das Kind der Frühphase schließlich ist so unreif, dass spontanes Lernen in der Schule ausgeschlossen ist. Nur bei sehr günstigen schulischen Verhältnissen und entwicklungsgetreuen Methoden vermag es mit Mühe, unter Mithilfe der Erwachsenen, ein gewisses Ziel zu erreichen.*« (Kern 1951, S. 71)

Wenn Schulversagen und Sitzenbleiberelend weitgehend davon abhingen, dass die Kinder zu früh eingeschult wurden, dann ergaben sich für Kern zwei Forderungen:

- Kinder sollten nur dann in die Schule aufgenommen werden, wenn sie ein bestimmtes Alter erreicht haben, d.h. sie sollten mindestens 6;0 Jahre alt sein.
  Dieser Forderung nach Heraufsetzung des Einschulungsalters wurde im Düsseldorfer Abkommen der Ständigen Konferenz der Kultusminister der Länder in der Bundesrepublik Deutschland 1955 entsprochen. Der Schuljahresbeginn wurde auf den 1. April verlegt und schulpflichtig waren alle Kinder, die bis zu diesem Stichtag das sechste Lebensjahr vollendet hatten. Das Mindestalter betrug demnach 6;0 Jahre. 1964 wurde dann mit dem Hamburger Abkommen, wie bereits erwähnt, das Schuleintrittsalter erneut heraufgesetzt.
- Wenn das Kind innerhalb seines Entwicklungsverlaufs die von Kern festgestellten drei typischen Stadien der Schulreife durchläuft, müsste es möglich sein, mit Hilfe eines diagnostischen Verfahrens den jeweiligen Reifestand eines Kindes festzustellen. Die Ergebnisse eines solchen Verfahrens könnten dann dazu verwendet werden, nur wirklich schulreife Kinder einzuschulen. Als entscheidendes Merkmal für Schulreife wählte Kern die optische Gliederungsfähigkeit, die für die Differenzierung von Buchstaben und Zahlen eine entscheidende Rolle spielt. Von diesem Merkmal schloss er, entsprechend der Annahme, die verschiedenen Kompetenzen eines Kindes entwickelten sich im Gleichschritt, auf andere Bereiche. Zusätzlich wurde die Fähigkeit, Mengen bis zu 5 ohne Abzählen erfassen zu können, über-

prüft. Sein Grundleistungstest (GLT) umfasste die zeichnerische Darstellung eines Kindes, das Nachmalen eines an die Tafel geschriebenen Sätzchens, die Zuordnung von gleichen Symbolen, die Wiedergabe einer Mengengestalt und das simultane Erfassen der Mengen 1 bis 5.

Wenn A. Kern auch mit der von ihm initiierten Diskussion über die Schulreife wegweisend für die weitere Entwicklung der Schulreifetests war, so sei daran erinnert, dass es schon lange zuvor Verfahren zur Feststellung der »Schulreife« gab. Nach Kormann (1937) dürfte der »Gulden-Apfel Test« der wohl früheste »Schulreifetest« gewesen sein. Demnach wurde, wie Wickram in seinem »Rollwagenbüchlein« 1557 berichtete, dem etwa sieben Jahre alten Kind mit der einen Hand ein Apfel, mit der anderen ein Pfennig gereicht. Griff es nach dem Pfennig, so galt es auf Grund des Realitätssinns als schulreif. Rüdiger u.a. berichten ähnlich von einer Schulordnung von 1777, wonach Kinder vor Eintritt in die Schule geprüft werden sollten, »ob sie die Fähigkeit in Absicht des Verstandes und der Aussprache haben, um in die unterste Schule aufgenommen zu werden« (Rüdiger u.a. 1976).

Schließlich sei noch die Bedeutung der »körperlichen Schulreife« erwähnt, die vor allem in den 50er-Jahren größere Beachtung erlange. Da man entwicklungspsychologisch von der Annahme ausging, dass die verschiedenen kognitiven Funktionen und körperliche Veränderungen einigermaßen im Gleichschritt »heranreiften«, glaubte man nicht nur von einer kognitiven Funktion, etwa der optischen Gliederungsfähigkeit, auf andere, sondern auch vom körperlichen Entwicklungsstand auf die kognitive Entwicklung schließen zu können. Eine große Rolle spielte hierbei der sogenannte erste Gestaltwandel (Zeller 1936), bei dem es zu einer Veränderung der Körperproportionen kommt. Das für die ersten Lebensjahre typische Kopf-Körperverhältnis (großer Kopf, kurze Gliedmaßen) verschiebt sich zu Gunsten der Länge des Körpers, der Arme und Beine. Wurde nun bei der Schuluntersuchung etwa festgestellt, dass ein Kind noch nicht mit dem rechten Arm über den Kopf das linke Ohr erreichen kann (Philippinerprobe) galt das als Hinweis darauf, dass das Kind noch nicht schulreif war. Auch der Zahnwechsel spielte eine Rolle.

Ein vollständiges Milchgebiss wurde als Hinweis auf eine noch nicht genügend vorangeschrittene Entwicklung gesehen. Schließlich glaubte man, vom Gang des Kinds auf den Reifegrad schließen zu können. Nach Meinert (1958) ließ man das Kind auf einem Stuhl stehen und einen Schritt über die Lücke zu einem zweiten Stuhl ausführen. Zeigte es hierbei einen »trudelnden« Gang, indem es die Beine und Füße stark nach innen drehte, galt es als noch nicht schulreif.

Diagnostische Verfahren in Weiterführung von Artur Kern

Vor allem die Annahme, man könne vom Entwicklungsstand eines Funktionsbereichs global auf eine generelle Schulreife schließen, erschien immer fragwürdiger. Testautoren entwickelten zusehends spezifische Subtests zur Überprüfung ganz unterschiedlicher Funktionen. Die Tests wurden differenzierter und damit auch umfangreicher. Krapp/Mandl (1977) sprechen aus diesem Grund von mehrdimensionalen Verfahren. Als Beispiel sei hierfür der von H. Kratzmeier 1969 konzipierte Reutlinger Schulreifetest (RST) genannt. Hier werden in 10 Untertests folgende Dimensionen überprüft: Formunterscheidung, Verhältniserfassung, Lückenerkennen, Randverzierung, Inhaltserfassung, Zahlgliederung, Wortgliederung, Zuordnung, Formwiedergabe, Vorstellungsvermögen (Zeichnen einer Blume aus dem Kopf).

Als Beispiel sei ein Untertest verkleinert vorgestellt:

Hier soll die »Verhältniserfassung« überprüft werden. Das Kind muss den größten Hampelmann, den dritten Blumenstock, den vierten Kuchen, das Geld, das am meisten wert ist, einkreisen (15 Sekunden Zeit für jede Teilaufgabe).

Man könnte nun erwarten, dass Tests, die mehrere Funktionsbereiche erfassen, auch eine differenziertere Auswertung und Interpretation anbieten. Das trifft aber nicht zu. Ähnlich wie bei dem Grundleistungstest von Kern werden die Untertestpunktwerte zu einem Gesamtpunktwert zusammengezählt. Dieser Gesamtwert (nicht ein Profil aus Werten für verschiedene Kompetenzen!) war dann entscheidend für die Aufnahme in die Grundschule oder für Zurückstellung.

Im Folgenden seien einige der bekanntesten »Schulreifetests« aufgeführt:

- Göppinger Schuleignungstest (GSS), zweite neu bearbeitete Auflage von Kleiner, A./Poerschke, J. (Hrsg.): Lehmann, R.H., Göttingen [2]1998: Hogrefe.
- Weilburger Testaufgaben für Schulanfänger (WTA) von Hetzer, H./Tent, L. (Hrsg.): Ingenkamp, K., Göttingen [2]1994 Hogrefe.

- Kettwiger Schulreifetest (KST) von Meis, R. (Hrsg.): Ingenkamp, K., Göttingen [3]1990: Hogrefe.
- Reutlinger Test für Schulanfänger (RST) von Kratzmeier, H. (Hrsg.): Ingenkamp, K., Göttingen [2]1993: Hogrefe.
- Duisburger Vorschul- und Einschulungstest (DVET) von Meis, R./Poerschke, J. (Hrsg.): Lehmann, R.H., Göttingen [3]1997: Hogrefe.

Testgütekriterien

Wie sind diese Testverfahren nun zu beurteilen?

Die Qualität eines Testverfahrens wird üblicherweise an drei Kriterien gemessen. Man spricht vom Kriterium der

- Objektivität, der
- Reliabilität (Zuverlässigkeit) und der
- Validität (Gültigkeit).

Auch Schulreifetests müssen diesen Kriterien genügen.[1] Ein Test ist *objektiv,* wenn die Ergebnisse unabhängig von der Person sind, die den Test durchführt, auswertet oder interpretiert (Durchführungs-, Auswertungs-, Interpretationsobjektivität). Die Testhandbücher geben deshalb genaue Anweisungen, wie die Aufgaben zu erklären sind, wie viele Beispiele gegeben werden dürfen, wie viele Minuten für die Lösung jeder Aufgabe zur Verfügung stehen. Wenn solche Anweisungen nicht eingehalten werden, ist die Objektivität des Tests verletzt. Zudem muss gesichert sein, dass der Test nach klaren einheitlichen Kriterien ausgewertet und interpretiert wird. Auch dazu geben die Testhandbücher Anweisungen.

Ein Test ist *reliabel* (zuverlässig), wenn er genau misst. Er darf deswegen beim gleichen Probanden nicht heute zu dem, morgen zu einem wesentlich anderen Ergebnis kommen.

Häufig wird die Reliabilität eines Tests dadurch festgestellt, dass man ihn wiederholt und die Übereinstimmung zwischen erster und zweiter Testung berechnet. Dabei ergeben sich aber Probleme wegen des individuellen Lernzuwachses durch die erste Testung. Ein anderes Verfahren zur Bestimmung der Messgenauigkeit eines Tests ist die Halbierungsmethode. Die Items werden nach Zufall auf zwei Testhälften verteilt und jeder Teiltest den Probanden administriert. Die Höhe der Korrelation beider Ergebnisse ergibt ebenfalls ein Maß für die Reliabilität des Tests. Bei einem dritten Verfahren wird die mittlere Korrelation aller Items mit dem Gesamtwert für die Berechnung der Testgenauigkeit verwendet. Grundsätzlich gilt, dass ein Test umso genauer

1 Ausführliche teststatistische Daten sind in den jeweiligen Begleitheften der einzelnen Tests enthalten. Einen Überblick über sämtliche Daten der Autoren zu ihren Schulreifetests findet man in Mandl, H. (1970).

ist, je mehr Items er umfasst. Einer allzu großen Ausweitung der Anzahl der Testfragen sind aber natürlich Grenzen gesetzt.

Das Ausmaß der Ungenauigkeit des Messergebnisses wird mit Hilfe des Standardmessfehlers angegeben. Hat ein Test etwa einen Standardmessfehler (Standardschätzfehler) von 1,5 Punkten, heißt dies, dass der wahre Wert eines Probanden nicht sein gemessener Punktwert ist, sondern mit einer Wahrscheinlichkeit von 68% im Bereich zwischen Punktwert +1,5 Punkten und Punktwert –1,5 Punkten liegt. Will man eine Wahrscheinlichkeit von 95% erreichen, weitet sich dieser Bereich aus. Der wahre Wert liegt zwischen 3 Punkten (2 mal 1,5) über und unterhalb des gemessenen Punktwerts. Will man gar 99% Sicherheit haben, muss man den Standardmessfehler mit 3 multiplizieren; der wahre Wert des Probanden liegt dann mit 99% Wahrscheinlichkeit in einem Bereich von 4,5 Punkten über und 4,5 Punkten unter dem gemessenen Punktwert.

Ein Test ist *valid* (gültig), wenn er das misst, was er zu messen beansprucht. Ein Intelligenztest z.B. darf nicht eine Mischung aus Intelligenz und Testangst messen. Ein »Schulreifetest« darf nicht zu sehr durch »Schüchternheit« oder »Nicht-Vertraut-Sein mit der Situation« beeinflusst werden. Sonst ist er invalid. Von besonderer Bedeutung ist bei Schulreifetests die Prognosevalidität. Hier geht es um die Frage, ob die Prognose, dass ein Kind in der ersten Klasse erfolgreich sein wird oder nicht, zutreffend ist.

Die drei Gütekriterien[1] stehen in einem wechselseitigen Zusammenhang der anhand folgender Graphik leicht einprägbar ist. Das untere Stockwerk des Hauses ist jeweils Voraussetzung für die Stabilität des höheren, nicht aber umgekehrt.

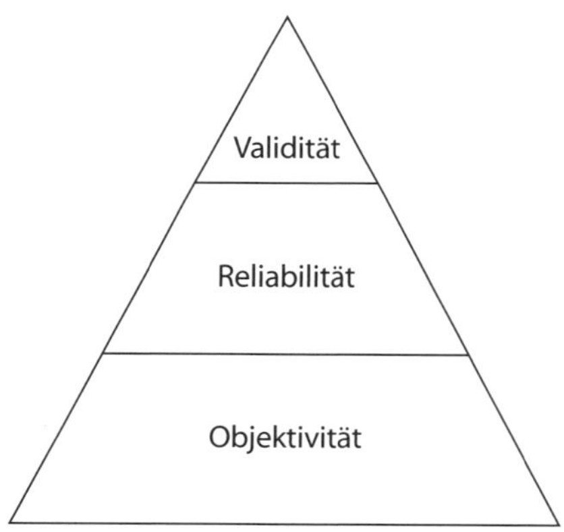

Ein Test, der nicht objektiv ist, kann nicht reliabel und gültig sein. Ein Test kann aber sehr wohl objektiv und reliabel sein. Er muss damit nicht auch schon gültig sein usw.

Die Objektivität und Reliabilität der traditionellen Schulreifetests ist im Allgemeinen zufrieden stellend. Ihr Problem liegt in der Validität. Wir werden darauf im nächsten Abschnitt eingehen.

1 Näheres hierzu etwa: Lienert, G.: Testaufbau und Testanalyse. Weinheim, Basel 1961, S. 12–20: Beltz.

Was leisten die traditionellen Schulreifetests?

Während in den 60er-Jahren weitgehend alle Schulanfänger mit Hilfe von Schulreifetests auf ihre Schulreife untersucht wurden, ist man heute mit ihrer Anwendung sehr zurückhaltend. Getestet werden im Regelfall nur noch jene Schüler, deren Eltern einen Antrag auf Rückstellung oder vorzeitige Einschulung gestellt haben. Hierbei ist die Anwendung eines der traditionellen Prüfverfahren aber durchaus noch üblich. Zu dieser Zurückhaltung haben vor allem folgende Sachverhalte beigetragen:

- Die Entwicklung eines Kindes ist nach heutiger Erkenntnis nicht einfach das Ergebnis von endogen gesteuerten Reifungsprozessen. Neben der Reifung spielen in vielen Funktionsbereichen Lernprozesse eine wichtige oder gar die entscheidende Rolle. Dies gilt vor allem für Kompetenzen, die für den Schulerfolg bedeutsam sind und auch in den klassischen Schulreifetests überprüft werden. Familiäre Faktoren wie Sprachverhalten, Anregungsgehalt der Umwelt, zur Verfügung stehendes Spielmaterial, Erziehungsstil, Wertorientierungen usw. haben hier einen entscheidenden Einfluss. So verweist Mandl (1978) auf mehrere Untersuchungen über den engen Zusammenhang von Schulreifetestergebnissen und sozialer Schicht sowie über die kurzfristige Veränderbarkeit von Schulreifetestwerten durch intensives Training. Wenn dem aber so ist, haben Schulreifetests als Instrumente der Selektion weitgehend ihre Berechtigung verloren. Wenn ein Kind beispielsweise noch über zu wenig feinmotorisches Geschick verfügt, wird es wenig Sinn haben, es einfach zurückzustellen, damit es in Ruhe »reifen« kann. Man wird ihm vielmehr schulische oder außerschulische Übungsmöglichkeiten bieten müssen, damit es durch Üben seine Defizite beheben kann.
- Nach Kern sollte die (visuelle) Gliederungsfähigkeit für den Schulerfolg von zentraler Bedeutung sein. Er sah in ihr einen reifebedingten Faktor der von anderen Faktoren wie z.B. der Intelligenz unabhängig sei. Auch hier verweist Mandl (1978) auf mehrere Untersuchungen, in denen übereinstimmend eine hohe Korrelation (.50 bis .60) zwischen Schulreife und Intelligenz festgestellt wurde, ein Ergebnis, das bei einem Vergleich der Aufgabenstellungen dieser Tests nicht überrascht. »Schulreifetests sind im Wesentlichen nichts anderes als mehr oder weniger abgewandelte Neuauflagen der Binetschen Intelligenztestserien« (Mandl 1978, S. 34). Demnach messen die Schulreifetests nicht ein besonderes Konstrukt Schulreife, sondern je nach Testkonzeption wichtige Aspekte kognitiver Lernvoraussetzungen, die allerdings für den Sprach- und Mathematikunterricht des Anfangsunterrichts nicht nebensächlich sind.
- Schließlich sei noch die Problematik der prognostischen Validität dieser Tests angesprochen. Es geht also um die Frage, ob die auf Grund des Testergebnisses getroffenen Entscheidungen sich später auch als richtig erweisen.
  Hierzu sei auf die wohl größte Vergleichsuntersuchung im deutschsprachigen Raum verwiesen, die 1967/1968 an 2.792 Schulanfängern durchgeführt wurde (Krapp/Mandl 1971). Hier wurden alle Schulanfänger Augsburgs (mit Ausnahme

der vorzeitig zurückgestellten) in den ersten beiden Schulwochen mit dem Münchener Schulreifetest für Schulneulinge (MST) getestet; 2.102 Kinder galten als schulreif, 690 Kinder als nicht schulreif. Diese Ergebnisse wurden den Lehrern aber nicht mitgeteilt. Bei maximaler Prognosevalidität hätten nun am Ende des ersten Schuljahrs alle im Test als schulreif befundenen Kinder versetzt werden müssen, die als nicht schulreif befundenen Kinder hätten in der ersten Klasse scheitern müssen.
Von den 2.102 im Test als schulreif festgestellten Kindern wurden tatsächlich auch 2.011 Kinder versetzt, d.h. bei 96% der Fälle war die Testprognose richtig. Ganz anders sah es aber bei den 690 als nicht schulreif ausgewiesenen Kindern aus. Hier wurden 457 Schüler versetzt, d.h. bei 66,2% dieser Gruppe traf die Prognose des Tests *nicht* zu. Nur etwa bei jedem dritten Kind wäre, hätte der Test bei Schulbeginn als Entscheidungsgrundlage gedient, die Zurückstellung gerechtfertigt gewesen.

Damit wird ein grundsätzliches Problem deutlich, vor dem jeder Testautor bei der Konstruktion eines Selektionstests steht: Möchte er sicherstellen – so wie es bei dem oben erwähnten Münchener Schulreifetest der Fall ist – dass von den als schulreif befundenen Kindern möglichst alle dann in der Schule erfolgreich sind, dürfen die Testaufgaben nicht zu leicht sein. Dadurch wächst aber die Gefahr, dass zu viele Kinder »abgewiesen« werden, die durchaus die schulischen Anforderungen erfüllen könnten. Macht man die Testaufgaben zu leicht, erhöht sich die Zahl der Versager in der Schule. Sicher wäre der Fehler der ersten Art, grundschulgeeignete Kinder zurückzustellen, von Kern als das kleinere Übel angesehen worden gegenüber dem Fehler der zweiten Art, nicht schulreife Kinder aufzunehmen, die dann möglicherweise sitzen bleiben.

Bei dieser Untersuchung wird zudem deutlich, dass es anscheinend den Lehrerinnen und Lehrern gelungen ist, Schulanfänger mit Defiziten dort abzuholen, wo sie in ihrer kognitiven, sprachlichen und feinmotorischen Entwicklung standen und sie entsprechend zu fördern. Möglicherweise verläuft die kognitive Entwicklung einzelner Kinder auch nicht linear, sondern in Schüben.

Haben also die traditionellen Schulreifetests damit heute ihre Berechtigung verloren?

Wir können uns einen Schulanfang ohne Schulreifetests sehr gut vorstellen. Aber wir können uns auch vorstellen, dass ein traditioneller Schulreifetest bei einzelnen Problemkindern eine erste Grobinformation über vorhandene Defizite ermöglichen kann. Hat ein Kind dann bei einem der traditionellen Schulreifetests schlecht abgeschnitten, könnten, um gezielte Fördermaßnahmen einzuleiten, die Einzeluntersuchung des noch zu besprechenden Kieler Einschulungsverfahrens (KEV), die diagnostischen Einschätzskalen (DES) zur Beurteilung des Entwicklungsstands und der Schulfähigkeit von Barth ([4]2005) oder das Bielefelder Screening zur Früherkennung von Lese- und Rechtschreibschwierigkeiten von Jansen u.a. (1998) herangezogen werden (siehe auch Modellversuche Aktion »Schulreifes Kind« S. 134 f.).

Von der Schulreife zur Schulfähigkeit. Ein Paradigmenwechsel und seine Folgen

Das Konzept der Schulfähigkeit

Wie bereits dargestellt, war das frühere Konzept der Schulreife von der entwicklungspsychologischen Annahme bestimmt, die entscheidenden Kompetenzen, über die ein Kind für einen erfolgreichen Schulbesuch verfügen müsse, seien durch »Reifung« zu Stande gekommen. In der Zwischenzeit kam es in der Entwicklungspsychologie zu einem Paradigmenwechsel.

Nach dem alten Paradigma spielte die endogen gesteuerte Reifung die entscheidende Rolle für die Entwicklung. Lernprozessen wurde nur eine untergeordnete Bedeutung beigemessen. Nach dem neuen Paradigma sind es hauptsächlich Lernerfahrungen, die die Entwicklung beeinflussen. Was dann durch Lernen nicht erklärt werden kann, wird auf Reifung zurückgeführt. Deswegen spricht man auch nicht mehr von Schulreife, sondern von Schulfähigkeit.

Dabei unterscheiden sich die verschiedenen, dem neuen Paradigma zuordenbaren entwicklungspsychologischen Schulen allerdings darin, welchen Stellenwert sie dem Einfluss der Umwelt zumessen. Nach dem exogenistischen Ansatz wird das Kind als von der Umwelt weitgehend formbar angesehen. Im interaktionistischen Ansatz wird betont, dass die Umwelt nicht nur das Kind, sondern das Kind auch seine Umwelt beeinflusst; dem Kind wird also für seine Entwicklung eine aktive Rolle zugesprochen. Nach dem konstruktivistischen Ansatz, dem etwa Piagets bekannte Theorie der Denkentwicklung des Kindes zuzurechnen ist, versucht das Kind zunächst mit seinen bereits erworbenen Denkschemata die Umwelt zu erfassen (Assimilation). Erst wenn dies nicht mehr gelingt, kommt es zu einer Änderung der Denkstrukturen (Akkomodation). Dabei durchläuft das Kind in einer endogen festgelegten Reihenfolge verschiedene Denkniveaustufen. Die Umstrukturierung des eigenen Denkens muss aber vom Kind ausgehen. Sie kann von außen durch entsprechende Materialien zwar angeregt, nicht aber durch direkte Schulung forciert werden. Die Entwicklung des Kindes lässt sich demnach pädagogisch nur durch die Bereitstellung von Materialien und Begebenheiten, mit denen sich das Kind auseinandersetzt, beeinflussen (vgl. Oerter/Montada 1982).

Auch die Änderung der pädagogischen Sicht der Schule kann wohl gleichfalls als Paradigmenwechsel bezeichnet werden. Wurde bislang die Schule mit ihren Anforderungen als eine unveränderbare Größe angesehen, so setzt sich jetzt die schon in der Reformpädagogik angebahnte Auffassung durch, dass die Schule die Kinder dort abholen müsse, wo sie entwicklungsmäßig stehen. Nicht nur das Kind muss schulfähig, auch die Schule muss »kindfähig« werden, d.h. sich auf die Voraussetzungen des Kindes einstellen. Lehrerinnen und Lehrer müssen von der Vorstellung fester und für alle Kinder einheitlicher schulischer Erwartungen Abschied nehmen.

Freilich stößt die Schule hier auch an Grenzen. So etwa, wenn ein Kind noch nicht über die »soziale Schulreife« verfügt, also in einer Gruppe noch gar nicht ansprechbar

Gegenüberstellung der Konzepte Schulreife und Schulfähigkeit und die sich daraus ergebenen Konsequenzen

Traditionelles Konzept der Schulreife im Anschluss an Kern (1951)

Ansatz und Anliegen:

Durch Feststellung der »Schulreife« soll vermieden werden, dass nicht schulreife Kinder eingeschult werden und dann sitzen bleiben. Nicht schulreife Kinder sind zurückzustellen.

Theoretische Annahmen:

Entwicklung wird als Reifungsvorgang gesehen; Schulreife ist demnach das Ergebnis endogen gesteuerter Reifungsprozesse, bei denen in einer festgelegten Reihenfolge bestimmte Entwicklungsstufen durchlaufen werden. Kinder entwickeln sich und reifen wie die Äpfel am Baum. Jedes Kind erreicht einmal einen Entwicklungsstand, in dem es über jene Kompetenzen verfügt, die für ein erfolgreiches Durchlaufen der Schule Voraussetzung sind. Dieser Zeitpunkt kann durch Umweltfaktoren, gezielte Eingriffe und dergleichen kaum und nicht ohne Schaden für das Kind beeinflusst werden. Verfrühte (d.h. nicht reifegemäße) Anforderungen sind sinnlos und stören eine »gesunde Entwicklung«.
Die Entwicklung des Kindes schreitet in allen Dimensionen mehr oder weniger im Gleichschritt voran. Aus dem Reifestand einer Dimension lässt sich dann auf den einer anderen und die Gesamtreife schließen.
Die Schule mit ihrer Anforderungsstruktur wurde als gegeben angesehen. Die Schule ist eine feste Größe; die Frage ist, ob das Kind zur Schule passt.

Modellartige Darstellung:

(Aus: Rüdiger/Kormann/Peez 1976, S. 85)

Ziele und Aufgaben der Einschulungsdiagnostik:

Ausgangspunkt für die Beurteilung der Schulfähigkeit sind interindividuelle Unterschiede (globaler Punktwert); Unterscheidung von schulreifen und nicht schulreifen Kindern mittels möglichst objektiver, reliabler und valider Messinstrumente.

Zu ergreifende Maßnahmen, wenn »Störungen« auftreten:

Untersucht wird nur der Schüler. Wird er als »nicht schulreif« identifiziert, ist er zurückzustellen, gegebenenfalls in eine Sonderschule zu überweisen. Schulische Anforderungen und ökologische Bedingungen werden nicht eigens untersucht.

Bildungspolitische Konsequenzen:

Heraufsetzung des Durchschnittsalters bei Schulbeginn von 6;2 (1955) auf 6;8 (1964); dadurch wird die Gefahr reduziert, dass nicht schulreife Kinder eingeschult werden (»Sitzenbleiberelend«). Die Frage nach Unterrichtsorganisation, Klassengröße ist eher sekundär, da bei einem Versagen des Schulanfängers die Ursache vor allem beim Kind gesucht wird. Das Schulsystem wird als gegeben hingenommen.

Gegenwärtig diskutiertes Modell (Nickel 1990, ³1997)

Ansatz und Anliegen:

Defizite von Schulanfängern sollen durch geeignete Diagnoseverfahren festgestellt werden, nicht um Kinder zurückzustellen, sondern um gezielte Fördermaßnahmen einzuleiten.

Theoretische Annahmen:

Entwicklung wird als Wechselspiel von Aktivitäten des Kindes und Angeboten der Umwelt gesehen. Nickel spricht deshalb von einem »interaktionistischen« Ansatz.
Das Erreichen der für die Schule erforderlichen Lernvoraussetzungen ist (neben genetischen Voraussetzungen und einem gewissen physiologischen Reifestand) abhängig vom Anregungsmilieu der soziokulturellen Umwelt, in der das Kind lebt. Nickel spricht deshalb von einem »ökopsychologischen« Ansatz.
Es kann nicht ohne weiteres von einer Dimension des Entwicklungsstandes auf andere geschlossen werden. Deshalb geht es bei der Einschulungsdiagnostik nicht nur um die Feststellung interindividueller Unterschiede zwischen Schülern, sondern auch um ein intraindividuelles Entwicklungsstandprofil. Schule wird als Größe angesehen, die veränderbar ist und die sich dem Kind anzupassen hat. Das heißt, dass die schulische Anforderungsschwelle möglicherweise zu verändern ist und gerade bei Schulanfängern durch innere Differenzierung unterschiedliche Eingangsangebote zu konzipieren sind.

Modellartige Darstellung:

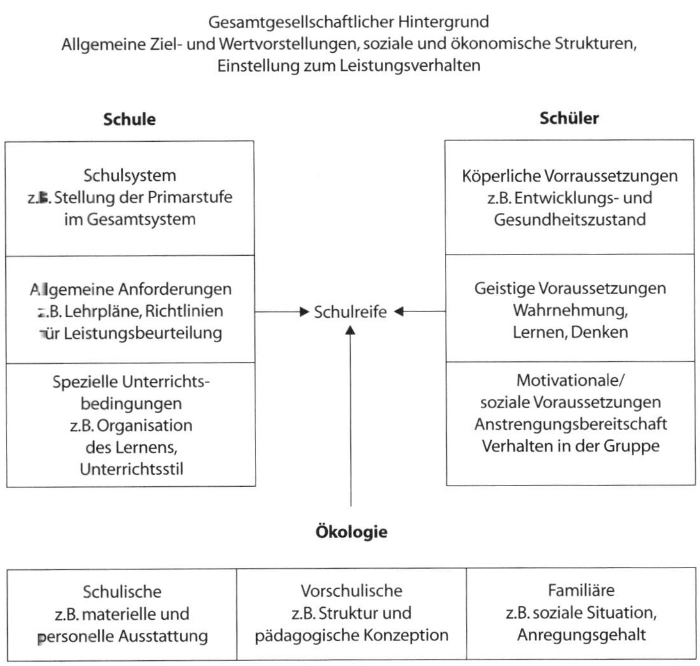

(Aus: Nickel 1990)

Ziele und Aufgaben der Einschulungsdiagnostik:
Der Ausprägungsgrad einzelner Kompetenzen soll erfasst werden; Erstellung eines intra-individuellen Entwicklungsprofils. Angebote zur Förderung einzelner Kompetenzen.
Zu ergreifende Maßnahmen, wenn »Störungen« auftreten:
Drei Faktoren sind zu untersuchen: der Schüler, die Schule, die familiären und vorschulischen Umweltbedingungen. Es ist zu fragen, ob in der Schule, in der Familie oder im Kindergarten die Kompetenzen am ehesten gefördert werden können.
Bildungspolitische Konsequenzen:
Entscheidend sind ein Verzicht auf gleiche Lernziele für alle Schüler, ein sehr differenzierter Unterricht, eine Raumgestaltung mit reichhaltigem Materialangebot, kleine Klassen sowie entsprechende Kompetenzen der Lehrkräfte. Lehrer, Eltern und Erzieherinnen müssen zusammenarbeiten, um entsprechende Fördermaßnahmen einleiten zu können.

und bildbar ist. Oder wenn die Entwicklungsunterschiede zwischen den Kindern so groß sind, dass trotz innerer Differenzierung eine entsprechende Förderung nur schwer möglich ist.

Trotzdem kann man sagen: Schulfähigkeit ist eine relative Größe. Sie steht im Schnittpunkt folgender drei Bestimmungsgrößen:

- Anlagen und Reifung
- Vorschulische Lernchancen und Lerngeschichte
- Organisationsstruktur und Anforderungen der Schule

Das Konstrukt »Schulfähigkeit« ist gewissermaßen in einem Fließgleichgewicht zwischen diesen drei Bestimmungsgrößen zu sehen (vgl. Rüdiger/Kormann/Peez 1976).

Diesen Sachverhalt hat vor allem Nickel (1981, 1990, ³1997) in mehreren Veröffentlichungen betont. Er bezeichnet seinen Ansatz als systemisch und ökologisch.

Im Folgenden wird dieses Konzept von Nickel in seinen entscheidenden Dimensionen dem alten Konzept von Kern gegenüber gestellt.

Moderne Verfahren zur Feststellung der Schulfähigkeit

Kieler Einschulungsverfahren (KEV)[1]

Das 1986 entwickelte Kieler Einschulungsverfahren und die 2000 erschienen Diagnostischen Einschätzskalen dürften zu den Verfahren gehören, die zurzeit am ehesten den heutigen Erkenntnissen über Schulfähigkeit und den pädagogischen Anforderungen für ein Verfahren zur Feststellung der Schulfähigkeit entsprechen: Über die kognitiven Dimensionen der traditionellen Schulreifetests (Gliederungsfähigkeit, Formerfassung, Hand-Auge-Koordination, feinmotorisches Geschick, Mengenauffassung) hinaus versuchen sie, wichtige Kompetenzen wie zum Beispiel Sprache, phonologische Bewusstheit, Gedächtnis, Leistungsmotivation, Ansprechbarkeit eines Kindes in der Gruppe, Kontaktfähigkeit oder Lateralität zu erfassen. Sie sind so konstruiert, dass sie an Stelle des Eindrucks einer Prüfung den Eindruck einer positiven Begegnung mit der Schule hinterlassen. Anhand der Ergebnisse lassen sich gezielte Fördermaßnahmen für einzelne Kinder im Rahmen des Anfangsunterrichts oder der Grundschulförderklasse einleiten.

Neu an dem Verfahren ist vor allem, dass es die pädagogische und psychologisch-prognostische Kompetenz der Lehrer mit einbezieht. So wird bei beiden Verfahren kein Punktwert errechnet, der dann auf Grund einer Normtabelle Aussagen über volle, bedingte oder mangelnde Schulfähigkeit eines Kindes macht. Sie liefern den Lehrerinnen und Lehrern vielmehr vielfältige Informationen, die diese dann unter Berücksichtigung der jeweiligen schulischen Bedingungen (z.B. Fördermöglichkeiten) und der familiären Situation zu einem eigenen Urteil über die Schulfähigkeit eines Kindes führen sollen. Auf diese Weise soll damit Ernst gemacht werden, dass die Schulfähigkeit eines Kindes von vielerlei Faktoren abhängt, nicht nur vom Entwicklungsstand eines Kindes, dass Schulfähigkeit vielmehr ein dynamisches Zusammenspiel von persönlichem Entwicklungsstand, schulischen Bedingungen und Fördermöglichkeiten in der Familie ist. Das Kieler Einschulungsverfahren hat weiterhin den Vorteil »gestuft« zu sein, d.h. dass für die meisten Kinder nur der erste Teil des Verfahrens, das Elterngespräch, zur Anwendung kommt. Nur in Zweifelsfällen wird auf einen oder zwei weitere Testteile zurückgegriffen.

Der Verzicht auf Standardisierung der Testbedingungen und auf die Auswertung nach Normtabellen wird allerdings erkauft mit geringerer Objektivität und damit auch geringer Reliabilität und Validität. Subjektive Einseitigkeiten in der Beurteilung seitens der Lehrerinnen und Lehrer können evtl. erheblich zu Buche schlagen. Deswegen sprechen die Autoren auch bewusst von einem Verfahren und nicht von einem Test.

1 Fröse, S./Mölders, R./Wallrodt, W.: Das Kieler Einschulungsverfahren (KEV). Weinheim und Basel 1986: Beltz.

Das *Kieler Einschulungsverfahren* umfasst drei Teile:

- Elterngespräch
- Unterrichtsspiel
  Hier arbeitet ein Lehrer bzw. eine Lehrerin mit einer Gruppe von Kindern (maximal 6) an verschiedenen Aufgaben, während eine zweite Lehrkraft als Beobachter fungiert.
- Einzeluntersuchung
  Diese wird nur für besondere Problemfälle empfohlen. Hierbei werden in neun Aufgaben nochmals die wichtigsten Kompetenzen (Sprachverhalten, Mengen erfassen und Mengen herstellen, Kenntnisse von Farben und Formen, Gedächtnis, Denkfähigkeit, detailbeobachtende Wahrnehmung, Fein- und Grobmotorik) überprüft. Der mögliche Einwand, den Schulanfänger könnten beide Tests, Unterrichtsspiel und Einzeluntersuchung zu sehr belasten, wird durch die ausgesprochen kindgemäße, nicht standardisierte Aufgabenstellung gemildert.

Das Urteil über die Schulfähigkeit eines Kindes soll nach den Autoren auf mindestens zwei der folgenden Informationsquellen fußen:

- Informationen der vorschulischen Einrichtung
- Elterngespräch
- Unterrichtsspiel
- Einzeluntersuchung

In der Regel genügen für ein tragfähiges Urteil die Informationen der vorschulischen Einrichtung[1] und das Elterngespräch.

Beispielhaft wird die erste Aufgabe des Unterrichtsspiels näher beschrieben.

Eine Lehrerin – nach Möglichkeit die zukünftige Erstklasslehrerin – führt das Spiel mit den Kindern durch, während eine zweite Lehrerin als Beobachterin den Protokollbogen für jedes Kind ausfüllt.

Die *unterrichtende* Lehrerin sitzt mit den Kindern im Kreis und überreicht jedem Kind ein kleines Kissen mit dem Satz: »Ich heiße Frau/Herr ..., und wie heißt du?« Das Kind soll seinen eigenen Namen sagen und das Kissen der Lehrerin zurückgeben.

1 Im Kieler Einschulungsverfahren finden sich keine näheren Angaben dazu, welche Punkte im Bericht der vorschulischen Einrichtung enthalten sein sollten und wie die Erzieherin zu einigermaßen sicheren Erkenntnissen kommen könnte. Möglicherweise könnte ein Fragebogen, wie er auf S. 99 vorgestellt wurde, eine wertvolle Hilfe sein. Hingewiesen sei auf den Beurteilungsbogen für Erzieherinnen zur Diagnose der Schulfähigkeit (BEDS) von Seibert/ Schwab/Ingenkamp (1990). Er dient der strukturierten Erfassung von Beobachtungen im Hinblick auf die Schulfähigkeit von Kindern. Die Beobachtungen sollen etwa ein halbes Jahr vor Schuleintritt vorgenommen werden, sodass genügend Zeit bleibt, um Fördermaßnahmen einzuleiten und Entscheidungen zu treffen.

Danach reichen die Kinder das Kissen an den Nachbarn weiter und sagen wieder ihren eigenen Namen. Bei der nächsten Aufgabe geben die Kinder das Kissen in entgegengesetzter Richtung an den Nachbarn weiter und sagen dessen Namen. Schließlich werden die Kinder aufgefordert, das Kissen einem anderen zuzuwerfen und dessen Namen zu nennen.

Die *beobachtende* Lehrerin notiert auf der Grundlage folgender Beobachtungskategorien sofort auf jedem Protokollbogen mit + oder – ihre Beobachtungen und Bewertungen.

Kontaktaufnahme zur Lehrerin	**Kontaktaufnahme zu Kindern**
+ Kind nimmt in der ersten Runde Kontakt zur Lehrerin auf, d.h. nimmt das Kissen an, sagt seinen eigenen Namen und gibt das Kissen an die Lehrerin zurück.	+ Steht mit im Kreis, hält Blickkontakt zu den anderen Kindern, gibt in einer weiteren Runde das Kissen an ein anderes Kind.
- Erfüllt eine oder mehrere der unter + genannten Bedingungen nicht.	- Erfüllt die unter + genannten Anforderungen nicht.

Analog werden die anderen Aufgaben erarbeiten.

Diagnostische Einschätzskalen (DES)[1]

Die *Diagnostischen Einschätzskalen* wurden auf der Grundlage neuropsychologischer Erkenntnisse entwickelt, wie sie z.B. von Jean Ayres (1984) vertreten werden. Demnach sind Sprache, Denken, Bewegung oder Gefühl ohne Tätigkeit des Gehirns nicht möglich. Schulanfänger werden voraussichtlich keinerlei schulische Schwierigkeiten bekommen, wenn zuvor eine gelungene Integration der verschiedenen sinnlichen Wahrnehmungen (taktil, kinästhetisch, vestibulär, visuell und auditiv) möglich war. Zur Einschätzung des kindlichen Entwicklungsstandes werden deshalb insgesamt 28 Aufgaben zu folgenden Bereichen angeboten: Lateralität (Händigkeit), Motorik (Grob- und Feinmotorik), taktil-kinästhetische, vestibuläre, visuelle und auditive Wahrnehmungsverarbeitung, visuelles und auditives Gedächtnis, Sprechen (Lautbildung) und Sprache (Sprachverständnis), Körperschema, Aufmerksamkeit, Konzentration, Ausdauer, emotionale Grundstimmung, Sozialverhalten.

Die Reihenfolge der Aufgaben für die einzelnen Entwicklungsbereiche ist nicht eindeutig festgelegt und auch die empfohlene Richtzeit von 1,5 bis 2 Stunden kann auf zwei »Sitzungen« verteilt werden.

1 Barth, K.H.: Die Diagnostischen Einschätzskalen (DES) zur Beurteilung des Entwicklungsstandes und der Schulfähigkeit. München [5]2005: Reinhardt Verlag.

Drei Beispiele seien kurz vorgestellt:

Der »Finger-Nase-Versuch« ist eine der insgesamt fünf Aufgaben zur kinästhetischen Wahrnehmung: Das Kind soll bei geschlossenen Augen mit dem Zeigefinger die Nase berühren (den Versuch drei Mal wiederholen). Kinder über fünf Jahre sollten jedes Mal mit ihrer Fingerspitze ihre Nasenspitze berühren.

Bei 12 Aufgaben zur Feststellung der »Optischen Differenzierungsfähigkeit« bekommt das Kind jedes Mal fünf Bilder gezeigt. Ein Bild unterscheidet sich durch ein Detail.

Das Kind soll die Kaffeekanne zeigen, die anders aussieht.

Das »Erkennen von Reimpaaren« ist eine Aufgabengruppe von insgesamt vier Gruppen zur Feststellung der phonologischen Bewusstheit: Die Lehrerin zeigt jedes Mal drei Bilder und sagt dazu die passenden Namen: Tisch, Fisch, Hut.

Das Kind soll zeigen und sagen, welche zwei Wörter ähnlich klingen.

Diagnostische Verfahren zur Erfassung der phonologischen Bewusstheit – einem zentralen Kriterium der Schulfähigkeit

Sowohl das Kieler Einschulungsverfahren als auch die Diagnostischen Einschätzskalen versuchen ein möglichst breites Bild über den Entwicklungsstand des Kindes zu erfassen. Demgegenüber stehen in letzter Zeit Verfahren im Mittelpunkt, die die phonologische Bewusstheit als wichtige Vorläuferfähigkeit für den Schriftspracherwerb in den Mittelpunkt stellen.

Hierbei kann man zwischen phonologischer Bewusstheit im weiteren Sinn (Erkennen von größeren Einheiten der gesprochenen Sprache wie z.B. Reime oder Silben) und phonologischer Bewusstheit im engeren Sinn (bewusster Umgang mit den kleinsten Einheiten der gesprochenen Sprache, z.B. einzelne Laute innerhalb eines Wortes zu isolieren).

Das Bielefelder Screening zur Früherkennung von Lese- und Rechtschreibschwierigkeiten (BISC) von Jansen u.a. (1998) oder das Marburger Sprach-Screening (MSS) für 4- bis 6-jährige Kinder von Holler-Zittlau u.a. (2003) ermöglichen diesbezüglich ein gutes Bild vom Lernstand der Kinder im Kindergarten, um ein späteres Versagen beim Schriftspracherwerb zu reduzieren. Als anschließend gut handhabbares Material für individuelles Üben bietet sich das Würzburger Trainingsprogramm »Hören – Lauschen – Lernen« von Küspert/Schneider ([3]2003) oder »Leichter Lesen und Schreiben mit der Hexe Susi« Forster/Martschinke (2001) an.

Das Kieler Einschulungsverfahren, die Diagnostischen Einschätzskalen, das Bielefelder Screening oder das Marburger Screening zur Früherkennung von Lese- und Rechtschreibschwierigkeiten sind formelle Verfahren. Man kann aber auch schon durch die informelle Beobachtung von Kindern im Rahmen einer Spielstunde (vgl. hierzu z.B. Portmann 1986 und S. 99 oder über Gespräche mit Eltern und Erzieherinnen halbstrukturierte Beobachtungen in quasi-natürlichen Situationen und Gespräche mit Eltern und Erzieherinnen (z.B. Burgener/Woeffray 1996) wichtige Informationen über Kompetenzen und Defizite einzelnen Kinder gewinnen.

Veränderte Schuleingangsphase – ein neues pädagogisches Konzept für eine kindgerechte Einschulung?

In fast sämtlichen Bundesländern werden seit etwa 15 Jahren Modellversuche zur Neugestaltung der Schuleingangsphase durchgeführt. Sie tragen vielfach den Namen »Flexibler« oder »Integrierter« Schulanfang und gehen teilweise auf die 1997 von der Kultusministerkonferenz beschlossenen »Empfehlungen zum Schulanfang« (vgl. S. 113) zurück.

Die geplanten Reformen verfolgen mehrere miteinander verbundene Ziele: Zurückstellungen sollen vermieden werden, die Überweisungen von Kindern mit fraglicher Schulfähigkeit in spezielle Fördereinrichtungen (Grundschulförderklasse, Sonderschulen) soll eingeschränkt oder gar nicht mehr notwendig werden, Kinder mit speziellem Förderungsbedarf sollen für Fördermaßnahmen kein Jahr verlieren und für alle Kinder soll der Schuleintritt nach vorn verlegt werden.

Fragen wir nach möglichen Gründen für diese Reform. Zunächst ist festzustellen, dass die seitherige Strategie der »selektiven« Einschulungspraxis, Kinder in schulfähig und nicht schulfähig zu trennen, problematisch geworden ist. Das Konstrukt Schulfähigkeit ist fragwürdig geworden (vgl. S. 125). Des Weiteren ist man hinsichtlich der Effizienz der Einrichtungen, in die die zurückgestellten Kinder aufgenommen werden (Schulkindergarten, Grundschulförderklassen), geteilter Ansicht, zumal die Überweisung von Kindern in Sonderschulen reduziert werden soll.

Es darf aber nicht übersehen werden, dass die Bestrebungen, alle Kinder einzuschulen und zwar lieber früher als später, auch in Zusammenhang mit ökonomischen und bildungspolitischen Überlegungen zu sehen sind (vgl. S. 116).

Von politischer Seite wird immer wieder darauf hingewiesen, dass in anderen europäischen Ländern die Schulzeit früher beginne und/oder der höchste Bildungsabschluss, das Abitur, früher erreichbar sei als in Deutschland.

So beginnt in England die Grundschule mit dem 5. Lebensjahr; die Grundschulzeit (Primary Education) dauert 6 Jahre, die anschließende »Secondary Education« bis zum Erreichen des Abiturs, des A-Levels, 7 Jahre. In Frankreich kommen die Kinder mit ca. 6 Jahren in die Schule, die Grundschulzeit dauert 5 Jahre, der Sekundarbereich kann in 7 Jahren durchlaufen werden. In den Niederlanden sind seit 1985 die Kindergärten ganz abgeschafft; die Primarschule beginnt mit 4 Jahren (Schulpflicht ist aber erst ab dem 5. Lebensjahr) und dauert 8 Jahre lang; dem folgt ein »Brückenjahr«, vergleichbar unserer Orientierungsstufe. Der auf das Studium einer Universität vorbereitende wissenschaftliche Unterricht dauert fünfeinhalb Jahre. In Spanien kann die Zugangsprüfung zu den Universitäten bereits nach 12 Schuljahren (6 Jahre Grundschule, 4 Jahre Sekundarstufe als integrierte Gesamtschule organisiert, 2 Jahre Abiturstufe) abgelegt werden, die Kinder kommen aber erst mit sechseinhalb Jahren zur Schule. In England, Frankreich, den Niederlanden und in Spanien ist so das Alter der Schüler, wenn sie das Abitur ohne Klassenwiederholung erreichen, um ein bzw. ein halbes Jahr niederer als in Deutschland. Die Absolventen können so früher mit dem Studium beginnen und dieses früher beenden, ein Altersvorteil, der den Bewerbern um höhere Stellen in einem zukünftigen europäischen Markt zugute kommt. Bei solchen Rechnungen darf aber nicht übersehen werden, dass z.B. in Frankreich, die Zahl der Klassenwiederholer wesentlich größer ist, sodass ein möglicher Altersvorteil zumindest für einen erheblichen Teil der Schüler durch Wiederholungen wieder verloren geht und staatliche Einsparungen wieder teilweise aufgezehrt werden.

Zudem können in einer Reihe europäischer Länder die Schüler nicht früher das Abitur erreichen als in Deutschland. In Italien kommen die Schüler etwa im gleichen Alter zur Schule wie bei uns und besuchen dann 5 Jahre die Scuola Elementare; auf sie folgt die dreijährige, gesamtschulähnlich organisierte Scuola Media, in der in den Kernfächern noch alle Schüler beisammen sind; ihr folgt eine 5-jährige gymnasiale Oberstufe. In Schweden kommen die Kinder erst mit siebeneinhalb Jahren in die Schule und durchlaufen dann eine neunjährige einheitliche Pflichtschule; der auf das Hochschulstudium vorbereitende Zweig der oberen Sekundarschule dauert drei, der auf ein höheres technisches Studium vorbereitende Zug vier Jahre. Die Zugangsberechtigung zu den Hochschulen wird hier also noch später erworben als bei uns. Der Vergleich mit anderen europäischen Ländern muss also sehr differenziert geführt werden.[1]

Doch wie soll die veränderte Schuleingangsphase nun aussehen? In fast sämtlichen Bundesländern werden hierzu unterschiedliche Modelle erprobt.[2] Am weitesten gehen Modelle, die eine neue Struktur der die ersten beiden Schuljahre umfassenden Eingangsphase vorsehen, wie etwa auch das im Folgenden dargestellte »A-Modell«.

1 Vgl. hierzu Anweiler, O./Boos-Nünning, U./Brinkmann, G. u.a.: Bildungssysteme in Europa, [4]1996.

2 Eine Übersicht über den gegenwärtigen Stand findet sich bei: Faust, G. 2006, S. 19–23

Modellartige Darstellung eines integrierten Schulanfangs:

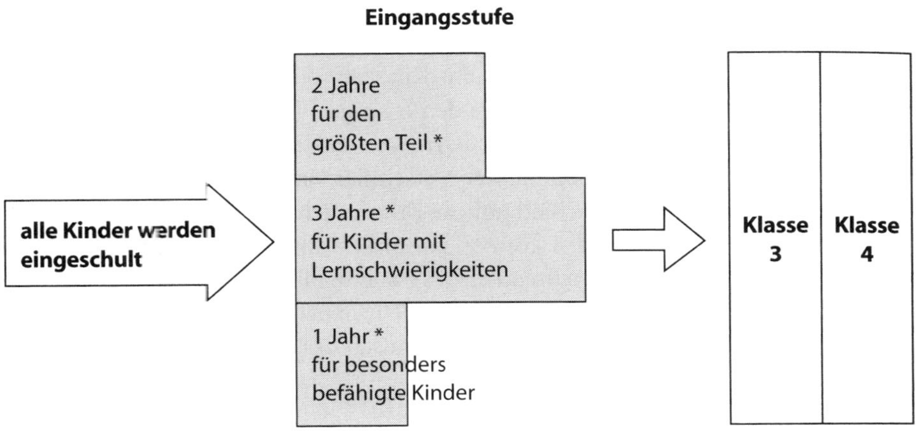

* Für Kinder, die zum zweiten Einschulungstermin im Februar in die Klasse eintreten, beträgt die durchschnittliche Verweildauer 1,5 Jahre oder 2,5 Jahre

Merkmale einer flexiblen bzw. integrierten Eingangsstufe:

- Alle schulpflichtigen Kinder und alle Kinder, die auf Elternwunsch vorzeitig eingeschult werden sollen, werden ohne Feststellung ihrer Schulfähigkeit aufgenommen.
- Die Schüler des 1. und 2. Schuljahrs werden zu einer Klasse zusammengefasst, in der jahrgangsübergreifend unterrichtet wird.
- Einzelne Bundesländer, z.B. Hessen und Baden-Württemberg, versuchen darüber hinaus, die Kinder an zwei Terminen (im September und Februar) einzuschulen.
- Die Mehrzahl der Kinder wird diese Eingangsstufe zwei Jahre lang besuchen. Kinder haben aber auch die Möglichkeit, je nach individueller Lernentwicklung, länger als zwei Jahre diese Eingangsstufe zu besuchen ohne dabei das Erlebnis des Scheiterns zu haben; desgleichen bietet sich für einzelne Kinder eine verkürzte Verweildauer an.
- Bei möglichen Problemkindern soll die Schuleingangsdiagnostik nicht eine Prognose über Erfolg oder Versagen, sondern Hinweise für eine gezielte, individuelle Förderung einzelner Kompetenzen liefern.
- Um vor allem diesen Problemkindern gerecht zu werden, muss es zu einer engen Kooperation mit Sozialpädagogen und den vorschulischen Einrichtungen kommen.
- Der Unterricht muss ein hohes Maß an Differenzierung aufweisen. Die bei der heterogenen Schülerschaft notwendige Individualisierung des Lernangebots setzt voraus, dass die Kinder aus einem vorbereiteten Angebot an Arbeitsmaterialien individuell auswählen können und eine Anleitung zu selbstständigem Lernen erhalten (siehe S. 219).

Worin könnten bei dieser Konzeption mögliche Vorteile liegen?
Zunächst einmal werden die fehleranfällige Zurückstellungsentscheidung am Schulanfang sowie eine eventuelle Wiederausschulung nach Schulbeginn vermieden. Lernen in einer jahrgangsgemischten Klasse ist auch mit einer Reihe pädagogischer Hoffnungen verbunden. Des Weiteren bleibt Kindern, die in einer altersheterogenen Eingangsstufe am Ende des zweiten Jahres den erhofften Lernstand nicht erreicht haben, das bittere Los des Sitzenbleibens erspart. Sie »wiederholen« zwar ein Jahr, aber die Lehrerin und zumindest die Hälfte der Mitschüler sind ihnen vertraut. Vor allem müssen diese Kinder (im Unterschied zum herkömmlichen Sitzenbleiben) nicht den ganzen Stoff wiederholen, sondern können zumindest im Rahmen von Freier Arbeit unmittelbar an ihrem bisher erreichten Leistungsstand anknüpfen.

Einerseits stimmen die Erfahrungen der Modellversuche zur flexiblen, integrativen Eingangsstufe (vgl. Burk u.a. 1998; Götz 2001; Faust/Rossbach 2004; Burk 2006; Faust 2006) zuversichtlich:

- Die Anteile der im Modellprojekt länger verweilenden Kinder verringerten sich gegenüber den Zurückstellungsraten, die unter herkömmlichen Bedingungen gemessen wurden.
- Die Anteile vorzeitig eingeschulter Kinder steigen, vor allem in Schulen mit zwei Einschulungsterminen pro Jahr.
- Auch hinsichtlich der Öffnung der Schule und des Unterrichts wurden positive Auswirkungen festgestellt (verstärkter Einsatz differenzierender Lehr-Lernformen, mehr Freiarbeit und projektorientierte Arbeiten, die das regionale Umfeld mit einbeziehen, »offene Klassentüren«).
- Ein weiterer Erfolg liegt in der Verbesserung der Kommunikation und Kooperation; offensichtlich förderte die veränderte Klassensituation und insbesondere die Jahrgangsmischung das Teambewusstsein in den Kollegien.

Neben diesen positiven Veränderungen wurden andererseits aber auch Schwachstellen eruiert, die insbesondere die Jahrgangsmischung betreffen:

- Das Potenzial des jahrgangsübergreifenden Lernens wird offenbar nicht ausgeschöpft. Teilweise werden die altersgemischten Lerngruppen in jahrgangsbezogene Kurse aufgeteilt, oder es wird so unterrichtet, als ob die jahrgangsgemischte Lerngruppe in stabile Niveaugruppen zerfiele (gläserne Wände im Klassenraum).
- Auch der Mangel an geeigneten Unterrichtswerken bzw. -materialien zur Gestaltung jahrgangsübergreifender Lehr-Lernprozesse wird bedauert.

Entscheidend für eine flächendeckende Ausweitung der Versuche nach diesem Modell dürfte aber die Frage sein, ob es neben den administrativen Vorgaben (überschaubare Klassengröße, Unterstützung durch Sozial- und Sonderpädagogen) gelingt, die Lehrerinnen für eine »neue« Form schulischen Lernens zu erwärmen: im Unterricht einer jahrgangsheterogenen Klasse arbeiten Kinder weitgehend nach eigenen Lerninteressen. Sie gestalten und kontrollieren ihre Lernprozesse häufig selbst, indem sie aus einem differenzierten Angebot (u.U. mit Hilfe der Lehrerin) eine Auswahl treffen. Diese veränderte Auffassung von Unterricht und der Schüler- bzw. Lehrerinnenrolle lässt sich aber nicht »von oben« verordnen. Lehrerinnen, die an den seitherigen Schulversuchen teilgenommen haben, waren freiwillig hierzu bereit. Aber wie würden Lehrerinnen unterrichten, die hierzu nicht offen sind? Aus diesem Grund empfiehlt der Grundschulverband (Burk 2006, S. 5) zunächst keine flächendeckende Einführung, sondern längerfristige Schulversuche mit entsprechender personeller und sächlicher Ausstattung sowie längerfristigen Fort- und Weiterbildung.

Eine weitere Schwerpunktsetzung der bundesweiten Modelle zur Neuen Schuleingangsphase besteht darin, die bisher schon übliche Grundschulförderklasse zeitlich mit der ersten Klasse parallel zu führen oder sie bereits in der Kindergartenzeit vor dem Schuleintrittstermin beginnen zu lassen.

Grundschulförderklassen neuen Zuschnitts:

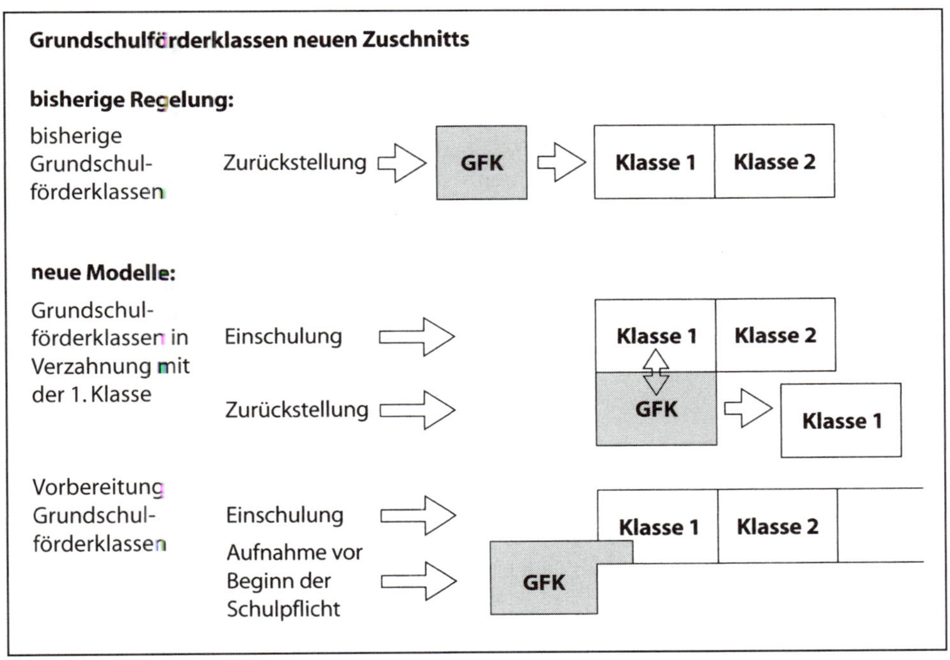

So erhalten z.B. in Baden-Württemberg die Grundschulförderklassen, d.h. Klassen, in denen seit 1990 zurückgestellte Kinder zusammengefasst werden, einen neuen Zuschnitt. Er besteht darin, dass die Aufnahme der betreffenden Kinder in die Grundschulförderklasse nicht mehr unbedingt mit einem Jahr Zeitverlust erkauft wird. Zum einen können Kinder bereits ein halbes Jahr vor Beginn der Schulpflicht in die Grundschulförderklasse kommen und dort ein halbes oder ganzes Jahr gefördert werden, um dann zum normalen Einschulungstermin oder bei einjährigem Besuch zu Beginn des zweiten Halbjahrs in die erste Klasse überwechseln. Zum anderen sollen Grundschulförderklassen und erste Klasse zeitlich parallel und evtl. teilintegriert geführt werden. Zumindest soll es zu einer engen Kooperation kommen, etwa durch gemeinsames Erstellen von Förderplänen oder durch Hinzuziehung von pädagogischen Fachkräften. Ziel ist, dass möglichst viele Kinder vor Ende der Grundschulförderklasse voll in die reguläre erste Klasse überwechseln können.

Eine neue Aktion des Landes Baden-Württemberg aus dem Jahr 2006, die den unglücklich gewählten Namen »Schulreifes Kind« trägt, sieht vor, in Zusammenarbeit mit Kindergärten folgendes Modell zu erproben: Die Kinder sollen 1½ Jahre vor Schulbeginn vom Öffentlichen Gesundheitsdienst auf Förderungsbedarf hin untersucht werden. Wird ein solcher festgestellt, sollen die betreffenden Kinder in Präventivklassen, die an der Grundschule angesiedelt sind, oder in Gruppen in einem Kindergarten in Kooperation von einer Erzieherin und Lehrerin gezielt gefördert werden.

Hier stellt sich allerdings die grundsätzliche Frage, ob die hier favorisierte getrennte Förderung von lernschwachen Kindern für diese eine Hilfe sein wird. Bekanntlich profitieren lernschwächere Schüler in erheblichem Ausmaß von schnelleren und begabteren Kindern, wenn sie gemeinsam unterrichtet werden. Dieser Motivations- und Lernerleichterungseffekt wird verschenkt, wenn die lernschwächeren Schüler von den anderen getrennt unterrichtet werden (vgl. S. 160 ff.).

Insofern werden auch hier die Rahmenbedingungen und die bildungspolitischen Vorgaben verantwortlich dafür sein, ob die integrative Förderung von Kindern mit spezifischem Förderbedarf realisiert und in erfolgreiche Bahnen gelenkt werden kann. Ob es sich bei den aktuellen Bemühungen um einen kindorientierten Schuleinstieg um »alten Wein in neuen Schläuchen« oder um eine zukunftsfähige Bildungsoffensive handelt, darüber wird man erst in einigen Jahren befinden können.

Literaturverzeichnis

Barth, K.H. ([4]2003): Lernschwächen früh erkennen im Vorschul- und Grundschulalter. München und Basel: Ernst Reinhardt Verlag.

Barth, K.H. ([4]2005): Die Diagnostischen Einschätzskalen (DES) zur Beurteilung des Entwicklungsstands und der Schulfähigkeit. München/Basel: Ernst Reinhardt Verlag.

Breuer, H./Weuffen, M. (2004): Lernschwierigkeiten am Schulanfang. Schuleingangsdiagnostik zur Früherkennung und Frühförderung. Weinheim und Basel: Beltz.

Brügelmann, H. (2005): Schule verstehen und gestalten. Konstanz: Libelle.

Bühler, Ch. (1928): Kindheit und Jugend. Leipzig: Hirzel.

Burgener-Woeffray, A. (1996): Grundlagen der Schuleintrittsdiagnostik. Kritik traditioneller Verfahren und Entwurf eines umfassenden Konzepts. Bern/Stuttgart/Wien: Haupt.

Burk, K.H. u.a. (1998): Die neue Schuleingangsstufe. Lernen und Lehren in entwicklungsheterogenen Gruppen. Weinheim und Basel: Beltz.

Burk, K.H. (2006): Was wird aus der neuen Schuleingangsstufe? In: Grundschule aktuell. Zeitschrift des Grundschulverbands, Heft 93, S. 3–5.

Busemann, A. (1925): Die Sprache der Jugend als Ausdruck der Entwicklungsrhythmik. Jena: Fischer.

Busemann, A. (1953): Krisenjahre im Ablauf der menschlichen Jugend. Ratingen: Henn.

Faust, G./Rossbach, H.G.: Der Übergang vom Kindergarten in die Grundschule. In: Denner, L./Schumacher, E. (Hrsg.) (2004): Übergänge im Elementar- und Primarbereich reflektieren und gestalten. Beiträge zu einer grundlegenden Bildung. Bad Heilbrunn: Klinkhardt-Verlag, S. 91–105.

Faust-Siehl, G. (1995): Schulfähigkeit, Zurückstellung, Integrativer Schulanfang. In: Die Grundschulzeitschrift, Heft 6, S. 26–31.

Faust-Siehl, G. u.a. (1996): Die Zukunft beginnt in der Grundschule. Empfehlungen zur Neugestaltung der Primarstufe. Reinbek bei Hamburg: rororo Taschenbuch.

Faust-Siehl, G. (1997): Schulanfang in der »Veränderten Grundschule«. In: Die Grundschulzeitschrift, H. 104, S. 10–14.

Faust-Siehl, G./Speck-Hamdan, A. (Hrsg.) (2001): Schulanfang ohne Umwege. Mehr Flexibilität im Bildungswesen. Frankfurt a.M.: Grundschulverband – Arbeitskreis Grundschule.

Faust, G. (2006): Konzept und Stand der neuen Schuleingangsstufe in den Bundesländern. In: Grundschule aktuell. Zeitschrift des Grundschulverbands, Heft 93, S. 19–23.

Forster, M./Martschinke, S.(2001): Leichter lesen und schreiben lernen mit der Hexe Susi. Übungen und Spiele zur Förderung der phonologischen Bewusstheit. Donauwörth: Auer.

Fröse, S./Mölders, R./Wallrodt, W. (1986): Das Kieler Einschulungsverfahren (KEV). Weinheim und Basel: Beltz.

Götz, M.: Die neue Schuleingangsstufe in Deutschland: Alter Wein in neuen Schläuchen? In: Faust, G. u.a. (2004): Anschlussfähige Bildungsprozesse im Elementar- und Primarbereich. Bad Heilbrunn: Klinkhardt, S. 254–272.

Hacker, H. (2003): Fällige Korrekturen. Von der Notwendigkeit zur Neugestaltung der Schuleingangsstufe. In: Grundschule Heft 6, S. 8–10.

Heimann, M. (2003): Von der Schulfähigkeitsdiagnostik zur Lernstandsdiagnostik. In: Grundschule Heft 6, S. 11–13.

Helferich, H. (^{2}1955): Überblick über die historische Entwicklung der Schulreife-Untersuchungen. In: Hillebrand, M.J. (Hrsg.): Zum Problem der Schulreife. München und Basel: Reinhardt, S. 21–26.

Holler-Zittlau, u.a. (2003): Das Marburger Sprach-Screening für 4- bis 6-jährige Kinder (MSS). Horneburg: Persen.

Jansen, H./Mannhaupt, G./Marx, H./Skrowoneh, H. (1999): Bielefelder Screening zur Früherkennung von Lese-Rechtschreibschwierigkeiten (BISC). Göttingen: Hogrefe.

Kammermeyer, G. (2000): Schulfähigkeit. Kriterien und diagnostische/prognostische Kompetenz von Lehrerinnen, Lehrern und Erzieherinnen. Bad Heilbrunn: Klinkhardt.

Kern, A. (1969): Der Paralleltest zum Grundleistungstest. Koblenz: Krieger Verlag.

Kern, A. (1951): Sitzenbleiberelend und Schulreife. Ein psychologisch-pädagogischer Beitrag zu einer inneren Reform der Grundschule. Freiburg: Herder.

Knitsch, A. (2004): Förderung der Schulfähigkeit. Arbeit mit entwicklungsverzögerten Kindern. Weinheim und Basel: Beltz.

Kormann, A. (1987): Einschulung, Schulfähigkeit. In: Kormann, A. (Hrsg.): Beurteilen und Fördern in der Erziehung. Salzburg: Müller, S. 77–97.

Kornmann, R. (1977): Testbatterie für entwicklungsrückständige Schulanfänger. Weinheim und Basel: Beltz.

Kornmann, R. (1977): Testbatterie für entwicklungsrückständige Schulkanfänger (TES). Weinheim und Basel: Beltz.

Krapp, A./Mandl, H. (1977): Einschulungsdiagnostik. Eine Einführung in Probleme und Methoden der pädagogisch-psychologischen Diagnostik. Weinheim und Basel: Beltz.

Krapp, A./Mandl, H. (1971): Schulreifetests und Schulerfolg. München: Oldenbourg.

Krenz, A. (2003): Ist mein Kind schulfähig? Ein Orientierungsbuch. München: Kösel.

Kroh, 0. (1926): Die Phasen der Jugendentwicklung. In: Württembergische Schulwarte.

Kroh, 0. (1929): Entwicklungspsychologie des Grundschulkindes. Langensalza: Beyer.

Küspert, P./Schneider, W. (³2003): Hören, lauschen, lernen. Sprachspiele für Kinder im Vorschulalter. Göttingen: Vandenhoeck und Ruprecht.

Lambrich, H.J. unter Mitarbeit von Steuer, A. (1997): Den Schulanfang neu gestalten. Die kindgerechte, flexible Schuleingangsphase (Flex) in Brandenburg. In: Die Grundschulzeitschrift, Heft 104, S. 51–53.

Meinert, R./Komm, K. (1958): Der Schritt ins Leben. Bielefeld: Deutscher Heimatverlag

Magelsdorf, M./Schöler, U. (1997): Integration der sozialpädagogischen Arbeit am Schulanfang. In: Die Grundschulzeitschrift, H. 104, S. 54–57.

Mandl, H./Krapp, A. (Hrsg.) (1978): Schuleingangsdiagnose. Göttingen/Toronto/Zürich: Hogrefe.

Mandl, H. (1970): Kompendium deutschsprachiger Schulreifetests. München: Oldenbourg.

Mandl, H. (1978): Zehn Kritikpunkte zur traditionellen Schuleingangsdiagnose. In: Mandl, H./ Krapp, A. (Hrsg.): Schuleingangsdiagnose. Göttingen/Toronto/Zürich: Hogrefe, S. 29–42.

Meis, R. (1968): Deutsche Schulreifetests. Vergleiche und neue Forschungsergebnisse. In: Ingenkamp, K.H./Marsolek, Th. (Hrsg.): Möglichkeit und Grenzen der Testanwendung in der Schule. Weinheim und Basel: Beltz, S. 509–524.

Ministerium für Kultur und Sport Baden-Württemberg (Hrsg.) (1990): Grundschule. Handreichungen für die Feststellung der Grundschulfähigkeit. Stuttgart: Ministerium für Kultur, Jugend und Sport.

Ministerium für Kultus, Jugend und Sport Baden-Württemberg (Hrsg.) (1996): Schulanfang auf neuen Wegen. Dokumentation. Stuttgart: Ministerium für Kultur, Jugend und Sport.

Ministerium für Kultus, Jugend und Sport Baden-Württemberg (Hrsg.) (2006): Orientierungsplan für die Bildung und Erziehung für die baden-württembergischen Kindergärten. Pilotphase. Weinheim und Basel: Beltz.

Nickel, H. (1990): Das Problem der Einschulung aus ökologisch-systematischer Perspektive. In: Psychologie in Erziehung und Unterricht, Heft 3, S. 207–227.

Nickel, H. (³1997): Die Einschulung als pädagogisch-psychologische Herausforderung. »Schulreife« aus ökologisch-systemischer Sicht. Kritisches Ereignis oder erfolgreicher Übergang? In: Haarmann, D. (Hrsg.): Handbuch Grundschule. Band 1. Weinheim und Basel: Beltz, S. 88–101.

Nickel, H. (1981): Schulreife und Schulversagen. Ein ökopsychologischer Erklärungsansatz und seine praktischen Konsequenzen. In: Psychologie in Erziehung und Unterricht, Heft 1, S. 19–37.

Oerter, R./Montada, L. (1982): Entwicklungspsychologie. Ein Lehrbuch. München, Wien, Baltimore: Urban und Schwarzenberg.

Portmann, R. (Hrsg.) (1988): Kinder kommen zur Schule. Hilfen und Hinweise für eine kindorientierte Einschulungspraxis. Frankfurt a.M.: Arbeitskreis Grundschule.

Rüdiger, D./Kormann, A./Peez, H. (1976): Schuleintritt und Schulfähigkeit. München: Ernst Reinhardt.

Seibert, B./Schwab, F./Ingenkamp, K. (1990): Beurteilungsbogen für Erzieherinnen zur Diagnose der Schulfähigkeit (BEDS). Weinheim und Basel: Beltz.

Staatsinstitut für Schulpädagogik und Bildungsforschung München (Hrsg.) (1989): Empfehlungen zur Aufnahme des Kindes in die Grundschule. München: Staatsinstitut für Frühpädagogik.

Tumlirz, 0. (1924): Einführung in die Jugendkunde. Leipzig: Klinkhardt.

Zeller, W. (1936): Der erste Gestaltwandel des Kindes. Leipzig: J. A. Barth.

Eine Zusammenfassung der bekanntesten »Schulreifetests« finden Sie auf S. 120 f.

Der erste Schultag

Grundschulen legen den ersten Schultag gerne auf einen Samstag, um möglichst vielen Familienangehörigen eine Teilnahme zu ermöglichen. Allein diese Tatsache unterstreicht die Bedeutung dieses Tages im Leben eines Schulanfängers.

Im Einzelnen lassen sich hierbei drei Teile unterscheiden:

1. der gemeinsame Gottesdienst,
2. die offizielle Schuleintrittsfeier in der Aula oder einem größeren Klassenraum,
3. die erste Schulstunde der neu gebildeten Klasse in ihrem eigenen Klassenzimmer.

Das ist für Sechsjährige ein großes Programm, vor allem, wenn man die Aufregung, die häusliche Vorbereitung, die üblichen Photos, die Schultüte und das andere »Drum und Dran« mitberücksichtigt. Deshalb liegt es nahe, zu versuchen, die drei Programmpunkte zu entzerren: den Gottesdienst am Tag zuvor oder am Vorabend zu feiern; vielleicht auch die offizielle Schuleintrittsfeier von der ersten Schulstunde zu trennen. Dabei spielen freilich die örtlichen Gegebenheiten eine entscheidende Rolle.

Die Schuleintrittsfeier

Die offizielle Schuleintrittsfeier hat meist mehr oder weniger Ritualcharakter und soll es haben. Die Erstklässler und ihre Eltern werden mit einem Lied begrüßt, der Rektor spricht ein paar Worte zu Eltern und Kindern, Schülerinnen und Schüler einer höheren Klasse führen ein kleines Spiel auf. Dann ziehen die Kinder mit ihren neuen Lehrerinnen und Lehrern in das Klassenzimmer.

Rituale sind hilfreiche Begleiter des Menschen an wesentlichen Wendepunkten seines Lebens. Taufe, Schuleintritt, Schulentlassung, Konfirmation, Anfang und Beendigung von Ausbildungsverhältnissen, Berufseintritt, Heirat, Pensionierung. Von der Geburt bis hin zum Tod ist unser Leben begleitet von Ritualen. Man kann diese Rituale als Lebenslaufrituale bezeichnen.

Neben den Lebenslaufritualen gibt es zyklische, in bestimmten Abständen wiederkehrende Rituale. Dazu wären das jährlich wiederkehrende Weihnachtsfest, nationale Gedenktage, Sonntage, die Olympiade oder im privaten Bereich Geburtstage zu rechnen. Lebenslaufrituale tragen an die Betroffenen eine neue, gegenüber dem früheren Lebensabschnitt veränderte Wirklichkeit heran. Sie drängen dazu, diese neue Wirklichkeit zu übernehmen, legen die Betroffenen auf diese fest, helfen aber auch, diese neue Wirklichkeit zu akzeptieren.

Zyklische Rituale »hämmern« in ihrer regelmäßigen Wiederkehr denen, die an ihnen teilnehmen, der Gesellschaft oder gesellschaftlichen Gruppen wichtige Sachverhalte ein. Das Weihnachtsfest verweist auf den Glauben an die Geburt Christi und in seiner Ausprägung seit dem 19. Jahrhundert auf familiäre Verbundenheit: Weihnachten, das Fest der Familie. Beim privaten Geburtstag versichern die Gratulanten, dass sie das Geburtstagskind schätzen. Wie wichtig eine solche Versicherung ist, merkt man erst dann, wenn niemand an den Geburtstag dachte. Nationale Gedenktage erinnern an ein bestimmtes, national wichtiges Ereignis und wollen das Bewusstsein der nationalen Zugehörigkeit stärken. Die Olympiade beschwört Völkerverbindung, aber – ganz im Sinne des Zeitgeistes des ausgehenden 19. Jhdts., in dem die olympischen Spiele wieder eingeführt wurden – auch nationale Zugehörigkeit und Nationalstolz. Die Olympiade ist zugleich Feier von Leistung. Prämiert wird der Sieg, die Spitzenleistung. An der Siegerehrung nehmen dabei nicht nur die Sieger, sondern auch die Verlierer und ein nach Millionen zählendes Publikum teil und zollen so der Höchstleistung ihren Tribut – eine, einem Gottesdienst vergleichbare Zeremonie zum Lobpreis der Leistung. Insofern ist die Olympiade auch ein typisches Ritual unserer Leistungsgesellschaft.

Soweit wir die Kulturgeschichte zurückverfolgen können, immer wieder stoßen wir auf Rituale. Sie sind für die individuelle Entwicklung des Einzelnen wie für die gesamte Gesellschaft von großer Bedeutung. Sie sind eine Hilfe, mit dem Neuen, dem Unausweichlichen, dem Unbegreiflichen, der neuen Situation, den neuen Verpflichtungen umzugehen. Sie stiften das Gefühl der Gemeinsamkeit und Zugehörigkeit zu größeren gesellschaftlichen Gruppierungen.

Durch Rituale können Menschen in besonders nachhaltiger Weise sozialisiert werden. Man denke an Initiationsriten, an Gelöbnisse, Jugendweihen, aber auch an das vergleichsweise harmlose Schuleintrittsritual. Hier liegt auch das Bedenkliche an Ritualen. Sozialisation durch Rituale vollzieht sich nicht primär über den »Kopf«, über kritische Reflexion und Auseinandersetzung. Rituale üben vielmehr einen »Sog« aus. Man kann sich ihnen und ihrer sozialisierenden Macht nur schwer entziehen. Insofern können Rituale auch bedenklich sein. Sie können auf eine Ideologie festlegen, auf einen Führer einschwören, zum Kampf bereit machen. Das alles ist uns aus unserer geschichtlichen Vergangenheit und von autoritären Staaten sehr wohl bekannt. Insofern ist im Umgang mit Ritualen Vorsicht geboten.

Rituale haben gemeinsame Elemente:

1. Festlegung auf eine bestimmte soziale Identität.
   Rituale stellen den Teilnehmern eine bestimmte soziale Wirklichkeit vor und drängen sie, die mit ihr verbundenen sozialen Erwartungen zu erfüllen. Sie sinnen den Betroffenen eine bestimmte soziale Identität an oder legen sie darauf fest.
2. Sogcharakter.
   Diese soziale Wirklichkeit wird nicht intellektuell expliziert oder diskutiert. Sie wird vielmehr szenisch inszeniert. Durch den szenischen Mitvollzug wird man in

diese neue Wirklichkeit unter Umgehung von kritischer Auseinandersetzung gleichsam hineingesogen. Rituale haben »Sogcharakter«. Rituale vermitteln den Charakter der Unausweichlichkeit des Geschehens; es gibt kein Zurück mehr.

3. Anwesenheit von anderen.
   Bei Ritualen ist nahezu immer ein Publikum anwesend. Diese anderen bestätigen durch ihre Anwesenheit die im Ritual an die Betroffenen herangetragenen sozialen Erwartungen. Sie üben Druck aus, die soziale Identität zu übernehmen. Über Rituale wird man in Pflicht genommen.
4. Trostfunktion.
   Viele Rituale haben eine Trostfunktion. Die neue soziale Wirklichkeit wird »verklärt«, es wird den Betroffenen Hilfe zugesagt, besonders deutlich etwa beim Begräbnis.
5. Symbolische Überhöhung des Geschehens.
   In Ritualen wird die soziale Wirklichkeit symbolisch überhöht. Es wird darauf hingewiesen, dass »hinter« der Situation etwas größeres steht, etwas, das über sie hinausweist: »So ist der Lauf des Lebens«, »So will es Gott«, »So ist der Gang der Natur«, oder es wird etwa bei nationalen Gedenktagen betont, es handle sich um ein besonderes, geradezu »historisches« Ereignis. Lebenslaufrituale zeigen, wie das ganze Leben und seine einzelnen Etappen in größere Zusammenhänge eingebettet sind, in religiöse Bezüge, die das Leben deuten, in Verpflichtungen gegenüber der Gesellschaft, in den unabänderlichen Lauf des Lebens, also in Horizonte, die über das einzelne Ereignis hinausweisen.
6. Konservative Tendenz.
   Rituale bleiben oft auch dann noch lange erhalten, wenn sich die soziale Wirklichkeit, auf die sie einmal bezogen waren, schon längst verändert hat. Viele Rituale wirken irgendwie antiquiert, und es dauert lang, bis sich ein Ritual ändert.

Welche Botschaften gehen nun vom Schuleintrittsritual aus?

1. Schülern und Eltern wird die neue soziale Identität des Schulanfängers vorgestellt. Jetzt ist das Kind Schüler. Auf diese verweist schon die Tatsache, dass die Aufnahmefeier in der Schule oder in engem Zusammenhang mit ihr stattfindet. Die Schüler tragen den Schulranzen. Der Rektor, Lehrerinnen, Lehrer und andere Schüler sind anwesend. Oft spielen die älteren Schüler ein Theaterstück vor und dokumentieren dadurch, was sie schon können, was sie also in der Schule gelernt haben. Die Teilnahme und Mitwirkung älterer Schüler an der Feier illustriert die neue Identität. Diese sind bereits Schüler, haben sich bereits den schulischen Regeln unterworfen. Seht – so vermittelt das Ritual – was aus ihnen geworden ist und was sie schon alles können! Wollt ihr Schulanfänger nicht auch so werden? Wollt ihr Eltern nicht auch so große Kinder haben? Und seht, wie sie sich wohl fühlen! Also: beugt euch den neuen Erwartungen und übernehmt die neue soziale Identität! Die Teilnahme an der Schulaufnahmefeier von Seiten der älteren Schüler wirkt aber nicht nur auf die Neuankömmlinge und ihre Eltern, sondern auch

auf die älteren Schüler selbst zurück. Durch ihr Mitwirken, durch das »Vorspielen« der Schüleridentität wird diese noch stärker in ihnen psychisch verankert. Auch der Inhalt des Theaterstücks hat nicht selten etwas mit Schule zu tun, indem etwa, als Tiergeschichte verfremdet, das Tierkind von der Wichtigkeit der Schule überzeugt oder zu mehr Fleiß bekehrt wird.

2. In der Schulaufnahmefeier wird der Übergang von der Familie in die Schule szenisch dargestellt und vollzogen. Die Kinder werden von ihren Eltern gebracht und sind auch oft noch eine Zeit lang mit ihnen zusammen. Zu irgend einem Zeitpunkt aber werden sie von ihnen räumlich getrennt. Sie sitzen getrennt von den Eltern oder gehen in ihr Klassenzimmer, während die Eltern zurückbleiben. Schule entzieht die Kinder ein Stück weit der Verfügungsmacht der Eltern. Das ist für Eltern schmerzlich, wohl auch für manche Schüler.
3. Die Bedeutung dieser neuen sozialen Erwartungen wird dadurch unterstrichen, dass im Ritual ein Konsens zwischen Schule und Eltern dargestellt wird. Lehrer und Eltern, Verwandte und Freunde sind damit einverstanden, dass das Kind jetzt in die Schule geht. Das verstärkt den sozialen Druck; es gibt kein Entweichen.
4. Der möglicherweise entstehende Trennungsschmerz wird gemildert. Den Schülern wird versichert, dass es in der Schule schön sei und dass manche schlimmen Vorstellungen, die über die Schule umgehen, nicht stimmen. Die Schultüte, ursprünglich gefüllt mit Süßigkeiten, im 19. Jahrhundert aus der »Storchentüte« entstanden, soll zumindest den Anfang versüßen und, wie bei der Geburt eines neuen Geschwisterchens, über die ersten Probleme hinweghelfen. Den Eltern wird versichert, dass die Schule sich um die Kinder bemühen werde. Zugleich wird die Zusammenarbeit von Schule und Elternhaus beschworen. Das ändert freilich nichts daran, dass, wie es im Schuleintrittsritual ebenfalls zum Ausdruck kommt, die Kinder jetzt Mitglied einer Institution sind, auf die die Eltern keinen (oder wenig) Einfluss haben. Das Kind muss diese Situation mehr oder weniger allein bestehen, und die Eltern müssen sich mit der »Hergabe« des Kindes abfinden.
5. »Schüler werden« und Schulaufnahmefeier sind allerdings nichts Privates, Örtliches, Beliebiges. Dahinter steckt ein höheres, universelles »Muss«. Dieses höhere Muss, das über die konkrete Situation hinausweist, präsentiert sich hier nicht rechtlich als staatliche Schulpflicht, sondern als unbestreitbare Notwendigkeit des Lebens: die Kinder werden größer, sie bewegen sich auf das Erwachsenenleben zu, der Ernst des Lebens beginnt. Allen ist es so gegangen, und niemand kann dem ausweichen.
6. Die Schule präsentiert sich in der Schulaufnahmefeier als soziales Gebilde, in dem es Solidarität und soziale Differenz gibt. Rektor, Lehrer, Hausmeister, ältere Schüler ... alle arbeiten zusammen. Aber zugleich wird die soziale Hierarchie präsentiert: Rektor – Lehrer – abgesetzt davon Schüler, zunächst die älteren, endlich die neuen (vgl. Wellendorf 1974).

> Das Eingangsritual »Schulaufnahmefeier« deutet für Schüler und Eltern die neue soziale Situation: Schüler sein.
> An Schüler wie Eltern werden die der neuen Situation entsprechenden sozialen Erwartungen herangetragen und zwar in der spezifischen Form eines Rituals. Die neue Situation wird nicht primär verbal vorgestellt und zur Diskussion gestellt, sie wird vielmehr szenisch vollzogen. Die Teilnehmer am Ritual werden dabei gleichsam in den Mitvollzug des Rituals »hineingesogen«. Sie können gar nicht anders als mitzumachen. Insofern hat das Ritual möglicherweise eine stärkere Macht als ein Befehl.
> Mit anderen Worten heißt dies: den Teilnehmern am Ritual wird eine bestimmte soziale Identität aufgedrängt, die den Erwartungen der Institution Schule und darüber hinaus der Gesellschaft entspricht. Die neue Identität heißt: Schüler sein.

Wahrscheinlich ist das Schuleintrittsritual für die Eltern wichtiger als für die Kinder. Ihnen wäre vielleicht ein Kinderfest lieber als Schülerchorgesang und Ansprache des Rektors. Viele Schulen bemühen sich denn auch mit Erfolg darum, die Schuleintrittsfeier kurz zu halten und die relative Starrheit des Rituals durch viele kindertümliche Elemente wie Kaspertheater, Märchenspiel unter Einbezug der Schulanfänger usw. zu lockern.

Als originell, allerdings auch nur einmal anwendbar, fanden wir die Idee, auf die eine Schule kam. Zum Abschluss der Feier wurde ein großes Paket mit roter Schleife auf die Bühne gekarrt als Überraschung und als Geschenk für die Neuankömmlinge. Als die Schleife gelöst und der Karton geöffnet wurde, entstieg ihm – die neue Klassenlehrerin, die dann die Kinder in ihr Klassenzimmer führte. In einer anderen Schule pflanzten Lehrer und Schulanfänger gemeinsam ein Bäumchen, das zusammen mit den Kindern in die Höhe wachsen und diese an das Ereignis des Schuleintritts erinnern sollte, eine nachdenklich stimmende, aber wohl eher der Erwachsenenperspektive entsprechenden Aktion. Anderswo endete die Schuleintrittsfeier damit, dass jeder Schulanfänger einen Luftballon fliegen ließ, an dem ein Briefchen hing, das »der Welt« verkündete, Tobias, Christiane oder wer auch immer seien in die Schule gekommen. Es gibt tausend Möglichkeiten und an den Schulen finden sich genügend Lehrer und Elternvertreter mit Einfällen, wie die Schuleintrittsfeier auch zu einem Fest für Kinder werden könnte, an das man sich noch lange erinnert.

Eine Zäsur, aber hoffentlich kein Bruch

Die übliche Organisationsform der einmal jährlichen Einschulung und die ihr entsprechenden Reaktionen des sozialen Umfelds führen dazu, dass Kinder und Eltern den Schuleintritt als tiefen Einschnitt in die Lebensgeschichte des Kindes erleben. Auch die Schuleintrittsfeier trägt hierzu bei. Dieser Einschnitt ist freilich nicht naturgegeben. Kinder können mit fünf oder sieben Jahren eingeschult werden und das sehen die neuen Regelungen zur Flexibilisierung des Schulanfangs auch vor (vgl. S. 135 f.).

1908

Von alten Schulbildern ergreifen die der Schulanfänger am meisten. Hier werden die Augen feucht wie bei alten Frauen, wenn sie ein Brautpaar sehen. Schulanfänger haben etwas an sich von Kälbern, die man mit saftigen Kräutern zum Schlachten lockt. Nie wird so viel gelogen wie am Tag der Einschulung. Einerseits wird den Kleinen gesagt, wie schön das sein wird in der Schule. Es wird eine Vorfreude erzeugt, die so nicht erfüllt werden kann. Andererseits legen es die Geschwister darauf an, die Kleinen zu ängstigen. Diese Mischung von Freude, die sich nicht traut, und Angst, die nicht aufkommen darf, sehen wir in den Gesichtern.

1932

(Auszug aus: Grundschule H. 8, 1981, S. 344.)

Der Betrug beginnt schon mit der Schultüte. Bekanntlich entspricht der Umfang keineswegs dem Inhalt. Die Schultüte ist eine Erfindung des ausgehenden 19. Jahrhunderts. Sie hat etwas Symbolisches an sich wie die Grabbeigaben der Alten; Wegzehrung und Trost für die Zurückgebliebenen.

Text und Fotos aus: Kempowskis Archiv (Teil 1).
Zuerst veröffentlicht in der Zeitschrift »Der Monat«, Nr. 2, 1980, Beltz Verlag 1980. Nachdruck mit Genehmigung des Autors und des Verlags.

Die durch Verwaltungsmaßnahmen arrangierte Zäsur hat als Einschnitt positive und negative Seiten. Positiv dürfte sein, dass es für die Identitätsentwicklung eines Menschen wichtig ist, seine Lebenszeit nicht als undifferenzierten Strom verrinnender Zeit, sondern als durch Einschnitte strukturierte Einheit zu verstehen. Auch für Schulanfänger und Eltern können solche Zäsuren hilfreich sein.

Problematisch werden solche Zäsuren, wenn sie als Brüche erlebt werden. Das Anknüpfen an die Arbeit im Kindergarten soll dazu führen, dass das Neue in Kontinuität mit dem Bekannten und Vertrauten erlebt wird, dass der Schulanfang trotz äußerer Zäsur zu einem »gleitenden Schulanfang« (Claussen 1981) wird. Problematisch kann diese Zäsur auch dadurch werden, dass sie vorgaukelt, alle Kinder hätten mit dem Schuleintritt einen vergleichbaren Entwicklungsstand erreicht, an dem die Schule anknüpfen könnte.

Die erste Schulstunde

Nach der Schuleintrittsfeier sammeln sich die Schulanfänger um ihre Lehrerin. Wenn mehrere erste Klassen eingerichtet werden, muss man sich überlegen, wie es am leichtesten zu organisieren ist, dass die richtigen Kinder zu der richtigen Lehrerin finden. Abgesprochene Symbole, die die Lehrerinnen an Stäben dann sichtbar in die Höhe halten sind eine von vielen Möglichkeiten.

Die Eltern werden häufig die Kinder an ihr Klassenzimmer begleiten, vielleicht noch bis ins Klassenzimmer hinein. Aber dann sollten sie sich zurückziehen und Lehrerin bzw. Lehrer und Kinder zum ersten Mal zusammen allein lassen. Räumliche Gegebenheiten, das Fehlen von Sitzgelegenheiten für Erwachsene, Eingriffe der Eltern in die Sitzordnung der Kinder, aber vor allem die Auswirkungen der Anwesenheit der Eltern auf das soziale Verhalten der Kinder, legen dies nahe. Das muss natürlich zuvor abgesprochen werden. Bis die Eltern nach einer knappen Stunde ihr Kind wieder am Klassenzimmer abholen, kann ihnen der Rektor oder ein Vertreter des Gesamtelternbeirats wichtige Informationen über die ersten Schulwochen vermitteln.

Das Klassenzimmer sollte freundlich wirken: ein Blumenstrauß, ein paar von älteren Schülern gemalte Bilder an den Wänden, Bilderbücher in einer Sitzecke, eine Handpuppe, Spiele, vielleicht auch schon verschiedene Materialien zum Malen, Kneten, Schreiben, Musikinstrumente usw. sollen die Kinder einladen, in diesem Raum zu verweilen, sich umzusehen, sich wohl zu fühlen. Aber das Klassenzimmer sollte nicht »fertig« sein und zur Weitergestaltung auffordern.

Als Sitzordnung schlagen wir, sofern die räumlichen Bedingungen dies zulassen, die U-Form vor. So können alle Kinder einander sehen, miteinander kommunizieren und leicht zur Tafel schauen. In der Mitte der U-Form gibt es Platz für einen Sitzkreis und für Spiele. Gruppentische erleichtern zwar die Bildung von Kleingruppen und vielleicht wird durch sie die Integration in die Tischgruppe beschleunigt, dafür aber auch das Kennenlernen aller Kinder und die Integration in die Gesamtklasse erschwert. Gruppenarbeit wird in den ersten Wochen ohnehin nur in Ansätzen möglich sein, und wenn zwei Tische gegeneinander geschoben werden, lassen sich leicht Gruppentische für 4 Schüler bilden.

Es ist ratsam, die Kinder sich zunächst nach ihren eigenen Wünschen setzen zu lassen. Dabei spielen in der ersten Stunde sicher auch Zufälle eine Rolle. Bestimmte Plätze, auf die man sich setzen möchte, sind schon belegt, ein persönlich bekanntes Kind hat schon einen anderen Nebensitzer usw. In den folgenden Stunden kann die Sitzordnung nach Wünschen der Kinder und nach pädagogischen Gesichtspunkten verändert werden. Eventuell schon bestehende Freundschaftsgruppen sollten, zumindest zunächst, nicht auseinandergerissen werden. Kinder sollten dann aber ihren »festen Platz« haben, an dem sie heimisch werden können. Durch gelegentliche Veränderungen – etwa eine Stunde oder einen Vormittag lang – sollten jedoch Besitzansprüche auf diesen Platz ausgeschlossen und die Bereitschaft, sich zu anderen Schülern zu setzen, erhalten bleiben. Werden bei einer zwei- oder mehrmaligen Einschulung neue Schüler in die bereits existierende Schülergruppe eingefügt, legt es sich nahe, jedem Neuankömmling einen Tutor aus der Gruppe der bereits mit der Schule vertrauteren Kinder zuzuweisen, ihn zu diesem zu setzen und mit Hilfe- und Schutzfunktionen zu betreuen. Wahrscheinlich wird sich nach einiger Zeit herausstellen, dass es sinnvoll ist, die Sitzordnung wieder zu verändern.

Jetzt beginnt also die erste richtige Unterrichtsstunde. Sie darf nicht zu lang sein, denn die Kinder haben ja bisher schon ein gehöriges Programm absolviert.

Für ihre Gestaltung gibt es viele Möglichkeiten, die teilweise von örtlichen Gegebenheiten, den vorausgegangenen Kontakten mit den Kindern, der Größe von Klasse und Klassenzimmer und von der Lehrerin selbst abhängen. Statt hier die mannigfachen Vorschläge der einschlägigen Literatur und Grundschulzeitschriften zusammenzutragen, die Jahr für Jahr durch weitere Beispiele erweitert werden, scheint es uns sinnvoll zu sein, ein paar wenige Grundelemente zu nennen, die die erste Stunde enthalten sollte. Ihre Zahl ist angesichts der knappen für diese Schulstunde zur Verfügung stehenden Zeit bewusst klein gehalten.

- In der ersten Schulstunde sollte damit begonnen werden, ein soziales Netz zu knüpfen, das die Schulanfänger mit der Lehrerin bzw. dem Lehrer und den Mitschülern verbindet. Später könnte es auf andere Klassen, auf andere Lehrer, den Rektor, den Hausmeister ausgeweitet werden. Wir schlagen vor, dass die Lehrerin jedes Kind mit seinem Namen anspricht und persönlich mit einer netten Bemerkung begrüßt. Die Kinder sollten erleben, dass sie persönlich willkommen sind und dass sich die Lehrerin über jedes anwesende Kind aufrichtig freut (vgl. S. 291ff.). Die Begrüßung kann sinnvollerweise mit der Überreichung von aufstellbaren Namenskärtchen mit dem Vornamen der Kinder verbunden werden. Nur wenig Mehrarbeit wird es erfordern, wenn die Namenskärtchen in der Mitte gefaltet und auf beiden angewinkelten Flächen jeweils mit dem Namen beschriftet sind. Die eine Fläche zeigt dann zu dem Kind selbst, das seinen eigenen Namen schon erkennt oder langsam zu entziffern lernt, die andere zur Lehrerin und den

anderen Kindern. So kann jedes mit seinem Vornamen angeredet werden und lernt auch langsam die Namen der anderen Kinder von ihren Namenskärtchen zu lesen.
Kennenlernspiele, Vertauschen von Namenskärtchen und Suche nach dem eigenen, machen die Schüler nach und nach miteinander vertraut und sind zu dem Anreize und Vorübungen für den Leselernprozess.

- In der ersten Stunde sollten die Kinder die Möglichkeit haben, das Klassenzimmer zu erkunden.
  Die Kinder gehen frei im Raum umher, ziehen die Tafel hoch und nieder, schreiben auf sie mit Kreide, wischen sie wieder aus. Sie lernen den Tageslichtprojektor, die Jalousien, eine Arbeitsecke mit Bilderbüchern kennen. Zugleich wird ihnen mitgeteilt, dass sie gemeinsam diesen Raum ausgestalten und noch schöner machen werden.
  Die Erkundungen werden sich in späteren Schulstunden auf andere Materialecken des Klassenzimmers, auf den Pausenhof, die Toiletten, das Lehrerzimmer, die Sporthalle, andere Klassenzimmer und das ganze Schulhaus ausdehnen.
- Die Schulanfänger sollten das Gefühl haben, in der ersten Schulstunde schon wirklichen Unterricht gehabt zu haben. Deswegen sollte die erste Schulstunde bei aller Sicherung der Kontinuität zum Kindergarten nicht eine reine Spielstunde werden. Das würde die Kinder enttäuschen. Sicher werden sie zu Hause gefragt werden, ob sie auch schon etwas gelernt hätten. Dann sollten sie mit »Ja« antworten können und das Gelernte vorführen können. Hierzu bietet sich das Schreiben eines ersten Buchstaben, eines Wortes, das Nachzeichnen des ersten Buchstaben des eigenen Namens, evtl. das Schreiben des ganzen Namens und dergleichen an. Dies scheint uns wegen der Bedeutung, die Kinder dem Schreiben zumessen günstiger zu sein als das Malen eines Bildes, wie es die Kinder auch schon vom Kindergarten her gewohnt sind. Wichtig erscheint uns, Kindern vom ersten Schultag an Könnenserfahrungen zu vermitteln.
- Vielleicht könnte durch das Lesen des Beginns einer Geschichte, die nicht bis zum Ende vorgelesen wird, Freude auf den nächsten Schultag geweckt werden. Ein gemeinsames, vom Kindergarten her bekanntes Lied kann die erste Stunde schließen und durch das gemeinsame Singen die sich anbahnende Zusammengehörigkeit erlebbar machen.
  Es wäre schön, wenn jedes Kind einzeln von der Lehrerin an der Tür verabschiedet werden könnte. Es ist eine Binsenweisheit, dass für Erstklässler und noch weit in höhere Schuljahre hinein das sich Wohlfühlen in der Schule Hand in Hand mit dem Empfinden geht, vom Lehrer bzw. der Lehrerin akzeptiert, gelobt und geliebt zu werden. Vor dem Klassenzimmer werden die Schüler dann von den Eltern wieder in Empfang genommen.

Erster und weitere Elternabende

Elternabende scheinen bei Lehrern und Eltern keine Vor-Freude auszulösen. Wie anders lässt sich erklären, dass selten mehr als die gesetzlich vorgeschriebene Anzahl an Elternabenden durchgeführt wird, selten an diesen Abenden persönliche Fragen und Probleme offen vorgetragen werden, selten anregende Gespräche unter den Beteiligten zu Stande kommen.

Vor allem Lehrerinnen eines ersten Schuljahrs sehen dem ersten Elternabend oft mit gemischten Gefühlen entgegen. Einerseits freuen sie sich auf einen Neubeginn mit den Eltern, weil sie annehmen, dass diese für Fragen der Schulanfänger besonders offen sind. Andererseits sind gerade viele Erstklasslehrerinnen unsicher, ob sie den verschiedenen Erwartungen der meist unbekannten Eltern gerecht werden, ob die Eltern ihrem pädagogischen Vorgehen zustimmen werden. Auch die Gefühle von Eltern, vor allem seitens der Mütter – Väter sind bekanntlich selten bei Elternabenden anzutreffen – sind oft zwiespältig. Hat das Kind eine gute Lehrerin bekommen? Wie wird sie die Kinder behandeln? Wird mein Kind mit ihr zurechtkommen? Ist mein Kind den schulischen Anforderungen gewachsen – oder muss ich viel nachhelfen? Was mache ich, wenn das Wort der Lehrerin plötzlich mehr gilt als das meinige? Wird es meinem Kind schaden, wenn ich beim Elternabend offen meine Meinung sage? Ganz abgesehen von solchen und ähnlichen Fragen spricht natürlich auch die eigene Schulvergangenheit bei vielen Eltern eine große Rolle, die oft nicht mit angenehmen Erinnerungen verknüpft ist.

Was also tun, um den offiziellen Schulbeginn des Kindes auch zu einem erfreulichen Beginn vertrauensvoller Zusammenarbeit zwischen Eltern und Schule werden zu lassen?

Zunächst einmal sollten die Eltern möglichst früh (nicht erst am ersten Schultag bei der Schulaufnahmefeier!) den Namen der Klassenlehrerin kennen lernen. Vielleicht ist bereits am Tag der Schulanmeldung ein erstes, zwangloses Kennenlernen möglich. Aber selbst wenn dies aus organisatorischen Gründen nicht möglich ist, empfehlen wir, die erste offizielle Begegnung zwischen Eltern und Schule einige Tage *vor* dem ersten Schultag durchzuführen.

Wie könnte nun ein erster Elternabend gestaltet sein, um dem Interesse der Eltern nach konkreten Informationen nachzukommen? Zunächst einmal sei der Aufbau einer kleinen Ausstellung im Klassenzimmer empfohlen, bei der alle Bücher und Arbeitsmaterialien zu sehen sind. Hierbei könnte gezeigt werden, was von der Schule dem Kind kostenlos zur Verfügung gestellt wird und welche Dinge von den Eltern anzuschaffen sind. An diese Ausstellung anknüpfend könnte die Arbeit der ersten Schulwochen vorgestellt werden, also z.B. wesentliche Schritte des Lese- und Schreiblehrgangs oder des Mathematikunterrichts. Ein weiterer wichtiger Aspekt dieses Abends sollten Fragen der Sicherheit auf dem Schulweg sein. Ob die Wahl des Klassenelternbeirats bereits beim ersten Zusammentreffen erfolgen muss, sei offen gelassen. Wenn die Eltern es wünschen, könnten sie Adressen und Telefonnummern austauschen, um leichter Kontakte herstellen zu können. Auf jeden Fall sollte auch genügend Zeit bleiben, um die Eltern zu einem Gespräch einzuladen, bei dem Probleme ihrer Kinder im Zusammenhang mit dem Schuleintritt zur Sprache kommen.

Einladen würden wir die Eltern mit einem persönlich gehaltenen Brief. Vielleicht ist es auch möglich, die Eltern persönlich zu Beginn des Abends zu begrüßen und ein paar Worte mit ihnen zu wechseln?

Mit Sicherheit ist es günstig, den ersten Elternabend im Klassenzimmer durchzuführen. Eltern haben auch ein natürliches Interesse an dem Raum und dem Schulhaus, in dem ihr Kind die kommenden Vormittage verbringen wird.

Und wie könnte die Zusammenarbeit mit den Eltern weitergehen? Es wäre ratsam, bereits einige Wochen später, zu einem zweiten und dritten Elternabend einzuladen, bei dem wichtige pädagogische (und nicht vornehmlich organisatorische) Fragen und Probleme im Vordergrund stehen.

Die folgenden Themenfelder könnten vielleicht für den zweiten und weitere Elternabende Anregungen geben. Entscheidend wird sein, dass Elternabende sich nicht in organisatorischen Fragen erschöpfen, sondern zu pädagogischen Gesprächsforen zwischen Lehrern und Eltern werden. Gerade davor schrecken aber nicht selten Lehrerinnen und Lehrer zurück. Mit Recht fürchten sie notorische Besserwisser und Vielredner, die Gespräche über pädagogische Themen (bei denen ja jeder glaubt, ein Experte zu sein) schwer machen. Vielleicht scheuen sie die Gefahr, Widerspruch zu erfahren. Vielleicht haben sie ihre eigene pädagogische Konzeption zu wenig reflektiert, um sie überzeugend begründen zu können, oder sie fürchten Einwände, die vielleicht nicht unberechtigt sind. Da rettet man sich dann vielleicht lieber in organisatorisches Allerlei, verspielt aber damit die Chance gemeinsamen pädagogischen Handelns oder zumindest die der Klärung der Standpunkte. Aus der speziellen Problematik einer Anfängerklasse könnten sich folgende Themen für Elternabende nahe legen:

- Sollen Eltern zusammen mit den Kindern die Hausaufgaben machen, sollen sie diese nur kontrollieren oder auch die Kontrolle der Lehrerin überlassen?
- Was ist mit Kindern zu tun, die nur in der Nähe der Mutter Hausaufgaben machen können?
- Wie umfangreich werden die Hausaufgaben sein? Sollen Kinder, die zu Hausaufgaben sehr viel Zeit brauchen, nach einer bestimmten Zeit einfach abbrechen?
- Sollen Eltern mit ihren Kindern zusätzlich üben? Wann erscheint das angebracht, wann ist es gefährlich?
- Die Sitzordnung.
- Mögliche Schuleintrittskrisen, Anzeichen, Ursachen, Hilfen.
- Hänseleien und Streitereien zwischen Kindern.
- Erziehung zu Hilfsbereitschaft, speziell dazu, dass Kinder einander beim Lernen helfen.
- Einführung von »Lesemüttern«, die, vor allem den der deutschen Sprache noch nicht mächtigen Kindern beim Lesenlernen helfen, indem die Kinder nachmittags zu bestimmten Zeiten zu ihnen und evtl. die Lesemütter an bestimmten Tagen zur Unterstützung des Lehrers in die Schule kommen.

- Regeln im Klassenzimmer.
- Förderunterricht für wen und wie?
- Die unterschiedliche Lerngeschwindigkeit der Kinder.
- Fleißzettel, Stempel, Sternchen für gute Arbeiten?
- Überlastungen von Kindern durch zu viele Freizeitaktivitäten.
- Der Montagmorgen nach dem Wochenendstress, ein Problem nicht nur für Erwachsene.
- Wie ist der Lese- und Schreibkurs aufgebaut? Welche Schwierigkeiten können auftauchen?
- Freie Arbeit, was ist das und was lernt man dabei?
- Ein Schuljahr ohne Klassenarbeiten und Noten. Verbalbeurteilung, ihre Vorzüge und Probleme.
- Kinder achten und lieben – unabhängig vom Schulerfolg!

Eine fruchtbare Zusammenarbeit zwischen Eltern und Schule wird aber nicht nur von der Wahl grundsätzlicher und aktueller pädagogischer Themen abhängen, sondern auch von der Bereitschaft der Eltern, ihre Anliegen und Erfahrungen vorzutragen. Vielleicht könnte es mitunter für viele Eltern eine Hilfe sein, wenn sie für kurze Zeit ohne Beisein der Lehrerin ein Problem diskutieren können und so in höherem Maß aufeinander als Gesprächspartner angewiesen sind. Manche Eltern erkennen hierbei dann zum ersten Mal, dass andere Mütter und Väter dieselben Sorgen und Nöte haben und zur eigenen Überraschung ganz ähnlich denken, oder aber, dass diese ganz anderer Ansicht sind.

Literaturverzeichnis

Alberts, W. (1996): Rituale in der Grundschule – Grundschule als Ritual? In: von den Steinen, S. u.a. (Hrsg.): Phänomene des Übergangs im Primarbereich. Hohengehren: Schneider, S. 90–101.

Betrifft Erziehung (1982): Schulanfang: Kinder werden Schüler, H. 6, S. 28–33.

Braun, A. (1987): Erwartungen und Perspektiven von Schulanfängern. Pilotstudie. In: Empirische Pädagogik, H. 1, S. 53–59.

Claussen, C. (1981): Schulanfang. In: Bartnitzki, H./Christiani, R. (Hrsg.): Handbuch der Grundschulpraxis und Grundschuldidaktik. Stuttgart: Kohlhammer, S. 62–73.

Die Grundschulzeitschrift (1987):Themenheft: Integrativer Schulanfang, H. 104.

Die Grundschulzeitschrift (1988): Themenheft: Gemeinsam anfangen – gemeinsam lernen, H. 14.

Dräger, M. (Hrsg.) (1997): Der Anfangsunterricht in Regel- und Integrationsklassen. Wie Unterricht und Lernen im 1. Schuljahr beginnen können. Heinsberg: Dieck.

Faust-Siehl, G./Speck-Hamdan, A. (Hrsg.) (2001): Schulanfang ohne Umwege. Frankfurt a.M.: Grundschulverband-Arbeitskreis Grundschule.

Grossmann, W. (²1994): Kindergarten. Eine historisch-systematische Einführung in seine Entwicklung und Pädagogik. Weinheim und Basel: Beltz.

Grundschule (1984): Themenheft: Die pädagogische Aufgabe des Schulanfangs heute, H. 5.

Grundschule (1987): Themenheft: Den Schulanfang pädagogisch gestalten, H. 2.

Grundschule (1987): Themenheft: Schulanfang, H. 5.

Grundschule (1990): Themenheft: Jetzt bin ich ein Schulkind, H. 6.

Grundschule (1993): Themenheft: Der erste Schultag, H. 4.
Heckt, D. (1998): Was ist am Schulanfang wirklich wichtig? In: Grundschule, H. 5, S. 33–35.
Hacker, H. (1992): Vom Kindergarten zur Grundschule. Bad Heilbrunn: Klinkhardt.
Herbert, M./Meiers, K. ([2]1981): Leben und Lernen im ersten Schuljahr. Stuttgart: Klett, S. 9–16.
Herbert, M./Meiers, K. ([2]1981): Typische Situationen im Anfangsunterricht. Stuttgart: Klett.
Herbert, M. (1984): Der erste Schultag: In: Grundschule, H. 7/8, S. 43–44.
Horn, A. ([3]1996): Brücken zur Einschulung – Kindergarten, Eingangsstufe, Vorklassen. In: Haarmann, D. (Hrsg.): Handbuch Grundschule Bd. 1, Weinheim und Basel: Beltz, S. 88–101.
Kirk, S.: Eltern und Schule. In: Einsiedler, W. u.a. (2001): Handbuch Grundschulpädagogik und Grundschuldidaktik. Bad Heilbrunn (2001): Klinkhardt, S. 212–228.
Kuhlen, H. (1987): Gleitender Schulanfang. In: Die Grundschulzeitschrift, H. 6, S. 4–5.
Moeller-Andresen, U./de Haen-Schwarz, S.: Das erste Schuljahr. Stuttgart ([4]1979): Klett.
Pädagogische Beiträge (1987): Themenheft: Rituale im Schulalltag, H. 7/8.
Portmann, R. (Hrsg.) (1988): Kinder kommen zur Schule. Hilfen und Hinweise für eine kindorientierte Einschulungspraxis. Frankfurt a.M.: Arbeitskreis Grundschule.
Schwarz, H. (1994): Lebens- und Lernort Grundschule. Prinzipien und Formen der Grundschularbeit. Frankfurt a.M.: Cornelsen Scriptor.
Staatsinstitut für Schulpädagogik und Bildungsberatung München (Hrsg.) (1989): Empfehlungen zur Aufnahme des Kindes in die Grundschule. München: Staatsinstitut für Frühpädagogik.
Walper, S./Roos, J.: Die Einschulung als Herausforderung und Chance für die Familie. In: Faust-Siehl, G./Speck-Hamdan, A. (Hrsg.) (2001): Schulanfang ohne Umwege. Frankfurt a.M.: Grundschulverband-Arbeitskreis Grundschule, S. 30–52.
Weigert, H./Weigert, E. (1989): Schuleingangsphase. Hilfen für eine kindgerechte Einschulung. Weinheim und Basel: Beltz.
Wellendorf, F. ([2]1974): Schulische Sozialisation und Identität. Weinheim und Basel: Beltz.

Alle gleich und doch verschieden – Heterogene Grundschulklassen

Der Stolz, nun zu den »Großen« zu gehören und die Erwartung und Vorfreude auf das, was mit dem Schuleintritt neu und anders wird, gehört glücklicherweise zu dem Lebensgefühl, das die allermeisten Kinder, die sich im Übergang vom Kindergarten in die Grundschule befinden, teilen. Hierüber täuscht selbst die Tatsache nicht hinweg, dass in der Übergangszeit zuweilen auch Unsicherheiten und Ängste mitschwingen (vgl. S. 72 ff.).

Beachtet man ferner, dass die meisten Kinder (ca. 85%) zum Zeitpunkt ihres Schuleintritts von der Möglichkeit einer früheren oder späteren Einschulung keinen Gebrauch machen und damit innerhalb ihres sechsten Lebensjahrs in die Schule eintreten (vgl. Bildungsbericht Deutschland 2006), ist man allerdings bei den Gemeinsamkeiten der Schulanfänger bereits am Ende angelangt. Längst ist die Vorstellung, dass die Kinder zum Zeitpunkt des Schuleintritts eine homogene Altersgruppe mit gleichen Startbedingungen bilden, als Trugschluss identifiziert. Dies offenbart schon ein kurzer Blick in die Schulklasse: Augenscheinlich prägen Mädchen und Jungen sowie Kinder deutscher und nicht deutscher Herkunft und Sprache das Klassenbild. Zuweilen gehören auch Kinder mit sonderpädagogischem Förderbedarf oder aber mit besonderen Begabungen zur Klassengemeinschaft. Schließlich weist die Sozialstatistik aus, dass die Kinder aus unterschiedlichen gesellschaftlichen Milieus kommen, d.h. aus Herkunftsfamilien, die sich hinsichtlich ihres Bildungs- und Berufsstandes und ihrer Einkommenssituation, aber auch in ihren Lebensstilen und Lebenszielvorstellungen zum Teil erheblich unterscheiden. Diese divergenten familiären Lebensbedingungen bringen mit sich, dass die Kinder in ihrer vor- und außerschulischen Lebenszeit kaum vergleichbare, sondern unterschiedliche Lebenserfahrungen machen und von diesen geprägt sind (vgl. 34 ff.).

Ob und ggf. welche schulrelevanten Unterstützungsleistungen sie hierbei von ihren Familien erfahren und welche Kompetenzen sie in die Schule mitbringen, hängt wesentlich von diesen Herkunftsfaktoren ab.

Die Heterogenität in der Schulklasse – Chance oder Risiko?

Wenn man mit Lehrerinnen und Lehrern, die in besonders heterogenen Klassen unterrichten, redet, weisen diese zumeist zuerst auf die Probleme hin, die sich aus der Heterogenität der Klasse für den Unterricht ergeben, auf ihre Belastungen, auf die Unmöglichkeit, allen Kindern gerecht zu werden. Das ist die eine Seite, und diese Sorgen und Klagen sollen beileibe nicht bagatellisiert werden. Gibt es doch vereinzelt Klassen, die zu über 70% von Kindern nicht deutscher Herkunft aus mehr als 10 Nationen besucht werden. Es ist äußerst schwierig oder bei extremer Heterogenität sogar unmöglich, mittels der traditionellen Formen von Unterricht die vom herrschenden Verständnis von Schulleistung bestimmten Unterrichtsziele zu erreichen. Vergessen werden aber häufig die Chancen, die die heterogene Zusammensetzung der Klasse eröffnen könnte, und das wäre die andere Seite. Eine erste Ahnung, worin diese Chancen liegen könnten, könnte die richtige Auslegung der Evolutionstheorie von Charles Darwin (1800–1882) vermitteln: »Viele Arten, die bis heute überlebt haben, zeichnen sich genau dadurch aus, dass ihre Mitglieder sich vielfältig unterscheiden. Das ermöglicht ihnen aktuell eine aufgabenspezifische Arbeitsteilung und eine räumliche Mobilität« (vgl. Brügelmann 2005, S. 163).[1] Eine derartige aufgabenspezifische Arbeitsteilung legt auch das Konzept der Multiplen Intelligenzen nahe, das Howard Gardner, Psychologe an der Harvard School of Education, entwickelt hat. Gardner unterscheidet sechs voneinander relativ unabhängige, selbstständige Intelligenzformen: (1) die sprachliche Intelligenz, (2) die musikalische Intelligenz, (3) die logisch mathematische Intelligenz (Fähigkeit zu abstraktem Denken), (4) die räumliche Intelligenz, (5) die körperlich-kinästhetische Intelligenz (Gefühl für und Kontrolle von Körperbewegungen, wie etwa beim Tanz, aber auch handwerkliches Geschick) und (6) die personale Intelligenz; diese umfasst zwei Bereiche: die intrapersonale Intelligenz, die sich darauf bezieht, die eigenen Gefühle erkennen und mit den eigenen Gefühlen umgehen können und die interpersonelle Intelligenz, die Fähigkeit, Gefühle, Motive, Stimmungen anderer Personen zu erkennen und diesbezügliche Unterschiede zwischen verschiedenen Individuen wahrzunehmen.[2]

Heterogenität der Grundschulklasse könnte dann bedeuten, neben der Sicherung eines für alle Schüler verbindlichen Sockelniveaus an Grundfertigkeiten, zu denen sicher das Beherrschen der Sprache und logisches Denken gehören, genügend Spielräume für die Entfaltung ihrer *besonderen* Fähigkeiten zu eröffnen.

Nun ist unser Schulsystem aber bis heute von einem engen, auf kognitive Fähigkeiten abzielenden Intelligenzbegriff geprägt.[3]

Diese Verengung auf kognitive Fähigkeiten und die Geringschätzung anderer Intelligenzen ist, entgegen der gut gemeinten Annahme, die Kinder so am besten für das Leben in einer rational-technologisch durchorganisierten Welt fit zu machen, für eine

1 Brügelmann stellt anschaulich dar, dass Darwin seine Theorie über das Durchsetzungs- bzw. Überlebensvermögen der ›Starken‹ auf ›Arten‹ (d.h. Lebewesengruppen) und nicht – wie fälschlicherweise häufig angenommen – auf Individuen bezog (vgl. Brügelmann 2005, S. 163).

2 Entsprechend lautet der Titel seines Standardwerks »Abschied vom IQ«.

3 Hierfür stehen z.B. die Klagen über die immer stärkere Reduzierung der musisch-ästhetischen Fächer wie Musik oder Kunst an unseren Schulen. In Baden-Württemberg wurde beispielsweise mit dem neuen Bildungsplan und der Einrichtung des Fächerverbunds ›Mensch, Natur und Kultur‹ im Jahr 2004 – entgegen alle Bedenken der Musikerzieher – das Fach Musik als eigenständiges Schulfach gänzlich abgeschafft. Zuvor wurden pro Woche ein bis zwei Unterrichtsstunden Musik erteilt.

erfolgreiche Lebensbewältigung aber eher kontraproduktiv. So meint Gardner: »Wir unterwerfen jeden einer Erziehung, bei der man sich, wenn man erfolgreich ist, am besten zum Professor eignet. Und dabei bewerten wir jeden danach, ob er diesem kleinkarierten Erfolgsmaßstab genügt. Wir sollten weniger Zeit darauf verschwenden, die Kinder ausschließlich standardisiert nach ihren Leistungen einzustufen, und ihnen stattdessen helfen, ihre natürlichen Kompetenzen und Gaben zu erkennen und diese zu pflegen. Es gibt Hunderte und Aberhunderte von Wegen zum Lebenserfolg und viele, viele verschiedene Fähigkeiten, mit denen man ihn erreicht.« (Gardner 1986, in Goleman 1999, S. 58)

Diese Verengung auf kognitive Fähigkeiten ist zudem kontraproduktiv für das kognitive Lernen selbst. Die moderne Gehirnforschung hat gezeigt, dass kognitives Lernen in hohem Maß erleichtert wird, wenn es in emotionale Prozesse mit positiven Gefühlslagen eingebettet ist; es ist äußerst erschwert, wenn Menschen sich beim Lernen nicht wohl fühlen (vgl. 267 ff.; Spitzer 2003).

Die ernüchternden Ergebnisse der PISA-Studie hinsichtlich der getesteten Schulleistungen der 15-jährigen Schülerinnen und Schüler aller weiterführenden Schulen zeigten, dass trotz der in den Schulen hohen Favorisierung des kognitiven Lernens die Ergebnisse im internationalen Vergleich eher mittelmäßig waren und dass es nur in bescheidenem Ausmaß gelang, allen Schülern dauerhaft emotionales Wohlbefinden, Lernfreude und Könnenserfahrungen zu vermitteln.

Von diesem Missverhältnis zwischen kognitivem und emotionalem Lernen sind zwar die Sekundarschulen stärker betroffen als die Grundschule. Aber auch diese ist noch lange nicht an ihrem selbst erklärten Ziel einer tatsächlich kindgerechten, d.h. die Persönlichkeit des Kindes stärkenden Schule angelangt.

Schließlich ist noch ein Weiteres zu bedenken: Der demokratische Auftrag, den die Schule in unserer Gesellschaft zu erfüllen hat, beinhaltet, dass Kinder und Jugendliche verschiedener nationaler Herkunft, unterschiedlichen Geschlechts, unterschiedlicher sozialer Herkunft, unterschiedlicher Religionszugehörigkeit sowie andersartiger divergenter persönlicher Voraussetzungen einander anerkennen. Anerkennen setzt aber Verstehen und Annäherung voraus. Die heterogene Grundschulklasse ist hierfür ein entscheidendes Lernfeld.

Diesem Grundsatz folgend gibt der folgende Abschnitt einen Überblick über die vielfältigen Unterschiede zwischen den Schülern, die das alltägliche Miteinander in der Grundschulklasse prägen.

Heterogene Zusammensetzung – die Grundschulklasse hat viele Gesichter

Mädchen und Jungen – geschlechtsspezifische Unterschiede, gleiche Herausforderungen?

Folgt man den vorliegenden empirischen Untersuchungen, dann haben Grundschulkinder zum Zeitpunkt des Schuleintritts ihre Selbstzuordnung zu ihrem Geschlecht bereits vollzogen. Dies bedeutet allerdings nicht, dass der Prozess der geschlechtsspezifischen Identitätsfindung zu diesem frühen Zeitpunkt gänzlich abgeschlossen ist. Vielmehr wird die Mädchen- oder Jungenrolle im weiteren Verlauf der Grundschulzeit stetig erprobt und geschärft. Der soziale Umgang miteinander, aber auch die Beziehung zur Lehrperson und das Lernen anhand der verfügbaren Arbeitsmaterialien gibt hierzu genügend Gelegenheit. Häufig werden im gemeinsamen Lernen und Spiel die geschlechtsspezifischen Rollenmuster, denen die Kinder in ihrer außerschulischen Lernumwelt begegnen, nachgeahmt (vgl. Krappmann/Oswald 1995; Petillon 1993; Heinzel/Prengel 2005).

Diese Erfahrungen werden, wie neuere Studien zum Sozialleben von Grundschulkindern im Schulalltag belegen, im Rahmen schulischer Interaktionen, etwa durch die seitens der Lehrerinnen und Lehrer an Mädchen und Jungen unterschiedlich gerichteten Erwartungen, bestärkt und internalisiert. So wurde beobachtet, dass es Mädchen und Jungen im Unterricht auf unterschiedliche Weise gelingt, die Aufmerksamkeit ihrer Lehrerinnen oder Lehrer zu erlangen. Während sich Jungen eher durch störendes Verhalten hervortun, tragen die Mädchen mit ihrem Sozialverhalten sowie durch ihren Fleiß und die größere Sorgfalt, die sie im schulischen Lernen an den Tag legen, zur Wahrung einer annehmlichen Unterrichtskultur bei (vgl. den zusammenfassenden Überblick von Tzankoff, 1995).

Insgesamt sind es aber dennoch die Jungen, die von ihren Lehrerinnen und Lehrern die größere Beachtung finden: Im Durchschnitt kommen die Jungen im Unterricht häufiger dran als Mädchen.[1] Wenn der Fall eintritt, dass Mädchen doch einmal ungefähr gleich häufig aufgerufen werden wie Jungen, fühlen sich Letztere oft benachteiligt und Mädchen zu bevorzugt behandelt (vgl. Wagner u.a. 1981).

Erbringen Mädchen schwache Leistungen, wird ihnen von ihren Lehrerinnen nicht selten fehlende Begabung rückgemeldet. Schlechte Leistungen von Jungen werden dagegen eher situativ auf unzureichende Bemühungen zurückgeführt. Diese, für die Motivation der Schüler wenig förderliche Lehrermeinung, bleibt bei den Mädchen nicht ohne Folgen: Sie schließen sich dem Urteil ihrer Lehrer an, unterschätzen ihre Leistung und führen ihren eigenen Misserfolg eher auf mangelnde Begabung zurück, ihren Erfolg hingegen auf ›glückliche Umstände‹ (vgl. zusammenfassend: Richter 1996 und S. 138f., 217ff.).

1 Diese Tatsache wird selbst von den Lehrerinnen bestätigt, die sich nach eigenen Angaben bemühen, beide Geschlechter gleich zu behandeln.

Wie zutreffend diese unglücklichen Voraussetzungen heute noch sind, bedarf allerdings der Überprüfung. Denn ihre Diagnose beruht auf Studien, die schon vor zwanzig bis dreißig Jahren durchgeführt wurden, in einer Zeit also, in denen die Mädchen im Vergleich zu heute grundsätzlich einen noch sehr viel schwierigeren Stand im Bildungswesen hatten als die Jungen (vgl. Brügelmann 2005, S. 182–183).

Unabhängig von diesen Benachteiligungen im sozialpsychologischen Bereich zeigen die vorliegenden Untersuchungen, dass die Mädchen gegenüber den Jungen ein erfreulicheres Lernverhalten an den Tag legen und bessere Leistungen erzielen.[1] Ihr Umgang mit Sprache scheint insgesamt kompetenter zu sein. Insbesondere lesen sie lieber, häufiger und besser als Jungen (vgl. die Ergebnislage aus PISA und IGLU; s. Bos u.a. 2003, S. 293). Jungen dagegen bringen insgesamt höhere Leistungen im mathematisch-naturwissenschaftlichen Bereich.[2] Mädchen sind besser im Rechnen, Jungen in Textaufgaben. Allerdings sollte man diese Ergebnislage differenzierter betrachten: Werden Aufgabenstellungen aus der Physik an reale Alltagsprobleme geknüpft, vermögen Mädchen sie leichter zu lösen.

Diese Beobachtung fördert zu Tage, wie wichtig der von erfahrenen Pädagoginnen und Pädagogen schon seit langem eingeforderte Zusammenhang zwischen persönlichem Inhaltsbezug und Lernerfolg ist: Kinder im Grundschulalter erfahren ihre Umwelt ganzheitlich und sind beim Lernen auf Bezüge zu ihrer Lebenswelt angewiesen.

Ferner zeigt sich, dass Mädchen ungünstigen Aufgabenbedingungen weniger gut Stand halten als Jungen. So fallen beispielsweise Aufgaben, die von ihnen unter Zeitdruck erledigt werden, schlechter aus.

Dass diese – sich auch in den oben genannten Ergebnissen widerspiegelnden – geschlechtsspezifischen Differenzen allerdings nicht ›naturgegeben‹ sind, lässt sich an den länderspezifischen Unterschieden festmachen, die selbst innerhalb Deutschlands beobachtbar sind: In Baden-Württemberg beispielsweise lesen die Jungen ebenso gut wie die Mädchen (vgl. Brinkmann 2005; Bos u.a. 2004, S. 72; Diefenbach/Klein 2002).

Im Hinblick auf diese ›ungleiche Gleichwertigkeit‹ sollte nach unserem Dafürhalten der in der neueren Koedukationsforschung wieder diskutierten Frage, ob nun der geschlechtergemischte oder der geschlechtergetrennte Unterricht die bessere Lösung ist, nicht zu viel Bedeutung beigemessen werden. Wesentlich wichtiger ist, die ohnehin kaum änderbare Realität der Geschlechtermischung bewusst wahrzunehmen und Sensibilitäten gegenüber den empirisch beobachteten Schwierigkeiten zu entwickeln. Der nächste Schritt sollte sein, kindorientierte Lösungen zu finden, die dem berechtigten Anspruch auf Chancengerechtigkeit in den täglichen Begegnungen und in der

1 Diese Ergebnislage verstärkt die aktuelle Forderung, die Jungen im Rahmen öffentlicher Bildung nicht aus dem Blick zu verlieren. Denn wie die neuen Bildungsstatistiken ausweisen, sind es heute eher die Jungen, die sich in unseren Schulen auf dem ›absteigenden Ast‹ befinden: Gemäß neuerer Datenlage besuchten im Jahre 2002 bundesweit 51% der Jungen und 49% der Mädchen die Grundschule. In der gymnasialen Oberstufe verkehrte sich das Verhältnis bei den Jungen auf 44,1% und den Mädchen auf 55,9% (vgl. Bundesministerium für Bildung und Forschung 2002).

2 Jungen schreiben Wörter aus dem sportlichen Bereich (Fußball, Technik) häufiger richtig als Mädchen (vgl. Brügelmann 2005, S. 183–184).

Arbeit mit geschlechtergemischten Lerngruppen entsprechen. Dazu zählen zum Beispiel der (selbst-)reflexive Blick der Lehrerin und des Lehrers und die Prüfung der Unterrichtsinhalte danach, ob diese die Interessen der Mädchen und Jungen über das Schuljahr hinweg gleichermaßen berücksichtigen, d.h. ob sie geeignet sind, beiden Geschlechtern einen Zugang zu den wichtigen Inhalten zu vermitteln (vgl. Brügelmann 2005, S. 187).

Kinder deutscher und nicht deutscher Herkunft und Sprache zusammenbringen – eine zentrale, zukunftsorientierte Aufgabe

Waren es in den 1960er-Jahren noch wenige Migranten aus wenigen unterschiedlichen Ländern (vorwiegend Gastarbeiterfamilien aus Italien, Spanien, später Griechenland und Türkei), die ihren Lebensmittelpunkt nach Deutschland verlegten und ihre Kinder in die deutsche Schule schickten, gestaltet sich die Situation heute sehr viel heterogener.

Rund 400.000 Kinder aus Flüchtlings-, Arbeitsmigranten- und Asylbewerberfamilien aus insgesamt 27 unterschiedlichen Herkunftsnationen, Kriegs- und Krisengebieten besuchten im Jahr 2000 die Grundschulen in der Bundesrepublik Deutschland. Dies entspricht einem Anteil von ca. 12 Prozent aller Schülerinnen und Schüler, die an bundesdeutschen Grundschulen unterrichtet werden (vgl. Bundesministerium für Bildung und Forschung 2002). Diese Zahlen machen deutlich, dass unsere Grundschulen schon über einen sehr langen Zeitraum und mit zunehmender Brisanz mit dem Problem der Integration von Kindern nicht deutscher Herkunft konfrontiert sind.

Den in diesem Zusammenhang stehenden Herausforderungen versuchte man bisher auf verschiedene Weise zu begegnen. So ging es der anfänglichen ›Ausländerpädagogik‹ zunächst darum, die Defizite der Kinder ausländischer Herkunft möglichst rasch zu kompensieren, um ihnen kurzfristig ein störungsfreies Mitkommen im Unterricht und eine Anpassung an die deutschen Verhältnisse zu ermöglichen. Diese noch einseitig anpassungsorientierte Sichtweise ging davon aus, dass die ausländischen Kinder mit ihren Familien nur für kürzere Zeit in Deutschland bleiben und alsbald in ihre Heimat zurückkehren.

Wie überholt der Begriff der ›Ausländerpädagogik‹ und die anfänglich einseitig anpassungsorientierten Bemühungen mittlerweile sind, zeigt sich daran, dass heute der Großteil (rd. 66%) der unter 18 Jahre alten Kinder nicht deutscher Herkunft, die in Deutschland leben, dennoch hier geboren sind. Das heißt allerdings nicht, dass diese Kinder in unsere Gesellschaft über die gleichen Chancen verfügen wie die Kinder deutscher Herkunft. Auch hierüber gibt die Bildungsstatistik Auskunft: Kinder mit Migrationshintergrund sind im Hauptschul- und Sonderschulbereich überrepräsentativ stark, im Realschul- und Gymnasialbereich hingegen nur randständig vertreten.[1]

1 Wie die Statistik ausweist, beträgt der Ausländerkinderanteil an Grundschulen 11,8%, in der Hauptschule 14,8%, an Realschulen 6,4% und im Gymnasium lediglich 3,9% (vgl. Bundesministerium für Bildung und Forschung 2002, S. 82).

Damit gehört die Gruppe der Kinder und Jugendlichen nicht deutscher Herkunft zur sozial unterprivilegierten Gruppe der ›Kellerkinder‹, die von einer chancengerechten Teilhabe an unserer Gesellschaft ausgeschlossen bleibt. Diese traurige Bilanz hat nicht nur negative Auswirkungen auf die individuelle Lebensplanung der betroffenen Kinder. Mangelnde Zukunftschancen (verbunden mit Sprachschwierigkeiten, kulturellen Erfahrungsunterschieden und Konflikten, die zwischen den vielfältig nebeneinander her existierenden Nationalitäten schwelen) sind ein ›sozialer Sprengstoff‹ für die Gesellschaft, wie die Kriminalitätsstatistiken belegen.

Dieser Sachverhalt und darüber hinaus die Aussicht darauf, dass unsere multikulturelle Gesellschaft im Zuge der sich gegenwärtig abzeichnenden Globalisierungstendenzen künftig noch ›bunter‹ werden wird, zeigt, wie wichtig ein zeitgemäßes Integrationskonzept auch für Deutschland ist.[1]

Dass ein verständnisvolles Eingehen auf die Kinder und Familien nicht deutscher Herkunft seitens ihrer deutschen Mitschüler, deren Eltern und Lehrer nicht nur notwendig, sondern auch lohnend ist, zeigen empirische Befunde. So fand Dollase (1999) in einer Hauptschulstudie im Hinblick auf das alltägliche soziale Miteinander der Schüler, dass die Fremdenfeindlichkeit abnimmt, je mehr ausländische Kinder sich in der Klasse befinden und je bewusster – an Stelle der Betonung der ethnischen Gruppenunterschiede – die individuellen Besonderheiten der Schüler hervorgehoben und wertgeschätzt werden (vgl. hierzu auch: Brügelmann 2005, S. 194–195). Auch bringt ein großer Ausländeranteil in der Klassengemeinschaft den deutschsprachigen Kindern keine Benachteiligungen. Die soziale Herkunft und das Geschlecht nehmen in weit größerem Ausmaß Einfluss auf die Schullaufbahn deutscher Kinder als die Anzahl der Migrantenkinder in der Klasse (vgl. Behnken u.a. 2005, S. 51–56). Der Anteil von Kindern anderer Muttersprache erklärt nur 1–2% der Leistungsstreuung der deutschsprachigen Kinder. Insofern lässt sich keine ›Behinderung der deutschen durch die ausländischen Kinder‹ behaupten (vgl. Brügelmann 2005, S. 197 in Anlehnung an Kristen 2000 und Grimm 2003).

Kinder mit und ohne sonderpädagogischem Förderbedarf gemeinsam unterrichten – ein erfolgreiches, aber vernachlässigtes Konzept

›Integrationspädagogik‹ meint im Allgemeinen das gemeinsame Lernen von behinderten und nicht behinderten Kindern in Regelschulen. Hierzu zählen Kinder mit körperlichen und geistigen Beeinträchtigungen.[2] Letztere schließen nicht nur orga-

1 Ein kurzer Überblick darüber, wie andere europäische Länder den Migrationsproblemen begegnen, findet sich bei Brügelmann 2005, S. 192.

2 Bundesweit werden heute rund 5% der Kinder als förderbedürftig eingeschätzt, 4% hiervon werden in sonderschulischen Einrichtungen beschult. Unter diesen Kindern befinden sich überrepräsentativ häufig Jungen, Migranten und sozioökonomisch benachteiligte Kinder. Nach wie vor erhält nur eine Minderheit dieser Kinder die Möglichkeit, eine integrierte, zumeist Grundschulklasse zu besuchen (vgl. Brügelmann 2005, S. 174).

nisch feststellbare, sondern darüber hinaus weitere Formen der Lernbehinderung mit ein. Die Integrationspädagogik begreift Behinderung nicht als grundsätzliches Persönlichkeitsmerkmal der betroffenen Kinder. Die hier vorherrschende Überzeugung ist vielmehr die, dass erst die spezifischen schulischen Lernanforderungen, Erwartungshaltungen und Beurteilungsnormen, mit denen ein behindertes Kind konfrontiert wird, eine kindliche Andersartigkeit zur Behinderung werden lassen.

Die ersten Integrationsbemühungen im Nachkriegsdeutschland gehen auf den Deutschen Bildungsrat zurück, der schon im Jahr 1973 eine weit möglichst gemeinsame Erziehung und eine entsprechende Ausrichtung der Schulstruktur empfohlen hat (vgl. Hintz u.a. 2001). Ein Jahrzehnt später wurden die ersten Integrationsklassen und integrative Grundschulen eingerichtet. Seit diesen Anfängen zielen die Bemühungen um eine stärkere Integration auf die folgenden organisatorischen Rahmenbedingungen (vgl. Heckt/Sandfuchs 1997; Schnell 2002, S. 234):

- Reduzierung der Klassengröße und Begrenzung der Zahl besonders förderungsbedürftiger Kinder pro Klasse: Für eine, maximal zwanzig Schüler umfassende Klasse, sind zwei förderbedürftige Kinder vorgesehen.
- Einführung des Teamteaching: Zwei Lehrerinnen bzw. Lehrer oder eine Lehrerin und eine Erzieherin oder Sonderschullehrerin betreuen jeweils eine Klasse gemeinsam.
- Das Lehr-Lernkonzept sieht eine stärkere Öffnung des Unterrichts vor, mit dem Ziel, Lehrer und Kinder in die Lage zu versetzen, gemeinsam zieldifferente Lern- und Bildungsziele anzustreben.
- Ziffernzeugnisse sollen abgeschafft und durch verbale Berichte abgelöst werden, in denen einerseits über die individuelle Lernentwicklung, andererseits aber auch über die Leistungen der Kinder im Hinblick auf die Anforderungen der Lehrpläne berichtet wird.
- Einer adäquaten, d.h. den spezifischen räumlichen, therapeutischen, psychologischen und medizinischen Erfordernissen Rechnung tragenden Lernumgebung wird besondere Bedeutung beigemessen.
- Neue Studiengänge zur Ausbildung von Sonderpädagogen als Expertinnen und Experten für eine integrative Beschulung behinderter Kinder sollen entwickelt werden.

Fakt bleibt allerdings, dass diese Zielsetzungen und Ansprüche – trotz der ermutigenden Forschungslage (s.u.) – bislang nicht zufrieden stellend umgesetzt werden konnten. Den noch in den 1980er-Jahren größeren Anstrengungen zur Einlösung der genannten Empfehlungen des Bundesrates folgten Flautejahre, in denen die zunächst zielorientierte Integrationsoffensive wieder zurückgefahren wurde. Heute sind neben einer allgemeinen Stagnation in diesem Bereich in den einzelnen Bundesländern große Schwankungen zu verzeichnen (vgl. Schnell 2002, S. 233).

Ungeachtet der oben dargelegten, vornehmlich ausstattungsbezogenen und systemorientierten Bemühungen verlangt der Umgang mit behinderten Kindern vor allem aber auch ein verändertes Bewusstsein und eine Haltung, welche die reale Umsetzung des gemeinsamen Lernens von behinderten und nicht behinderten Kindern im schulischen Alltag überhaupt erst möglich macht. Nach Hintz u.a. sollte eine solche Haltung von folgenden Merkmalen geprägt sein:

- Verständnis für Verhaltensweisen, die auf den ersten Blick vielleicht ungewöhnlich und unverständlich sind und deshalb befremdlich wirken.
- Geduld und Gelassenheit im Umgang miteinander und die Fähigkeit, den Schulalltag sensibel und schülerzugewandt zu gestalten.
- Ein soziales Netz entfalten, das jeden einzelnen Schüler behindert oder nicht behindert, gleichermaßen umschließt.
- Den Unterricht bewusster auf Schüler mit sehr unterschiedlichen Lernvoraussetzungen einstellen.
- Den Unterricht so offen organisieren, dass den Schülern ein hoher Grad an Selbstständigkeit ermöglicht wird und der Lehrer Zeit zur Verfügung hat, um sich als individueller Lernhelfer und Berater zu betätigen.
- Sich um ein ausgewogenes Verhältnis von Einzelarbeit und Formen der Zusammenarbeit (Partner- und Gruppenarbeit) bemühen.
- Differenzierende Maßnahmen ergreifen, die sowohl eine individuelle Förderung als auch verstärkt kreative und soziale Fähigkeiten ausbilden helfen.
- Schülerleistungen – zumindest teilweise – aus der herkömmlichen Zensierung herausnehmen und neue Formen der individuellen Leistungswürdigung und -beurteilung finden.
- Sich um die Entkoppelung des Zusammenhangs zwischen Schulerfolg und sozialer Anerkennung bemühen (vgl. Hintz u.a. 2001, S. 150).

Der Blick in die empirische Forschung zeigt, dass als ›behindert‹ klassifizierte Kinder einen größeren Lernzuwachs erreichen, wenn sie in Regelschulen verbleiben (vgl. Krappmann u.a. 2003). Auch die nicht behinderten Kinder ziehen aus dem gemeinsamen Lernen – insbesondere hinsichtlich des sozialen, aber auch des kognitiven Lernens – einen Gewinn (vgl. Dumke u.a. 1993). Im Gegensatz dazu muss die Wirksamkeit des segregierenden Schulbesuchs, d.h. die ›abschottende‹ Beschulung – insbesondere der als ›lernbehindert‹ eingestuften Kinder in Spezialeinrichtungen angezweifelt werden, wie dem folgenden Abschlusszitat eines Forschungsberichts zu entnehmen ist: »Diese Schule für Lernbehinderte sollte keine Zukunft mehr haben« (vgl. Hildeschmidt/Sander 1996, S. 131).

Dass diese Forschungsbefunde auch der Praxis entsprechen, belegt der folgende Erfahrungsbericht:

»Als Hauptschullehrerin habe ich in meiner langjährigen Unterrichtspraxis sowohl den Unterricht in Leistungsgruppen als auch in Kleinklassen und in Integrationsklassen kennen gelernt. Meiner Meinung nach profitieren die Kinder durch den gemeinsamen Unterricht in einer Integrationsklasse in vielen Bereichen. Toleranz, Rücksichtnahme, gegenseitiges Helfen und Verstehen werden genauso gefördert wie die in-

tellektuellen Fähigkeiten der Kinder. Aber auch für mich als Lehrerin finde ich die Arbeit in einer Integrationsklasse als beste Möglichkeit, meiner Lehr- und Erziehungsaufgabe gerecht zu werden. Ich unterrichte bereits das 5. Jahr in einer Integrationsklasse und bin ausgesprochen zufrieden mit dieser Form des Unterrichts.«[1]

Es ist kaum anzunehmen, dass dieser Mut machende Bericht aus der Hauptschule nicht auch für die Grundschule gelten könnte.

Hoch begabte Grundschulkinder – Freud und/oder Leid?

Ganz anders als die körperlich oder geistig beeinträchtigten, aber eben auch unterschiedlich und ebenso förderbedürftig sind die Kinder, die über besondere Begabungen verfügen. Die Vorstellungen die sich mit diesen Kindern verbanden, glichen lange dem Bild des überintelligenten ›Wunderkindes‹, das vielfältige, intensive, anspruchsvolle und nicht altersgemäße Interessen hat, denen es engagiert, selbstständig und erfolgreich nachgeht. Heute weiß man, dass auch das hoch begabte Kind nicht überall, sondern meistens in nur einem Interessengebiet zu exzellenten Leistungen befähigt ist, während es in anderen Bereichen nur durchschnittliche Fähigkeiten oder sogar Defizite erkennen lässt. Selbst in ihren Interessen und Hobbys unterscheiden sich hoch Begabte kaum von durchschnittlich begabten Altersgleichen, wie in einem Marburger hoch Begabtenprojekt in einer vierten Grundschulklasse herausgefunden wurde.[2]

Seit Wiederentdeckung dieser ›Problemgruppe‹ in den Neunzigerjahren des letzten Jahrhunderts gewinnt die Beachtung und Förderung hoch begabter Kinder in der pädagogischen Diskussion um soziale Ungleichheit bzw. Chancengerechtigkeit im Bildungswesen zunehmend an Bedeutung.

Dieses Interesse spiegelt sich auch in der Öffentlichkeit wider: Bildungs- bzw. Förderangebote von einzelnen schulischen Einrichtungen, aber auch seitens privatwirtschaftlicher Anbieter ›bevölkern‹ heute den Markt: Kinderuniversität, hoch Begabtenkurse an Volkshochschulen, und selbst die traditionellen Nachhilfeinstitute haben sich der Nachfrage angepasst und unzählige spezielle Angebote zur Förderung hoch begabter Kinder in ihr Programm aufgenommen.[3]

Das aktuelle Wissen um die Bedeutung der frühkindlichen Bildung legt nahe, das Lernpotenzial von Kindern schon möglichst früh auszunutzen. Für die besonders Begabten unter ihnen birgt die ›frühe Förderung‹ eine besondere Problematik: Einerseits haben diese Kinder – wie alle anderen Kinder auch – den berechtigten Anspruch auf Förderung ihrer individuellen Fähigkeiten. Bleibt das hierfür notwendige Anforde-

1 Vgl. http://spz.eduhi.at/integration/erfahrungsbericht.htm (Zugriff: 10.6.2006).

2 Vgl. Pruisken 2005. Diese Ergebnislage wird u.a. auch von der Schulleiterin des Landesgymnasiums für hoch Begabte in Schwäbisch Gmünd bestätigt.

3 Die Volkshochschule Karlsruhe hat z.B. das Angebot ›Kinderakademie für hoch begabte Grundschüler/innen‹ im Programm. Auf die Eingabe ›Angebote für hoch Begabte‹ liefert Google insgesamt stolze 90.800 Angebote (Zugriff: 8.6.2006).

rungsniveau aus, droht das Gefühl der Unterforderung, der Langeweile und – im schlimmen Fall – kommt es zu Verhaltensstörungen. Andererseits aber sollen auch diese in besonderer Weise begabten Kinder in die ›normale‹ Schule gehen, sollen sich einer Gruppe zumeist Gleichaltriger anschließen (die in ihrer kognitiven Entwicklung und in ihrem Leistungsstand weit hinter dem eigenen Stand zurück liegen). Der Umstand, dass es bislang nur wenige Standorte gibt, an denen hoch begabte Kinder im Grundschulalter ihren Bedürfnissen gemäß beschult werden können, aber auch der Wunsch der Eltern, ihren Kindern einen ›normalen‹ Aufwachsensprozess zu ermöglichen, bedingt, dass diese meistens in normale Grundschulen eingeschult werden und dort auch bis zum Ende der Grundschulzeit verbleiben. Die große Bedeutung und Verantwortung die sich hieraus für die Lehrerinnen und Lehrer, aber auch für die Eltern ergeben, spricht aus dem folgenden, nachdenklich stimmenden, Erfahrungsbericht, den eine Mutter eines hoch begabten Kindes veröffentlicht hat.[1]

Reni lebt in einer Kleinstadt bei Münster. Bis zum Schuleintritt war sie ein sehr aufgewecktes, kreatives, selbstbewusstes und ausgeglichenes Kind, das sich gut in verschiedenste Gruppen integrieren konnte. Lange Zeit war uns nicht klar, dass unsere Tochter hoch begabt ist. Zwar verfügte sie bereits mit zwei Jahren über einen erstaunlichen Wortschatz und begann mit fünf Jahren, den Kindern im Kindergarten aus Bilderbüchern vorzulesen, obwohl niemand wusste, woher sie das konnte. Aber das erklärten wir uns damit, dass sie einen drei Jahre älteren Bruder hat. Und dass ihre Einschlafprobleme, über die wir uns, seit sie Baby war, immer wieder beim Kinderarzt beklagten, etwas mit ihrer besonderen Begabung zu tun haben könnten – davon hatten wir keine Ahnung. Weder im Kindergarten noch beim Kinderarzt oder der Einschulungsuntersuchung wurde uns gegenüber je diese Vermutung geäußert.
Mit 5, als ihre Freundin in die Schule kam, löcherte Reni uns, sie wolle auch endlich in die Schule. Da wir vor der Einschulung umziehen wollten und sie körperlich sehr klein war, dachten wir über eine solche Möglichkeit nicht ernsthaft nach.
Als sie dann mit 6 endlich in die Schule kam, war sie zunächst absolut glücklich. Jeden Morgen war sie schon viel zu früh wach, um ja nichts zu verpassen, und als es Herbstferien gab, heulte sie, weil sie nun zwei Wochen nicht zur Schule gehen konnte. Beim ersten Gespräch mit der Lehrerin war diese erstaunt über Renis schon vorhandene Lese- und Schreibfertigkeiten. Wir erklärten, sie habe es sich ohne unser Zutun selbst beigebracht und hofften, dass sie sich nun nicht in der Schule langweile. Aber wir bemerkten, dass uns die Lehrkraft nicht glaubte (was sie viel später bestätigte), sondern uns in die Schublade »besonders ehrgeizige Eltern« steckte. Außerdem kritisierte die Lehrerin, dass Reni im Unterricht dauernd im Mittelpunkt stehen wolle.
Wir besprachen das mit Reni und baten sie, sich mehr zurückzunehmen. Sie bemühte sich ernsthaft darum. Aber sie fand, die Lehrerin nehme sie viel zu wenig dran, obwohl sie sich dauernd meldete. Umso unverständlicher fand sie es, dass andere Kinder, die sich gar nicht meldeten, drangenommen wurden. Sie vermutete, die Lehrerin habe

1 Vgl. Verein für mehr Chancen für hoch begabte Kinder, 2003.

ihre Meldung sicher übersehen und stieg deshalb auf den Stuhl, um sich bemerkbar zu machen. Die Lehrerin wies sie zurecht, fragte aber leider nicht nach, weshalb Reni sich so verhielt. Reni fühlte sich ungerecht behandelt, sprach aber nicht mit uns darüber, weil sie sich schämte. In dieser Zeit begannen auch Hänseleien und körperliche Angriffe durch Klassenkameraden. Jeden Mittag hatte sie dreckige und aufgeschrammte Knie, weil sie hingeschubst worden war. Ihre Lehrerin sagte, die Kinder sollten das untereinander regeln und meinte wohl eher, dass Reni zu empfindlich sei. In der Klasse hieß sie nun »Heulsuse«, und sie fühlte sich unverstanden und einsam.
Wir bekamen das nur teilweise mit, aber uns fiel auf, dass Reni morgens vor der Schule oft über Übelkeit und Bauchweh klagte, abends aus Angst vor Albträumen nicht einschlafen konnte und unausgeglichen war.
Im ersten Zeugnis stand viel Positives, aber auch, dass es Reni schwer falle, nicht im Mittelpunkt zu stehen. Und es schien, als sehe die Lehrerin darin das Hauptlernziel für Reni: nicht auffallen, sich zurücknehmen, stiller werden. Reni durfte bei Vorführungen selten allein etwas vortragen oder vorspielen, obwohl solche Sachen ihr sehr viel Spaß machen. Sie sollte so sein wie alle, und sie bemühte sich auch darum – aber es gelang ihr nicht. Dies machte sie unglücklich, denn einerseits erhielt sie viel zu wenig Anerkennung, andererseits wurde sie von vielen Klassenkameraden nicht ernst genommen.
Die Lehrerin nahm von alledem anscheinend nichts wahr. Beim Elternsprechtag lobte sie, dass Reni nun gelernt habe, sich mehr zurückzunehmen. Leistungsmäßig falle sie nicht mehr so auf, weil jetzt auch ihre Klassenkameraden Lesen und Schreiben könnten. Sie schenkte Reni ein Büchlein, in das sie kleine Geschichten schreiben konnte, wenn sie mit dem Unterrichtspensum fertig war. Da die Lehrerin außerdem im Unterricht viele Differenzierungsmöglichkeiten einsetzte, fand Reni immer etwas, das ihr Spaß machte und zeigte konstant eine hohe Leistungsbereitschaft und Freude am Lernen.
Aber sie litt immer mehr unter der Situation in der Klasse und fühlte sich von ihrer Klassenlehrerin in keiner Weise unterstützt. Reni weinte viel und sagte, sie fühle sich so anders als die anderen Kinder. Wir versuchten, sie zu beschwichtigen und ihr Wege aufzuzeigen, wie sie mit den Hänseleien und Abwertungen der Klassenkameraden umgehen konnte. Doch im Verlauf des zweiten Schuljahres wurde aus den gelegentlichen Hänseleien ein regelrechtes Mobbing, dem Reni immer öfter durch Krankheit zu entfliehen suchte. Wir waren ratlos….
Im dritten Schuljahr gab es die ersten Noten und Reni hatte fast ausschließlich Einser. Ihre Situation in der Klasse verschlechterte sich noch mehr. Sie hieß nun »Streberin« und »Angeberin«. Plötzlich sagte uns die Lehrerin, Reni sei den anderen in der Klasse weit voraus, sowohl in ihren Leistungen als auch in ihrer seelischen Entwicklung. Sie spreche ganz anders als andere Kinder und diese fühlten sich durch Reni wohl oft überfordert. So kamen wir schließlich dazu, unsere Tochter testen zu lassen. Danach verstanden wir manches besser bzw. konnten ihre Schwierigkeiten anders einordnen. Wir entschlossen uns dann auf Renis Wunsch hin zu einem Schulwechsel, der ihr die Chance gab, noch einmal in einer Gruppe neu anzufangen.

Die vorliegenden empirischen Forschungsbefunde bestätigen derartige Probleme hoch begabter Kinder in regulären Schulklassen. Auch die aus dem Bericht sprechende Haltung und Einstellung der Lehrerin findet sich in den empirischen Erhebungen wieder (vgl. Heinbokel 2004). Weder von dieser, noch von den leider ebenfalls nur selten zur Umsetzung kommenden alternativen Förderform des Teilunterrichts in einer höheren Klasse, konnte Reni profitieren. Diese – auf viele andere Kinder ebenso zutreffende Tatsache – ist bedauerlich und folgenreich zugleich. Denn »Schülerinnen und Schüler, die hoch begabt und in der Schule unterfordert sind, die nicht springen und auch nicht an anderer Stelle angemessen gefördert werden, haben nicht keine, sie haben andere Probleme. Dazu kann gehören, dass sie nicht lernen zu lernen, dass sie keine Gesprächspartner für ihre Interessen haben, dass sie sich ständig zurücknehmen, um nicht anzuecken und um akzeptiert zu werden, manchmal so sehr, dass sie nicht mehr wissen, was sie eigentlich können und wollen.« (Heinbokel 2004, S. 249)

Insofern bleibt für diese Kinder nur zu hoffen, dass sich die an die neuen Modelle der flexiblen Schuleingangsphase gerichteten Erwartungen hinsichtlich einer unterschiedlichen Dauer des Verweilens in den ersten Grundschulklassen und der weiteren Öffnung der Grundschule erfüllen und die Lehrerinnen und Lehrer an den Grundschulen die hiermit verbundenen Chancen zu Gunsten ihrer Schülerinnen und Schüler nutzen (vgl. S. 133ff.).

Soziale Ungleichheit in der Grundschule – ein Spannungsfeld zwischen Kindern und Lehrkräften?

Nicht nur die bisher thematisierten Differenzen wie Geschlecht, muttersprachliche Herkunft bzw. kulturelle Unterschiede, Beeinträchtigungen oder besondere Begabungen prägen das heterogene Bild der Grundschule. Hinzu kommt, dass die Kinder allen sozialen Milieus angehören, die in unserer Gesellschaft existieren.

Ein Blick in die Sozialstrukturforschung macht schnell deutlich, wie einflussreich dieser Aspekt die heterogene Situation in der Grundschule mit bedingt.

Bis in die 1970er-Jahre hinein bediente sich die Soziologie der klassischen Schichtenmodelle, um gesellschaftliche Gruppenbildungsprozesse abzubilden. Danach wurden die in unserer Gesellschaft lebenden Menschen – in Abhängigkeit der sogenannten ›vertikalen Strukturmerkmale‹ wie Bildungsabschluss, Berufsstatus und Einkommen – der unteren, mittleren oder oberen Sozialschicht zugeordnet. Im Zuge des gesellschaftlichen Wandels und der in den Siebzigerjahren verstärkt einsetzenden Pluralisierungs- und Individualisierungstendenzen wurde rasch erkannt, dass diese Klassifizierung nicht mehr ausreicht, um ein reales Bild der Sozialstruktur der postmodernen Gesellschaft zu zeichnen.[1] Vielmehr wurde deutlich, dass über die (vertikalen)

1 Ein Beispiel, das eindrücklich zeigt, wie vielfältig und bunt unsere Gesellschaft heute ist und dass die alten Schichtenmodelle nicht mehr den Realitäten entsprechen ist das Bild vom ›promovierten Taxifahrer‹. Dieser hat zwar eine hoch qualifizierte Bildung, aber keinen angemessenen Berufsstand und auch kein entsprechendes Einkommen – ein Bild, das früher nicht existierte.

Zuordnungsfaktoren Bildung, Berufsstatus und Einkommen hinaus auch ›horizontale Merkmale‹, wie etwa der Lebensstil (z.B. Freizeitverhalten oder ästhetische Vorlieben), die Lebensziele oder die politische Einstellung der Menschen zu Gruppenbildungen und Zugehörigkeiten innerhalb unserer Gesellschaften führen.

Eines der vielen Konzepte, das die Soziologie seither hervorbrachte, ist das von SINUS[1] entwickelte Milieumodell, das vertikale und horizontale Strukturmerkmale miteinander verzahnt. Von anfänglich acht im Jahre 1979 hat sich dieses Modell im Zuge des gesellschaftlichen Wandels auf zehn Milieus ausgeweitet:[2]

Eine in Baden-Württemberg mit Grundschullehrerinnen und Lehrern Ende der 1990er-Jahre repräsentativ durchgeführte Milieustudie kam auf Grundlage dieses Gesellschaftsmodells zu folgendem Ergebnis: Während sich in den (sozial durchmischten) Grundschulklassen Kinder aus allen zehn Milieus befanden (und bis heute befinden), wiesen die befragten Grundschullehrerinnen und Grundschullehrer eine erstaunlich einseitige Milieuzugehörigkeit aus: 68% der befragten Lehrkräfte gehörten dem sogenannten ›Liberal-intellektuellen Milieu‹ an, 11% dem ›Konservativ-technokratischen Milieu‹ und 5,6% dem ›Postmodernen Milieu‹. Die restlichen sieben Milieus waren zwischen 0.2% bis 4% vertreten (vgl. Schumacher 2000, S. 110–121).[3]

Die Lebenswelt und damit auch das soziale Milieu, in dem Menschen – und somit auch Grundschulkinder und Grundschullehrer – leben, bleiben nicht ohne Wirkung. Das Dazugehören zu einem Milieu, der Erwerb sozial geteilter Deutungsmuster prägt die Einstellungen und Haltungen der ›Dazugehörenden‹ maßgeblich. Und diese wiederum steuern, wie wir aus der Psychologie wissen, das Handeln dieser Menschen. Dieser Zusammenhang zeigt auf, wie spannungsreich sich die soziale Situation in der Grundschulklasse gestaltet.

Damit weitet die neuere soziostrukturelle Perspektive den Blick auf die unterschiedlichen sozialen Voraussetzungen, mit denen sich Grundschulkinder, deren Eltern – und folglich auch ihre Grundschullehrerinnen und Lehrer – arrangieren müssen, erheblich aus: Die sozialen Differenzen im Klassenzimmer beschränken sich nicht auf das Problem der Kinderarmut oder des Überflusses, sondern beziehen vielmehr auch das heterogene Denken, Fühlen, Können, Wollen und Handeln der Kinder und die – hiervon häufig abweichenden Dispositionen und Präferenzen – der Lehrkräfte mit ein.

1 SINUS Sociovision (Heidelberg) ist ein privatwirtschaftlich tätiges Institut, das psychologische und sozialwissenschaftliche Forschung und Beratung betreibt.

2 Danach bestand die Gesellschaft Westdeutschlands in den 1990er-Jahren aus folgenden Milieus: Konservativ-technokratisches Milieu, Kleinbürgerliches Milieu, Traditionelles Arbeitermilieu, Traditionsloses Arbeitermilieu, Aufstiegsorientiertes Milieu, Modernes bürgerliches Milieu, Liberal-intellektuelles Milieu, Modernes Arbeitermilieu, Postmodernes Milieu und Hedonistisches Milieu (vgl. Flaig u.a. 1997).

3 Eine zweite erkenntnisleitende Frage der oben erwähnten Milieustudie war, ob und ggf. inwieweit die Zugehörigkeit zu einem Milieu das Erziehungs- und Bildungsverständnis sowie die pädagogisch-didaktischen Handlungspräferenzen der befragten Grundschullehrerinnen und -lehrer prägen. Dieser Zusammenhang konnte im Zusammenhang mit dem erfassten Kernmilieu, d.h. bei den Lehrkräften, die dem Liberal-intellektuellen Milieu angehörten, tendenziell bestätigt werden (vgl. Schumacher 2002, S. 253–270).

Alle verschieden und doch gleich? – ein Fazit

Mit dem Titel ›Alle gleich und doch verschieden? – Heterogene Voraussetzungen in der Arbeit mit Grundschulkindern‹, nimmt dieses Kapitel seinen Anfang.

Nun, am Ende angelangt, lassen sich die erläuterten Differenzen in dem Umkehrschluss ›Alle verschieden und doch gleich?‹ bündeln.

Es ist abschließend danach zu fragen, ob sich hinter all den diagnostizierten Unterschiedlichkeiten – außer den in anfänglich genannten Gemeinsamkeiten ›Vorfreude‹ und ›Lebensalter‹ – nicht doch noch etwas finden lässt, das für alle Grundschulkinder gleichermaßen zutreffend ist.

Auf diese Frage gibt es eine kurze und eindeutige Antwort: Zweifelsohne! Grundschulkinder sind unterschiedlich, vielfältig und bunt wie das Leben selbst! Diese Vielfalt erfordert im gemeinsamen Lernen und Leben unterschiedliche Zugangsweisen und Unterstützungsleistungen.

Doch trotz aller Differenzen bleibt den Kindern am Ende ein gemeinsames Streben: Der tiefe Wunsch, als ganze Person, mit all seinen Stärken, Schwächen und Eigenheiten wahrgenommen und wertgeschätzt zu sein.

Die Grundschule, die sich dieses Ziel zur Leitlinie macht, hat ihren grundlegenden Erziehungs- und Bildungsauftrag verstanden und erkannt, welch großer Reichtum sich hinter seiner Einlösung verbirgt!

Literaturverzeichnis

Baumert, J. u.a. (Hrsg.), Deutsches PISA-Konsortium (2003): PISA 2000. Basiskompetenzen von Schülerinnen und Schülern im internationalen Vergleich. Opladen: Leske und Budrich.

Behnken, I. u.a. (2005): Lernen, Bildung, Partizipation. Die Perspektive der Kinder und Jugendlichen. Befragung zum 8. Kinder und Jugendbericht des Landes NRW. Siegen: Siegener Zentrum für Kindheits-, Jugend- und Biografieforschung der Universität Siegen.

Bildungsbericht Deutschland. www.bildungsbericht.de (Zugriff: 3.6.2006).

Bos, W. u.a. (2003): Erste Ergebnisse aus IGLU. Schülerleistungen am Ende der vierten Jahrgangsstufe im internationalen Vergleich. Münster: Waxmann.

Brinkmann, E. (2004): Leseentwicklung im Längsschnitt. Ausgewählte Befunde aus dem Projekt LUST-2 in Baden-Württemberg. In: Hofmann, B.M./Sasse, A. (Hrsg.): Bericht über die Jahrestagung der Deutschen Gesellschaft für Lesen und Schreiben, 19.11.2004. Berlin: Deutsche Gesellschaft für lesen und schreiben (DGLS).

Brügelmann, H. (2005): Schule verstehen und gestalten. Lengwil/Schweiz: Libelle-Verlag.

Bundesministerium für Bildung und Forschung (BMBF) (Hrsg.) (2002): Grund- und Strukturdaten. Bonn: Wissenschaftsministerium www.bmbf.de/pub/GuS2002_ges_dt.pdf (Zugriff: 7.6. 2006)

Diefenbach, H./Klein, M. (2002): Bringing Boys Back. Soziale Ungleichheit zwischen den Geschlechtern im Bildungssystem zuungunsten von Jungen am Beispiel der Sekundarabschlüsse. In: Zeitschrift für Pädagogik, 48. Jg., H. 6, S. 938–958.

Dumke, D. (1993): Integrative Erziehung – Behinderte in der Regelschule. In: Psychologie in Erziehung und Unterricht, 40. Jg., Heft 2, S. 130–142.

Flaig, B.O./Meyer, T./Ueltzhöffer, J. (1997): Alltagsästhetik und politische Kultur. Bonn: Dietz-Verlag, S. 33–59.

Gardner, H. (1986): Gespräch über die Theorie der multiplen Intelligenzen. In: Rethinking the Value of Intelligence Tests, Education Supplement der New York Times vom 3.11.1986.

Goleman, D. ([10]1999): Emotionale Intelligenz. München: Deutscher Taschenbuchverlag.

Grimm, H. (2003): Wie viele Vorschulkinder brauchen tatsächlich eine Sprachförderung? Bedarfsanalyse am Beispiel der Stadt Bielefeld. Bielefelder Schule räumt mit Vorurteilen auf. Informationsdienst Wissenschaft (idw vom 30.9.2003).

Heckt, D./Sandfuchs, U. (1997): Grundschule von A bis Z. Braunschweig: Westermann-Verlag, S. 102ff.

Heinbokel, A. (2004): Überspringen von Klassen. In: Schumacher, E. (Hrsg.): Übergänge in Bildung und Ausbildung. Gesellschaftliche, subjektive und pädagogische Relevanzen. Bad Heilbrunn: Klinkhardt, S. 233–252.

Heinzel, F./Prengel, A. ([2]2005): Mädchen und Jungen in der Grundschule. In: Einsiedler, W. u.a.: Handbuch Grundschulpädagogik und Grundschuldidaktik. Bad Heilbrunn: Klinkhardt-Verlag, S. 182–186.

Hildeschmidt, A./Sander, A. (2006): Zur Effizienz der Beschulung sogenannter Lernbehinderter in Sonderschulen. In: Eberwein, H. (Hrsg.): Handbuch Lernen und Lern-Behinderungen. Aneignungsprobleme – Neues Verständnis vom Lernen – Integrationspädagogische Lösungsansätze. Weinheim und Basel: Beltz Verlag, S. 115–134.

Hintz, D./Pöppel, G./Rekus, J. ([3]2001): Neues schulpädagogisches Wörterbuch. Weinheim und München: Juventa-Verlag.

Krappmann, L. u.a. (2003): Kinder, die besonderer pädagogischer Förderung bedürfen. In: Cortina, K.S. u.a.: Das Bildungswesen in der Bundesrepublik Deutschland. Strukturen und Entwicklungen im Überblick. Ein Bericht des Max-Planck-Instituts für Bildungsforschung. Reinbeck: rororo, S. 755–785.

Krappmann, L./Oswald, H. (1995): Alltag der Schulkinder. Beobachtungen zu Interaktionen und Sozialbeziehungen. Weinheim und München: Juventa-Verlag.

Kristen, C. (2000): Ethnic differences in educational placement: The transition from primary to secundary schooling. Mannheim: Zentrum für Europäische Schulforschung, Arbeitspapier Nr. 32.

Petillon, H. (1993): Das Sozialleben des Schulanfängers. Die Schule aus der Sicht des Kindes. Weinheim: Psychologie Verlags Union.

Pruisken, Ch. (2005): Interessen und Hobbys hochbegabter Grundschulkinder. Pädagogische Psychologie und Entwicklungspsychologie Bd. 50. Münster: Waxmann-Verlag.

Richter, S. (1996): Unterschiede in den Schulleistungen von Mädchen und Jungen. Geschlechtsspezifische Aspekte des Schriftspracherwerbs und ihre Berücksichtigung im Unterricht. Regensburg: Roderer, S. 32–35.

Schnell, I. (2002): »Wenn das Ziel klar wäre …« – Schulische Förderung von Schülerinnen und Schülern mit Behinderung und soziale Ungleichheit. In: Mägdefrau, J./Schumacher, J.: Pädagogik und soziale Ungleichheit. Aktuelle Beiträge – Neue Herausforderungen. Bad Heilbrunn: Klinkhardt, S. 233–251.

Spitzer, M. (2003): Lernen. Gehirnforschung und die Schule des Lebens. Heidelberg: Spektrum Akademischer Verlag.

Schumacher, E. (1999): Soziale Ungleichheit und soziale Differenzen im allgemeinbildenden Schulwesen – Historische und empirische Einblicke unter besonderer Berücksichtigung der Milieustruktur und Deutungsmuster zu Bildung, Erziehung und Sozialer Ungleichheit von Grundschulpädagoginnen und Grundschulpädagogen. Unveröffentlichter Forschungsbericht zum gleichnamigen Habilitationsprojekt, Pädagogische Hochschule Freiburg/Universität Freiburg.

Schumacher, E. (2000): Soziale Milieus von Grundschulpädagoginnen und -pädagogen. In: Jaumann-Graumann, O./Köhnlein, W. (Hrsg.): Lehrerprofessionalität – Lehrerprofessionalisierung. Bad Heilbrunn: Klinkhardt-Verlag, S. 110–121.

Tzankoff, M. (1995): Interaktionstheorie. Geschlecht und Schule. Opladen: Leske u. Budrich

Wagner, A.C. u.a. (1981): Unterrichtsprogramme. Was Lehrern und Schülern während des Unterrichts durch den Kopf geht. Reinbek: Rowohlt Sachbuch.

Verein ›Mehr Chancen für hochbegabte Kinder‹ (Hrsg.) (2003): Broschüre zum Kongress ›Begabtenförderung in Münster‹ im September 2003; ebenso veröffentlicht unter: http://www.ini-hochbegabtems.de/fallbsp.htm (Zugriff: 9.6.2006).

Schuleintrittskrisen

Bei einigen Kindern ist wenige Tage oder Wochen nach dem Schuleintritt die anfängliche Euphorie einer gewissen stummen Bedrücktheit gewichen. Den Eltern fällt auf, dass ihre Kinder von der Schule kaum mehr etwas erzählen und Fragen nach ihr eher widerwillig beantworten. Die Kinder wirken unausgeglichen, schlafen unruhig, träumen viel, brauchen wieder ihren Schnuller oder ihr Kuscheltier, haben weniger Appetit, schmiegen sich stärker an die Eltern an, oder aber sie wirken abweisend und aggressiv. Vielleicht häufen sich Schwierigkeiten mit den Geschwistern; man hat den Eindruck, es sei schwieriger geworden, mit dem Kind auszukommen. Lehrern fällt auf, dass manche Kinder sich zurückziehen, still, passiv und uninteressiert wirken. Andere suchen ständig die Nähe des Lehrers oder der Lehrerin, wollen auf sich aufmerksam machen, sind aggressiv gegenüber Klassenkameraden oder geben sich betont großtuerisch.

Das geschilderte Verhalten kann mit Anpassungsschwierigkeiten an den neuen sozialen Kontext Schule zusammenhängen, Symptom einer Schuleintrittskrise sein.

Häufig werden solche Krisen sehr still und »äußerlich angepasst« durchgestanden, so dass es kaum auffällt, dass das Kind mit Schwierigkeiten zu kämpfen hat. Die Schwierigkeiten müssen auch nicht in den ersten 14 Tagen auftreten. Die darzustellenden Krisen werden zwar durch die neuen Umweltbedingungen ausgelöst, haben aber ihre eigene Dynamik und ihren eigenen »Zeitplan«.

Manche der aufgeführten Probleme, die zunächst vom Kind noch nicht adäquat bewältigt werden können, lösen sich im Laufe der Zeit anscheinend von selbst. Das Kind hat gelernt, mit der neuen Situation umzugehen. Nicht selten können sich aber auch jahrelang andauernde, sich gegenseitig hochschaukelnde Schwierigkeiten, Teufelskreise von Schulunlust, Schulschwierigkeiten, Störverhalten, sozialer Isolierung und Aggression ergeben, oder es kann zu Apathie, Rückzugsverhalten, Überanpassung und dergleichen kommen.

Schuleintritt als kritisches Lebensereignis und als Entwicklungsaufgabe

Psychologisch gesehen lässt sich der Schuleintritt in die Reihe kritischer Lebensereignisse einordnen. Von einem *kritischen Lebensereignis* kann dann gesprochen werden, wenn eine neue Situation mit den bisherigen Routinen nicht mehr bewältigt werden kann und neue Handlungsmuster, evtl. auch tief greifende emotionale Umstellungen erfordert. Zu den kritischen Lebensereignissen zählen unter anderem Scheidung der Eltern, Berufseintritt und Berufswechsel, Trennung von einem Partner, das erste Kind, Arbeitslosigkeit, schwer wiegende Krankheit, Tod des Lebenspartners, Pensionierung.

Kritischen Lebensereignissen gemeinsam ist, dass sie sich aus dem üblichen Lebensfluss des Alltags abheben und den Charakter des Außergewöhnlichen haben. Menschliche Entwicklung ist kein kontinuierlicher, gleichförmig verlaufender linearer Prozess, sondern wird immer wieder durch Unvorhergesehenes unterbrochen. Kritische Lebensereignisse stellen zweitens an den Betroffenen neue Anforderungen; sie erfordern eine besondere Bewältigungsarbeit, die gelingen oder auch misslingen kann. Sie sind drittens von begrenzter Dauer. Sie müssen endlich nicht unbedingt etwas Negatives sein, also mit negativen Konsequenzen und Erfahrungen einhergehen. So können Berufswechsel, die Geburt eines Kindes, auch Schuleintritt durchaus positiv bewertet werden. Oft ist aber zu beobachten, dass selbst bei grundsätzlich positiv bewerteten Veränderungen eine Phase durchlaufen werden muss, die mit Stress und evtl. auch kurzfristig mit negativen Gefühlen verbunden ist.

Aus der Sicht des Symbolischen Interaktionismus[1] (Mead 1934, 1985; Goffman 1967; Krappmann 1975) kann ein kritisches Lebensereignis als Identitätskrise verstanden werden. Das Konzept geht davon aus, dass ein Mensch dann Ichidentität gewinnt, wenn es ihm gelingt, die an ihn herangetragenen sozialen Erwartungen und die eigene persönliche Einmaligkeit, seine soziale und seine persönliche Identität in Einklang zu bringen. Bezogen auf den Schuleintritt bestünde die Identitätskrise dann darin, dass die bisher gefundene Identität durch die neuen sozialen Erwartungen gestört und durch Veränderungen der bisherigen personalen Identität erst wieder ins Gleichgewicht gebracht werden muss.

Was ist nun unter dem vieldeutigen Begriff Identität zu verstehen?

Nach dem aus der Tradition von Erik Erikson (1980) stammenden Identitätsbegriff ist Identität eine innere Übereinstimmung mit sich selbst und mit den Erwartungen von andern, im Augenblick und über die Zeit hinweg. Identität ist das Gefühl, »ganz« zu sein, »man selbst« zu sein, in Übereinstimmung mit sich selbst und den andern zu leben. Schuleintritt wäre dann insofern eine Identitätskrise, als das Kind seine bisherige Sicht von sich selbst (etwa als Star, als jemand, der immer im Mittelpunkt steht, als jemand, dem alles abgenommen und dem immer geholfen wird) unter den neuen Bedingungen nicht mehr aufrechterhalten kann oder dass es eine Diskrepanz zwischen seinem Verhalten und den neuen Erwartungen empfindet.

Wird der Begriff Identität (Ichidentität) in der Tradition des Symbolischen Interaktionismus gebraucht, dann meint Identität nichts (relativ) Festes, das man hat und eventuell verlieren kann. Ichidentität muss vielmehr in Interaktionen immer jeweils neu gewonnen werden. Sie ist nichts Bleibendes, kein Persönlichkeitsmerkmal, sondern ist an Interaktionen gebunden. Ichidentität kommt dann zu Stande, wenn es zu befriedigenden sozialen Interaktionen kommt, in denen sämtliche Interaktionspartner auf ihre Rechnung kommen und die Interaktion als befriedigend erleben.

1 In der Bezeichnung »Symbolischer Interaktionismus« spiegeln sich die Kernaussagen der Theorie: Identität wird über Interaktionen hergestellt und diese finden hauptsächlich im Medium der Sprache (Sprache als Symbolsystem) statt.

Nach diesem Konzept werden in Interaktionen, etwa in der Interaktion zwischen Lehrerin und Schüler, bestimmte soziale Erwartungen an diesen herangetragen, es wird ihm eine bestimmte soziale Identität angesonnen. Die neue soziale Identität, die dem Kind zugemutet wird, macht es diesem aber nun vielleicht unmöglich, seine Bedürfnisse, seine im bisherigen Lebenslauf gewonnene Einmaligkeit (Identität im Sinne Eriksons) in die Interaktion einzubringen. Es ist also ein Kompromiss zu finden, der es dem Kind einerseits ermöglicht, seine persönliche Einmaligkeit wenigstens ein Stück weit zu wahren, der es andererseits aber auch möglich macht, mit der Lehrerin befriedigende Sozialbeziehungen aufrechtzuerhalten.

Goffman (1967) und ihm folgend Krappmann (1975), sprechen hier von einer Balance, einer Identitätsbalance. Gelingt diese Balance in der konkreten Interaktion, ist Ichidentität gewonnen worden.

Diese Balance kann misslingen. Es kann sein, dass ein Kind kompromisslos an seiner persönlichen Identität festhält und die neuen sozialen Erwartungen ablehnt. Dann wird es rasch zum Störenfried, mit dem Lehrerin und Mitschüler ihre Schwierigkeiten haben, evtl. zum Außenseiter.

Um diese balancierende Ichidentität zu finden, sind eine Reihe von Kompetenzen notwendig, die ihrerseits aber auch im Ringen um Ichidentität gelernt werden:

Rollendistanz: Sie ist die Fähigkeit, sich von seinen eigenen Vorstellungen, von seiner eigenen »Rolle« ein Stück weit distanzieren zu können.

Empathie: Hier geht es um die Fähigkeit, sich in den anderen hineinversetzen zu können, ausloten zu können, was die Lehrerin erwartet, was sie vielleicht noch tolerieren kann; ausloten zu können, was die Kameraden erwarten und ab welchem Punkt sie »nicht mehr mitmachen«.

Ambiguitätstoleranz: Sie ist eine Form der Frustrationstoleranz, nämlich die Fähigkeit, in Interaktionen auszuharren, die nicht voll befriedigend sind, in denen nicht alle persönlichen Bedürfnisse befriedigt werden und die Fähigkeit, widersprüchliche soziale Erwartungen ertragen zu können, auszuhalten, dass man nicht allen Erwartungen gerecht werden kann. So muss ein Schüler über eine gewisse Ambiguitätstoleranz verfügen, wenn von ihm erwartet wird, am Unterricht teilzunehmen, er aber lieber spielen möchte, oder wenn die Lehrerin erwartet, dass er aufmerksam ist, sein Nebensitzer sich aber mit ihm unterhalten möchte.

Kommunikative Kompetenz, Fähigkeit zur Ichpräsentation: Hier geht es um die Kompetenz, sich in soziale Interaktionen einzubringen, sein Anliegen anderen klarmachen zu können, sich als Schüler mit bestimmten Ansprüchen und Wünschen glaubhaft präsentieren zu können. Dabei spielt sprachliche Kompetenz eine wichtige Rolle.

Es versteht sich, dass Schulanfänger über diese Kompetenzen nur in bescheidenem Ausmaß verfügen. Die Lehrerin muss deshalb der bisherigen Identität der Schüler ein Stück weit entgegenkommen und kann die neuen sozialen Erwartungen erst im Laufe der Zeit stärker durchsetzen.

Identitätskrisen gibt es nicht nur im Zusammenhang mit Schuleintritt. Vielleicht hat das Kind durch den Eintritt in den Kindergarten bereits Erfahrungen gesammelt, wie man Übergänge in neue soziale Kontexte bewältigen kann. Aber man wird sicher noch nicht von Routinen sprechen können, und zudem haben Erwartungen des Kindergartens bei weitem nicht diesen Verbindlichkeitsgrad.

Das psychologische Konzept des kritischen Lebensereignisses ist zu ergänzen durch das der *Entwicklungsaufgabe*. Es macht auf die Chancen aufmerksam, die der Schuleintritt einem Kind eröffnet, die ihm aber nicht einfach in den Schoß fallen. Schuleintritt ist eine solche Entwicklungsaufgabe. Er eröffnet Entwicklungschancen in vielen Bereichen, vor allem im kognitiven und sozialen Bereich.

Beide Konzepte, das Konzept des kritischen Lebensereignisses und das der Entwicklungsaufgabe hängen eng miteinander zusammen. Jede Krise ist auch eine Herausforderung. Sie eröffnet Chancen, birgt aber auch Gefahren in sich. Gelingt es, die Krise positiv zu bewältigen, so wächst die Kompetenz; ein Schritt in Richtung größerer psychischer Reife ist gelungen. Misslingt die Lösung der Krise, so bedeutet dies nicht nur Stillstand, vorläufiges Verpassen einer Chance, sondern meist auch Rückschritt, Rückfall in unreife Einstellungen und Verhaltensweisen.

Wir werden im Folgenden verschiedene Krisenfelder, die mit Schuleintritt zusammenhängen, beleuchten. Dabei ist zu bedenken, dass ein Kind nicht selten in mehreren Bereichen gleichzeitig Schwierigkeiten bekommen kann. Das erhöht den psychischen Stress und macht eine progressive Lösung der Problematik noch schwieriger.

Krisen auf Grund einer Reihe äußerer Umstellungen im Leben des Kindes

Ob ein Kind morgens in den Kindergarten geht oder zur Schule – was soll da schon anders sein? Diese oder ähnliche Ansichten äußern oft Erwachsene und übersehen dabei, welche oft schmerzhaft empfundene Änderungen der Schulbeginn im Leben eines Schulanfängers hervorrufen kann. Erich Kästner (1969) schreibt in einer Ansprache zum Schuleintritt »... euch ist bänglich zu Mute, und man kann nicht sagen, dass euer Instinkt tröge. Eure Stunde X hat geschlagen ... Das Leben nach der Uhr beginnt, und wird erst mit dem Leben selbst aufhören. Das aus Ziffern und Paragraphen, Rangordnung und Stundenplan eng und enger sich spinnende Netz umgarnt nun auch euch ...« (vgl. S. 82 ff.)

- **Veränderungen im Zeiterleben**
  Das Leben nach der Uhr beginnt – zunächst sind es oft nur äußere, den Tagesablauf oder den Schulweg betreffende Veränderungen: Das morgendliche Aufstehen kann nicht mehr dem persönlichen Wunsch entsprechend gewählt werden – es muss pünktlich erfolgen, um zur vorgeschriebenen Zeit in der Schule zu sein. Entsprechend kann so mancher Schulanfänger jetzt auch abends nicht mehr so lange aufbleiben – die Eltern legen Wert auf ausreichenden Schlaf. Auch das Frühstück

wird nicht mehr mit der gewohnten Ruhe und Gelassenheit eingenommen, wenn der Blick auf die Uhr zusehends in den Mittelpunkt rückt. Kinder, die während der Kindergartenzeit nach dem Frühstück oft noch in Gedanken versunken mit ihren Spielsachen gespielt haben, müssen sich jetzt beeilen.
Auf dem Schulweg geht das Diktat der Zeit weiter. Die Unterhaltung mit Nachbars Katze muss eingeschränkt werden, zumal der Weg zur Schule in der Regel auch noch weiter ist als der Weg zum Kindergarten. Auch in der Schule wird die Uhr wichtig. Wenn es klingelt, muss ins Klassenzimmer gegangen werden. Die Stunde dauert 45 Minuten, auch wenn man schon viel früher aufhören möchte oder noch mitten in einer Sache ist. Das war im Kindergarten zumindest während der Phase des Freien Spiels doch wesentlich anders. So ließe sich fortfahren.
Dies wird an einem Kind nicht spurlos vorübergehen. Persönliches, inneres Zeiterleben und äußere, objektive zeitliche Anforderungen klaffen auseinander. Wer Kinder beobachtet, wie sie mit ihrer Zeit umgehen, wie sie die äußere Zeit vergessen, wenn sie spielen, etwas untersuchen, auf dem Schulweg trödeln ... weiß, was gemeint ist. Noch ganz ungeklärt ist, welche Auswirkungen es hat, wenn das Kind mit seiner eigenen inneren Zeit an die von außen geforderte, gesellschaftlich reglementierte Zeit angepasst wird. Auf jeden Fall ist Schule auch ein Ort der Sozialisation von Zeiterleben, Zeitbedürfnis und Umgang mit der Zeit.

- **Veränderungen im Raumerleben**
  Im Gegensatz zum gewohnten Kindergarten sind viele Klassenzimmer heute immer noch sehr nüchtern. Sie wirken kühl. Das Materialangebot des durchschnittlichen Klassenzimmers ist gegenüber dem Kindergarten eher bescheiden. Vor allem gibt es kaum mehr die Möglichkeit, sich unbeaufsichtigt in eine Spiel- oder Bauecke zurückzuziehen, um ungesehen und allein zu sein.
  Neu und nicht frei von zusätzlichen Problemen sind auch die Pausen, vor allem die große Vesperpause. Während im Kindergarten in der Regel in Ruhe gemeinsam zunächst das Vesperbrot im Raum verzehrt wurde, um dann je nach Wetter und Laune unterschiedlich lang im Freien spielen und toben zu können, muss jetzt das Klassenzimmer verlassen werden. In den oft wenig einladend gestalteten Schulhöfen und inmitten des umtriebigen Durcheinanders einer Pause fühlen sich viele Schulanfänger einsam und unsicher.
- **Veränderungen im didaktisch-methodischen Arrangement**
  Im Kindergarten waren die Kinder gewohnt, zumindest bis zur Vesperpause frei spielen zu können. Die Aktivitäten waren durch momentane Bedürfnisse und Interessen bestimmt. Es gab keine auf Grund eines Lehrplans vorgeschriebenen Inhalte. So konnte sich die Erzieherin weitgehend den Bedürfnissen der Kinder anpassen. Jetzt beginnt das systematische Lernen, fremdbestimmte Arbeit, weitgehend im Gleichschritt mit allen anderen. Alle schlagen gleichzeitig die Fibel auf, alle müssen jetzt schreiben, rechnen, ein Lied singen, und zwar auf Anweisung der Lehrerin.
- **Veränderung in den Verhaltensanforderungen und Verpflichtungen**
  Eng im Zusammenhang damit steht, dass der Handlungsspielraum der Kinder eingeschränkt wird. Sie müssen sich universalistischen, d.h. für alle geltenden Re-

geln unterwerfen. Permanent sind die Kinder dem kontrollierenden Blick der Lehrerin ausgesetzt. Rückzugsmöglichkeiten, um unbeachtet zu sein, gibt es kaum mehr. Auch der Nachmittag wird zunehmend von Verpflichtungen überschattet. Hausaufgaben, die meist von den Eltern sorgfältig kontrolliert werden, sind zu erledigen, die frei verfügbare Zeit wird langsam eingeschränkt.

- **Veränderung der Sozialbeziehungen**
  Zwar ist in vielen Kindergärten die Zahl der Kinder, die zu einer Gruppe gehören, heute ähnlich hoch wie in Grundschulklassen. Doch Erzieherinnen haben vielleicht doch etwas mehr Zeit, sich jedem Kind einzeln zuzuwenden. Der Kampf um die Zuwendung der geliebten Bezugsperson wird nun härter, die Enttäuschung, weil man vielleicht zu wenig beachtet wurde, größer. Vielleicht kommt man mit der neuen und nun einzigen Bezugsperson nicht so zurecht. Hinzu kommen neue Normen für die Interaktion zwischen Lehrerin und Schülern (vgl. S. 177 ff.).
  Auch die Beziehung zu den anderen Kindern ist verändert. In den meisten Kindergärten sind die Gruppen altersheterogen zusammengesetzt. Da konnte man vielleicht in die Rolle des Älteren, Überlegenen schlüpfen oder die Rolle des Kleinen genießen. Jetzt, in der Jahrgangsklasse sind, zumindest auf dem Papier, alle gleich. Damit sind Rivalitäten vorstrukturiert.

Schwierigkeiten mit anderen Kindern

Von Erwachsenen vielfach unbeachtet oder als Bagatelle abgetan sind Probleme, die Schulanfänger mit Klassenkameraden und älteren Schülern auf dem Schulweg oder in der großen Pause haben. In der Untersuchung von Bettina Paetzold (1988) nannten Mütter von Schulanfängern diese Probleme an erster Stelle. Es kommt zu Streitigkeiten, Hänseleien, Rempeleien. Auch der Streit um Schulmaterialien scheint für die Kinder belastend zu sein.

Die sozialen Auseinandersetzungen zwischen den Schülern hängen möglicherweise damit zusammen, dass sich viele Kinder zu Beginn der Schulzeit noch nicht kennen, durch die Klassenbildung bestehende Kindergruppen teilweise auseinandergerissen werden, neue Schüler dazukommen und die neu gebildeten sozialen Systeme sich erst einspielen müssen. Dabei spielen nach einer Untersuchung von Petillon (1991) in der Schulanfangszeit bei den Jungen vor allem Rangkämpfe, bei den Mädchen Probleme der Zugehörigkeit zu einer Gruppe oder Clique die entscheidende Rolle. Jungen tragen ihre Streitereien eher in körperlicher Aggression aus, Mädchen in Worten. Dabei scheinen sich körperliche und verbale Aggressionen und sozialer Ausschluss auf einzelne Kinder zu verdichten, so dass die Gefahr besteht, dass schon recht früh Schlägerrollen, Opferrollen und Außenseiterrollen festgeschrieben werden. Überraschend ist, dass auch bei der zweiten Befragung Paetzolds gegen Ende des ersten Schuljahres die Aggressionen von Seiten der Mitschüler nach den Schilderungen der Mütter Problem Nr. 1 blieben und gegenüber dem Schuljahrsbeginn nicht geringer geworden sind. Auch nach Petillon sind in der Perspektive der Schüler des ersten und zweiten Schuljahrs Konflikte mit anderen des zentrale Thema, das auch deutlich Vorrang hat vor der Beziehung zum Lehrer.

Lehrerinnen und Lehrer sollten diesen gern übersehenen Problemen besondere Beachtung schenken.

Krisen auf Grund neuer Regeln für die sozialen Beziehungen in der Schule

Die Sozialbeziehungen in der Familie und der Schule unterliegen unterschiedlichen Regeln. Das hat einerseits eine wichtige sozialisatorische Bedeutung, auf die vor allem der amerikanische Soziologe Talcott Parsons (1902–1979), einer der bedeutendsten Soziologen des letzten Jahrhunderts und zugleich der wichtigste Vertreter des sogenannte Strukturfunktionalismus, hingewiesen hat. Andererseits können die neuen Regeln die Eingewöhnung in die Schule erschweren, zu Missverständnissen führen und Krisen auslösen.

Beginnen wir mit der sozialisatorischen Bedeutung.

Das Grundthema des Ansatzes von Talcott Parsons (1967, 1968) ist die Frage, wie soziale Ordnung trotz des Zusammenlebens einer Vielzahl ganz unterschiedlicher Menschen erklärt werden kann. Hierfür sind nach Parsons vor allem die in den Institutionen ablaufenden Sozialisationsprozesse verantwortlich.

Sozialisation hat zwei Perspektiven. Zum einen geht es um die Aufrechterhaltung von gesellschaftlicher Ordnung. Dies ist insofern ein Problem, als jedes Jahr Menschen, die zum Funktionieren der bestehenden Gesellschaft beigetragen haben, sterben und neue, noch nicht sozialisierte Gesellschaftsmitglieder hinzukommen. Die Frage, wie es gelingt, die bestehende Gesellschaft in ihren Grundstrukturen zu reproduzieren, ist einer eher soziologischen Sichtweise zuzuordnen. In der zweiten Perspektive geht es darum, wie es der Gesellschaft gelingt, die nachwachsenden Gesellschaftsmitglieder so zu beeinflussen, dass sie sich in der gegebenen Gesellschaft zurechtfinden können. Diese zweite Sichtweise fokussiert eher die individuelle und psychologische Seite von Sozialisationsprozessen.

Das entscheidende Bindeglied zwischen dem Einzelnen und der Gesellschaft sind nach Parsons Rollenerwartungen. Rollen sind gesellschaftliche Erwartungen an Inhaber sozialer Positionen (z.B. Mutter sein, Schüler sein, Lehrer sein), wobei diese Erwartungen einen unterschiedlichen Verbindlichkeitsgrad haben. Die Erfüllung einiger Rollenerwartungen wird von der Gesellschaft geradezu erzwungen (Muss-Erwartungen), bei anderen Rollenerwartungen zieht deren Nichterfüllung soziale Kritik und Verachtung nach sich (Soll-Erwartungen), wieder andere Erwartungen werden, wenn man sie befolgt, mit Anerkennung belohnt, ohne dass Nichterfüllung Sanktionen nach sich ziehen würde. Durch die Übernahme gesellschaftlicher Rollenerwartungen wird einerseits die bestehende Gesellschaft stabil gehalten, andererseits ermöglicht rollenkonformes Verhalten dem Einzelnen, in dieser Gesellschaft zu leben. Beide

Aspekte, der eher auf die Gesellschaft und der eher auf das Individuum bezogene, sind also eng miteinander verzahnt.

Parsons ist primär an der Aufrechterhaltung der gesellschaftlichen Ordnung interessiert. In diesem Zusammenhang stellt er die Frage, welche Beiträge die verschiedenen gesellschaftlichen Institutionen für die Aufrechterhaltung des gesellschaftlichen Gesamtsystems leisten, inwiefern sie funktional sind für die Aufrechterhaltung übergeordneter Strukturen. So geht es beispielsweise um die Frage, inwiefern die Sozialisationsleistungen der gesellschaftlichen Subsysteme Familie und Schule funktional sind für die Aufrechterhaltung gesamtgesellschaftlicher Wert- und Verhaltenssysteme. Nach diesem strukturfunktionalen Ansatz betreiben gesellschaftliche Subsysteme also das Geschäft der »Zurichtung« der individuellen Person, so dass diese in den übergeordneten Systemen möglichst reibungslos »funktionieren« kann und damit zu dessen Stabilisierung beiträgt.

Eine wesentliche Hilfe für die Erklärung der Aufrechterhaltung bestehender sozialer Ordnungen war für Parsons die Rezeption der psychoanalytischen Theorie, näherhin das Freud'sche Konzept des Überichs. Danach werden soziale Regeln nicht primär durch äußeren Zwang aufrechterhalten, sondern über Internalisierungsprozesse zu einem Teil der eigenen Persönlichkeit. Die Folge ist, dass die Gesellschaftsmitglieder bestehende Ordnungen nicht aus Angst vor Bestrafung, sondern von sich aus, bejahen, befolgen und verteidigen. Parsons geht dabei noch ein Stück über Freud hinaus. Während Freud annahm, das ES des Menschen, die Triebe, seien biologisch vorgegeben und unveränderbar und eine Beeinflussung könne nur durch Gegenspieler des ES, durch das ICH und das ÜBERICH geschehen, glaubt Parsons, dass selbst das ES plastisch sei und durch Sozialisationsprozesse in gewissem Umfang beeinflusst werden könne. So wäre auch zu erklären, warum Menschen das, was sie objektiv tun *müssen*, subjektiv gern und freiwillig tun. Für Parsons ist der Mensch ein völlig sozialisierbarer Mensch. Das hat ihm den Vorwurf eines »übersozialisierten Menschenbildes« eingetragen.

In diesem Sozialisationsprozess hat nach Parsons (1973) die Grundschule eine überragende Bedeutung. Sie hat eine doppelte Funktion: Sie schafft bei den Schülern Bereitschaft und Fähigkeit, den Anforderungen vieler ihrer späteren Erwachsenenrollen zu genügen und hat zudem Allokationsfunktion.

Beginnen wir mit dieser zweiten Funktion. Die Grundschule weist nach Parsons die Schüler unterschiedlichen Bildungslaufbahnen zu. Sie nimmt damit eine Grobsortierung der Schüler für spätere Berufe vor. Dieser sehr folgenreiche Prozess geschieht nach einem Kriterium, das von allen akzeptiert und als gerecht anerkannt wird, dem Kriterium der Leistung. Im Verlauf der Grundschule findet danach ein für die Gesellschaft wie für den Einzelnen entscheidender Differenzierungsprozess statt, der sich nicht nach sozialer oder ethnischer Herkunft, Religion, Geschlecht, Aussehen richtet, sondern einzig nach dem Kriterium der Leistung vollzieht. Dieser Differenzierungsprozess, der unter einer bestimmten Perspektive auch als Selektion bezeichnet werden kann, wird von den Betroffenen deshalb akzeptiert, weil Bedingungen gegeben sind, die ihn als fair erscheinen lassen: Am Anfang, zu Beginn der Schulzeit, sind alle Schüler, was ihre Chancen anbelangt, gleich. Sie erhalten gleiche Aufgaben, und die erbrachten Leistungen werden nach einem, für alle gleichen Maßstab bewertet. Über die Noten wird den Schülern systematisch ein auf Leistung beruhender Status zugewiesen. Die Bedeutung der Leistung wird noch dadurch unterstrichen, dass sie auch von Seiten der Eltern hoch bewertet wird. Diese Differenzierung der anfänglich Gleichen auf Grund ihrer erbrachten Leistungen wird von allen Beteiligten, auch den Verlierern, als fair erachtet. Die psychischen Kosten des Verlierens werden zudem dadurch abgefedert, dass die Schüler von ihren Lehrern nicht nur auf Grund ihrer erbrachten Leistungen Anerkennung erhalten und dass die Freundschaftsbeziehungen in der Peergroup ebenfalls eine gewisse Unabhängigkeit vom Leistungsstatus haben. Der selektive Prozess vollzieht sich also innerhalb eines Rahmens institutionalisierter Solidarität.

Die andere Funktion der Grundschulklasse besteht darin, bei den Schülern die Bereitschaft und Fähigkeit zu entwickeln, ihre späteren Erwachsenenrollen zu übernehmen. Diese Aufgabe kann in der Familie nur sehr begrenzt geleistet werden, weil die in der Familie geltenden Rollen und die ihnen zu Grunde liegenden Orientierungen weitgehend anders sind als die, die in der späteren Erwachsenengesellschaft gelten. Hier springt nun die Schule ein und zwar bereits die Grundschule.

Parsons glaubte, die normativen Grundstrukturen sämtlicher sozialer Lebensräume, seien es Familie, Schule, Militär, oder ein Betrieb, mit Hilfe eines fünfdimensionalen Rasters beschreiben zu können. Die fünf Grunddimensionen sind als Kontinuen mit jeweils zwei Polen zu verstehen. Auf diesen Kontinuen sind die Ausprägungen der normativen Grundstrukturen der verschiedenen sozialen Lebensräume unterschiedlich zu verorten. Sie sind die Grundlagen der in diesen Lebensräumen geltenden Rollen. Insgesamt ergibt die Kombination der Ausprägungen in den verschiedenen Dimensionen ein für den entsprechenden Lebensbereich spezifisches Muster (pattern). Daher der von Parsons gewählte Terminus »Pattern Variables«.

Die Ausprägungen dieser Variablen beziehen sich sowohl auf soziale Grundregeln für die Interaktion in den verschiedenen Lebensbereichen wie auf innere Orientierungen des Individuums, die das Verhalten in diesen Feldern steuern. Es handelt sich also gleichzeitig um soziologische wie um psychologische Größen. Die Orientierungen sind die Grundlagen der in den verschiedenen sozialen Bereichen geltenden Rollen. Die Schule hat nun die Aufgabe, schrittweise auf die Rollen der Erwachsenengesellschaft bzw. die ihnen zu Grunde liegenden Orientierungen vorzubereiten.

Wie bereits erwähnt, sind nach Parsons für das Leben in modernen hoch entwickelten industriellen Gesellschaften Orientierungen notwendig, die in der Familie nicht erworben werden können. Die Interaktionen in der Familie sind in der Regel affektiv, diffus, partikularistisch und orientieren sich eher an Qualitätsmerkmalen als an Leistung. Das heißt konkret: Eltern nehmen ihr Kind in den Arm, zeigen ihm offen ihre Gefühle, und ähnlich verhält sich auch das Kind (Affektivität). Die Eltern interessieren sich für alles, was das Kind betrifft, nicht nur für einzelne Bereiche seines Lebens (Diffusität). In einer Reihe von Bereichen gelten für jedes Familienmitglied unterschiedliche Normen, etwa entsprechend dem Alter (Partikularismus). Die Eltern lieben und schätzen ihr Kind nicht primär auf Grund von Leistungen, sondern weil es

Normative Grundstruktur der Sozialbeziehungen in der Familie und in der Schule nach Parsons (Pattern Variables)

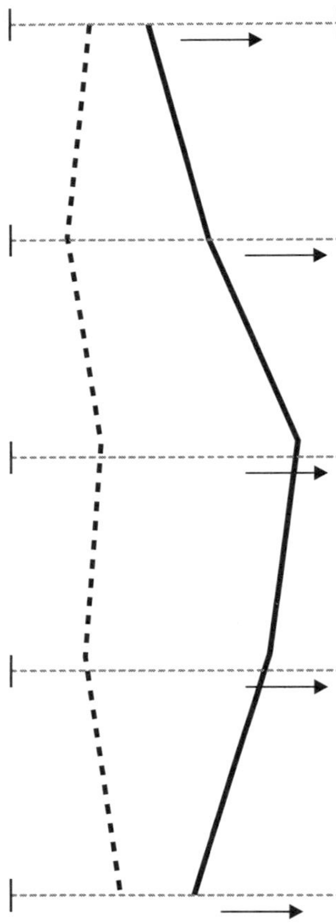

Affektivität
Der Handelnde kann seine affektiven Reaktionen (Zuneigung, Zorn, Enttäuschung, ...) voll in die Interaktion einbringen.

Affektive Neutralität
Der Handelnde unterdrückt affektive Impulse.

Diffusität
Die Interaktion umfasst sämtliche Bereiche der Persönlichkeit.

Spezifität
Die Interaktion wird beschränkt auf spezifische Bereiche.

Partikularismus
Normen und Maßstäbe werden auf die einzelnen Interaktionspartner abgestimmt.

Universalismus
Für alle gelten die gleichen Normen.

Zuschreibung, Qualität
Der Handelnde wird beurteilt auf Grund von Qualitätsmerkmalen (z.B. soziale Herkunft, Zuneigung), die er nicht durch eigene Leistung erworben hat.

Leistung
Der Handelnde wird ausschließlich beurteilt nach seiner Leistung.

Kollektivorientierung
Private Interessen werden den Interessen der Gemeinschaft untergeordnet (Gemeinschaftsbewusstsein).

Selbstorientierung
Eigene Interessen haben Vorrang.

Für die in dieser Spalte stehenden Orientierungen gebraucht Parsons auch den Oberbegriff »partikularistisch«.

Für diese 5 Orientierungen verwendet Parsons den Oberbegriff »universalistisch«.

Die eingezeichneten Profile (Familie gepünktelt, Schule durchgezogene Linie) stellen die idealtypische normative Grundstruktur der beiden sozialen Kontexte Familie und Schule dar. Die Pfeile sollen andeuten, in welche Richtung sich die Werte in den höheren Klassen verschieben werden.

ihr Kind ist (Qualität). In vielen außerfamiliären gesellschaftlichen Bereichen sind dagegen eher affektive Neutralität und Spezifität (also lediglich die Beachtung bestimmter Aspekte der Persönlichkeit, wie z.B. Können, Pünktlichkeit und Gewissenhaftigkeit bei der Aufgabenerfüllung) gefragt. Andere Orientierungen würden zu Störungen im Arbeitsablauf, etwa in einem Betrieb oder einem Großraumbüro führen. In egalitären Gesellschaften gelten für alle die gleichen Regeln (Universalismus), und das einzige Kriterium der Wertschätzung in vielen Institutionen ist die Leistung. Das soll nicht heißen, dass generell sämtliche Lebensbereiche derart strukturiert seien. Freundschafts- und Liebesbeziehungen, der familiäre Kontext und etwa Beziehungen in verschiedenen Vereinen sind durch hohe Affektivität bestimmt, diffus und partikularistisch. Menschen werden dort um ihrer selbst willen und nicht auf Grund ihrer Leistung geschätzt. Aber es ist notwendig, dass Kinder zu den bis dahin vertrauten Orientierungen neue hinzulernen, um mit den verschiedensten sozialen Anforderungen zurechtkommen zu können. Dies geschieht in der Grundschule dadurch,

- dass in ihr die sozialen Beziehungen gegenüber den Beziehungen in der Familie eher affektiv neutral sind,
- dass in der Schule nicht die ganze Schülerpersönlichkeit interessiert, sondern nur bestimmte Aspekte des Verhaltens, wie Lernen und Disziplin (»Das gehört nicht hierher«, sagen Lehrer häufig, wenn Schüler die Interaktion »diffus« gestalten wollen, etwa von ihrer Oma oder von ihrem Goldhamster erzählen ...),
- dass für alle Schüler der Klasse die gleichen Regeln gelten und alle nach dem gleichen Maßstab bewertet werden (Universalismus),
- dass Anerkennung und Belohnungen, wie etwa Noten, nicht auf Grund bestimmter unverdienter Eigenschaften (soziale Herkunft, Geschlecht, Sympathie), sondern ausschließlich nach dem Kriterium der Leistung vergeben werden.

Für die Kinder ist diese Umorientierung schmerzlich. Grundschullehrer und -lehrerinnen bemühen sich, allzu große Brüche zu vermeiden (vgl. S. 145 ff.). Von besonderer Bedeutung ist dabei nach Parsons die Tatsache, dass die meisten Lehrkräfte in der Grundschule Frauen sind. Es ist den Kindern relativ leicht möglich, sich mit der Lehrerin zu identifizieren. Der Umgang der Lehrerin mit den Schülern steht in einer gewissen Kontinuität mit den mütterlichen Interaktionen. Aber sie sind gleichzeitig auch anders, weil sie sich bereits den besonderen Interaktionsregeln, die für die Schule gelten, annähern und nicht mehr auf ein einzelnes Kind, sondern die ganze Klasse bezogen sind. Durch die Identifizierung mit der Lehrerin fällt es den Kindern leichter, die neuen sozialen Regeln zu übernehmen und zu internalisieren. Sie werden zudem nur langsam eingeführt, und über eine längere Zeit bestehen die beiden Regelsysteme mehr oder weniger nebeneinander. Je länger aber Kinder in die Schule gehen, umso mehr werden sich die geltenden Regeln in Richtung affektiv neutraler, spezifischer, universalistischer und an Leistung orientierter Interaktionen verschieben.

Parsons hat in erster Linie das Funktionieren der Gesellschaft im Auge und analysiert den Beitrag, den die Grundschule für das übergeordnete System der Gesellschaft erbringt. Die Schüler selbst, vor allem ihr Widerstand gegen und ihr Leiden an den neuen Regelungen stehen im Hintergrund. Er betont zwar, dass das Erlernen der neuen Orientierungen in der Grundschule schonend geschehe. Aber die psychischen Kosten, die dieser Prozess verursacht, sind nur am Rand Gegenstand seines Interesses. Gerade diese Perspektive ist aber für unseren Zusammenhang wichtig. Auch wenn die Grundschullehrerin den Schulanfängern in hohem Maß entgegenkommt, auch wenn der soziale Umgang durch relativ hohe Affektivität und durch eine gewisse Diffusität gekennzeichnet ist, auch wenn sie die Wertschätzung der Schülerinnen und Schüler nicht nur von Leistung abhängig macht (vgl. die pädagogischen Prinzipien für den Anfangsunterricht S. 293 ff.) und etwa im Rahmen von Freier Arbeit (S. 207 ff.) universalistische Regelungen zu Gunsten eher partikularistischer aufgelockert sind, es ist unverkennbar, dass mehr und mehr Affektivität zurückgenommen werden muss, dass die soziale Interaktion sich wesentlich als unterrichtliches Geschehen darstellt und damit eher spezifisch ist, dass Regeln und Bewertungsmaßstäbe für alle gelten (Universalismus) und dass sich die Leistung als Grundlage von Anerkennung im Lauf der Schuljahre mehr und mehr in den Vordergrund schiebt. Schüler können das als schmerzlich erleben. Sie haben das Empfinden, die Lehrerin bringe ihnen zu wenig Liebe entgegen, habe zu wenig Interesse an ihnen. Sie fühlen sich durch universalistische Regeln eingeengt. Das erzeugt ein diffuses Unbehagen, das die Schüler nicht adäquat benennen und dessen Gründe sie nicht so ohne weiteres identifizieren können. Unlustgefühle, Vorbehalte gegen Schule bauen sich auf, zumal wenn andere Schwierigkeiten noch hinzukommen. Das kann massive Auswirkungen auf den Lernerfolg haben. Erst- und Zweitklässler lernen vor allem, um von ihrer Lehrerin anerkannt zu werden. Wenn die Beziehung zu ihr nicht stimmt, kann dies bis zum Schulversagen führen.

Hier ein Beispiel, wie ein Schüler auf die Zurückweisung des Wunsches nach einer »diffusen« Interaktion, bei der sein außerschulisches Können gebührend Beachtung findet, reagieren kann.

> *»Rudolf, siebenjähriger Sohn einer kinderreichen Bauernfamilie, die auf einem Einödhof im nördlichen Bodenseehinterland lebt, bringt seiner Lehrerin an einem der ersten Schultage als Geschenk und Zeichen seiner besonderen Zuneigung ein Vogelhäuschen mit. Er hat es, so berichtet er stolz und selbstbewusst, ganz ohne fremde Hilfe gebaut. Er versteht nicht nur geschickt mit Hammer und Säge umzugehen, sondern ist bereits in einer Reihe bäuerlicher Tätigkeiten erfahren. Seine Eltern loben ihn überhaupt als recht anstellig, verlässlich und selbstständig bei der Ausführung alltäglicher Verrichtungen. …*
> *So macht Rudolf für die Lehrerin ein Vogelhaus als Zeichen seiner hochgespannten sozialen Erwartungen in die künftige Beziehung zu ihr und an das neue Lebensfeld Schule. Rudolfs Geschenk wird wohl angenommen, es findet seinen Platz bei anderen »Anschauungsmaterialien«. …*
> *Aus dem selbstbewussten, hilfsbereiten und verständigen Kind wird nach wenigen Schulwochen ein stummer, »gering motivierter« Schüler, der seine aufgestauten vitalen Bedürfnisse und Ansprüche nur noch an den Randzonen des Feldes, im Pausenhof*

> *und auf dem Schulweg, einbringen kann. Er wird zum Rowdy, zum streitsüchtigen Angeber. Die Lehrerin diagnostiziert überdies »Legasthenie«* ... (Maurer 1976, S. 56f.)

Wie kann die Grundschullehrerin – unbeschadet der von Parsons charakterisierten wichtigen Sozialisationsaufgaben der Schule – in den ersten Klassen den Kindern einen möglichst problemlosen Übergang von den familiären Interaktionsmustern zu denen, die später in der Erwachsenengesellschaft gelten und die auch in der Schule mehr und mehr an Bedeutung gewinnen, ermöglichen? Welche Möglichkeiten hat sie, affektive Zuwendung zu zeigen, auf das Bestreben der Kinder nach diffusen Interaktionen einzugehen, partikularistische Regelungen zu dulden und das Kriterium der Wertschätzung auf Grund von Leistung aufzulockern? Folgende Möglichkeiten bieten sich an:

- Einen ungekünstelten, herzlichen Umgang mit den Kindern pflegen (Sprache, Tonfall, Mimik, Körperkontakt).
- Montagmorgenkreis und Abschlusskreis am Freitag.
  Dabei können persönliche Erlebnisse erzählt, eine Geschichte vorgelesen, gemeinsame Vorhaben besprochen werden.
- Kleine, gemeinsam vorbereitete Feste.
- »Gedenkminute« an ein krankes Kind.
  Wenn ein Kind krank ist, denken z.B. immer um 10 Uhr Schüler und die Lehrerin an die nicht anwesende Miriam und wünschen ihr still, dass sie bald wieder gesund wird
- Ausstellungstisch im Klassenzimmer.
  Hier können die Kinder ihnen wichtige Gegenstände eine Zeit lang auslegen.
- Mitbringen und Vorstellen eines Buches, Lieblingsspielzeugs.
- Einrichtung eines »Briefkastens«.
  Hier können »Briefe« an einen Mitschüler oder die Lehrerin eingeworfen werden. Der Briefkasten wird dann regelmäßig an einem bestimmten Tag geleert.
- Geburtstagskalender und »Geburtstagsritual«.
  Z.B. Vorlesen einer Geschichte, das Geburtstagskind darf sich zur Musik unter ein Schwungtuch legen, das die Kinder sanft zum Rhythmus der Musik schwingen.
- Anlegen eines Ichheftes.
  In das Ichheft schreibt das Kind Dinge, die es persönlich bewegen, die es interessieren, über die es etwas schreiben möchte, z.B. etwas über den Wellensittich zu Hause, den Besuch beim Opa, den letzten Sonntagsausflug.
- In bestimmten Zeitabständen gemeinsames Vesper/Frühstück im Klassenzimmer.
- Feiern eines Buchstabenfestes, wenn alle Schüler der Klasse alle Buchstaben lesen und schreiben können.
  Hier geht es zwar um Leistung, aber nicht um die eigene, die mit der von anderen verglichen wird, sondern die Leistung aller.
- Offener Unterrichtsbeginn im Zusammenhang mit Freier Arbeit.

Schuleintritt als Selbstbildkrise und Krise des Selbstwertgefühls

Die meisten Kinder kommen mit einer sehr hohen Selbsteinschätzung ihres Könnens in die Schule.

Eltern reagieren schon auf das Verhalten von Säuglingen mit überschwänglicher Zustimmung und Bewunderung. Was immer das Baby tut, die Mutter bzw. der Vater lächeln es an, bewundern es, stimmen ihm zu, vermitteln ihm, dass es »in Ordnung« ist. Das bekannte Wort des amerikanischen Psychologen Winnicott (1974), wonach das Auge der Mutter der Spiegel ist, in dem das Kind sich selbst sieht und sich hierbei als wertvoll oder »nicht in Ordnung« erlebt, weist darauf hin, wie wichtig solche zustimmenden Reaktionen für das »Selbstwertgefühl« des kleinen Kindes, aber auch des späteren Erwachsenen sind. Jeder Mensch trägt neben dem realen Bild der eigenen Person in sich ein diffuses, kaum bewusstes Idealbild seiner selbst, welches ihm die Gewissheit gibt, bei allen Fehlern letztlich doch »in Ordnung« zu sein. Dieses Ideal-Selbst, dessen Wurzeln in der frühen Mutter-Kind-Beziehung liegen, kann als eine Art »Puffer« wirken, um Tiefschläge abzufangen. Freilich verfügen nicht alle Menschen in gleichem Maß über eine derartige Pufferung (Henseler 1976).

Die elterliche Zustimmung und Bewunderung setzt sich fort, wenn das Kind älter wird: die ersten kindlichen Tätigkeiten, Krabbeln, Laufen, die ersten Worte, das sich Anziehen- und Ausziehenkönnen, die Fahrt mit dem Dreirad und erst recht mit dem Kinderfahrrad, der Sprung in das Becken im Schwimmbad, alles ist in der Regel Gegenstand der Bewunderung seitens der Eltern. Kinder brauchen diese Bewunderung, erleben sie doch auch immer wieder, wie klein und ohnmächtig sie sind, wie viel ihnen die Erwachsenen voraushaben.

Aus dieser mehr oder weniger pauschalen elterlichen Zustimmung und Bewunderung resultiert bei den meisten Kindern ein überhöhtes positives Selbstbild. So kann es leicht auch zu einer überhöhten Selbsteinschätzung des Könnens hinsichtlich des noch unbekannten Bereichs Schule kommen.

Das gilt für die meisten, aber nicht für alle Kinder. Manche kommen mit wenig Selbstvertrauen und einem sehr niederen Selbstbild in die Schule. Sie können kaum glauben, dass sie etwas zu Wege bringen (vgl. das Fallbeispiel »Martin« auf S. 194). Das kann daher rühren, dass ihnen die Eltern alles abgenommen haben und sie zu wenig die Erfahrung eigenen Könnens machen konnten. Dabei darf nicht übersehen werden, dass heutige Kinder durch die weit gehende Technisierung der Haushalte und die Ersetzung überschaubarer Einkaufsläden durch Supermärkte möglicherweise weniger Felder haben, ihre Kompetenzen zu entwickeln, um dadurch zu einer positiven Selbsteinschätzung zu gelangen. Es können aber auch für das Kind ungünstig ausgefallene Vergleiche mit Geschwistern oder Abwertungen von Seiten der Eltern die Ursache sein. Manche Eltern halten ihr psychisches Gleichgewicht dadurch aufrecht, dass sie ihre Kinder abwerten, indem sie negative Aspekte ihres eigenen Selbst auf diese projizieren und an ihnen das kritisieren, was sie an sich selbst nicht sehen wollen oder sehen können.

Die hohe Selbsteinschätzung zu Beginn der ersten Klasse ist durch eine Reihe empirischer Untersuchungen belegt. Sie erhält aber einen deutlichen Knick nach unten im dritten oder auch schon in der zweiten Hälfte des zweiten Schuljahrs. Dabei handelt es sich allerdings um Mittelwerte. So ist nicht auszuschließen, dass für einzelne Kinder Prozesse der Selbstabwertung schon viel früher beginnen. Die auf S. 192ff. geschilderten Fallbeispiele stammen aus der ersten Klasse.

Wegen der großen Bedeutung der Selbsteinschätzung eines Kindes für seine Persönlichkeits- und Leistungsentwicklung sollten Lehrerinnen und Lehrer dem Selbstbild eines Kindes besondere Aufmerksamkeit schenken.

Hierzu sollen zunächst einige psychologische Sachverhalte geklärt werden.

Selbstbild und Selbstwertgefühl

Ein Mensch nimmt nicht nur die Umwelt wahr, er nimmt auch sich selbst wahr. Nach Newcomb (1969) ist das Selbst (= Selbstkonzept) das, was das Individuum von sich selbst wahrnimmt, nach Helmke (1997) eine interne kognitive Repräsentation des Wissens über sich selbst. Rogers (1973) versteht darunter eine veränderliche und doch konstante Struktur gegliederter Erfahrungen über die Eigenheiten des Ichs und die Beziehungen des Ichs.

Vereinfacht können wir das Selbstkonzept als eine naive (weil nicht genügend geprüfte) »Theorie« des Menschen über sich selbst bezeichnen. Mit Hilfe des Selbstkonzepts beantwortet er die Frage: wer bin ich?

Rosenberg (1965) versteht unter Selbstkonzept die Einstellung eines Menschen gegenüber sich selbst. In dieser Definition kommt zum Ausdruck, dass Aspekte der eigenen Person nicht nur wahrgenommen, sondern auch zugleich bewertet werden (Einstellungen implizieren immer auch einen bewertenden Aspekt). Auf das eigene Selbst bezogene Vorstellungen gehen häufig mit Bewertungen einher; man ist mit sich zufrieden oder nicht. Je nach Bereich können solche Vorstellungen von sich selbst sehr »ich-nah« und deswegen Ursache von Glück, aber auch von Verzweiflung sein. Das Selbstbild wird so zur Grundlage des Selbstwertgefühls. Unter dem Selbstwertgefühl verstehen wir deshalb die bewertende, affektiv getönte Einstellung sich selbst gegenüber. Es ist Ausdruck davon, in welchem Ausmaß sich eine Person als wertvoll und liebenswert empfindet. Dabei können ganz unterschiedliche Bereiche den Kern dieses Selbstwertgefühls ausmachen: Schönheit, Intelligenz, Leistung, Reichtum, moralische Integrität und anderes mehr.

Inhaltliche Dimensionen des Selbstkonzepts

Grundsätzlich kann ein Mensch hinsichtlich aller Bereiche, die etwas mit ihm zu tun haben, ein Selbstbild aufbauen. Aber nicht alles ist uns gleichermaßen bedeutsam. Was uns wichtig ist, hängt in hohem Ausmaß von soziokulturellen Bedingungen ab.

Ob man ein guter Spurenleser ist oder nicht, ist in unserer Gesellschaft kaum Teil des Selbstbildes. Ob man sich als Sünder fühlt oder nicht, war für das Selbsterleben der Menschen früher zentral; heute gilt das nur noch für wenige. Anders ist es mit Intelligenz, Aussehen, körperlicher Kraft, Fitness, Gesundheit, Alter, verschiedenen Bereichen des Könnens, der Wirkung auf andere, sozialer Beliebtheit und sozialer Kompetenz. Für einen Schüler dürfte vor allem seine schulische Leistungsfähigkeit und sein Ansehen bei den Klassenkameraden im Selbstbild repräsentiert sein.

Das Selbstbild ist keine einheitliche Größe. Es muss vielmehr als differenziertes, vielschichtiges und teilweise hierarchisch geordnetes System begriffen werden (Krapp 1997). Deswegen sollte man besser von den Selbstbildern als von *dem* Selbstbild sprechen. Dies gilt auch für die verschiedenen schulischen Bereiche. Schüler, die sich für gute Rechner halten, schätzen sich nicht automatisch auch in Deutsch oder Sport als gut ein.

Nach Allport (1970) lassen sich drei Dimensionen des Selbstbildes unterscheiden:

(1) innen – außen, zentrales Selbst – Randselbst,
(2) privates Selbst – Präsentationsselbst,
(3) reales Selbst – ideales Selbst.

Zu (1): Welche Selbstbildinhalte bei einem Menschen zum Randselbst und welche zum zentralen Selbst gehören, steht nicht von vornherein fest. Zum »zentralen Selbst« kann beim einen die Einschätzung seiner Intelligenz, zum Randselbst seine sportliche Kompetenz gehören. Bei einem andern ist es gerade umgekehrt. Hier spielt das individuelle Wertsystem eine entscheidende Rolle. Je zentraler, oder wie oben formuliert wurde, je ich-naher der im Selbstbild repräsentierte Aspekt der Persönlichkeit, umso größer seine Relevanz für das Selbstwertgefühl.

Zu (2): Jemand mag sich nach außen als »strahlender Könner« präsentieren, der alles im Griff hat (Präsentationsselbst), innerlich aber fühlt er sich eher unsicher und überfordert (privates Selbst).

Zu (3): Neben dem realen Selbst, der Einschätzung, wie sie wirklich sind, haben Menschen auch ein ideales Selbst, Wunsch- und Zielvorstellungen, an denen sie sich messen. Eine zu hohe Diskrepanz zwischen realem und idealem Selbst ist häufig eine Quelle von persönlichem Leid und kann zu einem neurotisierenden Faktor werden.

Das Selbstbild von Grundschülern. Wie erklären sie Erfolg und Misserfolg?

Kinder verfügen bereits über ein Selbstbild, wenn sie in die Schule kommen. Die bisher vorliegenden Ergebnisse empirischer Forschung (vgl. Geppert 1997) weisen aber darauf hin, dass sie noch nicht in der Lage sind, sich adäquat einzuschätzen. Gründe hierfür könnten sein,

- dass sie Wunsch und Realität verwechseln,
- dass ihr Denken von der Vorstellung geprägt ist »wenn ich will, kann ich auch«,
- dass sie »ich kann nicht« als »ich kann *noch* nicht« interpretieren,
- dass soziale Vergleichsprozesse mit anderen noch wenig durchgeführt werden. Systematische Vergleichsprozesse mit anderen Schülern finden erst ab dem 7. oder 8. Lebensjahr statt. Hierfür bietet die Schulklasse dann allerdings genügend Möglichkeiten, vor allem, wenn Ziffernnoten leichte Vergleichsprozesse ermöglichen oder solche vom Lehrer forciert werden.

Die inadäquate Selbsteinschätzung ist mit Grund für den, vor allem im ersten Schuljahr anzutreffenden Überoptimismus. Erst ab dem zweiten Schuljahr kommt es zu signifikanten Korrelationen zwischen der Selbsteinschätzung eines Schülers und seinen objektiven Leistungen. In höheren Klassen wird dieser Zusammenhang enger, er bleibt aber von Klasse zu Klasse unterschiedlich (Helmke 1991, 1997).

Was die Entwicklung des schulischen Fähigkeitsselbstbildes bei Grundschülern anbelangt, verweisen die meisten empirischen Befunde auf einen linearen Abfall im Verlauf der Grundschulzeit (vgl. Helmke 1991; Rosenfeld/Valtin 1997). So zeigte die von Weinert und Helmke (1997) durchgeführte große bayerische Grundschuluntersuchung (Scholastikstudie), dass es in Mathematik und Deutsch zu einer deutlichen Abnahme der Höhe der Selbsteinschätzung (diese wurde in der Weise erhoben, dass die Kinder angeben sollten, wie sie sich in einer Reihe von Aufgabengebieten und Schulfächern – verglichen mit den anderen in ihrer Klasse – einschätzen) ab dem zweiten Schuljahr und vor allem deutlich beim Wechsel von der zweiten in die dritte Klasse kommt. Dieser Trend war bei unterdurchschnittlich intelligenten Schülern wesentlich stärker ausgeprägt als bei durchschnittlich und überdurchschnittlich Begabten. Gleichzeitig sank die Lernfreude in diesen Fächern. Unklar sind die Gründe, die zu diesem Abfall in der Selbsteinschätzung in der dritten Klasse führen. Ist es die zunehmende kognitive Kompetenz, die eine adäquatere Selbsteinschätzung ermöglicht? Spielen soziale Vergleichsprozesse eine zunehmende Rolle? Ist es die beginnende Bewertung mit Ziffernnoten? Spielen der nach der zweiten Klasse in vielen Schulen übliche Lehrerwechsel, der damit einhergehende veränderte Unterricht und die veränderte Lehrer-Schüler-Beziehung eine Rolle oder macht sich der zunehmende Leistungsdruck wegen des baldigen Übergangs auf weiterführende Schulen bemerkbar?

Erste Hinweise, dass auch unterrichtliche Faktoren die Selbstbildentwicklung und die Lernfreude beeinflussen, liefert die genannte Grundschuluntersuchung zumindest für das Fach Mathematik. Danach wirken sich ein effizientes Klassenmanagement (Zeitnutzung, Klassenführung), ein klarer, gut strukturierter, gut verständlicher Unterricht, individuelle Unterstützung und Passung von Anforderungen und bisherigem Kenntnisstand positiv auf das Fähigkeitsselbstbild in Mathematik aus. Für das Fähigkeitsselbstbild in Deutsch konnten keine eindeutigen Zusammenhänge festgestellt werden. Für die Lernfreude in Deutsch *und* Mathematik spielen zusätzlich zu den genannten Faktoren das soziale Klima und die Motivierungsqualität des Unterrichts eine Rolle (vgl. Helmke 1997).

Sicher dürften für die Höhe der individuellen Selbsteinschätzung auch die Bezugsgruppe und das Ausmaß, in dem ein Lehrer soziale Vergleichsprozesse fördert, relevant sein (Helmke 1991).

Eine andere Frage ist, worauf die Schüler ihren Erfolg oder ihren Misserfolg zurückführen. Empirische Untersuchungen haben ergeben, dass erst ab der vierten Klasse Schüler die vier, aus der Kausalattribuierungsforschung (S. 217 ff.) bekannten Ursachen, die hauptsächlich zur Erklärung von Erfolg und Misserfolg herangezogen werden, nämlich Begabung, Anstrengung, Aufgabenschwierigkeit und Zufall (vgl. Weiner 1975) voneinander unterscheiden.

Entwicklungspsychologisch verläuft diese Differenzierung in folgenden Teilschritten: Zuerst lernen die Kinder zwischen ihrer eigenen Tüchtigkeit und der Aufgabenschwierigkeit zu unterscheiden. Aber erst mit 7–9 Jahren führen Kinder Misserfolg bei sehr schweren und Erfolg bei leichten Aufgaben nicht mehr auf ihr Können, sondern auf die Aufgabenschwierigkeit zurück.

Fast über die ganze Grundschulzeit hinweg suchen die Schüler die Gründe für ihren Erfolg und ihr Versagen bei sich selbst und zwar zunächst in mangelnder Anstrengung. Schlechte Leistungen werden in den ersten Klassen vor allem darauf zurückgeführt, dass man nicht aufgepasst und nicht zugehört hat. Wahrscheinlich sind die Schüler auch immer wieder ermahnt worden, aufzupassen. In späteren Klassen kommt zum Aufpassen die sorgfältige Erledigung der Hausaufgaben hinzu. Der entscheidende Ursachenfaktor für gute oder schlechte Leistungen wird in der Anstrengung gesehen (Ries 1991; Faust-Siehl/Schweitzer 1992). Erst allmählich wird innerhalb des Tüchtigkeitsfaktors auch zwischen Anstrengung und Begabung unterschieden.

Nach Heckhausen (1983, 1984) gliedert sich erst allmählich aus dem globalen Konzept von »Tüchtigkeit« auch der Faktor Fähigkeit im Sinne von Begabung aus. Dabei nehmen die Kinder in einem Übergangsstadium an, dass mehr Anstrengung auch mit mehr Begabung verbunden ist. Heckhausen sieht darin eine gewisse Schutzfunktion gegenüber deprimierenden Rückschlüssen auf eigene Tüchtigkeitsmängel. »Je mehr es (das Kind) sich selbst bei sehr leichten Aufgaben anstrengt, um noch ein bescheidenes Ergebnis zu erreichen, umso tüchtiger (fähiger) muss es sich nach dem Kopplungsschema erleben« (Heckhausen 1983). Das würde allerdings voraussetzen, dass die Kinder zwischen Begabung und Anstrengung unterscheiden. Wahrscheinlicher ist, dass die beiden Konzepte noch gar nicht unterschieden werden.

In den oberen Grundschulklassen wird auch der Faktor Zufall als Ursache für Erfolg oder Misserfolg genannt.

Der Vorstellung, dass Schüler lange Zeit nur mangelnde Anstrengung für Versagen verantwortlich machen, widersprechen allerdings die Erfahrungen vieler Lehrer, dass Schüler, wenn sie wiederholt ihr eigenes Versagen erleben, durchaus Zeichen der Entmutigung zeigen. Viele haben ja auch erlebt, dass sie sich angestrengt haben und trotzdem keinen Erfolg hatten.

Wenn in empirischen Untersuchungen festgestellt wurde, dass Schüler in den ersten Grundschulklassen das Konzept der Begabung von dem der Anstrengung noch nicht unterscheiden, mag dies damit zusammenhängen, dass es einen gravierenden

Unterschied ausmacht, ob Schüler mit der eher abstrakten Frage, worauf sie ihre Leistungen zurückführen, konfrontiert werden, oder ob sie konkret dieses Versagen erleben. Möglicherweise fehlen ihnen auch noch die Begriffe für eine zutreffende Erklärung. Das Gefühl der Ohnmacht, trotz Anstrengung nichts zu erreichen, kann schon viel früher ausgebildet sein.

Selbsteinschätzung und Leistung

Für den Zusammenhang zwischen der Selbsteinschätzung und der erzielten Leistung lassen sich zwei Kausalrichtungen denken. Der sogenannte Skill-Development-Ansatz geht davon aus, dass die wahrgenommene Leistung das Selbstbild beeinflusst. Der Self-Enhancement-Ansatz betont die umgekehrte Richtung. Danach beeinflusst das Fähigkeitsselbstbild die Leistung. Es ist anzunehmen, dass beide Einflussrichtungen eine wichtige Rolle spielen. Das konnte in der zitierten Scholastikstudie von Weinert und Helmke (1997) in den Fächern Mathematik und Deutsch für die erste und zweite Klasse auch nachgewiesen werden. In Klasse 3 und 4 sprechen die Ergebnisse eher für den Skill-Development-Ansatz, nach dem Selbsteinschätzung vor allem das Ergebnis der wahrgenommenen Leistung ist. Es wäre aber falsch, aus diesem Ergebnis zu schließen, dass in den späteren Klassen die Selbsteinschätzung für die Leistung unerheblich sei. Dem würden nahezu sämtliche Ergebnisse der Lernmotivationsforschung widersprechen (vgl. Heckhausen 1977; Heckhausen ^{2}1987; Helmke 1992; Rheinberg 1995). Zwischen Fähigkeitsselbsteinschätzung und erbrachter Leistung stehen als vermittelnde Variable Erfolgszuversicht bzw. Misserfolgsorientierung, Anstrengungsinitiierung und Anstrengungsintensität (Helmke 1993). Wer auf Grund seines ungünstigen Fähigkeitsselbstbilds von vornherein nur mit Misserfolg rechnet, wird eher geneigt sein, entsprechenden Aufgaben aus dem Weg zu gehen oder den Beginn der Aufgabenerledigung zu verzögern. Die Arbeit wird durch den entmutigenden und von der Aufgabenbewältigung ablenkenden Gedanken »Ich schaffe es ja doch nicht« gestört. Und er wird bei auftretenden Schwierigkeiten rasch geneigt sein, aufzugeben (vgl. Knörzer 1979).

Determinanten des Selbstbildes

Welche Informationen legen Menschen der Konstruktion ihres Selbstbildes zu Grunde? Nach Filipp (1987) lassen sich folgende Quellen unterscheiden:

1. Direkte Fremddefinition durch andere
   So sagt etwa ein Lehrer zu einem Schüler »Du bist aber klug«, oder der Vater zu seinem Sohn »Das ist deine Stärke«. Nun lässt sich ein Mensch nicht ohne weiteres »von außen«, durch andere, in seinem Selbstbild bestimmen. Wir übernehmen nicht einfach das Selbst, das andere uns nahe legen oder aufdrängen.

Mead (1968) macht auf die aktive Auseinandersetzung des Individuums mit solchen Fremddefinitionen aufmerksam, wenn er zwischen »Me« und »I« unterscheidet. Das »Me« ist die Selbstwahrnehmung aus der Perspektive des andern, das von anderen übernommene Bild von uns selbst. Aber dem setzen wir unsere eigene Sicht von uns selbst gegenüber, in der Terminologie von Mead, auf das »Me« antworten wir als »I«.
Das Individuum lässt sich also nicht einfach von außen definieren. Man muss allerdings davon ausgehen, dass bei Kindern die Macht der Fremddefinition übergroß ist. Wichtige Variablen hinsichtlich der Übernahme von Fremddefinitionen sind die Übereinstimmung der »etikettierenden« Personen (Meinen alle Lehrer, ich sei dumm, oder sagt das nur der Mathematiklehrer?), die vermutete Kompetenz des Definierenden (Sagt es der Lehrer oder der kleine Bruder), und, ob in diesem Bereich bereits ein Selbstbild aufgebaut wurde und wie sicher die Selbsteinschätzung ist.

2. Indirekte Fremddefinition
Ebenso wichtig und vielleicht noch wirksamer als direkte sind indirekte Fremddefinitionen. Sie laufen versteckt ab, werden aber von den Betroffenen erschlossen. Ein Lehrer gibt etwa dem einen Schüler nur leichte Fragen, dem anderen hauptsächlich schwierige. Damit gibt er indirekt auch eine Stellungnahme darüber ab, wem er die Beantwortung schwerer Fragen zutraut und von wem er richtige Antworten nur bei leichten Fragen erwartet, wen er für begabt hält und wen nicht. Oder ein Lehrer wiederholt seine Frage, wenn ein bestimmter Schüler nicht gleich antwortet, stellt Zusatzfragen, gibt Hilfen; bei einem anderen aber ruft er gleich den nächsten auf. Damit gibt er zu erkennen, von welchem Schüler er noch eine Antwort erwartet, von welchem nicht. Das kann eine versteckte Begabungseinschätzung sein. Auch übertriebenes Lob (bei einfachen Leistungen) Tadel (von dir hätte ich mehr erwartet!) oder Mitleid können als indirekte Information über die Fremdeinschätzung verwendet werden.
3. Sozialer Vergleich
Menschen nehmen vor allem dann einen sozialen Vergleich vor, wenn die Kriterien für die Bewertung der eigenen Handlungen oder des eigenen Leistungsergebnisses unsicher sind (Festinger 1954). So wird ein Schüler, dem eindeutige Maßstäbe dafür fehlen, wie er sich einzuschätzen hat, diese Unsicherheit durch einen sozialen Vergleich zu beheben versuchen. Wir haben bereits darauf hingewiesen, dass in den ersten beiden Klassen Grundschüler anscheinend nur in Grenzen dazu fähig sind (vgl. S. 184).
4. Selbstbeobachtung
Bei einer Reihe von Leistungen, bei denen die Kriterien für die Beurteilung eindeutig sind, wie etwa beim Radfahren oder Schwimmen, kann die Selbstbeobachtung zur Selbsteinschätzung herangezogen werden. Überhöhte Selbsteinschätzungen werden dadurch abgebaut werden, dass man auf diese Weise sehr hautnah und eindeutig mit seinen Grenzen konfrontiert wird.

5. Rekonstruktion vergangener Selbsterfahrung und ideale Setzungen (Wunschselbstbilder)
   Gespeicherte Informationen über sich selbst lassen sich abrufen und gegen neue Erfahrungen oder den Druck von Fremddefinitionen stellen. Das Selbstbild eines Menschen kann aber auch massiv durch Wunschvorstellungen und ideale Vorstellungen von sich selbst beeinflusst sein.

Funktionen des Selbstbildes

Unsere Selbsteinschätzung hat drei wichtige Funktionen:

1. Es reduziert Unsicherheit und trägt dazu bei, dass wir neue Situationen adäquat meistern. Alle Schemata, die ein Mensch erworben hat oder die ihm angeboren sind, dienen dazu, in ökonomischer Weise neue Situationen zu meistern. Das gilt auch für das kognitive Schema »Selbstbild«. Mit Hilfe der Selbsteinschätzung sind Vorhersagen über Erfolg und Misserfolg möglich. Man kann Situationen aus dem Weg gehen, in denen Misserfolg befürchtet und solche aufsuchen, in denen mit Erfolg gerechnet wird.
2. Menschen haben das Bedürfnis, das eigene Verhalten als stimmig, vernünftig, einsichtig zu verstehen. Hierbei kommt dem Selbstbild eine erhebliche Bedeutung zu. Viele Verhaltensweisen erscheinen nur auf dem Hintergrund eines bestimmten Selbstbildes als schlüssig.
3. Das Selbstbild sichert das Gefühl von Kontinuität. Mit Hilfe des Selbstbildes ist es zudem möglich, sich über den Fluss wechselnder Ereignisse hinweg als der gleiche, als identisch zu erleben. Das Selbstbild spielt eine entscheidende Rolle, wenn wir uns die Frage beantworten, wer wir sind.

Wenn das Selbstbild eine derartige zentrale Bedeutung für die Reduktion von Verhaltensunsicherheit sowie für die Sicherung der persönlichen Identität hat, wird verständlich, warum Menschen bestrebt sind, ein einmal etabliertes Selbstbild möglichst lange aufrechtzuerhalten.

Der Wunsch nach einem positiven Selbstbild und die Tendenz, das momentane Selbstbild aufrechtzuerhalten

Menschen haben im Regelfall den Wunsch, positiv von sich denken zu können. Dies hängt mit dem von Maslow (1970) postulierten angeborenen Bedürfnis nach Selbstachtung zusammen. Sie versuchen deshalb, ein positives Bild von sich selbst zu gewinnen und dieses aufrechtzuerhalten.

Daneben gibt es eine zweite Tendenz, die auf die Beibehaltung eines einmal etablierten Selbstbildes gerichtet ist. Diese zweite Tendenz hängt mit dem bereits erwähnten Bedürfnis nach Sicherheit und dem Bestreben, eine innere Konsistenz zu wahren, zusammen. Ein einmal etabliertes Selbstbild wird also nur zögerlich umdefiniert. Das gilt auch für ein ungünstiges.

Beide Tendenzen können so in Widerspruch zueinander geraten, so etwa, wenn neue Erfahrungen es nahe legen, das alte, eher ungünstige Selbstbild nach oben zu korrigieren. Es gibt mancherlei Taktiken, sich Umdefinitionen seines Selbstbildes zu widersetzen: Man wählt sich Interaktionspartner oder Situationen aus, die einen im eigenen Selbstbild bestätigen, geht also Situationen aus dem Weg, die eine Uminterpretation nahe legen könnten. Oder man filtert die erhaltenen Informationen: was dem bisherigen Selbstbild entspricht wird wahrgenommen, dem Selbstbild widersprechende Informationen werden weggefiltert. Oder man interpretiert die Informationen um, so dass sie mit dem Selbstbild wieder übereinstimmen.

Dies geschieht vor allem durch die subjektive Erklärung der Ursachen von Erfolg und Misserfolg (vgl. S. 188, 192). Hat man ein positives Selbstbild aufgebaut, ist es selbstwertdienlich, Misserfolge auf Zufall oder mangelnde Anstrengung zurückzuführen. Man könnte, wenn man nur wollte! Viele Menschen schaffen es aber auch nicht, ein einmal etabliertes negatives Selbstbild durch ein günstigeres zu ersetzen, auch wenn eine Reihe positiver Leistungsergebnisse dies nahe legen würde. Erfolge werden als zufallsbedingt uminterpretiert. So bleiben sie bei ihrer ungünstigen Selbsteinschätzung. Der Grund könnte eine Art Selbstschutz sein. Die Angst, sich evtl. doch wieder abwerten zu müssen, ist zu groß.

Schule als Korrektur der bisherigen Selbsteinschätzung

Früher oder später wird für alle Kinder die Schule zur Prüfstelle ihrer Leistungsfähigkeit. Für viele Grundschüler ist es nicht leicht, lesen, schreiben und rechnen zu lernen. Misserfolge bleiben nicht aus und man kann, im Gegensatz etwa zur vorschulischen Zeit, Aufgaben, die nicht gleich gelingen wollen, nicht mehr ausweichen. Dazu kommen soziale Vergleichsprozesse. Auch wenn es noch keine Noten gibt und die Lehrerin den personbezogenen Bewertungsmaßstab (vgl. S. 241 f.) favorisiert, die Kinder vergleichen sich mit anderen. Nicht selten kommt etwa das verschiedentlich praktizierte ganzheitlich-analytische Leseverfahren eine Zeit lang einer positiven Selbstbildtendenz entgegen. Auf Grund der Kenntnis einzelner Wortbilder werden Wörter oder gar ein ganzer Satz erraten. Die Kinder meinen, bereits lesen zu können. Die Krise bricht aus, wenn diese Taktik nicht mehr den gewünschten Erfolg bringt. Hierzu der Bericht einer Lehrerin:

Christian, der zu ungeduldig nach dem Sinn fragte

Christian lernte sehr spät lesen, er hatte sich überhastet. Aus lauter Gier nach Lesenkönnen kam er nicht dazu, sich rasch eine sichere Technik anzueignen. Er war wohl auch nicht gewöhnt, sich bescheiden um etwas zu bemühen, das nicht besonders lockte, weil das Ziel zu mühsam war.

Christian steckte voller uneingestandener Ängste, die er mit Wutausbrüchen und Schimpftiraden zu verdecken suchte. Vielleicht spielte auch beim Lesenlernen seine Angst eine Rolle.
...Wenn Christian die ersten Buchstaben eines Wortes erfasst hatte, platzte er sofort mit dem Wort heraus, das meistens aber falsch war. Wenn das ein paar Mal geschehen war, verließ ihn der Lesemut für den Rest des Tages. Bald gab er das Lesenlernen ganz auf.
Es könnte auch sein, dass er unter den Belastungen des Lernenmüssens ... auf eine psychische Stufe zurückfiel, auf der das Simulieren von Tätigkeiten der Erwachsenen ihm genügt hatte. Er spielte ›Lesen‹, weil er es de facto nicht konnte und das für ihn unerträglich war. Dass es neben ihm Kinder gab, die zweifellos zu lesen verstanden, vergrößerte seine Angst. Der Druck, sich von seinen kindlichen Allmachtsphantasien verabschieden zu müssen, wurde fast unerträglich, die Schule für Christian, das verwöhnte, sensible Einzelkind, zur Qual.
Vielleicht griff er deshalb gleichsam zu einem Trick, den Kinder gerne anwenden, wenn sie ihre Identität durch eine mögliche Niederlage bedroht sehen: Er versuchte es einfach nicht mehr, Lesen zu lernen und redete sich ein, es nicht mehr lernen zu wollen. Denn wenn man das gar nicht will, kann man auch nicht daran scheitern. Trotzdem erreichte ihn der Stolz der anderen Kinder, die lesen konnten und dies bei jeder Gelegenheit zeigten.
Christian begann daraufhin durch sein Gesamtverhalten die Kinder mehr und mehr zu tyrannisieren. Vier Monate lang musste ich ihn vor der Rache der Mitschüler schützen, ihre Geduld und Mitarbeit erbitten. Sie durften sich nicht provozieren lassen, Christian auszustoßen, zum Sündenbock zu machen, seine Sehnsucht nach einer besonderen Rolle mit der Zuschreibung des ›Bösewichts‹ befriedigen. Unmerklich zuerst, aber schließlich für alle erkennbar, veränderte Christian sein Verhalten. Im Januar stellte Benni fest: ›Der Christian ist eigentlich viel netter als früher.‹ Ich baute meinen Schutz ab, nahm nicht mehr so oft seine Partei. Er musste lernen, dass er sich nicht alles erlauben konnte. Es gibt zwar immer noch Wutausbrüche, Aggressionen. Aber sie sind keine ernsthafte Gefahr mehr: Die anderen Kinder haben sich daran gewöhnt, gelassen zu bleiben. Und Christian findet immer schneller ›zu sich selbst‹ zurück, weil er aus Erfahrung weiß, dass die Klasse ihn trotz schlimmer Launen nicht ausstößt. Im März konnte Christian lesen. Er hatte es mit seiner Mutter geübt, bereitwillig jeden Tag. Er hatte Lesen gelernt. Sie hatte gelernt, etwas von ihm zu verlangen. Weil ihr das immer so schwer gefallen war, hatte er vor Beginn der Schulzeit nicht lernen können, sich auch dort einmal anzustrengen, wo es ihn nicht selbst dazu drängte. Er hatte keine angemessene Frustrationstoleranz entwickeln können.
Christian meldete sich zum Vorlesen, obwohl es noch sehr langsam und stockend ging. Er musste jetzt nicht mehr unbedingt der Größte sein. Nun weiß er aus vielen Gesprächen, die wir in der Klasse über die besonderen Probleme einzelner Kinder geführt haben, dass jede Anstrengung anerkannt wird und dass alle sich mitfreuen, wenn ein Kind, das etwas lang nicht konnte, es dann doch geschafft hat. Er weiß auch, dass wir seine klugen Gedanken im Sachunterricht schätzen. Da kann er glänzen. (Moeller-Andresen 1977, S. 13)

Viele Kinder müssen wie Christian ein überhöhtes Selbstbild schmerzhaft nach unten korrigieren. Aber es gibt auch Kinder, die mit einem sehr niederen Fähigkeitsselbstbild bereits in die Schule kommen. Sie haben Schwierigkeiten, überhaupt zu glauben, dass sie etwas gelernt haben und etwas können. Hierzu ein zweiter Lehrerbericht.

Martin, der lesen konnte und es selbst nicht glauben wollte

Martin konnte nach vier Wochen im ersten Schuljahr lesen. Er zog die Buchstaben richtig zusammen. Er erkannte auch das Wort. Aber er glaubte nicht, es richtig getroffen zu haben. Er kam immer wieder zu mir, zögernd von der Seite, hielt mir ein Wort vor und fragte: ›Heißt das etwa Wind?‹ Ich sagte: ›Ja, das heißt Wind.‹ Bald kam er wieder ›Heißt das etwa Regen?‹ Wieder wurde er bestätigt, wieder und wieder. ›Du kannst lesen, Martin!‹ Aber er wollte es nicht glauben. Er war unsicher und wich aus in die bei ihm stets auf der Lauer liegende Überzeugung: ›Ich bin zu dumm dazu.‹
Schließlich setzte ich Renate neben ihn, die konnte eindeutig lesen. Sie sagte ihm nach jedem Wort, das er zusammenbrachte: ›Ja, das ist richtig.‹ Und sie hatte gar keine Gelegenheit, einmal ›nein‹ zu sagen. So blieb es an zwei Tagen in der Lesestunde. Dann war Martin überzeugt: ›Ich kann lesen. Ich, Martin!‹ Es war, als fiele ein Krampf von ihm ab. Später habe ich mit ihm darüber gesprochen, habe es ihm auch einmal geschrieben, dass er sich häufig viel zu wenig zutraue… Und immer, wenn er jetzt vor neuen Schwierigkeiten verzagen will, erinnere ich ihn an diese frühe Erfahrung. Für ihn ist mit der Zeit das Lesenlernen zum Modell für alle Lernsituationen geworden, in denen sein Selbstbewusstsein ihn im Stich zu lassen droht. Wenn er sich daran erinnert, fasst er Mut auch gegenüber großen Schwierigkeiten.
Ohne diese persönliche Erfahrung mit Martin hätte man ihn vielleicht nach einiger Zeit des Versagens bei den nächsten Schritten des Leselehrgangs als ›unbegabt‹ abqualifiziert. Dann hätte sich mit der Zeit solche Prophezeiung nicht nur verstärkt, sie hätte sich selbst erfüllt und die ›Schulschwäche‹ vorprogrammiert…
Manche Kinder haben vor der Schule zu wenig Gelegenheit gehabt, Selbstvertrauen zu entwickeln. Aber auch andere mit kräftigem Selbstvertrauen und an sich guter Begabung fühlen sich in der Schule so fremd, dass sie sich von ihr abwenden und ›unbegabt‹ erscheinen. Wieder andere haben ein so schwaches Selbstvertrauen, dass es unter den Belastungen in der Schule zerbröckelt. (Moeller-Andresen 1977, S. 13)

Es ist für Kinder schwierig, ein überhöhtes Fähigkeitsselbstbild aufzugeben, so schwer wie für uns Erwachsene. Es gilt, vom »Paradies« der Selbstüberschätzung und eigenen Größenphantasien Abschied zu nehmen.

So ist es verständlich, wenn manche Schüler Schwierigkeiten haben, die Erkenntnis zu verarbeiten, dass sie etwas nicht können. Statt sich dies einzugestehen, ignorieren sie die Defizite, oder sie machen sich und anderen etwas vor, eine Taktik, der allerdings nur kurzfristig Erfolg beschert sein wird. Andere Kinder werten den Bereich, in dem die »Kränkung« geschah, ab: Sie sagen etwa »Ich will gar nicht lesen und schreiben lernen« oder »Die Schule ist blöd!«. Wieder andere versuchen die Selbstabwertung dadurch zu kompensieren, dass sie jene persönlichen Seiten hervorkehren, in denen sie sich stark fühlen und mit denen sie Aufmerksamkeit erregen können, etwa indem sie den Klassenclown spielen oder ihre körperliche Stärke demonstrieren. Die Selbstabwertung kann »narzisstische Wut« auslösen, die sich in Selbst- und Fremdaggressionen entlädt. Die Kinder können endlich in geheime Größenphantasien ausweichen und sich in ihren Träumen als groß und überlegen vorstellen.

Lehrer und Lehrerinnen sollten diese oft sehr unangenehmen Verhaltensweisen als Hilferufe erkennen und sich davor hüten, das Kind noch weiter zu »demütigen«. Vor allem sollten sie sich davor hüten, dem Kind das Gefühl zu geben, fallen gelassen, abgeschrieben worden zu sein. Die Schule lässt im Regelfall ihre Versager mit ihren psychischen Problemen allein. Dabei gehört es wohl zu den schwierigsten Aufgaben eines Menschen, sich, auch mit seinen Schwächen akzeptieren zu können. Die pädagogische Aufgabe, hierbei zu helfen, wird oft kaum gesehen.

Was Lehrerinnen und Lehrer beachten sollten

Das Selbstbild von Schulanfängern ist in hohem Maß beeinflussbar. Die Lehrerin ist für die Kinder eine unbestreitbare Autorität, deren Meinung weitgehend kritiklos übernommen wird. Zudem sind die Kinder in ihrer Fähigkeitsselbsteinschätzung noch äußerst unsicher, so dass mit erheblichen Auswirkungen des Lehrerurteils gerechnet werden muss.

- Lehrerinnen und Lehrer sollten darauf hinwirken, dass Leistungsfortschritte bei jedem Kind, unabhängig vom Vergleich mit anderen, registriert und mit Freude akzeptiert werden, von dem betroffenen Kind selbst und von den anderen. Schule sollte als Ort erfahren werden, an dem Fehler machen keine Schande ist, und an dem das Vertrauen wächst, etwas zu können.
- Eventuell sollte der Lehrer oder die Lehrerin eine Zeit lang und ein Stück weit dem Kind in seiner Selbstüberschätzung folgen. Wenn es das Empfinden hat, vom Lehrer als wertvoll eingeschätzt und beachtet zu werden, ist es ihm vielleicht eher möglich, seine Grenzen anzuerkennen, und sich realistischer zu sehen.
- Lehrer sollten den Schülern signalisieren, dass sie ihre Fähigkeiten hoch einschätzen, sie sollten diese durch überhöhte Erwartungen aber auch nicht überfordern. Dass Erwartungen von Lehrern eine Auswirkung auf die Leistungen und wohl auch auf das Selbstbild von Schülern haben, zeigt die Pygmalionstudie[1] (Rosenthal/Jakobson 1971).

1 Der Name Pygmalion geht auf eine antike Sage zurück, wonach ein griechischer König namens Pygmalion auf Zypern die Marmorstatue eines hübschen Mädchens, in die er sich verliebt hatte, durch seine Liebe, zum Leben erweckte. Das Motiv war Vorbild für eine gleichnamige Novelle von Bernhard Shaw und das Musical »My fair lady«.
In der Sozialwissenschaft bezeichnet man unter einem Pygmalioneffekt eine allein auf Grund einer Erwartung ausgelöste Verhaltensänderung.

Die beiden Autoren führten 1964 an Schulanfängern und an Schülern der höheren Klassen einer Grundschule (in Amerika umfasst die Grundschule 6 Klassen) in San Francisco eine Untersuchung durch, die, wenngleich nicht unumstritten, ein weltweites Echo auslöste. In der dortigen Oak School wurden die Grundschüler in drei Züge aufgeteilt, einen A-, B- und C-Kurs. Kriterium für die Zuweisung war die Lesefertigkeit. 100 der insgesamt 650 Schüler waren mexikanischer Abstammung. Diese mexikanischen Schüler galten als weniger leistungsstark und viele von ihnen befanden sich im C-Kurs. Die Schüler wurden von 18 Lehrerinnen und zwei Lehrern unterrichtet. Rosenthal und Jacobson führten nun 1964 bei allen Kindern, auch bei denen, die erst im Jahr darauf in die Schule kamen, einen wenig bekannten Intelligenztest durch, behaupteten aber gegenüber den Lehrern, dies sei ein neuartiger Test, der Aufschlüsse darüber gebe, welche Kinder in den nächsten Jahren in kognitiver Hinsicht große Fortschritte machen und regelrecht »aufblühen« würden. Dann wurden Lehrerinnen und Lehrern Kinder genannt, die sich laut der Testergebnisse besonders gut entwickeln würden, etwa 20% der Schüler jeder Klasse. In Wirklichkeit wurden die Kinder nach Zufall (und nicht nach Testergebnissen) ausgesucht.

Bei diesen, nach Zufall ausgewählten Kindern, konnten im Vergleich zu den anderen Schülern der Klasse, die als Kontrollgruppe fungierten, bei einer im Jahr darauf durchgeführten Untersuchung deutliche Steigerungen des IQ und der Leseleistungen festgestellt werden. Die Kinder wurden darüber hinaus von den Lehrern als intellektuell aufgeschlossener, glücklicher und weniger abhängig von sozialer Anerkennung eingeschätzt. Die Effekte wurden vor allem in der ersten und zweiten Klasse erzielt; ab der dritten Klassenstufe waren zunächst so gut wie keine Unterschiede bemerkbar. Dabei waren die Steigerungen bei Schülern des mittleren Leistungskurses am ausgeprägtesten. Es ergaben sich aber einige Besonderheiten: Je größer der IQ-Anstieg bei den Kindern des obersten Zugs war, um so vorteilhafter wurden sie von ihren Lehrern eingestuft. Genau umgekehrt war es bei den Aufblühern des C-Kurses. Dort wurden die Kinder um so ungünstiger beurteilt, je größer ihr IQ-Anstieg war. Eine Besonderheit ergab sich auch bei den mexikanischen Kindern. Je mehr diese ein mexikanisches Aussehen hatten, um so größer die Steigerungen, wenn sie zu den als »Aufblüher« bezeichneten Kindern gezählt wurden.

Da die Schüler nicht erfahren hatten, wer als vermeintlicher »Aufblüher« ausgesucht worden war, ist anzunehmen, dass die Steigerungen über Lehrererwartungen vermittelt wurden. Irgendwie brachten die Lehrer den ausgewählten Schülern gegenüber zum Ausdruck, dass sie von ihnen besonders viel erwarteten und ihre Fähigkeiten besonders hoch einschätzten. Auf Schülerseite dürfte dabei die Selbsteinschätzung eine besondere Rolle gespielt haben. Dass die Effekte nur bei Schülern der ersten beiden Klasse nachweisbar waren, ist leicht dadurch zu erklären, dass die Lehrer noch keine festen Vorstellungen bezüglich der Leistungsfähigkeit dieser Schülergruppe hatten, also den vermeintlichen Testprognosen für diese Schüler eher glaubten als denen für die Schüler in höheren Klassen, deren Leistungsfähigkeit sie bereits kannten. Vielleicht waren diese jüngeren Schüler auch eher bereit, die über die Erwartungen vermittelten Suggestionen zu übernehmen. Die besonderen Effekte bei den Kindern mit mexikanischem Aussehen erklären sich dadurch, dass diese Gruppe von Einwandererkindern bei den Lehrern als wenig leistungsstark galt und die positiven Erwartungen deshalb bei dieser Gruppe (im Vergleich zu den anderen, nicht ausgewählten mexikanischen Kindern) besonders wirksam waren. Dass Schüler des mittleren Leistungszugs besonders profitierten, könnte damit erklärt werden, dass bei diesen Kindern (im Unterschied zu denen im unteren Zug) noch nicht ausgeschöpfte Entwicklungspotenziale vorhanden waren.

Nachfolgeuntersuchungen zeigten, dass die Vorspünge, die die »Aufblüher« gegenüber der Kontrollgruppe erzielen konnten, ein Jahr später wieder verloren gingen. Die Kinder der oberen Klassen aber, die zunächst von den Erwartungen nicht profitiert hatten, zeigten in den folgenden Jahren einen zunehmenden Leistungsvorteil. Die leichter beeinflussbaren jüngeren Kinder hätten vielleicht länger der Motivierung durch die positive Erwartungshaltung der Lehrer bedurft; bei den älteren Schülern mussten evtl. erst Lücken aufgefüllt werden, bis sich die durch die Erwartungen ausgelöste verbesserte Lernhaltung in sichtbaren Ergebnissen niederschlug.

Die Ergebnisse der Pygmalionstudie sind wegen des methodischen Vorgehens der beiden Forscher nicht unumstritten (vgl. Elashoff/Snow 1972). Sie konnten in anderen amerikanischen Untersuchungen auch nicht oder nur teilweise repliziert werden; allerdings gelang dies in einer deutschen Untersuchung. Dumke (1977) konnte bei Schülern der ersten Klasse ebenfalls IQ-Steigerungen bei jenen Schülern feststellen, die den Lehrern als Aufblüher genannt worden waren, aber nur, wenn dies gleich zu Beginn des ersten Schuljahrs geschah. Erfolgten die Mitteilungen erst nach dem ersten Halbjahr der ersten Klasse, hatten sie (wohl weil die Lehrer sich in der Zwischenzeit schon ein bestimmtes Bild von den Schülern gemacht hatten) keine Auswirkungen mehr. Das Gleiche gilt für Schüler des 5. Schuljahrs, die ebenfalls in die Untersuchung einbezogen wurden.

Im Anschluss an die Pygmalionstudie und auf der Basis eigener Untersuchungen unterscheiden Brophy und Good (1976) drei Sorten von Lehrern: *proaktive* Lehrer, die sich von schlechten Leistungen und der Passivität leistungsschwächerer Schüler nicht entmutigen lassen und sich bemühen, diese nicht »abzuhängen«, *reaktive* Lehrer, deren Verhalten einzelnen Schülern gegenüber einfach eine Reaktion auf das Schülerverhalten ist und *überreaktive* Lehrer, die die Erwartungen gegenüber Schülern, die ihnen als leistungsstark erscheinen, erhöhen, gegenüber den leistungsschwächeren aber senken. Lehrerinnen der Anfangsklassen sollten nicht vergessen, allen, oder gezielt einzelnen Schülern zu signalisieren, dass sie ihnen etwas zutrauen und von ihrem Können überzeugt sind. Sie sollten sie immer wieder darauf hinweisen, was sie in den letzten Wochen alles gelernt haben. Vor allem sollten sie im Sinne des von Brophy und Good (1976) als proaktiv bezeichneten Lehrerverhaltens um jeden einzelnen Schüler »kämpfen« und trotz Enttäuschungen keinen aufgeben. Darüber sollte freilich nicht vergessen werden, dass Überforderungen den Kindern zwangsläufig die Erfahrung des Versagens vermitteln, negative Selbsteinschätzungen auslösen und ein bereits vorhandenes negatives Fähigkeitsselbstbild erst recht bestätigen können.

- In ganz besonderer Weise sollten Lehrerinnen und Lehrer kontrollieren, ob von ihrem Verhalten nicht auf einzelne Schüler entmutigende Einflüsse ausgehen. Auch wenn wir annehmen, es gehöre der Vergangenheit an, dass Schüler offen als »dumm« etikettiert werden, muss damit gerechnet werden, dass unbeabsichtigt über indirekte Fremddefinitionen (vgl. S. 190) gelegentlich niedere Fähigkeitseinschätzungen vermittelt werden. Dabei stecken die Lehrer in einem schwierigen Dilemma: Sie wollen einen sich ungünstig einschätzenden Schüler ermutigen, sich etwas zuzutrauen und versuchen, ihn durch die Bemerkung zu ermuntern, die Frage oder Aufgabe sei leicht. Gerade dadurch können sie aber ungewollt diesen Schüler auch in seiner negativen Selbsteinschätzung bestätigen. Sie wollen einem Schüler, der eine Frage nicht gleich beantworten kann, das beschämende Gefühl des Nichtkönnens ersparen und rufen rasch einen anderen auf. Aber gerade dadurch vermitteln sie auch, dass bei ihm ein längeres Warten auf die Antwort keinen Sinn hätte.
- Der Lehrer bzw. die Lehrerin sollte die starken Seiten des Kindes betonen, um mit ihm Ausweichmöglichkeiten für eine positive Selbsteinschätzung zu schaffen. Kein Mensch kann auf die Dauer mit ständiger Bedrohung seines Selbstwertgefühls oder mit einem generalisierten negativen Selbstbild leben.
- Pädagogisches Fernziel für ältere Schüler müsste allerdings sein, dass sie sich einigermaßen realistisch einschätzen und sich auch noch akzeptieren können, wenn die Selbsteinschätzung nicht so günstig ausfällt. Das ist allerdings auch für Erwachsene nicht so ganz einfach. Ein Lehrer darf aus pädagogischen Gründen einen Schüler mit seinen schlechten Leistungen nicht allein lassen. Vor allem sollten diese Schüler angehalten werden, die Flinte nicht ins Korn zu werfen, sondern ihr Potenzial durch entsprechende Anstrengung auszuschöpfen und zu erweitern.

Schulphobie, Ausdruck eines Mutterablösungskonflikts

Manche Schulanfänger brechen in der Schule plötzlich in Tränen aus. Sie sind durch nichts zu beruhigen und wollen nach Hause. Einsichtige Gründe dafür können sie nicht angeben. Die oft dramatischen Reaktionen und die Unzugänglichkeit der Kinder für Trost und gutes Zureden machen Lehrerinnen und Lehrer oft ratlos.

Formen der Schulphobie

Was hier dargestellt wurde, können Symptome einer offenen, akuten Schulphobie sein. Charakteristische Kennzeichen sind, dass die Kinder panikartig zu weinen beginnen, untröstbar sind, dabei keine plausiblen Gründe für ihr Verhalten angeben können, heimgehen oder morgens nicht in die Schule gehen möchten. Häufig werden die schulphobischen Verhaltensweisen von leichteren körperlichen Beschwerden wie Halsweh, erhöhter Temperatur, Bauchweh usw. begleitet, was Eltern und Hausärzte leicht dazu veranlassen kann, dem Kind körperliche Unpässlichkeiten zu attestieren. Damit kommen sie dem Wunsch des Kindes, Schule zu meiden, entgegen.

Schulphobien sind relativ selten und eine Schulphobie muss auch nicht gleich am ersten Schultag auftreten; sie können mitten im Schuljahr, evtl. auch erst in der zweiten Klasse, anscheinend wie »aus heiterem Himmel« ausbrechen. Neben der offenen Schulphobie gibt es eine verdeckte (maskierte, larvierte) Schulphobie. Die larvierte Schulphobie fällt wenig auf. Es kommt nicht zu spektakulären, panikartigen Anfällen des Kindes. Sie ist eher eingebettet in ein generelles schulbezogenes Depressionssyndrom, das sich in Schulunlust, diffuser Schulangst, gedrückter Stimmung, maskenhafter Unlebendigkeit, Antriebsmangel, Interessenlosigkeit und Leistungsabfall äußert.

Schulphobie darf nicht mit Schulangst verwechselt werden. Die übliche Schulangst bezieht sich auf Klassenarbeiten, Prüfungen, Bloßgestelltwerden vor der Klasse, auf bestimmte Lehrer oder Klassenkameraden, vor denen man sich fürchtet. Sie bezieht sich also auf schulische Ereignisse und Situationen, die dem Schüler bedrohlich erscheinen und die er nicht bewältigen zu können glaubt. Diese Schulangst hat einen rationalen Kern, sie ist begründet, wenn auch die Anlässe, die die Angst auslösen, von außen als übertrieben erscheinen mögen. Die Schulphobie dagegen ist wie alle Phobien irrational. Sie kann deswegen auch durch Argumente nicht ausgeräumt werden.

Gelegentlich kommt es vor, dass schulphobische Kinder von der Schule weglaufen. Das hat aber nichts mit Schulschwänzen zu tun. Schulschwänzer streunen irgendwo herum, schulphobische Kinder gehen nach Hause. Schulschwänzen ist, wenn es exzessiv geschieht, eher ein Verwahrlosungssymptom, Schulphobie dagegen weist auf Überbehütung und auf starke Bindung an die Mutter hin.

Zur psychischen Dynamik der Schulphobie

Das selten auftretende Phänomen der Schulphobie beleuchtet eine andere Entwicklungsaufgabe, die mit dem Eintritt in die Schule verbunden ist und die ein Kind zu bewältigen hat: die Ablösung von den Eltern, vor allem von der Mutter.

Eine Schulphobie lässt sich lernpsychologisch und psychoanalytisch erklären.

Lernpsychologisch wird in der Schulphobie ein Vermeidungsverhalten gesehen. Dieses kam möglicherweise dadurch zu Stande, dass in einer früheren Situation, etwa durch oder bei Abwesenheit der Mutter, beim Kind Angst ausgelöst wurde. Über Konditionierungsprozesse und Generalisierungen entsteht diese Angst als konditionierte Reaktion nun auch in anderen, vergleichsweise harmlosen Situationen. Die konditionierten Reize lösen Angst aus, die ihrerseits durch Flucht oder Vermeidungsverhalten reduziert wird. Nicht in die Schule gehen bzw. sie verlassen ist somit einmal eine Verstärkung des Meidungsverhaltens, weil die Angst reduziert wird. Es wird also, wenn möglich, beibehalten. Zugleich wird verhindert, dass das Kind lernt, dass es in der Schule nichts zu fürchten gibt und es zu seiner Mutter zurückkommen wird.

Nach psychoanalytischer Auffassung liegt der Schulphobie ein unbewusster Ambivalenzkonflikt des Kindes zu Grunde, zu dem häufig komplementär ein Ambivalenzkonflikt der Mutter hinzukommt. In beiden Fällen geht es um die Lösung der symbiotischen Bindung des Kindes an die Mutter und der Mutter an das Kind (vgl. Bowlby 1976; Gordon/Lizardi 1989).

Einerseits will das Kind die Nähe zu seiner Mutter nicht verlieren, zumal es von ihr meist verwöhnt wird und sich ihr gegenüber in seinen Ansprüchen leicht durchsetzen kann. Andererseits möchte es mehr Unabhängigkeit von der Mutter, was sich nicht selten in aggressivem Verhalten ihr gegenüber äußert. Deswegen sind diese Kinder zu Hause oft sehr anspruchsvoll, neigen dazu, die Mutter herumzukommandieren und sind gelegentlich recht unfreundlich.

Ein komplementärer Ambivalenzkonflikt kann seitens der Mutter vorliegen. Einerseits braucht sie zu ihrer psychischen Stabilisierung das Kind, am besten soll es klein und an sie gebunden bleiben. Entsprechend hat das Kind für die Mutter einen besonders hohen Stellenwert. Häufig sind die Mütter schulphobischer Kinder übertrieben ängstlich und wollen ihre Mutterrolle perfektionistisch ausfüllen (Strian 1983). Andererseits sind die oft maßlosen Ansprüche des Kindes für sie auch belastend und lösen den Wunsch aus, davon frei zu werden. Diesen Wunsch können die betroffenen Mütter sich in der Regel aber nicht eingestehen. Er wird durch gesteigerte Fürsorge für das Kind abgewehrt.

Die interindividuelle Balance zwischen Mutter und Kind und die intraindividuelle intrapsychische Balance im Kind bzw. in der Mutter lässt sich schematisch wie folgt darstellen:

		Interindividuelle Balance	
		Kind	**Mutter**
Intraindividuelle Balance	**bewusst**	Ich will immer bei dir sein. Da geht es mir so gut. Du erfüllst mir meine Wünsche. Du nimmst mir ab, was mir schwer fällt.	Ich sorge so gern für dich. Ich möchte dir eine gute Mutter sein. Bleib immer bei mir. Es ist schön, wenn du mich so brauchst. Ich brauche dich auch, wozu lebe ich sonst?
		Erfülle gefälligst auch alle meine Wünsche, vollständig und sofort!	Du bist ja ganz nett aufreibend und anspruchsvoll! So sind halt Kinder! Es ist ja auch richtig, wenn ich als Mutter zurücktrete und alles für meine Kinder tue.
	unbewusst	Hör doch endlich mit deiner Bemutterung auf! Ich will von dir nicht abhängig sein. Ich bin groß und auch ohne dich stark. Lass mich los!	Wenn du dich doch endlich nicht mehr so an mich klammern würdest! Ich habe außer dir ja auch noch andere Interessen.

Auf der bewussten Ebene passen Mutter und Kind gut zusammen. Deswegen ist die Mutter des schulphobischen Kindes auch so leicht bereit, das Kind zu Hause zu lassen, kleine Anzeichen psychisch bedingten Halswehs, Bauchwehs usw. als Krankheit zu werten, um es dann entsprechend bemuttern zu können. Interindividuell ist das System Mutter-Kind also gut eingespielt.

Intraindividuell, in ihrer eigenen Person also, haben aber beide mit für sie nicht akzeptablen Triebimpulsen zu kämpfen. Die Abwehr gelingt nicht vollständig; es kommt nicht zu einer völligen Verdrängung der Distanzierungsimpulse. Sie werden andererseits auch nicht durch bewusste Auseinandersetzung »aufgearbeitet«. Die intrapsychische Balance ist also auf beiden Seiten sehr labil, vor allem auf Seiten des Kindes. Schule (es muss nicht der Schulanfang sein) kann nun diese intraindividuelle Balance gehörig ins Wanken bringen. Schule ist für das Kind eine Chance, die überstarke, einengende Bindung zu lockern. Schule bedeutet andererseits auch, Leistungsforderungen und anderen Problemen ausgesetzt zu sein, angesichts derer man sich nicht zur Mutter zurückflüchten kann. Für die Mutter bedeutet Schule, wenigstens für ein paar Stunden das Kind loszuhaben. Wenn das Kind nicht da ist, wird ihr andererseits bewusst, dass sie das Kind vermisst. Die Entwicklung einer Schulphobie ist für das Kind nun ein nicht sachgemäßer Versuch, diese Problematik durch Regression, d.h. durch Rückfall in das frühere, unreifere Abhängigkeitsverhältnis zu lösen. Durch das Sich-Festklammern an der Mutter wird die Distanzierungstendenz abgewehrt. Durch die Schulphobie gelingt es dem Kind, die alte Situation wieder herzustellen und sich erneut in die liebevolle Zuwendung der Mutter hinein zu kuscheln. Zugleich spielt es wieder seine Macht über die Mutter aus: es versetzt sie in Sorge. Die Sorge, die der Mutter durch die Aversion des Kindes gegenüber der Schule bereitet wird, lässt sich möglicherweise sogar als unbewusste Aggression der Mutter gegenüber interpretieren.

Schulphobie lässt sich zusammenfassend als Mischung von Trennungsängsten, Selbstständigkeitswünschen und Kränkungsängsten (Angst, den neuen Anforderungen nicht gewachsen zu sein) verstehen.

Es mag verwunderlich erscheinen, dass bei manchen Kindern die Einschulung problemlos verläuft und eine Schulphobie erst im zweiten oder dritten Schuljahr auftritt. Dies wird aber erklärbar, wenn man die psychische Dynamik der Schulphobie bedenkt. Erst wenn sich der innere Ambivalenzkonflikt entsprechend zugespitzt hat, kann die Phobie ausbrechen; das kann auch erst mit acht oder neun Jahren sein, vielleicht aber auch schon vor Schuleintritt im Zusammenhang mit dem Besuch des Kindergartens.

Pädagogische Hilfen

Verständlicherweise sind die Möglichkeiten des Lehrers, einem Kind mit einer Schulphobie zu helfen, sehr begrenzt. Wenn sich die Schulphobie nicht rasch legt, muss auf jeden Fall psychologische Hilfe in Anspruch genommen werden. Um grobe Fehler zu vermeiden und wenigstens einige Hilfestellungen zu geben, ein paar Hinweise:

- Jeder Zwang, jedes »harte Anpacken« oder gar Lächerlichmachen des Kindes treibt dieses nur noch mehr in seine schwierige Situation hinein. Dahinter steckt beim Lehrer häufig eine Unterschätzung des Ausmaßes der Angst der Kinder. Auf Seiten der Mutter könnte eine gewisse Festigkeit durchaus wünschenswert sein.
- An die Vernunft des Kindes appellierende Gespräche, dass es in der Schule doch nichts gäbe, vor dem man Angst zu haben brauche, treffen das Problem nicht. Schule ist nur ein Kristallisationspunkt, an dem sich die tiefer sitzende Angst festmacht. Diese Feststellung darf andererseits aber nicht dazu verführen, nicht auch im schulischen Kontext, bei der Stellung des Kindes in der Klasse, bei Pausenproblemen, Teilursachen für die Problematik des Kindes zu suchen.
- Für manche Kinder ist es vielleicht hilfreich, wenn sie die Möglichkeit eingeräumt bekommen, von der Schule aus zu Hause anrufen zu können, die Mutter in der Pause zu sehen und dergleichen. Dass derartige Arrangements natürlich der Absprache mit dem Rektor und den Eltern bedürfen, liegt auf der Hand. Vor allem ist darauf zu achten, dass die Stellung des Kindes durch derartige Sonderregelungen bei den Klassenkameraden nicht noch prekärer wird.
- Es ist bereits darauf hingewiesen worden, dass die psychische Problematik nicht selten psychogen bedingte körperliche Beschwerden oder leichtere Erkrankungen im Gefolge hat und die Mütter vielleicht zu rasch geneigt sind, das Kind zu Hause zu lassen. Dadurch entstehen Sekundärprobleme: die anderen Schüler haben sich schon etwas eingewöhnt, Freundschaften geschlossen und das eine oder andere gelernt. Für schulphobische Kinder kann jetzt die Schule zusätzlich einen bedrohlichen Charakter gewinnen.
  In Elterngesprächen sollte auf diese Zusammenhänge hingewiesen werden. Dem Kind bekannte Mitschüler können vielleicht den Kontakt zur Schule aufrechterhalten, vielleicht versuchen, das Kind am nächsten Morgen abzuholen.
- Lehrerinnen und Lehrer können vielleicht behutsam erste Schritte des Kindes in Richtung Mutterablösung und größerer Eigenständigkeit fördern. Vielleicht kann die eine oder andere Lehrerin sogar in die Rolle einer Art Ersatzmutter hineinwachsen. Die Bindung an sie hilft, die Bindung an die eigene Mutter etwas zu lockern, ohne dass diese je so intensiv wird wie die Primärbindung.

Schulphobien treten glücklicherweise selten auf. Den meisten Kindern gelingt es nach einiger Zeit, selbstständig die innerpsychische Problematik in Richtung eines Durchbruches zu größerer Unabhängigkeit von der Mutter zu lösen. In vereinzelten Fällen kann die Schulphobie aber so groß sein, dass trotz psychotherapeutischer Hilfe ein Kind jahrelang nicht bewegt werden kann, zur Schule zu gehen.

Interessanterweise wird in der Literatur Schulphobie als Mutterablösungs- nicht auch als Vaterablösungskonflikt dargestellt. Ein solcher wurde aber in leichter Ausprägung für ein paar Tage von einem der Verfasser des Buches an seinem Sohn beobachtet, mit allen Ambivalenzen des Hin und Her, allerdings im Zusammenhang mit dessen Kindergartenbesuch.

Schuleintritt als Trübung der Eltern-Kind-Beziehung

Zunächst mag es verwunderlich erscheinen, dass der Schuleintritt auch zu einer Verschlechterung der Eltern-Kind-Beziehung führen kann. Es ist aber zu bedenken, dass bei nicht wenigen Kindern der Schuleintritt einhergeht mit Wiederaufnahme der Berufstätigkeit der Mutter. Das kann bei Kindern zu einem Gefühl der »Mutterentbehrung« führen, die zweifach verursacht ist: durch die Abwesenheit von der Mutter während der Schulzeit, aber auch durch die eingeschränkten und veränderten Kontakte mit der (nun doppelt belasteten) Mutter zu Hause.

Zu Schwierigkeiten im Verhältnis zwischen Eltern und Kindern kann es vor allem auch durch die mit dem Schuleintritt einsetzende stärkere Kontrolle und den beginnenden Leistungsdruck seitens der Eltern kommen. Die Eltern drängen auf Erledigung der Hausaufgaben. Sie beginnen, mit den Kindern zusätzlich zu üben (vgl. S. 247 ff.). Diese Nachhilfesituation ist aber für Eltern nicht ganz einfach. Sehr schnell mischen sich Ärger, Enttäuschung, Aggressionen in die Eltern-Kind-Interaktion. Dies kann nicht nur die Eltern-Kind-Beziehung belasten, sondern ist sowohl für die Leistungen der Kinder wie längerfristig für ihre Motivausprägung eher ungünstig.

Trudewind und Husarek (1979) sehen in der Hausaufgabensituation eine ökologische Schlüsselsituation bei der Formierung des kindlichen Leistungsmotivs. So fanden die beiden Autoren in einer kombinierten Befragungs- und Beobachtungsstudie, dass die Entwicklung von Erfolgszuversicht und Misserfolgsorientierung entscheidend von der Mutter-Kind-Interaktion in der Hausaufgabensituation abhängt. Jungen, die sich zu Beginn der ersten Klasse hinsichtlich ihrer Motivausprägung nicht unterschieden, zeigten am Ende des ersten Schuljahrs deutliche Unterschiede hinsichtlich der Erfolgsorientierung, obwohl ihre Leistungen gleich blieben. Die Gruppe der Jungen, die während des ersten Schuljahrs zunehmend misserfolgsängstlich wurden, hatten Mütter, die, verglichen mit den Müttern, deren Jungen im Lauf des Schuljahrs immer erfolgszuversichtlicher wurden, bei der Hausaufgabenbetreuung dem Kind wenig Spielraum ließen, direkt in die Hausaufgabensituation eingriffen, das Kind häufiger mit anderen verglichen, Misserfolg häufiger auf mangelnde Begabung zurückführten und das Kind bei guten Leistungen weniger häufig lobten. Diese Zusammenhänge konnten nur bei Jungen festgestellt werden.

In einer von Trudewind u.a. durchgeführten Längsschnittuntersuchung aller Schüler der Stadt Bochum, die 1974 eingeschult wurden, zeigte sich, dass jene Schüler, deren Eltern bereits vor Schuleintritt angaben, sie würden ihr Kind bei der Hausaufgabenerledigung beaufsichtigen und kontrollieren, am Ende des zweiten Schuljahrs schlechtere Schulleistungen erzielten und dies unabhängig vom festgestellten Grad der Schulfähigkeit. Schüler, die während des ersten Schuljahrs bei der Hausaufgabenerledigung ständig beaufsichtigt wurden, waren in der Mitte des vierten Schuljahrs misserfolgsängstlicher als Schüler, bei denen die Hausaufgabenbetreuung gering war und dies vor allem bei jenen Müttern, die mit den kindlichen Leistungen unzufrieden waren. »Der Verlauf der Entwicklung des Misserfolgsmotivs zeigt deutlich, dass längerfristige Motiveffekte einer intensiven Beaufsichtigung vor allem dann auftreten, wenn die Hausaufgabensituation durch eine negative emotionale Atmosphäre charakterisiert ist« (Trudewind, Windel 1991, S. 146). Zusätzlich konnte gezeigt werden, »dass mit zunehmender Intensität der Betreuung der Hausaufgaben im ersten Schuljahr, der zunehmenden Kontrolle der fertigen Hausaufgaben und der Intensivierung der Hilfen, die Schulleistungen der Kinder im zweiten Schuljahr im Durchschnitt schlechter wurden« (S. 140).

Das Mutter-Kind-Verhältnis kann nicht nur durch Ärger und Vorwürfe im Zusammenhang mit der Hausaufgabenbetreuung getrübt werden. Auch die seitens der Mutter erlebte affektive Nähe dem Kind gegenüber kann eine Einbuße erleiden, wenn sie mit den Schulleistungen nicht zufrieden ist.

So konnte Stöckli (1989, 1991) bei schweizer Müttern von Erstklässlern zeigen, dass Mütter, die schon vor dem ersten Schuljahr damit rechneten, dass ihr Kind ihre idealen Erwartungen hinsichtlich seiner Leistungsentwicklung enttäuschen würden, ihrem Kind emotional distanzierter gegenüber standen, als wenn sie mit einer Leistungsentwicklung gemäß ihren Erwartungen rechneten (vgl. S. 249 f.).

Beide Untersuchungen zeigen, wie die mit dem Schuleintritt aktualisierten Leistungserwartungen der Eltern ihre Beziehung zum Kind beeinflussen und möglicherweise zu Belastungen des Kindes führen können. Dies gilt umso mehr, als das Hausaufgabenengagement der Eltern als sehr hoch, wenn nicht überzogen eingeschätzt werden muss.

Literaturverzeichnis

Allport, G. (1970): Gestalt und Wachstum der Persönlichkeit. Meisenheim. Hain

Bowlby, J. (1976): Trennung. München: Kindler.

Brophy, J./Good, T. (1976): Die Lehrer-Schüler-Interaktion. München: Urban und Schwarzenberg.

Degen, R. (1982): Panik vor dem Schulbesuch. Wenn Kinder lieber zu Hause bleiben. Deutscher Forschungsdienst Nr. 15.

Dumke, D. (1977): Die Auswirkungen von Lehrererwartungen auf Intelligenz und Schulleistungen. In: Psychologie in Erziehung und Unterricht, H. 2, S. 93–108.

Elashoff, J./Snow, R. (1972): Pygmalion auf dem Prüfstand. München: Kösel.

Erikson, E. (1966, [16]1980): Identität und Lebenszyklus. Frankfurt a.M.: Suhrkamp TB.

Faust-Siehl, G./Schweitzer, F. (1992): Anstrengung ist alles! Wie Kinder schulische Leistungen verstehen. In: Barnitzky, H./Portmann, R.: Leistung der Schule – Leistung der Kinder. Frankfurt a.M.: Arbeitskreis Grundschule, S. 50–60.

Festinger, L. (1954): A Theory of Social Comparison Processes. In: Human Relations, H. 7, S. 117–140.

Filipp, S./Frey, D. (1987): Das Selbst. In: Deutsches Institut für Fernstudien (DIFF) (Hrsg.): Funkkolleg Psychobiologie, Studienbegleitbrief 8. Weinheim und Basel: Beltz, S. 11–56.

Fölling-Albers, M. (1980): Der Schulanfang und die Identität des Kindes. Strukturelle Bedingungen und deren Auswirkungen auf die Persönlichkeitsentwicklung des Kindes beim Übergang vom Kindergarten in die Grundschule. In: Borgmeier, C. u.a.: Situation Schulanfang. Stuttgart: Kohlhammer, S. 9–33.

Frey, H./ Hausser, K. (Hrsg.) (1987): Identität. Stuttgart: Enke.

Geppert, U. (1997): Entwicklung lern- und leistungsbezogener Motive und Einstellungen: Literaturüberblick. In: Weinert, F./Helmke, A. (Hrsg.): Entwicklung im Grundschulalter. Weinheim: Psychologische Verlagsunion, S. 45–58.

Goffman, E.: (1967): Stigma. Über Techniken der Bewältigung beschädigter Identitäten. Frankfurt a.M.: Suhrkamp (Amerikanisches Original 1963).

Gordon, L./Lizardi, A. (1989): The school phobic child. In: Golden, L./Capuzzi, D. (Hrsg.): Helping families help children. Family intervention with school-related problems. Springfield: Thomas.

Heckhausen, H. (1977): Motivation: Kognitionspsychologische Aufspaltung eines summarischen Konstrukts. In: Psychologische Rundschau, Heft 13, S. 175–189.

Heckhausen, H. (1983): Entwicklungsschritte in der Kausalattribution von Handlungsergebnissen. In: Görlitz, D. (Hrsg.): Kindliche Erklärungsmuster. Entwicklungspsychologische Beiträge zur Attributionsforschung. Weinheim und Basel: Beltz, S. 49–85.

Heckhausen, H. (1984): Attributionsmuster für Leistungsergebnisse – Individuelle Unterschiede, mögliche Arten und deren Genese. In: Weinert, F./Kluwe, R. (Hrsg.): Metakognition, Motivation und Lernen. Stuttgart: Kohlhammer, S. 133–163.

Heckhausen, H. ([2]1987): Motivation und Handeln. Berlin: Springer.

Helmke, A. (1992): Selbstvertrauen und schulische Leistungen. Göttingen: Hogrefe.

Helmke, A. (1991): Entwicklung des Fähigkeitsselbstbildes vom Kindergarten bis zur dritten Klasse. In: Pekrun, R./Fend, H. (Hrsg.): Schule und Persönlichkeitsentwicklung. Stuttgart: Enke, S. 83–99.

Helmke, A. (1992): Motivation und Schulleistung: Trends, Sackgassen und Perspektiven der Forschung. In: Montada, L. (Hrsg.): Bericht über den 38. Kongress der Deutschen Gesellschaft für Psychologie in Trier: Hogrefe, S. 588–595.

Helmke, A. (1997): Entwicklung lern- und leistungsbezogener Motive und Einstellungen: Ergebnisse aus dem Scholastik-Projekt. In: Weinert, F./Helmke, A. (Hrsg.): Entwicklung im Grundschulalter. Weinheim: Psychologische Verlagsunion, S. 59–76.

Henseler, H. (1976): Die Theorie des Narzißmus. In: Lexikon der Psychologie des 20. Jahrhunderts, Bd. 2. Zürich: Kindler, S. 459–476.

Hüttenmoser, M. (1981): Sozialisation und Einschulung. Frankfurt a.M.: Diesterweg.

Kästner, E. (1969): Gesammelte Schriften für Erwachsene. Bd. 7: Vermischte Beiträge II. Zürich: Atrium, S. 180–183.

Knörzer, W. (1979): Lernmotivation. In: Die Psychologie des 20. Jahrhunderts. Spiel, W. (Hrsg.): Bd. XI: Konsequenzen für die Pädagogik. Zürich, S. 750–778.

Krapp, A. (1997): Selbstkonzept und Leistung – Dynamik eines Zusammenspiels. Literaturüberblick. In: Weinert, F./Helmke, A. (Hrsg.): Entwicklung im Grundschulalter. Weinheim: Psychologische Verlagsunion, S. 325–340.

Krappmann, L. ([4]1975): Soziologische Dimensionen der Identität. Stuttgart: Klett.

Krohne, W. (1976): Theorien der Angst. Stuttgart: Kohlhammer.

Lichtenstein-Rother, I. (1988): Die Bedeutung der ersten Schulerfahrung. In: Portmann, R. (Hrsg.): Kinder kommen zur Schule. Frankfurt a.M.: Arbeitskreis Grundschule, S. 196–204.

Maslow, A. (1970): Motivation and Personality. New York: Harper and Row.

Mattejat, F. (1981): Schulphobie, Klinik und Therapie. In: Praxis der Kinderpsychologie, H. 8, S. 292–298.

Maurer, F. (1976): Schulanfang und Anfangslernen. In: Halbfaß, H./Maurer, F./Popp, W. (Hrsg.): Neuorientierung des Primarbereichs. Bd 6. Stuttgart: Klett, S. 53–77.

Mead, G.H. (1935; orig. 1934): Geist, Identität und Gesellschaft. Frankfurt a.M.: Suhrkamp TB.

Moeller-Andresen, U. (1977): Die ersten Schuljahre – Anfang oder Ende der »Schulschwäche«? In: Grundschule, H. 1, S. 12–16.

Neubauer, W. (1973): Selbstkonzept und Identität im Kindes- und Jugendalter. Beihefte der Zeitschrift Psychologie in Erziehung und Unterricht, H. 73. München, Basel: Ernst Reinhardt.

Newcomb, T. (1969; orig. 1950): Sozialpsychologie. Meisenheim.

Paetzold, B. (1988): Familie und Schulanfang. Bad Heilbrunn: Klinkhardt.

Parsons, T. (1967; orig. 1958): Einige Grundzüge der allgemeinen Theorie des Handelns. In: Hartmann, H. (Hrsg.): Moderne amerikanische Soziologie. Stuttgart: Enke, S. 216–244.

Parsons, T. (1968): Sozialstruktur und Persönlichkeit. Frankfurt a.M.: Europäische Verlagsanstalt (Amerikanische Erstveröffentlichung 1964).

Parsons, T. (1973; orig. 1959): Die Schulklasse als soziales System: Einige Funktionen in der amerikanischen Gesellschaft. In: Graumann, C./Heckhausen, H. (Hrsg.) (1973): Pädag. Psychologie, Reader zum Funkkolleg Bd. 1, Frankfurt a.M.: Fischer TB, S. 348–375 (Erstveröffentlichung in Harvard Educational Review, 28,4, S. 297–318).

Petillon, H. (1991): Soziale Erfahrungen in der Schulanfangszeit. In: Pekrun, R./Fend, H.: Schule und Persönlichkeitsentwicklung. Stuttgart: Enke, S. 183–200.

Plake, K. (1974): Familie und Schulanpassung. Düsseldorf: Schwann.

Plake, K. (1976): Diskontinuität und struktureller Sozialisationskonflikt. In: Zeitschrift für Pädagogik, H. 4, S. 559–570.

Rheinberg, F. (1995): Motivation. Stuttgart: Kohlhammer.

Ries, G. (1991): Die Entwicklung von kausalen Erklärungsmustern für Schulleistungen. In: Schmidt-Denter, U./Manz, W. (Hrsg.): Entwicklung und Erziehung im öko-psychologischen Kontext. München: E. Reinhardt, S. 56–67.

Rogers, C. (1973; orig. 1953): Die klientbezogene Gesprächstherapie. München: Kindler

Rolff, H./Klemm, K./Tillmann, K. (Hrsg.) (1988): Jahrbuch der Schulentwicklung, Bd. 3. Weinheim und Basel: Beltz.

Rosenfeld, H./Valtin, R. (1997): Zur Entwicklung schulbezogener Persönlichkeitsmerkmale bei Kindern im Grundschulalter. Erste Ergebnisse aus dem Projekt Novara. In: Unterrichtswissenschaft, H. 4, S. 316–330.

Rosenberg, M. (1965): Society and the Adolescent Self Image. Princeton, New Jersey: University Press.

Rosenthal, R./Jacobson, L. (1971): Pygmalion im Unterricht. Lehrererwartungen und Intelligenzentwicklung der Schüler. Weinheim und Basel: Beltz.

Stöckli, G. (1989): Vom Kind zum Schüler. Bad Heilbrunn: Klinkhardt.

Stöckli, G. (1991): Nicht erreichte Schullaufbahn – enttäuschte Lebenspläne. In: Pekrun, R./Fend, H.: Schule und Persönlichkeitsentwicklung. Stuttgart: Enke, S. 149–163.

Specht, F. (1984): Schulphobisches Verhalten – unüberwindliche Angst vor der Schule. In: Universität Göttingen. Informationen, S. 15–17.

Strian, A. (1983): Angst. Grundlagen und Klinik. Ein Handbuch zur Psychiatrie und medizinischen Psychologie. Berlin: Springer.

Trudewind, C./Husarek, B. (1979): Mutter-Kind-Interaktion bei der Hausaufgabenanfertigung und die Leistungsentwicklung im Grundschulalter – Analyse einer ökologischen Schlüsselsituation. In: Walter, H./Oerter, R. (Hrsg.): Ökologie und Entwicklung. Donauwörth: Auer, S. 229–246.

Trudewind, C./Windel, A. (1991): Elterliche Einflußnahme auf kindliche Kompetenzentwicklung. In: Pekrun, R./Fend, H. (Hrsg.): Schule und Persönlichkeitsentwicklung. Stuttgart: Enke, S. 131–148.

Weiner, B. (1975): Wirkung von Erfolg und Mißerfolg auf die Leistung. Bern, Stuttgart: Huber/Klett.

Weinert, F./Helmke, A. (Hrsg.) (1997): Entwicklung im Grundschulalter. Weinheim: Psychologische Verlagsunion.

Wellendorf, F. (1975): Probleme der biographischen Organisation von Identität im spezifischen Arrangement der Schule. In: Wellendorf, F.: Schulische Sozialisation und Identität. Weinheim und Basel: Beltz, S. 179–264.

Wellendorf, F. (1974): Schule und Identität. Thesen zur schulischen Sozialisation. In: Hurrelmann, K. (Hrsg.): Soziologie der Erziehung. Weinheim und Basel: Beltz, S. 343–361.

Zeiher, H. (1989): Über den Umgang mit der Zeit bei Kindern. In: Fölling-Albers, M. (Hrsg.): Veränderte Kindheit – Veränderte Grundschule. Frankfurt a.M.: Arbeitskreis Grundschule, S. 103–113.

Heute unverzichtbar: Freie Arbeit

Bei der Frage nach der inneren Gestaltung der Schule der Zukunft kann man unter Lehrplankommissionen, Bildungspolitikern und Pädagogen einen breiten Konsens darüber feststellen, dass die traditionelle lehrerzentrierte Vorgehensweise durch Unterrichtsformen zu ergänzen sei, bei denen die Schüler zu eigenständigem Lernen angeleitet werden.

So heißt es zum Beispiel im Lehrplan Thüringen[1]: »In selbst bestimmten Arbeitsphasen sowie bei der Mitgestaltung der Tages- und Wochenplanarbeit werden sie befähigt, sich für Inhalte und Methoden, soziale Lernformen und Arbeitsmittel zu entscheiden und ihre Arbeit zu kontrollieren. Sie können ihren Ideenreichtum und ihre Kreativität dabei entfalten ... Gleichfalls sind spielerisches Lernen, Freie Arbeit sowie Tages- und Wochenplanarbeit geeignet, die Lernangebote zu differenzieren und Raum für individuelle sowie partner- und gruppenbezogene Arbeitsvorhaben zu schaffen.« Der Lehrplan von Hessen[2] formuliert dieses Anliegen so: »Sie erwerben Strategien, ihr Lernen selbst zu steuern... Von äußeren Lernanreizen profitieren Kinder am meisten, wenn sie am Lernprozess aktiv beteiligt sind und möglichst viel selbst handeln, denken und experimentieren dürfen... – Freiraum für entdeckendes Lernen ist wichtig –... Eigenverantwortung für ihre Lernprozesse übernehmen...« Im Bildungsplan Bayern[3] steht: »Entdeckend – Problem lösendes Lernen und Formen freien Arbeitens können besonders die Eigenaktivität und die Bereitschaft der Schüler fördern, die Verantwortung für ihr Lernen immer mehr selbst zu übernehmen.« Der Bildungsplan von Baden-Württemberg[4] fordert: »Die Lernhandlung erlaubt nicht nur, sie verlangt Selbstständigkeit, Eigenverantwortung, Selbstkontrolle (selfdirection). Ein Logbuch (das ist die Protokollierung des täglichen Lernens), die bewusste Mitteilung des Gelernten an andere (Präsentation), die Sammlung der eigenen Leistungen (im Portfolio) leisten mehr für das Qualitätsbewusstsein als Lehrerurteil und Zensur.«

Ähnlich lauten die Forderungen H. v. Hentigs[5], wenn er schreibt: »In der neuen Schule wird ein großer Teil des Lernens tatsächlich einzeln vor sich gehen. Jedes Kind

1 Thüringer Kultusministerium (Hrsg.): Lehrplan für die Grundschule. Erfurt 2004: Verlag und Druckerei Fortschritt, S. 6,7.

2 Hessisches Kultusministerium (Hrsg.): Bildungs- und Erziehungsplan für Kinder von 0 bis 10 Jahren. Frankfurt a.M. 2005, S. 33, 36.

3 Bayrisches Staatsministerium München: Bildungsplan Grundschule. München 2000, S. 5.

4 Ministerium für Kultus, Jugend und Sport Baden-Württemberg: Bildungsplan für die Grundschule. Villingen 2004: Neckar Verlag, S. 16.

5 v. Hentig, H.: Die Schule neu denken. München ^{3}1994: Hanser, S. 221

hat seine Aufgabe und sucht den Lehrer auf, wenn es Hilfe braucht, oder der Lehrer geht zu ihm. Zur Verselbstständigung … gehört, dass man seine Aufgaben aus einem wohl bedachten Angebot von Aufgaben selber wählt, wenigstens mitbestimmt, wann man was erledigt.«

Das mit Freier Arbeit verfolgte Anliegen geht dabei weit über die Frage nach geeigneten Unterrichtsmethoden hinaus. Es geht um die Einlösung des Anspruchs auf Selbst- und Mitbestimmung, um ein Stück Demokratie in der Schule.

So fordert der Arbeitskreis Grundschule: »Die Grundschule ist daher gehalten, Mitwirkungsmöglichkeiten der Kinder an der Gestaltung des Unterrichts, des Schullebens und der in der Schule gepflegten Umgangsformen vom ersten Tag an aufzugreifen, auszuschöpfen und durch angemessene Beteiligungsformen weiterzuentwickeln.« (Faust-Siehl u.a., 1996, S. 15)

Im Schulalltag finden diese Forderungen jedoch nur zögerlich Eingang. Nach Brügelmann (2000, S. 133) sind es nur etwa 10 bis 20% der Lehrerinnen und Lehrer, die dieses hier gewünschte selbstständige Arbeiten ihrer Schüler einlösen.

Ihnen dürfte es weitgehend gelungen sein, sich von der traditionellen Lehrerzentriertheit zu verabschieden zu Gunsten einer neuen Lehrerolle, in der sie sich nicht mehr primär als Lehrende, sondern als Lernbegleiter verstehen. Ein derartiger Paradigmenwechsel kann aber freilich nicht einfach von »oben« verordnet werden.

Im Folgenden sei dieses Konzept näher dargestellt.

Was versteht man unter Freier Arbeit?

Um es vorweg zu nehmen: Für Freie Arbeit gibt es keine übereinstimmende Definition und das, was Lehrerinnen und Lehrer darunter verstehen, sieht unterschiedlich aus. So soll es Lehrerinnen geben, die selbst einfache Stillarbeit als Freiarbeit angeben. Die Unterschiede beziehen sich vor allem auf die Organisation (ob die Schüler die Rahmenbedingungen wie z.B. Arbeitsabfolgen selbst bestimmen können), die Methode (ob die Schüler ihren eigenen Lernwegen folgen können) und die Inhalte (ob die Schüler die Lerninhalte selbst auswählen können).

Wir möchten deshalb zu Beginn einen Erfahrungsbericht über Freie Arbeit in den Mittelpunkt stellen, um danach an ihm die wichtigsten Merkmale aufzuzeigen.

Auszug aus einem Bericht über Freie Arbeit in einer 2. Klasse

Es ist Montagmorgen. Die Schüler haben im Morgenkreis von ihren Erlebnissen am Wochenende erzählt und erhalten gerade den Wochenplan ausgeteilt. Auf diesem Plan (siehe S. 224) sind neben den Aufgaben, die jeder Schüler im Laufe der Woche bearbeiten muss, auch Wahlaufgaben und spezielle Anregungen für einzelne Schüler oder die Klasse aufgeführt. Während sich der Morgenkreis auflöst, holen sich Ralf und Eva die Personenwaage, um ihr Gewicht in die Klassenliste eintragen zu können. Miriam und Bernd entnehmen aus einem Seitenregal das Kästchen mit der Aufschrift »Pilze«,

klemmen sich noch eine der drei etwa 1 m mal 1,5 m großen Teppichrollen (diese Rollen hat die Lehrerin erstmals in einer Montessori Schule gesehen) unter den Arm und ziehen sich in eine Ecke des Klassenzimmers zurück, rollen den Teppich auf dem Boden aus, legen ihre Materialien darauf und setzen sich dazu. Es hätte auch ein anderes Material sein können: das Dudenspiel, die Lebenskette, ein Zahlenstrahl, das Rechtschreib-Bingo und wie sie alle heißen. Eines haben alle diese, in offenen Seitenregalen frei ausliegenden Materialien, gemeinsam: Sie beinhalten weitgehend eine Selbstkontrolle durch die Schüler, d.h. die Kinder erkennen am Ende selbst, ob die Aufgabe richtig gelöst ist; sie sind nicht auf eine Kontrolle durch die Lehrerin angewiesen.
Als Beispiel sei das Arbeitsmaterial »Pilze«, das sich Bernd und Miriam ausgesucht haben, näher vorgestellt. Es besteht aus 3 Teilen: 16 Pilzbildern mit Namen und Kennzeichen, die 16 Bilder noch einmal (jedoch ohne Namen und Kennzeichen) und 16 Streifen mit dem Namen der Pilze. Miriam und Bernd legen zunächst die 16 Bild-Text-Karten auf dem Teppich aus und decken dann diese Karten mit den nicht beschrifteten Bildkarten passend ab. Nun beginnt der schwierigste Teil der Arbeit: das richtige Zuordnen der Streifen mit dem Namen. »Grüner Knollenblätterpilz«, murmelt Bernd vor sich hin und mustert konzentriert die Bildkarten. Dieser könnte es sein, scheint er zu denken, hält aber zur Vorsicht die Bildkarte hoch und kann so den Namen auf der unteren Karte lesen. »Richtig«, flüstert er vor sich hin und schaut neugierig zu Miriam, die gerade das Bild des Maronenröhrlings sucht.
Neben dieser Möglichkeit der Selbstkontrolle dürfte aber noch etwas anderes für das konzentrierte und zugleich gelassene Arbeiten der Kinder verantwortlich sein. Jedes Kind kann selbst entscheiden, wie lange es an dieser Aufgabe arbeiten möchte. Miriam und Bernd können sich also Zeit lassen. Die Schüler müssen zwar die vorgegebenen Pflichtaufgaben bearbeiten, aber darüber hinaus gibt es noch genügend Zeit, etwa um sich mit Aufgaben der eigenen Wahl zu beschäftigen. So finden die Kinder leichter ihren eigenen Lern- und Arbeitsrhythmus. Zudem ist jedes Material bewusst nur einmal vorhanden. Miriam und Bernd müssen also keine Sorge haben, dass ein Mitschüler bälder fertig ist.

> Kinder und Uhren dürfen nicht ständig aufgezogen werden.
> Man muss sie auch gehen lassen.
>
> *Jean Paul*

Fast unbemerkt sitzt währenddessen Silvia in der Ecke des Klassenzimmers vor einer Schreibmaschine und tippt im Zwei-Finger-System einen kleinen Text. Philipp geht zielstrebig auf den Zeichentisch zu. Hier legt die Lehrerin in unregelmäßigen Abständen einen Gegenstand aus mit der Auftragskarte, ihn als Vorlage für ein selbst gemaltes Bild zu wählen. Das Schneckenhaus gefällt dem Jungen, er holt sich Papier und Stifte und beginnt mit dem Zeichnen. Inzwischen entwickelt sich in der Leseecke ein heftiges Gespräch. Klaus, Elke und Mario können sich anscheinend nicht einigen, wer als erster das neue Märchenbuch lesen darf. Doch bevor die anderen Kinder darauf aufmerksam werden,

wenden sich Klaus und Mario der Lehrerin zu, die Gerwin beim Lösen einer Rechenaufgabe hilft. Sie holen ihr Rechenheft und setzen sich zu dieser Tischgruppe. Etwa zehn Minuten vor Ende der Stunde bittet die Lehrerin, die Arbeiten allmählich abzuschließen, sie im Wochenplan festzuhalten und das Material aufzuräumen.
Aber noch ein weiteres Merkmal ist für diese Klasse kennzeichnend: Wenn Marco zum Beispiel morgens den Schulhof betritt, gilt sein erster Blick einer runden Pappscheibe an einem Fenster seines Klassenzimmers: zeigt sie rot, dann weiß er, das Klassenzimmer ist noch geschlossen, zeigt sie aber grün, dann ist das für ihn ein sicheres Zeichen, dass er nicht bis zum Läuten im Schulhof warten muss, sondern sofort in das Zimmer gehen kann. Heute will er, bevor noch die meisten anderen Kinder da sind, ein Arbeitsmaterial anschauen, das seine Aufmerksamkeit besonders erregt hat. Vielleicht kann er die Aufgabe lösen. Zudem kann er seine Lehrerin fragen, ob ihr sein neuer Haarschnitt gefällt. Solche persönlichen Mitteilungen lassen sich am besten austauschen, wenn nicht alle Kinder im Zimmer sind und der Schulalltag noch nicht begonnen hat.

Sind die Kinder dieser Klasse während solcher Stunden nun wirklich frei? Oder ist der Ausdruck »Freie Arbeit« ein Etikettenschwindel? Frei bedeutet hier nicht, dass die Kinder grundsätzlich tun und lassen können, was sie wollen. Das wäre auch ein grundsätzliches Missverständnis von Freiheit überhaupt. Frei bedeutet ebenfalls nicht, dass es der Lehrerin gleichgültig ist, was die Kinder tun. Frei bedeutet hier vielmehr, dass die Schüler aus einem Angebot unterschiedlicher Aufgaben und Tätigkeiten selbst wählen können. Sie sind also frei in der Entscheidung, was, wie, wie lange, womit, mit wem sie arbeiten und lernen möchten.

Freie Arbeit ist an keiner Grundschulklasse die einzige Unterrichtsform. Sie ersetzt nicht eine systematische, lehrerzentrierte Erarbeitung von bestimmten Lerninhalten, sie erübrigt nicht den Lerngang, bei dem Schüler sich Sachverhalte aus der konkreten Lebenswirklichkeit erarbeiten, sie macht weder das gemeinsame Unterrichtsgespräch noch eine Expertenbefragung oder Rollen- bzw. Theaterspiele überflüssig. Freie Arbeit ist *eine* von mehreren Unterrichtsformen, die eine Reihe spezifischer Vorteile bietet, auf die wir noch zu sprechen kommen werden.

Merkmale von Freier Arbeit

Im Einzelnen sind folgende Merkmale für Freie Arbeit kennzeichnend:

- Die Kinder suchen sich selbst ihre Tätigkeit aus oder bestimmen zumindest die Reihenfolge der zu erledigenden Aufgaben. Verschiedene Kinder arbeiten zu derselben Zeit an unterschiedlichen Aufgaben: die einen verfassen einen Text, die andern lösen eine Rechenaufgabe, lassen sich ein Diktat diktieren, malen ein Bild, lösen Rätsel, informieren sich über Pilze. Hierzu werden spezielle Materialien bereitgestellt.

- Die Arbeitsmaterialien, die an den Seitenwänden und in als Raumteiler verwendeten Regalen für alle frei zugänglich ausliegen, laden dazu ein, in die Hand genommen zu werden. Nicht die Lehrerin, sondern das bereitliegende Material fordert im Idealfall die Kinder zur Arbeit auf. Dabei werden ganz unterschiedliche Materialien angeboten. Da sind solche, die gekauft oder von der Lehrerin oft mit Unterstützung der Eltern hergestellt wurden. Es gibt aber auch ganz einfache, deren Herstellung keinen großen finanziellen oder zeitlichen Aufwand erfordert: eine Blume oder ein durchgeschnittener Apfel, die als Vorlage für ein eigenes Bild dienen sollen, ein Gedichtbuch, aus dem ein Gedicht ausgesucht und in Schönschrift abgeschrieben werden soll, Rechenaufgaben, ein Diktattext, den man sich von einem Mitschüler diktieren lassen kann, Kataloge, aus denen Wörter mit bestimmten Buchstaben auszuschneiden sind, ein interessantes Bild, zu dem eine Geschichte geschrieben werden soll usw.
- Die meisten Materialien bieten die Möglichkeit der Selbstkontrolle. Hierzu bieten sich verschiedene Möglichkeiten an.
  Bei dem auf S. 209 erwähnten Material zum Thema Pilze gilt folgende Anweisung: Lege alle Bildkarten mit Namen aus! Decke sie passend mit den Bildkarten ohne Namen ab Ordne die Namenskärtchen richtig zu! Der Schüler kann durch Hochheben der zweiten Bildkarte die Arbeit überprüfen. Bei dem Material Dosendiktat gilt folgende Anweisung: Lies den zu übenden Text sorgfältig durch! Ordne die hierzu passenden Satzteile in der richtigen Reihenfolge an! Lies den ersten Satzteil, präge ihn ein, wirf den Streifen in die Dose! Schreibe den Text auf! Die Selbstkontrolle besteht darin, dass der Schüler den Streifen nochmals aus der Dose holen und mit dem Geschriebenen vergleichen kann. Bei einem Tangram mit Einmaleinsaufgaben sind in jeder Schachtel eine bestimmte Anzahl geometrischer Figuren. Auf jeder Figur steht mindestens an einer Seite eine Rechenaufgabe oder eine Lösungszahl. Die Anweisung lautet: Lies eine Aufgabe! Suche nach dem Kärtchen, auf dem die hierzu passende Lösungszahl steht! Lege es an das Aufgabenkärtchen an! Die Kontrolle besteht darin, dass die Schüler nach dem Anlegen aller Teile eine große geometrische Figur erkennen können. Sie können zudem noch in einem Kontrollheft nachschauen, in dem alle Lösungen abgebildet sind. Zu einem Sachbuch (z.B. Lucht, I.: Die Baum Uhr. München [8]1985) heißt die Anweisung: Lies sorgfältig den Text einer Doppelseite! Lies die hierzu passenden Fragen auf dem großen Karton! Suche aus den kleinen Kärtchen die passende Antwort und lege es auf das entsprechende Feld! Die Selbstkontrolle besteht darin, dass der Schüler nach dem richtigen Legen aller Kärtchen und dem Umdrehen derselben ein in sich stimmiges Bild erkennt. Bei sogenannten Loch- oder Stöpselkarten (z.B. zur Förderung der optischen Differenzierungsfähigkeit) sind zu jedem Buchstaben auf einem Karton 10 Bilder und darunter jeweils drei Löcher zu sehen. Die Anweisung lautet: Suche dir eine Karte aus! Überlege bei jedem Wort, ob der angegebene Buchstabe als Anfangs-, Innen- oder Endlaut zu hören ist! Stecke einen Stöpsel in das passende Loch! Wenn der Schüler die Karte umdreht, erkennt er an einem farbigen Ring ob er den Stöpsel in das richtige Loch gesteckt hat. Bei Loch- oder

Stöpselkarten kann die Selbstkontrolle auch auf eine andere Art erfolgen: Zu einer Serie von Rechenaufgaben, die in einem Kästchen liegen, steht auf jeder Karte eine Aufgabe mit fünf möglichen Lösungen. Die Anweisung lautet wiederum: Überlege, welche Lösung richtig ist! Stecke einen Stöpsel in das Loch! Nur bei richtiger Lösung kann der Schüler die bearbeitete Karte aus dem Kästchen ziehen, um die nächste Aufgabe lösen zu können. Bei dem Lesematerial »Geheime Botschaften« lautet die Anweisung: Suche dir ein Kouvert aus, öffne es und lies die Botschaft! Ein Beispiel: Gehe auf den Zehenspitzen zu der Tür! Öffne und schließe sie so leise du kannst! Die Selbstkontrolle besteht darin, dass der Schüler anschließend anhand der zuvor gelesenen Anweisung überprüft, ob der Auftrag richtig ausgeführt wird. Bei sogenannten Steckbrettern können die Schüler auf einer Holzplatte an die passende Stelle kleine Fähnchen mit der richtigen Bezeichnung stecken. Anhand eines Kontrollblattes wird die Lösung überprüft.

> Der Erzieher tritt zurück, und bei diesem Zurücktreten sieht er das Kind.
> *H. Helming 1992, S. 164*

Die Möglichkeit der Selbstkontrolle macht die Schüler relativ unabhängig von der Lehrerin, ohne auszuschließen, dass sie, wenn sie wollen, ihr Werk der Lehrerin zeigen können, um die für sie notwendige Bestätigung zu erhalten. Die Möglichkeit der Selbstkontrolle erhöht desgleichen die Motivation, wenn etwas nicht gelingt, gleich nach dem Fehler zu suchen und diesen zu korrigieren. Sie macht zudem von außen kommende Kritik überflüssig und reduziert soziale Vergleiche.

Freie Arbeit ersetzt nicht die Lehrerin; diese wird weder nebensächlich noch überflüssig. Freie Arbeit schafft ihr vielmehr Raum für die zentrale Aufgabe, die Schüler zu beobachten und im geeigneten Augenblick dem einzelnen Kind bei auftretenden Problemen beratend und helfend zur Seite zu stehen. Viele Kinder werden ihr trotz Selbstkontrolle ihre fertigen Lösungen zeigen wollen. Selbstverständlich wird sie loben, wenn die Aufgabe richtig gelöst wurde, einzelne Kinder ermutigen, auch schwierigere Aufgaben in Angriff zu nehmen, entscheidungsschwachen Kindern Vorschläge für die Materialauswahl machen, oder sich zu Kindern setzen, die Schwierigkeiten haben, eine Aufgabe zu Ende zu führen. Die Präsenz der Lehrerin bleibt von hoher Bedeutung. Aber die Art der Präsenz ändert sich. Die Lehrerin hat zudem die Aufgabe, den Schülern durch die Bereitstellung eines vielseitigen und breit gefächerten Materialangebots unterschiedliche Lernmöglichkeiten anzubieten.

Freie Arbeit ist nicht möglich ohne gemeinsame Absprachen, Regeln und Rituale. Eine der wichtigsten Regeln ist, dass Schüler ihr Material selbst holen und am Ende der Stunde wieder an den richtigen Platz zurückstellen. Wenn ein Schüler an einem Material weiterarbeiten will und dieses deshalb liegen lässt, muss er dies

durch Dazulegen seines Namenskärtchens signalisieren. Wenn es der Lehrerin oder einem Schüler zu laut wird, kann er das dadurch kundgeben, dass er mit einem bereitgestellten Glöckchen läutet. Das ist für die anderen ein Zeichen, leiser zu sein. Häufig wird ein Fähnchen mit der Aufschrift »Bitte warten« von der Lehrerin auf den Tisch gestellt, wenn sie einem Kind etwas erklären und dabei von anderen nicht gestört werden möchte.
Solche Regeln müssen mit den Kindern vereinbart, geübt, aber auch immer wieder hinsichtlich ihrer Brauchbarkeit überprüft werden.

- Lehrer und Schüler müssen den Überblick darüber behalten, was in den Freiarbeitsstunden geleistet wurde. Hierbei bietet sich für die älteren Schüler die Möglichkeit eines Freiarbeitsheftchens an. Hier trägt der Schüler ein, was er während dieser Stunde – außer dem Pflichtteil – gemacht hat und kann dann selbst in seinem persönlichen Arbeitstagebuch nachlesen, was er schon alles geleistet hat. Eine andere Möglichkeit ist eine Liste an der Innentüre eines Materialschranks. Auf ihr sind in den Zeilen die verschiedenen Materialien, in den Spalten die Namen der Kinder aufgeführt. Jedes Kind, das ein Arbeitsmaterial bearbeitet hat, macht in das entsprechende Kästchen ein Zeichen. So kann der Lehrer auch sehen, welche Materialien besonders gern bearbeitet werden, welche Schüler um welche Materialien am liebsten einen Bogen machen, welche Schüler sich schwierige Arbeiten zutrauen, welche vielleicht ermutigt werden müssen. Und für den einzelnen Schüler kann es eine Genugtuung sein, wenn er sieht, wie unter seinem Namen die Zahl der Zeichen für »erledigt« immer größer wird, was er schon alles geschafft hat. Niemand hat aber auch etwas dagegen, wenn ein Kind mit einem Material zwei Mal oder drei Mal arbeitet und genießt, dass diese Aufgaben schon so gut beherrscht werden.

Historische Wurzeln

Freie Arbeit ist keine moderne Konzeption, auch wenn sie bei uns erst seit einigen Jahren in größerem Umfang praktiziert wird. Im Konzept der Freien Arbeit bündeln sich verschiedene Zielsetzungen der Reformpädagogik: das Ziel der Selbsttätigkeit (die Schüler müssen ihre Aufgaben selbstständig auswählen und bearbeiten), der Kindgemäßheit (Berücksichtigung individueller Interessen und Arbeitsrhythmen), das Ziel des ganzheitlichen Lernens (viele Aufgaben sind nicht nur Papier-Bleistift-Aufgaben), das Ziel, Gemeinschaftsgefühl und Zusammenarbeit zu stärken (die Schüler können viele Aufgaben gemeinsam lösen, zudem wird das Konkurrenzlernen reduziert). Entscheidend ist, dass Schüler sich in zunehmend größer werdender Eigenverantwortung für ihr Lernen selbst verantwortlich fühlen. Aus passiven Schülern, denen der Lehrer im Gleichschritt des Gesamtklassenunterrichts Lerninhalte, Lernschritte und Lernzeiten vorgibt, sollen Schüler werden, die nach individuellen Möglichkeiten und Bedürfnissen selbstverantwortlich ihre Lernvorgänge steuern.

Vier Reformpädagogen seien namentlich erwähnt (siehe auch Knörzer/Grass 1998):

Maria Montessori (1870–1952) stellte die Eigengesetzlichkeit des Kindes in den Mittelpunkt ihrer Pädagogik. Nach ihr entwickelt sich jedes Kind nach einem eigenen, individuellen Bauplan und verfügt über die Fähigkeit, selbstständig seine Persönlichkeit aufzubauen. Fruchtbares Lernen muss in Übereinstimmung mit diesem individuellen Bauplan erfolgen. Hierzu bedarf es der Bereitstellung einer »Vorbereiteten Umgebung«, in der das Kind selbst tätig werden kann. Montessori geht davon aus, dass ein Kind, das sich frei in einer Vorbereiteten Umgebung für eine Arbeit entscheidet, zu einer Konzentration kommen kann, in der es sich, unbehelligt von möglichen Ablenkungen, in die Arbeit versunken, seiner Tätigkeit hingibt. Sie nannte dieses Phänomen Polarisation der Aufmerksamkeit. Durch diese Konzentration auf die Arbeit kommt es zu einer tief greifenden Veränderung des Kindes, einer inneren Ordnung seiner bislang ungeordneten Vorstellungen, zu dem Erlebnis, einen Sachverhalt zu durchschauen, eine Aufgabe lösen zu können. Diese innere Ordnung geht über das Kompetenzerleben hinaus. Sie macht das Kind zufrieden, ausgeglichen, und freundlich gegenüber den andern. Maria Montessori spricht von »Normalisierung« des Kindes durch Polarisation der Aufmerksamkeit.

Damit es aber dazu kommen kann, muss die Vorbereitete Umgebung dem Kind angepasst, geordnet und überschaubar sein. Bei den angebotenen Materialien wird am Material von allem abstrahiert, was das Kind ablenken oder in eine andere Richtung führen könnte (materialisierte Abstraktion). Dadurch soll erreicht werden, dass sich die Konzentration des Kindes auf die eine wesentliche Sache richten kann. Erst danach folgt die Übertragung auf die Wirklichkeit. So wird etwa mit gleich großen und gleich farbigen (goldenen) Perlen gerechnet und nicht mit Nüssen. In der biologischen Kommode befinden sich gleich farbige, stilisierte Blätter aus Sperrholz, nicht wirkliche Blätter von Bäumen. Die Aufgabe der Lehrerin besteht neben der Bereitstellung der »Vorbereiteten Umgebung« darin, dass sie die Kinder beobachtet und sie zum richtigen Zeitpunkt mit dem von ihnen gewünschten Material vertraut macht, um sich dann wieder zurückzuziehen und das Kind selbstständig arbeiten zu lassen. Das Kind wählt seine Aufgabe frei, und kann sich beliebig lang mit seinem Material beschäftigen. So kann es sein, dass ein Schüler einer Montessorischule an einem bestimmten Themengebiet über mehrere Tage, mitunter sogar Wochen arbeitet

In Montessorischulen sind die Klassen jahrgangsübergreifend zusammengesetzt. Dies begünstigt das soziale Lernen. Das am Prinzip der Individualisierung des Lernens orientierte didaktische Konzept ermöglicht, dass Kinder mit ganz unterschiedlichen Lernvoraussetzungen gemeinsam unterrichtet werden können. Darauf setzen auch die heutigen Überlegungen zur Reform der schulischen Eingangsstufe (vgl. S. 133 ff.).

Auch **Peter Petersen** (1884–1952) hat die Jahrgangsklasse zu Gunsten altersheterogener Gruppierungen abgeschafft. Ein Sitzenbleiben gibt es nicht. Der Unterricht wird organisiert in Form von *Kursen* (Kurse für Schüler, die neu in eine sogenannte Stammgruppe eintreten, Übungskurse zur Sicherung von Mindestwissen, Niveaukurse – etwa in Englisch, nachdem die Schüler 4 bis 5 Monate gemeinsam unterrichtet wurden –, Wahlkurse mit besonderen Themen), in Form von *Gruppenunterricht* (Ausgangspunkt sind hier die Tischgruppen), *Freier Arbeit* (wenn die Elementargrammatik eines Fachs beherrscht wird) und *Arbeit im Kreis* (für all das, was gemeinsam betrieben werden muss, z.B. Einführung in grundlegende Aspekte eines Fachs, gemeinsame Planungen, Singen usw.). Oft findet ein Übergang der Arbeit im Kreis in Gruppenunterricht oder Freie Arbeit statt.

Zentrale Elemente der Schule von **Célestin Freinet** (1896–1966) waren die Schuldruckerei, die Klassenkorrespondenz und das Verfassen freier Texte. Schüler wählen ein Thema aus ihrer Lebenswelt, das sie niederschreiben oder anderen mitteilen wollen. Der entsprechende Text wird vom Schüler selbst verfasst, der Lehrer bleibt im Hintergrund. Er verbessert Schreibfehler, greift aber nicht in die Gestaltung des Textes ein, um die Originalität des kindlichen Ausdrucks nicht zu zerstören. Die Schüler entscheiden, welcher Text gedruckt und evtl. einer anderen Klasse geschickt werden soll. Andere Klassen antworten, auf diese Weise entsteht eine Klassenkorrespondenz, die den Schülern der kleinen Landgemeinde einen Spalt weit die Tür zur weiten Welt öffnet. Lesen, Schreiben, Grammatik und Orthographie werden hierbei gleichermaßen geübt wie der freie sprachliche Ausdruck, aber auch Genauigkeit, Ausdauer sowie Zusammenarbeit und das Einhalten demokratischer Spielregeln. Das Verfassen der Texte ist in Form Freier Arbeit organisiert. Kein Schüler wird dazu gezwungen; die Arbeit kann allein oder mit anderen erledigt werden. Die Themen werden nicht vorgegeben, sondern von den Schülern gewählt.

Ein weiteres wichtiges Merkmal der Unterrichtskonzeption Freinets ist selbstständiges Lernen in Form Freier Arbeit anhand von Arbeitsmaterialien aus der kindlichen Umwelt des (die Montessorimaterialien lehnt er als zu künstlich ab) oder anhand der Klassenbibliothek bzw. der aufliegenden Arbeitskarten oder Arbeitshefte (Bibliothèque de Travail). Um hierfür die entsprechenden Rahmenbedingungen zu schaffen, hat Freinet das Klassenzimmer in einzelne Arbeitszonen (Ateliers) aufgeteilt. Der Stundenplan wird durch Tages- und Wochenpläne ersetzt. Den damaligen Schulbüchern warf Freinet vor, dass sie die Kinder verdummen, entmündigen, ihre Eigeninitiativen lähmen und so letztlich die politische Funktion des Niederhaltens der unteren Sozialschichten haben.

Helen Parkhurst (1887–1973), inspiriert von J. Dewey und M. Montessori, hat mit ihrem 1922 vorgestellten Daltonplan[1] das Schulwesen vor allem in Amerika, in England und den Niederlanden beeinflusst. Für Parkhurst ist Freiheit die zentrale Leitidee ihrer Pädagogik. Freiheit ist aber unlöslich mit Verantwortung verbunden und gilt gleichermaßen für Schüler und Lehrer. Der Schüler muss sich entscheiden, welches Themengebiet, mit welchen Hilfsmitteln, mit wem, in welchem Zeitraum er bearbeiten

1 Der Daltonplan ist für den Sekundarbereich konzipiert. Trotzdem wird er hier wegen seiner grundsätzlichen Bedeutung kurz erläutert.

möchte. Der Lehrer bzw. das Kollegium muss entscheiden, welche Pensen bearbeitet, wie viele »Dalton-Stunden« pro Woche angeboten, welche Hilfsmittel eingesetzt, oder ob jahrgangsübergreifende Gruppierungen gebildet werden sollen. Die Schüler arbeiten nach verpflichtend angenommenen Arbeitsanleitungen, sogenannte »assignments«. In der Regel ist jedes Wochen- oder Monatsassignment nochmals in fünf oder zwanzig »units« unterteilt. Die Anleitungen selbst reichen von knappen Aufgabenlisten bis zu sehr ausführlichen »Studienbriefen«, die den Schülern eine umfassende Anleitung zu einem Selbststudium bieten. Der Lehrer hält Lernstand und Arbeitsverhalten der einzelnen Schüler in den verschiedenen Fächern und bei den einzelnen »units« in einer entsprechenden Tabelle fest (Instructor's Laboratory Graph). Des Weiteren führt jeder Schüler eine Schülerkarte, in der er seine Arbeit eines ganzen Monats dokumentiert (»Pupil's Contract Graph). Sobald eine »unit« erfolgreich bearbeitet ist, trägt der Schüler den entsprechenden Arbeitstag ein. Schüler und Lehrer haben somit einen Überblick über das individuelle Arbeitsverhalten während der einzelnen Tage.

Schließlich sei daran erinnert, dass vor allem **angelsächsische Grundschulen** bereits Ende der 60er-Jahre die oben skizzierten Ansätze von Montessori, Petersen und Freinet aufgegriffen und verschiedene Möglichkeiten für einen sogenannten offenen Unterricht entwickelt haben (vgl. Belser/Roeder/Thomas 1972; Kasper/Piechorowski 1978; Kasper [3]1997). Der 1967 veröffentlichte Plowden Report war eine Bestandsaufnahme des in englischen Grundschulen praktizierten Unterrichts und dokumentierte die weite Verbreitung offener Unterrichtsformen. Er hatte aber auch programmatische Bedeutung. Plädiert wurde für einen flexiblen, an den Interessen der Kinder orientierten Unterricht. Nicht die Ausrichtung am Lehrplan, sondern die spontane Aufnahme von Interessen der Kinder sollte im Mittelpunkt stehen. Nicht der Lehrplan und nicht der Lehrer, sondern das Kind wurde als der wichtigste Agent seines Lernens angesehen. Das in England damals dezentralisierte Schulwesen ermöglichte die verschiedensten Formen »Offenen« Unterrichts, eröffnete große Freiheitsspielräume, räumte aber auch persönlichen Vorlieben und Einseitigkeiten einzelner Lehrer einen breiten Raum ein.

Wesentliche Anstöße für Freie Arbeit in Deutschland gingen von England aus. Offener Unterricht setzte sich hier vor allem in Form Freier Arbeit durch. Viele Lehrerinnen und Lehrer sahen darin ein Konzept, das der Eigenart vieler heutiger Kinder entgegenkommt und das ihren eigenen Vorstellungen von Unterricht entsprach. Bei der in den 60er-Jahren von den Lehrern ausgehenden Bewegung handelt es sich zudem um eine Gegenbewegung zu dem damals propagierten Konzepts des lernzielorientierten Unterrichts mit weitgehend geschlossenen und streng an vorgegebenen operationalisierten Lernzielen ausgerichteten Curricula (vgl. Knörzer/Grass 1998). Bemerkenswert ist, dass diese Freie Arbeit nicht von oben angeordnet wurde, sondern sich als eine »Bewegung von unten«, Jürgens nennt sie »Bewegung Offener Unterricht« (vgl. Jürgens 1996), ausbreitete.

Durch die Einbettung Freier Arbeit in die geltenden Lehrpläne und die Beschränkung auf nur einen Teil des Unterrichts wurden im Unterschied zu England problematische Ausuferungen und leistungsmindernde Auswirkungen dieses Konzepts verhindert (siehe S. 228 ff.).

Pädagogische Hoffnungen, Probleme und Schwierigkeiten

Mit dem Konzept der Freien Arbeit verbinden sich mehrere, miteinander verwobene pädagogische Hoffnungen:

> Durch Freie Arbeit wird das Selbstvertrauen der Kinder in besonderer Weise gestärkt. Wenn sie eine Aufgabe öfters wiederholen können (ohne dem ständigen Vergleich mit den Mitschülern ausgesetzt zu sein), bietet sich die Chance, dass sie zu der Überzeugung kommen: »Ich kann es!« Freie Arbeit bietet somit die Möglichkeit, das eigene Fähigkeitsselbstbild zu verbessern und ein günstiges *Kausalattribuierungsmuster* zu erwerben.
> Wegen seiner überragenden Bedeutung für die Lernmotivation sei dieses Konzept näher vorgestellt.
> Wenn Menschen ein Handlungsergebnis erzielt haben, versuchen sie, dieses zu erklären. Das gilt vor allem, wenn der Handlungsausgang unerwartet ist oder es zu Misserfolgen kam. Sie suchen nach Ursachen (Kausalattribuierung = Ursachenzuweisung). Dabei können sie sich täuschen. Sie führen vielleicht einen Erfolg auf ihre Fähigkeit zurück, dabei war er durch Zufall bedingt. Oder sie machen für einen Misserfolg ihre mangelnde Fähigkeit verantwortlich, dabei haben sie sich nur nicht genügend angestrengt. Trotz solcher Fehleinschätzungen ist diese subjektive Erklärung von großer Bedeutung. Sie entscheidet, ob man sich über das Ergebnis freuen kann oder ob es deprimiert. Aus der Erklärung des Handlungsergebnisses lassen sich Rückschlüsse auf die eigenen Fähigkeiten ziehen. Die Kausalattribuierung beeinflusst zudem ihr zukünftiges Verhalten.
> Weiner u.a. (1975) haben hierzu ein Ordnungsschema erstellt. Die entscheidenden Dimensionen hierfür sind »Personabhängigkeit« und »zeitliche Stabilität der Erklärungsfaktoren«.

	Personabhängigkeit der Faktoren	
	internal	external
Zeitlich relativ stabile Faktoren	Begabung	Schwierigkeit des Faches
Zeitlich relativ instabile Faktoren	Anstrengung	Zufall

In vielen Untersuchungen ließ sich feststellen, dass Schüler relativ feste Attribuierungsmuster der Beurteilung ihrer Leistung zu Grunde legen (Meyer 1973; Weiner 1975, 1984). Dabei lassen sich zwei Schülertypen unterscheiden:
Erfolgsorientierte Schüler führen ihre Erfolge überwiegend auf Begabung zurück, ihre Misserfolge auf Pech oder mangelnde Anstrengung. Bei Erfolgen wird so das positive Selbstbild bestätigt, bei Misserfolgen wird dieses nicht sonderlich beeinträchtigt, da die Ursachen des Misserfolgs ja in relativ instabilen Faktoren vermutet werden: Pech hat man nicht immer und die Anstrengung kann man erhöhen, wenn man will. Ein Misserfolg ist bei diesem Attribuierungsmuster also nicht so tragisch. Erfolg dagegen bestätigt einen in der Überzeugung, begabt zu sein.
Bei *misserfolgsorientierten* Schülern ist das Kausalattribuierungsmuster nicht so linear. Oft führen sie ihre Erfolge auf Zufall zurück, für Misserfolge machen sie ihre mangelnde Begabung verantwortlich. Bei diesem Erklärungsmuster kann man sich über Erfolg nur wenig freuen, und der so erklärte Erfolg führt auch nicht zu einer Erhöhung des Fähigkeitsselbstbildes. Misserfolg aber wird als deprimierend erlebt: Man ist eben nicht genügend begabt, und an Begabung lässt sich nichts ändern. So wird bei diesem Attribuierungsmuster die Misserfolgsorientierung stabilisiert. Auf längere Sicht wird Resignation die Folge sein.

	Erfolgsmotivierte Schüler	Misserfolgsmotivierte Schüler
Erfolg	Begabung ↓ Ermutigung	Kein einheitliches Muster: Glück, Zufall ↓ Keine Ermutigung
Misserfolg	Zufall (Pech) Mangelnde Anstrengung ↓ Nächstes Mal mehr tun!	Mangelnde Begabung ↓ Entmutigung

Schüler werden in Freier Arbeit eher Erfolge als Misserfolge erzielen, da sie zum Beispiel den Schwierigkeitsgrad und das Lerntempo selbst bestimmen, eine Aufgabe mehrmals wiederholen, Hilfe in Anspruch nehmen oder auf dem Lösungsblatt nachschauen können. Sie lernen zudem die Bedeutung von Anstrengung kennen, etwa dann, wenn eine Lösung erst nach dem dritten Anlauf gelingt. Sie lernen, dass ein Erfolg nicht eine Frage des Zufalls, sondern der Anstrengung ist. Dadurch erhöht sich auch die Wahrscheinlichkeit, dass sie die Ursachen für Erfolge nicht mehr in erster Linie auf Zufall, sondern allmählich auf die eigene Anstrengung zurückführen. Es lohnt sich also, zu arbeiten! So könnte langsam aus einem Schüler mit einem ehemals negativen Fähigkeitsselbstbild und ungünstigem Kausalattribuierungsmuster ein Schüler mit einem positiven Selbstbild und günstigem Attribuierungsmuster werden (vgl. S. 188 f.).

> In einem Haus brach ein Feuer aus. Die Feuerwehr hatte alle Hände voll zu tun, die Bewohner aus den Flammen zu retten. Bei einem Mann hatte sie aber besondere Schwierigkeiten; er schlief. Immer wieder rutschte er den Feuerwehrleuten aus den Armen, schien unendlich schwer zu sein, ließ sich einfach hängen.
> Da sagte einer der Männer: »Wecken wir ihn doch auf!«

- Mit der Stärkung des Selbstvertrauens eng verwoben ist die Stärkung von Selbstverantwortung und Selbstständigkeit. Schüler können besonders in Freien Arbeitsstunden erleben, dass sie selbst für ihr Lernen verantwortlich sind, dass ihre Ausdauer, ihre Hartnäckigkeit und Anstrengungsbereitschaft entscheidend zum Erfolg beitragen. Sie lassen sich nicht von der Lehrerin, wie auf einem Fließband sitzend, fortbewegen, sondern fühlen sich selbst für das »Vorwärtskommen« verantwortlich. Lehrerinnen und Lehrer helfen, unterstützen, arrangieren Lernchancen; verantwortlich für das eigene Lernen sind aber letztlich die Schülerinnen und Schüler selbst.
  Zugleich lernen sie ein Stück Selbstständigkeit. Sie müssen selbstständige Entscheidungen treffen, sich selbst die Materialien verschaffen, ihre Arbeit organisieren, ihre Zeit einteilen und die Arbeit überprüfen.

> Hilf mir, es selbst zu tun!
> *Montessori (1980)*

- Freie Arbeit ist geradezu eine Idealform der inneren Differenzierung, vor allem deswegen, weil sie durch den Schüler selbst geschieht. Diese selbstinitiierte Differenzierung kann auf verschiedenen Ebenen geschehen:
  Differenzierung nach Interessen und Neigungen: Jeder Schüler kann zumindest in einem Teil des Unterrichts frei entscheiden, was er jetzt tun möchte: eine Rechenaufgabe lösen, Pflanzen pressen, ein Dosendiktat schreiben, die Geschichtskette legen, in der Leseecke lesen.
  Differenzierung nach der Sozialform: Bei vielen Tätigkeiten kann der Schüler selbst entscheiden, ob er sie allein, mit einem Mitschüler oder in der Gruppe lösen will.
  Differenzierung nach dem Schwierigkeitsgrad: Die für viele Schüler schwierige Aufgabe, sich für ein Material zu entscheiden, das ihrem Fähigkeitsstand angemessen ist, kann dadurch erleichtert werden, dass die Lehrerin Arbeitsblätter mit leichten Aufgaben mit einem grünen, die schweren Aufgaben mit rotem Punkt kennzeichnet. Dabei lernen die Schüler allmählich auch, sich selbst richtig einzuschätzen. Dabei muss allerdings mitbedacht werden, dass ängstliche Schüler möglicherweise immer die leichteren Aufgaben wählen und dies längerfristig zu einer Selbstabwertung führt. Die Lehrerin müsste den einen oder anderen Schüler, der aus Furcht vor Versagen immer nur leichte Aufgaben auswählt, ermutigen, sich auch an schwerere Aufgaben heranzuwagen.

Differenzierung nach der Zeit: Kinder haben die Möglichkeit, Zeitpunkt und Zeitdauer der Beschäftigung mit einem Material selbst zu bestimmen. Sie können schnell oder langsam arbeiten. So können sie ihrem Lernrhythmus entsprechend lernen.

- Freie Arbeit kann dazu beitragen, den Leerlauf während der Schulstunden durch die Attraktivität der Materialien und die Möglichkeit, selbst aktiv sein zu können, zu reduzieren. Bedenkt man, wie lange an einem Vormittag bei traditionellem Unterricht die Schüler wirklich intensiv arbeiten, so wird man zu dem Ergebnis kommen, dass es viel Leerlauf gibt. Da muss man warten, bis z.B. alle Schüler ihr Heft aufgeschlagen haben, bis alle ruhig sind, bis alle fertig sind usw. Da kann man auch, vom Lehrer kaum bemerkt, in Gedanken leicht abschweifen. Allerdings besteht auch die Gefahr, dass manche Kinder sich in freien Arbeitsphasen vor allem mit dem Beginn einer Arbeit schwer tun. Empirische Untersuchungen haben jedoch ergeben, dass bei Freier Arbeit relativ wenig Zeit vertrödelt wird (vgl. S. 231 f.).
- Freie Arbeit ist ein Idealfall für soziales Lernen. Viele Materialien sind bewusst nur einmal im Klassenzimmer vorhanden. Die Kinder werden so aufgefordert, untereinander Absprachen zu treffen oder Regeln aufzustellen, in welcher Reihenfolge z.B. die Schreibmaschine benutzt werden kann. Andere Materialien lassen sich gut zu zweit bearbeiten (z.B. Partnerdiktat). Das Kind kann selbst entscheiden, mit wem es arbeiten und von wem es sich helfen lassen möchte. Helfen und Sich-Helfen-Lassen werden so ständig und als etwas Selbstverständliches praktiziert. Auch der pflegliche Umgang mit dem Material sowie das ordnungsgemäße Aufräumen desselben sind kleine Bausteine sozialen Lernens.
- Da viele Materialien, die in Freier Arbeit benutzt werden, die Möglichkeit einer Selbstkontrolle enthalten (siehe S. 211 f.) und so mögliche Fehler dem Schüler sofort zurückgemeldet werden, erhöht sich die Lernmotivation. Die Bereitschaft, nach dem Fehler zu suchen und ihn zu korrigieren, ist größer als wenn die Lehrerin erst einige Zeit nach der Aufgabenbearbeitung auf einen Fehler aufmerksam macht.
- In der Freien Arbeit wird der Konkurrenzdruck unter den Schülern reduziert. Wenn viele Materialien nur einmal vorhanden sind, hat dies auch den Vorteil, dass der Schüler sich in viel höherem Maße auf die Aufgabe konzentrieren kann und nicht so sehr durch die Sorge abgelenkt wird, dass andere vielleicht schneller sind. Wenn er bei der Aufgabe einmal nicht weiterkommt, braucht er nicht gleich zu denken, er sei nicht so klug wie die anderen. Er selbst vergleicht sich nicht mit ihnen und wird nicht mit ihnen verglichen. Der Beurteilung liegt vielmehr der sach- oder der personbezogene Maßstab (vgl. S. 241 f.) zu Grunde. Zudem reduziert die Möglichkeit der Selbstkontrolle den Vergleich mit anderen.

Nun hat das Konzept der Freien Arbeit auch Schattenseiten. Da ist zunächst die Sorge zu nennen, ob die Kinder bei soviel Freiheit auch genügend lernen. Wir werden der hier angesprochenen Frage nach der Effizienz auf S. 228 ff. ausführlich nachgehen. Viele Sachverhalte könnten von der Lehrerin vielleicht präziser und in kürzerer Zeit erklärt werden. Bei Freier Arbeit können sich möglicherweise Fehler einschleichen, die längere Zeit nicht entdeckt werden. Es gibt immer wieder Schüler, die sich nicht für eine Aufgabe entscheiden können, eine angefangene nicht zu Ende führen, das Material nicht ordnungsgemäß aufräumen, immer wieder dieselben Aufgaben wählen, andere nicht in Ruhe arbeiten lassen oder die Möglichkeit der Selbstkontrolle durch Mogeln missbrauchen. Ängstliche Kinder tun sich mit Freier Arbeit zunächst vielleicht schwerer als weniger ängstliche. Die Wahl einer Aufgabe wird möglicherweise nur dadurch bestimmt, dass auch der eigene Freund diese Aufgabe gewählt hat. Schwierigkeiten, die in der Person des Schülers liegen, sind aber weniger Argumente gegen Freie Arbeit (sie sind im herkömmlichen Unterricht ebenso vorhanden, treten aber hier oft nur nicht in Erscheinung) als vielmehr eine pädagogische Herausforderung, diesen Kindern gezielt Hilfen anzubieten.

Ein weiteres Problem besteht darin, dass das für die Freie Arbeit konzipierte Material sich oft auf relativ einfache Aufgaben mit vorwiegend übendem Charakter bezieht. Hier müsste die Lehrerin das Angebot um anspruchsvollere Aufgaben erweitern. Auch die Gefahr einer Gängelung des Kindes durch das vorgegebene Material ist zu beachten. Die Aufgaben sollten deshalb nicht grundsätzlich nur nach einem vorgegebenen Muster lösbar sein, sondern mehrere richtige Lösungen ermöglichen. Auch das Entwickeln eigener Fragestellungen, das Rekonstruieren vorgegebener Lösungswege oder das Aufspüren und »Ausknobeln« eingeschlichener Fehler oder Irrwege sind Aufgaben, die das Kind im Rahmen der Freiarbeit weg vom rezeptiven hin zum eigenaktiven, kreativen Lernen führen können.

Freie Arbeit ist kein Allheilmittel. Sie bietet aber im Zusammenspiel mit lehrerzentriertem Unterricht, Gruppenunterricht und Projekten pädagogisch wünschenswerte Möglichkeiten des Lernens insbesondere für die heutigen Kinder, die in ihren Lernvoraussetzungen äußerst unterschiedlich sind und teilweise ein hohes Maß an individualisierendem Lernen bedürfen.

Mögliche Organisationsformen

Wie bereits erwähnt, gibt es gegenwärtig kein einheitliches Muster, wie Freie Arbeit am besten zu gestalten sei. Alle Formen haben Vor- und Nachteile. Wir werden im Folgenden einige Formen Freier Arbeit darstellen. Die gewählte Reihenfolge legt sich auch durch Überlegungen nahe, wie damit begonnen werden könnte und was ein mögliches Fernziel sein könnte.

Lernzirkel

Lernzirkel, Stationentraining oder Lernstraßen sind häufig gewählte methodische Verfahren zu einer ersten Öffnung des Unterrichts (Wallaschek [2]1991; Faust-Siehl 1995; Hegele 1996). Im Klassenzimmer steht eine bestimmte Anzahl von Lernangeboten (Stationen) bereit. Festgelegt sind Thema, einzelne (Pflicht-)Aufgaben, mögliche Sozialformen für deren Bearbeitung sowie die zur Verfügung stehende Zeit. Eine gewisse Freiheit haben die Kinder in der Auswahl und in der Reihenfolge der Aufgaben, in der Zeit, die für die Bearbeitung verwendet werden kann sowie möglicherweise in der Sozialform. Oft werden den Kindern Laufzettel angeboten, auf denen sie Stationen »abhaken« können und somit einen schnellen Überblick über ihre Arbeit erhalten. Der Verlauf ist weitgehend festgelegt: nach einer kurzen Einstimmung erfolgt ein Rundgang durch die Stationen, dann, als zentrales Element, die Arbeitsphase und schließlich das gemeinsame Abschlussgespräch. Vorteile dieser Form liegen in der verhältnismäßig engen Bindung an eine Thematik sowie in der klaren methodischen Vorstrukturierung, die Kindern ein hohes Maß an Sicherheit gibt. Garlichs (1990, S. 110f.) spricht von »haltenden« Strukturen, die Voraussetzung für die Selbstständigkeit von Schülern sind. Probleme dieser Form liegen vor allem beim Wechsel zwischen den Stationen. Versucht man ihn mit einem bestimmten Signal (Glöckchen) zu steuern, besteht die Gefahr der Gängelung. Verzichtet man auf ein Signal, sind »Stationenhocker« nicht auszuschließen. Auch der oft verhältnismäßig hohe zeitliche Aufwand für die Bereitstellung der Stationen (meist nur für eine Stunde) muss bedacht sein. Trotzdem sind Lernzirkel vor allem für die Einführung der anderen Formen Freier Arbeit ein guter Einstieg.

Lerntheke

Hohe Ähnlichkeit mit einem Lernzirkel hat die Arbeit mit einer Lerntheke. Wie der Begriff vermuten lässt, werden wie auf einer Theke, an gut zugänglichen Tischen im Klassenzimmer Materialien zu einem bestimmten Themengebiet bereitgestellt.

Die Schüler können aus dem Angebot wählen, holen sich das Material, bearbeiten es an ihrem Platz, dokumentieren die Arbeit und legen das Material wieder an der Theke ab. Das eigentliche Arbeiten findet im Unterschied zu einem Lernzirkel am jeweiligen Schülertisch statt.

Arbeit nach dem Wochenplan

In vielen Grundschulen gehören Tages- und Wochenpläne (Huschke/Magelsdorf ^{4}1993; Vaupel 1995; Claussen 1997) zum festen Bestandteil schulischer Arbeit. Im Montagmorgenkreis wird mit der Klasse besprochen, was im Laufe dieser Woche in den Freien Arbeitsstunden gearbeitet werden soll. Dieser Arbeitsplan wird an der Seitentafel notiert oder jedem Schüler ausgeteilt.

Nun lassen sich bei der Gestaltung von Wochenplänen große Unterschiede feststellen. Aus Brügelmann (2005, S. 34 bzw. 40) werden zwei Beispiele vorgestellt:

Wochenplan Name:

vom bis

		fertig	kontrolliert
Schreiben	Schreibe einen Bericht über unseren Besuch beim Tierarzt in der letzten Woche!		
Lesen	Partnerlesen: Übe mit einem anderen Kind das Stück im Lesebuch auf S. 25 mit verteilten Rollen zu lesen.		
Rechtschreiben	*Nächste Woche schreiben wir das Diktat:* Übe den Text als Dosen-Diktat, Schleich-Diktat, Dreh-Diktat oder Hör-Diktat. (Für das Hör-Diktat musst Du Dich rechtzeitig in die Liste für den Walkman eintragen!)		
Rechnen	1. Stelle Dir ein Blatt mit dem Einmaleins der 7 und ein Blatt mit dem Einmaleins der 9 her. Lerne sie auswendig und lass Dich von einem anderen Kind abfragen. 2. Mathebuch S. 27, Aufgabe 5 a-d *Zusatzaufgabe für Spezialisten: S. 28, Nr. 7*		
Sachunterricht	Male ein Kaninchen und einen Hasen und schreibe auf, worin sie sich im Aussehen und ihrer Lebensweise unterscheiden. > Informationen dazu findest Du im Sachbuch S.33 - Du kannst aber auch andere Bücher aus der Klassenbücherei benutzen.		

Montag	Dienstag	Mittwoch	Donnerstag	Freitag

Im ersten Beispiel können die Schüler über die Reihenfolge der Aktivitäten frei bestimmen, über Zeitdauer und Intensität der Arbeitsphase sowie über eine mögliche Kooperation mit Klassenkameraden. Der Plan ist jedoch weitgehend »geschlossen« wie viele Aufgaben in Schulbüchern. Ein derartiger Plan, der den Schülern klare Anweisungen gibt, eignet sich vor allem bei der Einführung von Freier Arbeit. Im zweiten Beispiel sind die Vorgaben wesentlich »offener« formuliert. Dadurch kommt für die Schüler noch zusätzlich ein hohes Maß an Mitbestimmung bei der Auswahl der Inhalte und der Ziele hinzu.

Woche vom bis Name: Niki

Ich nehme mir für diese Woche vor:

	besprochen, Tips für die Arbeit	fertig
Freies Schreiben: Geschichte weiterschreiben	Wann willst Du Dich für eine Schreibkonferenz anmelden? Freitag	
Lesen: Ronja Räubertochter	Denke daran, Dein Lesetagebuch weiter zu führen	
Rechnen: Ich übe: 1×7, 1×8, 1×9	✓ Axel, Petra und Nina üben das Gleiche	X X
Rechtschreibung: Wortlistentraining	✓	X
Vortrag halten: Fledermäuse	Schaffst Du es bis Montag in 2 Wochen?	
Gedicht lernen: Herbstvögel	Das Gedicht fehlt noch in unserem Gedichtebuch	X
Sonstiges: Drachen bauen	Frage Marc, der weiß, wo Du das Material findest	

~~Montag~~	~~Dienstag~~	Mittwoch	Donnerstag	Freitag

Zwischen beiden Möglichkeiten gibt es mehrere Abstufungen, zum Beispiel auch in Form von Pflicht- und Wahlaufgaben sowie der Möglichkeit, einzelnen Kindern individuelle Tipps zu geben oder ihnen besondere Aufgaben zu empfehlen.

Am Wochenende wird gemeinsam mit den Schülern »Bilanz« gezogen. Wichtig ist, dass die Lehrerin die bearbeiteten Aufgaben in bestimmten Zeitblöcken (z.B. alle 14 Tage) kontrolliert und individuelle Hilfen vorbereitet, um das Einschleifen bestimmter Fehler frühzeitig zu verhindern. Die Kinder erhalten dann zusammen mit dem neuen Wochenplan ihre Blätter bzw. Hefte zurück. Besondere Schwierigkeiten, die einzelne Schüler haben, können evtl. in einer Förderstunde behoben werden.

Auch Wochenpläne bieten vor allem in der ersten Version »haltende« Strukturen (Garlichs 1990), da sie überschaubar und leicht mit den anderen Unterrichtsstunden verknüpfbar sind. Sie bieten weiterhin der Lehrerin die Möglichkeit, das Angebot von Woche zu Woche neu zu überdenken und einzelnen Kindern spezielle Aufgabenübungen entsprechend ihrem Leistungsstand anzubieten.

Arbeit nach dem Jahresplan

Diese Variante geht noch einen Schritt weiter als der zweite, offen gestaltete Wochenplan. Den Schülern steht eine Fülle von Materialien zur Verfügung, die sie innerhalb eines Jahres oder Halbjahres an den in der Woche dafür vorgesehenen Stunden der Freien Arbeit bearbeiten sollen. Die Materialien stammen aus verschiedenen Fächern, gehen oft weit über den Grundschullehrplan hinaus, greifen ins nächste Schuljahr voraus oder ins vergangene zurück, so dass Schüler wiederholen aber auch schneller voranschreiten können. Hier haben ganze Lernprogramme, wie etwa ein Mathematikprogramm, ein Rechtschreibtraining, ein größeres Gebiet aus dem Fächerverbund Mensch, Natur, Kultur, dessen Bearbeitung mehrere Stunden beansprucht, ihren Platz. Voraussetzung ist wiederum, dass diese Materialien ein hohes Maß an Selbstkontrolle ermöglichen bzw. die Ergebnisse anhand von Lösungsblättern vom Schüler kontrolliert werden können. Die Kinder notieren nach der Arbeit auf einem allen Kindern zugänglichen Übersichtsblatt, welche Aufgaben sie bearbeitet haben oder notieren dies in ihrem eigenen Freiarbeitsheft. So erhalten sie einen Überblick über ihre Arbeit und die Lehrerin kann, wenn nötig, steuernd und helfend eingreifen. Den Kindern wird bei dieser Organisationsform ein hohes Maß an Entscheidungsfreiheit zugemutet. Sie können bei dem gleichen Sachgebiet längere Zeit arbeiten und individuellen Interessen in höherem Maße nachgehen als bei einer Wochenplanarbeit. Auf der anderen Seite muss die Lehrerin mögliche Sorgenkinder genau beobachten, um ein »Verbummeln« wertvoller Zeit zu verhindern. Zudem muss sie den Schülern ein umfangreiches Materialangebot zur Verfügung stellen. Um sicherzustellen, dass einzelne Schüler sich von der großen Materialfülle nicht bedroht oder überfordert fühlen, ist dafür zu sorgen, dass die verfügbaren Materialien den Kindern einzeln ausführlich vorgestellt und erklärt werden. Dies bietet sich immer dann an, wenn ein neues Material angeschafft oder selbst entwickelt wurde.

Jede der oben vorgestellten Organisationsformen hat Vor- und Nachteile. Die Arbeit mit dem Wochenplan ermöglicht eine enge Verzahnung von lehrerzentriertem Unterricht und Freier Arbeit. Die Lehrerin kann schneller typische Fehler einzelner Schüler entdecken. Bei einem Jahresplan können umfassendere Aufgaben in Angriff genommen und ganze Lernprogramme absolviert werden. Möglicherweise schreckt die Vielzahl der zu bearbeitenden Aufgaben manche Kinder ab. Lehrerinnen und Lehrer wählen häufig unter den genannten Möglichkeiten Mischformen und versuchen, im Hinblick auf die konkrete Klasse, die vorhandenen Arbeitsmaterialien und die schulischen Bedingungen ihren eigenen Weg zu finden.

Erste Schritte von Freier Arbeit in einem ersten Schuljahr

Freie Arbeit gelingt nicht von heute auf morgen. Dabei haben viele Schulanfänger wesentliche Elemente dieser Lern- und Arbeitsform bereits im Kindergarten kennen gelernt, wenn sie während des »Freispiels« selbst entscheiden konnten, was, mit wem und wo sie spielen wollten. Schulische Freie Arbeit stellt aber höhere Anforderungen. Die Arbeit wird nicht gelernt, wenn im Klassenzimmer einfach ein paar Materialien liegen, auf die gelegentlich zurückgegriffen wird. Sie ist kein Lückenfüller für schlecht vorbereiteten Unterricht. Auf diese Weise können die Schüler das Hauptziel, das mit Freier Arbeit verfolgt wird, selbst die Verantwortung für das Lernen zu übernehmen, nicht erreichen.

Aber wie beginnen? Zunächst sollten einige Rahmenbedingungen bedacht werden.

Notwendige Voraussetzungen

Die Lehrerin muss diesem Konzept aufgeschlossen gegenüberstehen; sie sollte sicher sein, dass es für die Kinder ihrer Klasse und für sie ein guter Weg ist. Sie sollte aber auch wissen, dass mit dieser Methode sich nicht alle Probleme von allein lösen, dass Enttäuschungen und Ärger nicht ausbleiben, dass Kinder sich auch in Freien Arbeitsstunden mitunter anders verhalten, als sie es sich wünschen würde. Auch die Eltern müssen bereit sein, diese Unterrichtsform mitzutragen. Am besten werden vor Beginn in Elternabenden die Vorzüge der Freien Arbeit vorgestellt und die Eltern von Anfang an in die Planung und Gestaltung des Raumes, der Materialien und der Organisationsform miteinbezogen.

Schließlich sollten auch die Kolleginnen, die Schulleitung (und der Hausmeister) diesem Konzept zumindest wohlwollend gegenüberstehen. Vielleicht kann der gemeinsame Besuch einer Freien Arbeitsstunde an einer anderen Schule das eigene Kollegium zu einem interessanten, evtl. auch kontroversen Gespräch herausfordern. Besonders vorteilhaft ist es, wenn mehrere Kollegen einer Schule gemeinsam versuchen, einzelne Elemente von Freier Arbeit in ihren Klassen zu realisieren.

Als Fachlehrerin mit wenigen Stunden ist es wahrscheinlich kaum möglich, mit Freier Arbeit zu beginnen, eine Klassenlehrerin mit vielen Stunden in der Klasse hat es hier wesentlich leichter.

Freie Arbeit kann erschwert oder sogar unmöglich werden, wenn das Klassenzimmer nicht genügend Raum lässt für die Bereitstellung der Materialien und für die Möglichkeit, sich mit einem Arbeitsmaterial zurückzuziehen.

In engem Zusammenhang mit der Raumgestaltung ist das Materialangebot zu sehen. Das kommerzielle Angebot für Freiarbeitsmaterialien ist unüberschaubar groß und bedarf einer kritischen Überprüfung, denn nicht immer erfüllen sie die Kriterien, die an Freie Arbeit gestellt sind.

Besonders geeignet erscheinen uns Materialien, die möglichst mehrere der folgenden Kriterien enthalten (vgl. Spitta 1991, S. 20): (1) Ermöglichung von eigenaktivem

Lernen mit möglichst mehreren Lernwegen; (2) verständliche Arbeitsanweisung; (3) Möglichkeit der Mitgestaltung der Bearbeitungsregeln; (4) Möglichkeit der Selbstkontrolle der Ergebnisse; (5) Herausforderung zu weiteren Fragen und Erkundungen; (6) Kombination von individuellen und gemeinschaftlichen Arbeitsphasen; (7) robuste Qualität und anspruchsvolle Ästhetik.

Es müssen aber nicht unbedingt teure, im Handel erhältliche oder mit großem zeitlichen Aufwand erstellte Materialien sein; oft fordern auch einfache Angebote die Kinder zur Selbsttätigkeit heraus (siehe hierzu S. 211).

Die wichtigste Voraussetzung, die bei der Einführung von Freier Arbeit bedacht werden sollte, sind die Kinder selbst. Sie müssen lernen, sich für eine bestimmte Aufgabe zu entscheiden und diese selbstverantwortlich auszuführen. Sie müssen bereit sein, sich an bestimmte Regeln und Absprachen zu halten. Sie müssen in der Lage sein, eine einmal begonnene Arbeit zu Ende zu bringen und bei Schwierigkeiten nicht gleich aufzugeben. Viele Kinder müssen diese Kompetenzen erst erwerben. Dies aber ist eine wichtige Aufgabe eines »Erziehenden Unterrichts«. Eine Lehrerin sollte deswegen nicht zu vorschnell sagen, Freie Arbeit ist bei meinen Kindern nicht möglich. Wann und wie, wenn nicht in Zusammenhang mit Tätigkeiten wie Freie Arbeit, sollten Kinder Selbstständigkeit, Durchhaltevermögen, Einhaltung von Regeln usw. lernen?

Erste pädagogische Schritte

Wie aber kann nun eine Lehrerin konkret beginnen? Wichtig dürfte zunächst der Grundsatz sein: behutsam, in kleinen Schritten, nichts überstürzen. Als mögliche erste Schritte für die Einführung Freier Arbeit könnten folgende Maßnahmen geeignet sein:

- Innerhalb einer normalen Unterrichtsstunde, z.B. in einer Mathematikstunde, können die Kinder selbst entscheiden, ob sie die Rechenaufgaben mit Material (z.B. Steckwürfeln) oder ohne Material lösen wollen; sie können selbst entscheiden, ob sie die Übungsaufgaben im Rechenbuch oder auf dem Arbeitsblatt bearbeiten wollen. In einer Deutschstunde können sie selbst entscheiden, welches der drei Gedichte von Guggenmos sie schreiben und lernen möchten. Kinder lernen dadurch, unter zwei oder drei Möglichkeiten auszuwählen.
- Die für Freie Arbeit vorgesehene Zeit ist zunächst kurz. Etwa für 20 Minuten einer Übungsstunde haben die Kinder die Entscheidung, von fünf Rechenaufgaben drei zu bearbeiten. Die Reihenfolge ist ihnen freigestellt.
- Die Lehrerin bereitet einen Lernzirkel (siehe S. 221f.) zu einem bestimmten Thema vor.
- In manchen Schulen ist es möglich, das Klassenzimmer morgens vor Beginn des eigentlichen Unterrichts zu öffnen und die Kinder individuell mit Freier Arbeit beginnen zu lassen.

- Allmählich wird mit Kindern in einem Tagesplan, später auch Wochenplan, eine überschaubare Anzahl verschiedener Übungen zusammengestellt, die innerhalb eines bestimmten zeitlichen Rahmens bearbeitet werden sollen. Gerade bei der Einführung Freier Arbeit fällt es manchen Kindern schwer, sich für eine bestimmte Aufgabe zu entscheiden. Lehrerinnen können diesen Schülern helfen, wenn sie ihnen z.B. auf einem vorbereiteten Zettel oder zu Beginn der Arbeitsphase bestimmte Aufgaben empfehlen. Manche Kinder meinen, sie müssten alle Aufgaben bearbeiten und tun sich mit der Auswahl schwer. Diese Unsicherheit muss ihnen genommen werden.
- Die Kinder müssen wissen, wo sie welche Materialien finden können. Dazu bedarf es einer übersichtlichen Ordnung, etwa nach Materialgruppen. Sie müssen lernen, die Materialien selbst zu holen und allein wieder ordnungsgemäß aufzuräumen. Eine übersichtliche, für Kinder verständliche Präsentation der verschiedenen Angebote ist unabdingbare Voraussetzung, um Chaos zu verhindern.
- Kinder, vor allem am Schulanfang, benötigen oft in besonderem Maße die Zuwendung der Lehrerin. Sie möchten gerne ihre Arbeit der Lehrerin zeigen, auch wenn sie vielleicht noch nicht fertig ist und erwarten Anteilnahme und Lob. Viele Kinder müssen erst lernen, sich allmählich von dieser direkten »Kontrolle« der Lehrerin zu lösen und ihre Arbeit auf eine andere Weise zu dokumentieren – zum Beispiel über ein Freiarbeitsheft oder über Listen. Wichtig ist, dass die Lehrerin an diesen persönlichen Berichtsformen Anteil nimmt, sie sich zeigen lässt und mit den Kindern darüber spricht. So müssen sie also nicht ganz auf die persönliche Zuwendung seitens der Lehrerin verzichten.
- Die Lehrerin wird immer wieder das Gespräch mit einzelnen Kindern oder mit der ganzen Klasse suchen, z.B. am Freitag zum Wochenschluss. Hier wird gemeinsam besprochen, was einzelne Kinder gemacht haben, was einen gefreut hat, aber auch, was ärgerlich war und was nächste Woche besonders beachtet werden soll.
- Kinder sollten spüren, dass Freiarbeitsstunden genauso wichtig sind wie andere Unterrichtsstunden. Aus diesem Grunde ist es sicher sinnvoll, wenn die Lehrerin möglichst bald regelmäßig wiederkehrende Zeitblöcke im wöchentlichen Stundenplan für Freie Arbeit festschreibt.

Die Frage nach der Effizienz von Freier Arbeit

Lernen Grundschüler bei Freier Arbeit überhaupt »richtig« und vor allem, lernen sie auch »genug«? Diese Frage beschäftigt nicht wenige Eltern, die dieser Unterrichtsform eher kritisch gegenüberstehen. Ist lehrerzentrierter Unterricht nicht effizienter? Diese Frage lässt sich nicht leicht beantworten, da es gegenwärtig im deutschsprachigen Raum wenig empirische Untersuchungen über die Effektivität von Freier Arbeit gibt.[1]

1 Bei Hanke (2001, S. 60–62) finden sich tabellarische Überblicke über Untersuchungen zur Realisierung von Freier Arbeit und über verschiedene mit ihr einhergehenden Lernentwicklungen.

Im Folgenden möchten wir einige empirische Untersuchungen kurz skizzieren.

Die wohl erste bedeutende Untersuchung führte Bennett (1976) in England durch. Sie sollte eine kritische Überprüfung des im Plowden Report so hoch gepriesenen Offenen Unterrichts sein. Bennett befragte 468 Lehrer nach ihrem Lehrstil (u.a. Lernorganisation, Lernkontrollen, Lehrstrategien, Leistungsbewertung). Daraufhin wurden durch eine Analyse der Aussagen drei Gruppen von Lehrstilen gebildet (formeller, informeller und gemischter Lehrstil). Die Effektivität der Lehrstile erhob Bennett durch Vortest- und Nachtest-Untersuchungen am Ende des 3. und des 4. Schuljahrs. Untersucht wurde die Auswirkung der Unterrichtsstile auf den Leistungsstand in Lesen, Rechtschreiben, Freiem Aufsatz und Rechnen, aber auch auf Selbstständigkeit, Angstfreiheit oder Kreativität. Dabei wurden auch Persönlichkeitsvariablen wie Ängstlichkeit, Introvertiertheit, emotionale Stabilität und Leistungsstand als intervenierende Variablen in die Untersuchung einbezogen.

Das Hauptergebnis dieser Untersuchung war, dass Schüler aus formell geführten Klassen im Durchschnitt größere Lernfortschritte im Lesen, Rechtschreiben, Freiem Aufsatz und Mathematik erzielten als Schüler in informell geführten Klassen. Das galt vor allem für Schüler, die ohnehin schon einen hohen Leistungsstand hatten. Diese Schüler zeigten in informellen Klassen auch weniger Arbeitsaktivitäten als bei formellem Unterricht. Der Angstpegel war in informellen Klassen höher als in formellen, vor allem bei Schülern, die ohnehin schon ängstlich waren. Ängstliche, introvertierte und eher labile Schüler kamen mit dem informellen Unterricht nicht gut zurecht. Was Selbstständigkeit und Kreativität anbelangt, zeigten sich zwischen Schülern in formell und informell geführten Klassen keine Unterschiede. Insgesamt ein niederschmetterndes Ergebnis für den in den untersuchten Klassen praktizierten Unterrichtsstil.

Bei einer klassenspezifischen Auswertung der Daten entdeckte Bennett aber zu seiner Überraschung, dass die leistungsbeste aller 37 Klassen informell unterrichtet wurde. Hier lernten die Kinder entsprechend selbst erstellter Arbeitspläne. Diese Lehrerin verwendete auf die Fächer Englisch (Muttersprache) und Rechnen mehr Zeit als die anderen »informellen« Lehrer. Ihr Unterricht zeichnete sich vor allem durch klare Strukturierung und gute Organisation aus. Sie beobachtete Schwierigkeiten und Leistungsentwicklung der einzelnen Kinder sehr genau und bot individuelle Lernhilfen an.

Die Ergebnisse der Bennett Studie lassen sich nicht ohne weiteres auf Deutschland übertragen. Bei uns ist das Verhältnis von Freier Arbeit und regulärem Unterricht viel ausgewogener und Freie Arbeit zudem wesentlich stärker in den Lehrplan eingebunden. Die Zahl der Stunden, die auf die Kernfächer Deutsch, Mathematik und Heimat- und Sachunterricht verwendet werden, steht nicht, wie im damaligen England weitgehend im Belieben der Lehrerin. Die Lehrpläne legen Kompetenzen fest, die am Ende des Schuljahrs erreicht werden sollen. Bei manchen englischen Lehrerinnen und Lehrern wurden die Inhalte fast ausschließlich von den persönlichen Vorlieben der Lehrer oder den Interessen der Schüler bestimmt.

Einsiedler (1990) kommt nach der Sichtung amerikanischer Metaanalysen (das sind Zusammenfassungen der Ergebnisse einer Vielzahl von Einzeluntersuchungen) von Peterson (1979) und Giaconia/Hedges (1982) über die Auswirkung verschiedener

Unterrichtsformen auf Leistung und die Persönlichkeitsvariablen zu folgendem Ergebnis: In den vier Bereichen, die die Persönlichkeitsentwicklung betreffen (positives Fähigkeitsselbstbild, Kreativität, Einstellung zum schulischen Lernen und Selbstständigkeit) zeigten sich kleine Effekte zu Gunsten Offenen Unterrichts. Das entspricht unseren Vermutungen, dass Freie Arbeit das Selbstvertrauen, aber auch Selbstverantwortung und Selbstständigkeit positiv beeinflusst. In den anderen drei Bereichen, den klassischen schulischen Leistungsfächern (Lesen, Mathematik und Sprache) zeigten sich kleine Effekte zu Gunsten des traditionellen Unterrichts. Aber auch hier muss darauf aufmerksam gemacht werden, dass unter Offenem Unterricht und Freier Arbeit vielerlei verstanden werden kann, das hier vorgestellte Konzept von Freier Arbeit also nicht unbedingt damit identisch ist, was in den Metaanalysen unter dem Begriff des Offenen Unterrichts zusammengefasst wird.

In Deutschland hat eine kleine und nicht unumstrittene Untersuchung von H. Günther (1988) Aufsehen erregt und trotz forschungstechnischer Mängel und überzogener Interpretation des Verfassers vor allem Probleme aufgezeigt, die mit Freier Arbeit verbunden sein können:

- Schüler können Schwierigkeiten mit der selbstständigen Aufgabenwahl haben.
- Es ist damit zu rechnen, dass Schüler eine begonnene Aufgaben nicht zu Ende führen.
- Manche Schüler folgen zu sehr spontanen Interessen und können keine längerfristige Lernstrategie durchhalten.
- Die Wahl der Arbeit, die Entscheidung, ob Einzel-, Partner- oder Gruppenarbeit, wird aus sachfremden Gründen getroffen, etwa weil man sich einem Klassenkameraden anhängt.
- Bei Partner- und Gruppenarbeit treten die üblichen Probleme der Dominanz und mangelnden Kooperation auf.
- Nicht alle Schüler bevorzugen Freie Arbeit; einem Teil ist der reguläre, lehrerzentrierte Unterricht lieber.
- Einige Schüler haben Schwierigkeiten, mit der Vereinzelung und suchen ständig die Nähe zur Lehrerin. Es scheint, als ob sie nur im Kontakt mit ihr lernen können.

Es soll hier nicht auf die einzelnen Befunde und die Qualität der Untersuchung weiter eingegangen werden (vgl. Jürgens 1997, S. 687). Ähnliche Erfahrungen werden Lehrerinnen und Lehrer, die Freie Arbeit praktizieren, immer wieder machen. Vielleicht kann die Beachtung der auf S. 234 genannten Aspekte helfen, den genannten Problemen gegenzusteuern. *Einer* Schlussfolgerung, die Günther aus der Untersuchung zieht, soll aber entschieden widersprochen werden. Aus seinem Befund, wonach weniger selbstbewusste Schüler mit Offenem Unterricht mehr Schwierigkeiten haben, kann nicht geschlossen werden, Offener Unterricht sei für sie ungeeignet. Über Offenen Unterricht könnten sie im Gegenteil unter Umständen mehr Selbstvertrauen gewinnen. Das Gleiche gilt für Kinder, die Schwierigkeiten haben, sich selbstständig zu entscheiden, die keine längerfristige Lernstrategie durchhalten können oder ihre Aufgaben nicht zu Ende führen. Freie Arbeit könnte für sie ein geeignetes Lernfeld sein, um diese eminent wichtigen Kompetenzen zu erwerben.

Fischer (1932) hat im Rahmen eines Schulversuchs vier Jahre lang Schüler zweier Montessori Klassen mit sechs traditionell geführten Klassen verglichen. Hierbei stellte er fest, dass im Leistungsbereich, erhoben über standardisierte Tests, die Schüler der Montessori Klassen im 2. Schuljahr teilweise signifikant über den Kontrollklassen lagen, während gegen Ende des vierten Schuljahrs die Unterschiede weitgehend eingeebnet waren. Fischer stellte weiterhin fest, dass die Streuung der Leistungsunterschiede in den Montessori Klassen relativ konstant blieb, während sie in den Kontrollklassen zunehmend größer wurde.

Was das Arbeits- und Sozialverhalten anbelangte stellte Fischer fest, dass die Schüler ihre Arbeitszeit fast vollständig (von 91,3% im 1. Schuljahr bis 96,2% im 4. Schuljahr) nutzten. Beim Sozialverhalten fiel auf, dass 79% der auftretenden Probleme während des Unterrichts durch Partner- und Kleingruppenaktivitäten gelöst wurden und bei 21% durch Mithilfe des Lehrers. Bei der Wahl der Sozialform wurde festgestellt, dass 51% der Schüler Einzelarbeit wählten und 49% Partner- oder Gruppenarbeit.

Von Laus und Schöll (1995) wurde eine interessante Studie zum Aufmerksamkeitsverhalten von Schülern durchgeführt. Zwei Fragen standen im Mittelpunkt der Untersuchung:

- Unterscheiden sich leistungsstarke und leistungsschwache Schüler bezüglich ihres Aufmerksamkeitsverhaltens?
- Unterscheidet sich das Aufmerksamkeitsverhalten von Schülern unterschiedlicher Leistungsstärke in unterschiedlichen Unterrichtskonzepten?

Bei der Studie wurden jeweils vier Schüler auf Grund ihrer Noten einem von drei Leistungsniveaus zugeteilt (leistungsstark, leistungsdurchschnittlich, leistungsschwach). Die Beobachter ermittelten das Aufmerksamkeitsverhalten der Schüler in Freier Arbeit und in lehrerzentriertem Unterricht. Die Beobachtungszeiten umfassten 17 Sitzungen von je 15 Minuten, wobei ein Beobachter immer 2 Schüler simultan beobachtete. Laus und Schöll stellten nun fest, dass die Schüler aller drei Leistungsgruppen in Phasen Freier Arbeit durchschnittlich aufmerksamer arbeiteten als bei einem lehrerzentrierten Unterricht. Sie konnten ferner nachweisen, dass leistungsstarke Schüler sich in ihrem unaufmerksamen Verhalten nicht, leistungsschwache jedoch sehr unterscheiden, je nachdem, ob sie bei Freier Arbeit oder im lehrerzentrierten Unterricht beobachtet wurden: Schwächere Schüler waren in Phasen lehrerinitiierter Arbeit weit unaufmerksamer als in Phasen Freier Arbeit. Laus und Schöll stellten ferner fest, dass in Phasen Freier Arbeit bei leistungsschwachen Schülern der Anteil an »special situations« besonders hoch ist. Eine mögliche Erklärung hierfür könnte sein, dass leistungsschwache Kinder bei der Auswahl neuer Aufgaben wesentlich mehr Zeit benötigen.

Auch eine ältere Studie von Röbe (1986) kam zu dem Ergebnis, dass das Arbeitsverhalten von Schülern bei Freier Arbeit durch hohe Konzentration und Aufmerksamkeit gekennzeichnet ist. Er konnte zudem belegen, dass auch Problemschüler mit Freier Arbeit zurechtkamen und dass sich ihre Arbeitshaltung im Laufe der Zeit verbesserte.

Zu der Frage, wie Problemschüler mit Offenem Unterricht zurechtkommen, liegen einige Untersuchungen vor, die ermutigende Ergebnisse aufzeigen. Hier ist zunächst auf die amerikanische Untersuchung von Flynn und Rapoport (1976) zu verweisen, bei der hyperaktive Kinder, also Schüler, von denen man eher meinen könnte, dass sie mit Offenem Unterricht Schwierigkeiten haben, beobachtet wurden. Nach dieser Untersuchung nimmt bei »offen« unterrichteten Schülern die Hyperaktivität ab. Als Beispiel für eine Materialsammlung sei auf das Training für aufmerksamkeitsgestörte und hyperaktive Kinder von Lauth und Schlottke (1993) verwiesen. Über positive Auswirkungen von Offenem Unterricht bei verhaltensgestörten Schülern an einer 6. Klasse einer Schule für verhaltensgestörte Kinder berichten Götze und Jäger (1991). Zudem kommt Goetze (1998) in einer zusammenfassenden Darstellung von Unterrichtskonzepten für verhaltensauffällige Schüler zu dem Schluss, dass Unterrichtskonzepte, die zur Minimierung von Verhaltensauffälligkeiten beitragen, notwendigerweise Merkmale »Offenen« Unterrichts aufweisen müssen.

Auch Ergebnisse der Unterrichtsforschung, bei denen es ausschließlich um lehrerzentrierten Unterricht ging, und bei denen nach besonders wirksamen Variablen der Unterrichtsgestaltung für die Leistungsentwicklung gesucht wurde, können indirekt Hinweise für die Beurteilung und Organisation von Freier Arbeit geben.

Nach einer Metaanalyse von Wang u.a. (1991), in der dieser die Ergebnisse von 50 Jahren Schulforschung in den USA zusammenfasst (179 Handbuch- und Überblicksartikel, 91 Forschungsberichte, Befragung von 61 Forschern), tragen vor allem »classroom management« (Motivierung der Klasse durch Fragen und Schülerbeiträge, effektive Zeitnutzung, klare Instruktion, häufige Überprüfung des Leistungsstands) und das Klassenklima zu einem hohen Leistungsstand der Klasse bei. Als herausragende Merkmale guter Schulen fanden Rutter u.a. (1980) in ihrer viel zitierten Langzeitstudie eine hohe Nutzung der Lernzeit durch die Schüler und gut strukturierten Unterricht. Ähnlich fanden Brophy und Good (1986) einen bedeutsamen Zusammenhang zwischen dem Ausmaß der aktiven, direkten Führung des Unterrichts durch den Lehrer und dem Wissenszuwachs der Schüler.

Die wohl umfassendste deutsche Untersuchung über Leistungs- und Persönlichkeitsentwicklung im Grundschulalter, die Münchner Grundschul-Scholastikstudie (Weinert/Helmke 1986, 1997) lieferte eine weitere Bestätigung der Bedeutsamkeit eines gut strukturierten, lehrerzentrierten Unterrichts, wobei sich die Aussagen allerdings auf das Fach Mathematik, ein ohnehin stark strukturiertes Fach, beziehen und sich auf das dritte und vierte Schuljahr beschränken. Bei dieser Untersuchung konnten Klassen identifiziert werden, die, gemessen an einer multikriterialen Bezugsnorm, besonders positiv abschnitten. In diesen Klassen lagen die Mathematikleistungen besonders hoch. Zudem war es dort gelungen, den Abstand zwischen leistungsschwächeren und erfolgreichen Schülern zu reduzieren und die Leistungen der schwächeren denen der besseren Schüler dieser Klasse anzugleichen. Wohl als Folge davon hatten die Schüler dieser Klassen auch ein überdurchschnittlich hohes Fähigkeitsselbstbild und entwickelten eine hohe Lernfreude an Mathematik. Diese Positivklassen hatten Lehrer, deren Unterricht sich durch besondere Klarheit und Verständlichkeit, ein hohes Maß an Strukturierung, gute Klassenführung (gute und reibungslose Übergänge zwischen den einzelnen Unterrichtsphasen, effektive Zeitnutzung, reichhaltiges zur Verfügung stehendes Lernmaterial) und ein hohes Maß an individueller Unterstützung einzelner Schüler auszeichnete. Dabei mussten aber nicht alle der genannten Unterrichtsmerkmale in gleicher Weise ausgeprägt sein. Nur zwei der sechs erfolgreichen Klassen hatten einen Unterricht, in der *alle* der genannten Unterrichtsmerkmale überdurchschnittlich ausgeprägt waren. Einzig das Merkmal »Klarheit der Lehreräußerungen«, das über Schüleräußerungen erhoben wurde (die anderen Merkmale wurden durch Beobachtung des Unterrichts durch geschulte Mitarbeiter erfasst), wies bei allen Positivklassen überdurchschnittliche Werte auf. Hinsichtlich anderer Unterrichtsmerkmale gab es bei einzelnen Klassen drastische Einbrüche, und trotzdem wurden die genannten positiven Ergebnisse erzielt. Es scheint also, dass, wenn bestimmte Schwellen nicht unterschritten werden, einzelne Merkmale der Unterrichtsqualität durch andere oder in der Untersuchung gar nicht erhobene Variablen kompensierbar sind. Entsprechend warnen Weinert und Helmke auch vor Verallgemeinerungen (1997, S. 251).

Schließlich liegen auch im Bereich der Lehrerforschung Untersuchungen vor, die zur Erhellung der Wirkung des Offenen Unterrichts bzw. der Freiarbeit beitragen. Bezüglich der *Realisierung* schülerorientierter Unterrichtsformen wie Freiarbeit, Wochenplan- und fächerverbindender Unterricht oder Projektlernen weisen die Forschungsergebnisse zwar positive Bekundungen und Einstellungsänderungen bei den Grundschullehrkräften aus. So befürworteten im Rahmen einer Habilitationsstudie 65% der befragten Grundschullehrerinnen und -lehrer offene Unterrichtsformen wie Freiarbeit, Wochenplanarbeit oder das Lernen mit dem Lernzirkel uneingeschränkt. 22% der Lehrer/innen werteten das entsprechende Item mit »eher ja«. 53% der Grundschullehrer/innen versuchen »ganz genau zutreffend« Arbeitsaufträge so zu stellen, dass die Schüler/innen eigene Lösungswege entwickeln können. 44% der Befragten stimmten dem mit »eher ja« zu (vgl. Schumacher 1999).

Die tatsächliche Umsetzung im Schulalltag zeigt hingegen bis heute ein eher unbefriedigendes Bild: In der Grundschule, dem »Musterkind der Reform«, zeichnet sich gemäß einem Forschungsüberblick von Petra Hanke über verschiedene Erhebungen hinweg ab, dass nur bis zu 10 Prozent der Lehrerinnen und Lehrer ihren Unterricht tief greifend öffnen (Hanke 1998). Zudem sind die Vorstellungen von Lehrerinnen und Lehrern über eine Öffnung des Unterrichts diffus. Das hat nach Brügelmann zur Folge, dass selbst bescheidene methodische Ansprüche an Offenheit in der Breite bei weitem nicht erfüllt werden (Brügelmann 2000, S. 133ff).[1]

1 Bohl kommt im Sekundarschulbereich zu noch weniger befriedigenden Ergebnissen. Nach seiner Untersuchung an Realschulen in Baden-Württemberg öffnen selbst (nach den Kriterien Engagement und Offenheit) ausgewählte Lehrkräfte ihren Unterricht nur geringfügig.

Welches Gesamtergebnis kann aus den vorgestellten Studien nun abgeleitet werden? Obwohl wir mittlerweile auf einige Studien zu offenen Lehr-Lernverfahren zurückgreifen können, gestaltet sich die Forschungslage bezüglich ihrer Effizienz und Realisierung insgesamt noch recht unbefriedigend. Dies ist u.a. auch darauf zurückzuführen, dass die im deutschsprachigen Raum nur vereinzelt vorliegenden Studien von ihrer Anlage her zu unterschiedlich sind, um miteinander in Beziehung gesetzt werden zu können. Signifikante Ergebnisse zum Pro und Contra des Offenen Unterrichts stehen daher noch aus: Im Hinblick auf die heute mehr denn je bedeutsame Persönlichkeitsentwicklung (z.B. Selbstständigkeit, Aufmerksamkeit) zeigen sich offene Lehr-Lernverfahren im Grundschulunterricht gegenüber stark gelenkten Unterrichtsformen überlegen. Der kognitive Lernzuwachs scheint hingegen, wie die oben erläuterte Grundschul-Scholastikstudie aufzeigt, in strukturorientierten Unterrichtsarrangements größer (vgl. Weinert/Helmke u.a. 1997).

Hieraus lassen sich für die Freie Arbeit abschließend folgende Schlussfolgerungen ziehen:

- Wenn Selbstständigkeit, Mitverantwortung, Eigenaktivität wichtige pädagogische Zielvorstellungen sind, dann sind Freie Arbeitsstunden zu begrüßen.
- Die für Freie Arbeit angebotenen Materialien müssen klare Arbeitsanweisungen enthalten und die zu lernenden Inhalte klar strukturiert sein.
  Es sollte überprüft werden, welche Inhalte einer klaren Instruktion seitens der Lehrerin oder des Lehrers bedürfen. Darüber hinaus müssen manche Materialien aber auch lösungsoffene, kreative Lernwege ermöglichen, nach dem Motto: Nicht das Produkt, sondern der Prozess ist das Ziel.
- Lehrerinnen und Lehrer müssen Schüler, die sich mit dieser Unterrichtsform schwer tun, gezielt beraten und ihnen ihre Hilfe anbieten. Mögliche Lernprobleme einzelner Schüler müssen von der Lehrerin erkannt und gezielt, eventuell durch ein spezielles Materialangebot, angegangen werden. Dies setzt eine systematisch gestaltete Beobachtung der Kinder voraus.
- Lehrerinnen und Lehrer müssen ihr Augenmerk darauf richten, dass Schüler die Lernzeit auch in Freien Arbeitsstunden effektiv nutzen.
  Das darf aber auch nicht dazu führen, dass sie übermäßig zur Eile gedrängt werden, dass ihnen nicht zugestanden wird, sich verschiedene Materialien anzusehen, sich umzuschauen, was die anderen machen oder eine bereits bearbeitete Aufgabe nochmals wiederholen. Für das Erlebnis »Ich kann es« ist der immer und immer wieder erlebte Erfolg von großer Bedeutung.
  Bei Freier Arbeit sollte die Aufforderung, mit der Arbeit zu beginnen und sie durchzuhalten von der Gestaltung des Materials, nicht vom Lehrer ausgehen.

Freie Arbeit in der Grundschule – und was danach?

Grundschullehrerinnen und -lehrer, die mit Freier Arbeit beginnen möchten, fragen oft besorgt, ob ihre Schüler später, vor allem nach dem Übertritt in eine weiterführende Schule, nicht große Schwierigkeiten haben werden. Diese Sorgen sind berechtigt, zumindest solange in den weiterführenden Schulen nur sehr selten Elemente von Freier Arbeit anzutreffen sind. Dabei zeigen Berichte von Lehrern an weiterführenden Montessorischulen, wie Freiarbeit mit älteren Schülern aussehen kann (siehe z.B. Peter Ortling 1989, S. 83). Aber selbst an ganz »normalen« Sekundarschulen ist es möglich, wichtige Elemente von Freier Arbeit zu verwirklichen (vgl. hierzu Sehrbrock 1993; Jürgens 1994; Scheufele 1996; Vaupel ^{3}1998; Riegel 2004).

Aber kommen Grundschüler, die Freie Arbeit kennen gelernt haben, später mit dem traditionellen Unterricht zurecht?

Müller-Bardorff (1991, S. 20) stellt die Ergebnisse einer Untersuchung vor, bei der vier Monate nach Schulwechsel die Eltern befragt wurden. Hier berichten *alle* Eltern, dass ihre Kinder in den weiterführenden Schulen gut zurechtkämen. Sie führten dies darauf zurück, dass sie in der Grundschule gelernt hätten, selbstständig zu arbeiten.

Zu ganz ähnlichen Ergebnissen kommen auch Esser und Wilde (1989, S. 170), die ehemalige Schüler nach einjährigem Besuch an normalen weiterführenden Schulen befragt haben.

> Wer einmal gelernt hat, selbstständig zu handeln,
> wird es sein ganzes Leben lang nicht verlernen!

Es scheint also, dass Schüler, die Freie Arbeit kennen gelernt haben, sich auch später unter anderen schulischen Bedingungen gut zurechtfinden.

Vielleicht besteht zudem die Hoffnung, dass die weiterführenden Schulen in den kommenden Jahren den eingeschlagenen Trend fortsetzen und weiterhin wesentliche Elemente der Freien Arbeit zumindest in den unteren Klassen in ihren Unterricht integrieren.

Literaturverzeichnis

Arbeitskreis Grundschule e.V. (Hrsg.) (1989): Wer hat Angst vor Freier Arbeit? Wir nicht! Entgegnung auf Henning Günther. Frankfurt a.M.: Arbeitskreis Grundschule.

Bauer, E./Brucher, Ch. (1982): Grundschultagebuch. Erfahrungen von Lehrern und Kindern mit freiem Arbeiten. Frankfurt a.M.: Diesterweg.

Belser, H./Roeder, P.M./Thomas, H. (1972): Kinder, Schule, Elternhaus. Eine Untersuchung über das englische Primarschulwesen (Plowden Report). Frankfurt a.M.: Diesterweg.

Benner, D./Ramseger, J. (1984): Abschlußbericht der wissenschaftlichen Begleitung über die vierjährige Modellphase des Grundschulprojekts Gievenbeck. Münster: Institut für Erziehungswissenschaft der Universität Münster.

Bennett, N. (1979): Unterrichtsstil und Schülerleistung. Stuttgart: Klett.
Bidell, H. (1980): Einrichtung einer Lernumgebung. In Piechorowski, A.: Vielfältiger Erstleseunterricht. Ulm: Vaas, S. 26–36.
Bohl, T. (2000): Unterrichtsmethoden in der Realschule. Eine empirische Untersuchung zum Gebrauch ausgewählter Unterrichtsmethoden an staatlichen Realschulen in Baden-Württemberg. Ein Beitrag zur deskriptiven Unterrichtsmethodenforschung. Bad Heilbrunn: Klinkhardt-Verlag.
Bollnow, O. (1963): Mensch und Raum. Stuttgart: Kohlhammer.
Brophy, J./Good, T. ([3]1986): Teacher Behavior and Student Achievement. In: Wittrock, M. (Hrsg.): Handbook of Research on Teaching. New York: Macmillan.
Brügelmann, H. (1989): Geschlossene Forschung über offenen Unterricht. In: Die Grundschulzeitschrift 23/89, S. 2.
Brügelmann, H. (1997): Öffnung des Unterrichts. Befunde und Probleme der empirischen Forschung. Siegen: Primarstufe der Universität-Gesamthochschule.
Brügelmann, H. (2000): Wie verbreitet ist offener Unterricht? In: Jaumann-Graumann, O./Köhnlein, W. (Hrsg.): Lehrerprofessionalität – Lehrerprofessionalisierung. Jahrbuch Grundschulforschung, Band 3. Bad Heilbrunn: Klinkhardt.
Brügelmann, H. (2005): Schule verstehen und gestalten. Konstanz: Libelle.
Burk, K./Haarmann, D. (Hrsg.) (1979): Wieviele Ecken hat unsere Schule? Bd. 1. Frankfurt: Arbeitskreis Grundschule e.V., v.a. S. 9–82.
Claussen, C. u.a. (Hrsg.) (1993): Wochenplan und Freiarbeit. Braunschweig: Westermann.
Claussen, C. (Hrsg.) (1995): Handbuch Freie Arbeit. Konzepte und Erfahrungen. Weinheim und Basel: Beltz.
Claussen, C. (1997): Unterrichten mit Wochenplänen. Zur Selbstständigkeit begleiten. Weinheim und Basel: Beltz.
Einsiedler, W. (1990): Neue Lern- und Lehrformen in der Grundschule aus empirischer Sicht. In: Olechowski, R./Wolf, W. (Hrsg.): Die kindgemäße Grundschule. Wien: Jugend und Volk. S. 224–236.
Faust-Siehl, G. (1995): Lernzirkel – Themenbezogene Freiarbeit im wahldifferenzierten Unterricht. In: Claussen, C. (Hrsg.): Handbuch Freie Arbeit. Konzepte und Erfahrungen. Weinheim: Beltz, S. 24–31.
Fischer, R. (1982): Lernen im non-direktiven Unterricht. Frankfurt a.M.: Peter Lang.
Flynn, M./Rapoport, J. (1976): Hyperactivity in Open and Traditional Classroom Environments. Journal of Special Education, 10, S. 98–100.
Fölling-Albers, M. u.a. ([2]1994): Schulkinder heute. Auswirkungen veränderter Kindheit auf Unterricht und Schulleben. Weinheim und Basel: Beltz.
Fölling-Albers, M./Wopp, Ch. (1987): Wir richten unseren Klassenraum ein. Aus: Grundschule 5, S. 45–47.
Fölling-Albers, M. (1998): Veränderte Kindheit – Verändertes Sebstverständnis der Schule? In: Grundschule 7–8, S. 59–62.
Garlichs, A. (1990): Alltag im offenen Unterricht. Das Beispiel Lohfelden-Vollmarshausen. Beiträge zur Reform der Grundschule, Band 78. Frankfurt a.M.: Arbeitskreis Grundschule.
Goetze, H. (1998): Unterrichtskonzepte für Schüler mit Verhaltensstörungen. Potsdam: Universität.
Goetze, H./Jäger, W. (1991): Offenes Unterrichten von Schülern mit Verhaltensstörungen: Unterrichtsversuch in einer 6. Klasse der Schule für Verhaltensgestörte. In: Sonderpädagogik, 21, (1), S. 28–38.
Günther, H. (1988): Freie Arbeit in der Grundschule. Elternverein, Nordrhein-Westfalen, Hessischer Elternverein.
Hanke, P. (1998): Offener Anfangsunterricht im Spiegel von Theorie und Praxis – Ansprüche und Realitäten. In: Brügelmann, H. u.a. (Hrsg.): Jahrbuch Grundschule. Fragen der Praxis – Befunde der Forschung. Seelze: E. Friedrich, S. 72–79.

Hanke, P.: Forschungen zur inneren Reform der Grundschule am Beispiel der Öffnung des Unterrichts. In: Rossbach, H.G./Czerwenka, K. (Hrsg.) (2001): Forschungen zu Lehr- und Lernkonzepten für die Grundschule. Opladen: Leske und Budrich, S. 46–62.

Hegele, I. (Hrsg.) (³1993): Lernziel: Freie Arbeit. Unterrichtsbeispiele aus der Grundschule. Weinheim und Basel: Beltz.

Hegele, I. (Hrsg.) (²1997): Lernziel: offener Unterricht. Unterrichtsbeispiele aus der Grundschule. Weinheim und Basel: Beltz.

Hegele, I. (Hrsg.) (³1998): Lernziel: Stationenarbeit. Eine neue Form des offenen Unterrichts. Weinheim und Basel: Beltz.

Hell, P. (Hrsg.) (1993): Öffnung des Unterrichts in der Grundschule. Wochenplanarbeit, Stationentraining, Schuldruckerei. Donauwörth: Auer.

Heller, A./Scheufele, U. (1985): Anders lernen, anders planen. Westermann Pädag. Beiträge, 10, S. 472–475.

Huschke, P. (1996): Grundlagen des Wochenplanunterrichts. Von der Entdeckung der Langsamkeit. Weinheim und Basel: Beltz.

Huschke, P./Mangelsdorf, M. (⁵1994): Wochenplanunterricht. Praktische Ansätze zu selbstständigem Lernen und zur Mitgestaltung des Unterrichts durch die Schüler. Weinheim: Beltz.

Jürgens, E. (Hrsg.) (1994): Erprobte Wochenplan- und Freiarbeits-Ideen in der Sekundarstufe I. Praxisberichte über effektives Lernen im offenen Unterricht. Heinsberg: Dieck.

Jürgens, E. (³1996): Die »neue« Reformpädagogik und die Bewegung Offener Unterricht. Theorie, Praxis, Forschungslage. Sankt Augustin: Academia.

Jürgens, E. (1997): Offener Unterricht im Spiegel empirischer Forschung. In: Pädagogische Rundschau 6, S. 677–697.

Kasper, H. (Hrsg.) (1979): Vom Klassenzimmer zur Lernumgebung. Bausteine für eine fördernde Grundschule. Ulm: Vaas.

Kasper, H. u.a. (1989): Laßt die Kinder lernen. Offene Lernsituationen. Braunschweig: Westermann.

Kasper, H./Piechorowski, A. (Hrsg.) (1978): Offener Unterricht an Grundschulen. Berichte englischer Lehrer. Ulm: Vaas

Kasper, H. (³1997): Offene Unterrichtsformen in der englischen Primarschule. Entwicklungen und gegenwärtige Problematik. In: Reiß, G./Eberle, G. (Hrsg.): Offener Unterricht und Freie Arbeit mit lernschwachen Schülerinnen und Schülern. Weinheim: Deutscher Studienverlag, S. 93–114.

Klaffke, Th. (1995): Von der inneren zur äußeren Öffnung des Unterrichts. In: Pädagogik 12, 1995, S. 12–16.

Knörzer, W./Grass, K. (1998): Einführung Grundschule. Geschichte – Auftrag – Innovation. Weinheim und Basel: Beltz.

Krieger, C.G. (2000): Schritt für Schritt zur Freiarbeit. Lernzirkel, Lernmosaik, Projektarbeit, Freiarbeit. Hohengehren: Schneider.

Laus, M./Schöll, G. (1995): Aufmerksamkeitsverhalten von Schülern in offenen und geschlossenen Unterrichtskontexten. Nürnberg: Universität Erlangen – Institut für Grundschulforschung.

Lauth, G./Schlottke, P. (1993): Training mit aufmerksamkeitsgestörten Kindern: Diagnostik und Therapie. Weinheim: Psychologie Verlags Union.

Lichtenstein-Rother, J./Röbe, E. (1982): Grundschule. Der pädagogische Raum für Grundlegung der Bildung. München, Wien, Baltimore: Urban und Schwarzenberg, S. 100–104, S. 209–227.

Lipowsky, F. (2002): Zur Qualität offener Lernsituationen im Spiegel empirischer Forschung – Auf die Mikroebene kommt es an. In: Drews, U./Walrabenstein, W. (Hrsg.): Freiarbeit in der Grundschule. Frankfurt a.M.: Grundschulverband – Arbeitskreis Grundschule, S. 126–159.

Meyer, W.U. (1973): Leistungsmotiv und Ursachenerklärung von Erfolg und Mißerfolg. Stuttgart: Klett.

Müller-Bardorff, H. (1991): Erfahrungen mit dem Übergang. Eltern von Viertklässlern äußern sich. In: Grundschule 4, S. 20–23.

Oerter, R./Montada, L. u.a. (1984): Entwicklungspsychologie. München, Weinheim: Psychologie Verlags Union.

Ortling, P. (1989): Bischöfliche Maria-Montessori-Gesamtschule in Krefeld. In: Montessori-Werkbrief, Heft 3, S. 83–97.

Paradies, L./Linser, H.J. (2001): Differenzieren im Unterricht. Berlin: CornelsenScriptor.

Peschel, F. (2002): Offener Unterricht. Idee – Realität – Perspektive und ein praxiserprobtes Konzept zur Diskussion. Teil 1: Allgemeindidaktische Überlegungen. Hohengehren: Schneider.

Peschel, F. (2002): Offener Unterricht. Idee – Realität – Perspektive und ein praxiserprobtes Konzept zur Diskussion. Teil 2: Fachdidaktische Überlegungen. Hohengehren: Schneider.

Petersen, P. (^{47}1968): Der kleine Jena-Plan. Weinheim, Berlin: Beltz.

Popp, S. (1995): Der Daltonplan in Theorie und Praxis. Ein aktuelles reformpädagogisches Modell zur Förderung selbstständigen Lernens in der Sekundarstufe. Bad Heilbrunn: Klinkhardt.

Potthoff, I./Potthoff, W. (1995): Freiarbeit und Lernzirkel im Mathematikunterricht der Sekundarstufe. Freiburg: Reformpädagogischer Verlag.

Riegel, E. (2004): Schule kann gelingen. Wie unsere Kinder wirklich fürs Leben lernen. Frankfurt a. M.: S. Fischer.

Röbe, H. (1986): Freie Arbeit – Eine Bedingung zur Realisierung des Erziehungsauftrags der Grundschule? Frankfurt a.M.: Lang.

Scheerer-Neumann, G. (1989): Was kommt schon dabei raus? Lernen und Leisten in offenen Lernsituationen. In: Kasper, H. u.a.: Laßt die Kinder lernen. Braunschweig: Westermann, S. 66–74.

Scheufele, U. (Hrsg.) (1996): Weil sie wirklich lernen wollen. Bericht von einer anderen Schule. Das Altinger Konzept. Weinheim, Berlin: Quadriga.

Schmitt, H. (1993): Auf dem Weg zur Selbstbestimmung – Schrittweise Öffnung des Unterrichts. In: Hell, P. (Hrsg.): Öffnung des Unterrichts in der Grundschule. Wochenplanarbeit, Stationentraining, Schuldruckerei. Donauwörth: Auer, S. 24–55.

Schumacher, E. (1999): Soziale Ungleichheit und soziale Differenzen im allgemeinbildenden Schulwesen – Historische und empirische Einblicke unter besonderer Berücksichtigung der Milieustruktur und Deutungsmuster zu Bildung, Erziehung und Sozialer Ungleichheit von Grundschulpädagoginnen und Grundschulpädagogen. Unveröffentlichter Forschungsbericht zum gleichnamigen Habilitationsprojekt, Pädagogische Hochschule Freiburg/Universität Freiburg.

Sehrbrock, P. (1993): Freiarbeit in der Sekundarstufe I. Frankfurt a.M.: Cornelsen Scriptor.

Simons, P.R. (1992): Lernen, selbstständig zu lernen – ein Rahmenmodell. In: Mandl, H./Friedrich, H.F. (Hrsg.): Lern- und Denkstrategien. Analyse und Intervention. Göttingen: Hogrefe, S. 251–265.

Spitta, G. (1991): Wenn schon gekaufte, dann gute Arbeitsmittel. In: Grundschulzeitschrift 41, S. 20, 21.

Traub, S. (2000): Schrittweise zur erfolgreichen Freiarbeit. Ein Arbeitsbuch für Lehrende und Studierende. Bad Heilbrunn, Klinkhardt.

Vaupel, D. (1995): Das Wochenplanbuch für die Sekundarstufe. Schritte zum selbstständigen Lernen. Weinheim, Basel: Beltz.

Wang, M./Haertel, G./Walberg, H. (1994): What Helps Students Learn? Educational Leadership, Dec. 1993, Jan. 1994, S. 74–79.

Wallaschek, U. (^{2}1991): Lernzirkel – eine Arbeitsform, die selbstständiges, individuelles Arbeiten ermöglicht. In: Lehmann, B. (Hrsg.): Kinder-Schule: Lehrer-Schule. Konkrete Beispiele und Anregungen für die Gestaltung eines kindergerechten Unterrichts. Langenau, Ulm: Vaas, S. 85–106.

Wallrabenstein, W. (1991): Offene Schule – offener Unterricht. Ratgeber für Eltern und Lehrer. Hamburg: Rowohlt-Taschenbuch.

Weiner, B. (1975): Wirkung von Erfolg und Mißerfolg auf die Leistung. Bern, Stuttgart: Huber/Klett.

Weiner, B. (1984): Motivationspsychologie. Weinheim: Beltz.

Weinert, F./Helmke, A. (1996): Der gute Lehrer: Person, Funktion oder Fiktion. In: Leschinsky, A. (Hrsg.): Die Institutionalisierung von Lehren und Lernen. Beiträge zu einer Theorie der Schule. 34. Beiheft der Zeitschrift für Pädagogik. Weinheim: Beltz, S. 223–233.

Weinert, F./Helmke, A. (1997): Entwicklung im Grundschulalter. Weinheim und Basel: Beltz.

Schüler fordern, Schüler fördern

Zum Problem der Leistung in der Grundschule

Die meisten Kinder freuen sich auf den Beginn der Schulzeit. Man lernt lesen, schreiben, rechnen, ist nicht mehr so häufig auf die Hilfe der Erwachsenen angewiesen, gehört endlich zu den »Großen«. Aber bei all der Freude schwingt auch die Sorge mit, ob man den neuen Anforderungen gewachsen ist, ob man die Buchstaben nicht ständig verwechselt, ob man das Schreiben genauso schnell lernt wie das Nachbarkind.

Wie könnte die Freude auf die Schule und die damit verbundene Lernbereitschaft vieler Schulanfänger gefördert werden? Wie könnte es gelingen, jedes Kind durch erreichbare Ziele zu neuen Lernanstrengungen anzuregen und nicht durch ständige Vergleiche mit anderen zu entmutigen?

Diese Fragen einer kindgemäßen Leistungserziehung stehen im Mittelpunkt unserer folgenden Überlegungen.

Leistung in der Grundschule

Lernen und Leistung

In die Schule gehen heißt nicht nur lernen. Es heißt auch »gemessen werden«, mit anderen verglichen, beurteilt, bewertet werden. Das löst Unsicherheit aus. Wird man den Ansprüchen genügen können? Wird man so gut sein wie die anderen? Werden Eltern und Lehrer, wird man mit sich selbst zufrieden sein? Je nach bisheriger Lerngeschichte wird diese Unsicherheit begleitet von Gefühlen der Zuversicht oder der Furcht, von »Hoffnung auf Erfolg« oder »Furcht vor Misserfolg«. Schulisches Lernen ist so auch eine Art von Selbstbewährung, bei der man erfolgreich sein, aber auch scheitern kann. Zufriedenheit, Stolz, aber auch Selbstzweifel und Selbstabwertung stehen am Ende solcher Selbst- und Fremdbewertungsprozesse. Das von manchen Kindern in der Schule erlebte Leid hängt zu einem großen Teil mit dieser ständigen Bewertung zusammen.

Andererseits *wollen* Menschen sich bewähren, sie wollen etwas leisten. Leistung ist für viele Menschen eine zentrale Quelle ihres Selbstwertgefühls. Das hängt mit internalisierten gesellschaftlichen Normen zusammen. Leistung hat aber auch jenseits von gesellschaftlichen Bedingungen eine anthropologische Dimension.

So weist Erich Fromm (1985, S. 245–301) im Anschluss an Helmuth Plessners Konzept der exzentrischen Positionalität darauf hin, dass der Evolutionssprung der Menschwerdung mit einer tiefen Verunsicherung erkauft wurde (vgl. Plessner 1928, 1975). Mensch sein heißt nicht nur denken können, es heißt auch, über sich selbst nachdenken, sich selbst zum Gegenstand des eigenen Nachdenkens machen können. Nachdenkend über uns selbst erkennen wir aber die Zufälligkeit unseres Lebens; wir erkennen, dass wir einmal unausweichlich sterben müssen; wir erkennen unsere Bedeutungslosigkeit und Ohnmacht, unser Abgespaltensein von der Natur, unser tiefes Alleinsein. Das löst eine tiefe Verunsicherung aus. Diese Verunsicherung muss bewältigt werden. Zugleich ist sie aber auch eine Chance, muss sie doch als Aufforderung verstanden werden, dem Leben einen Sinn zu geben, den Entwurf von Menschsein durch den eigenen Lebensvollzug einzuholen. Das Bedürfnis, etwas zu leisten, kann als einer von vielerlei Versuchen verstanden werden, diese existenzielle Verunsicherung ein Stück weit auszubalancieren und produktiv zu bewältigen (vgl. Funk 1978).

Ähnlich sieht Maslow (1954, 1985) das Leistungsstreben als einen Teil des angeborenen Bedürfnisses nach Selbstachtung und der Selbstverwirklichung.

Auch Alfred Adler (1870–1937) verankert das Leistungsstreben des Menschen anthropologisch. Jeder Mensch erlebt nach Adler in seiner Kindheit notwendigerweise Unterlegenheit oder »Minderwertigkeit« gegenüber den Erwachsenen. Ungünstige Bedingungen wie demütigendes Elternverhalten, Geschwisterrivalität oder körperliche Handicaps können dieses Erleben noch verschärfen. Nach Adler besteht die Grundmotivation menschlichen Handelns in dem Versuch, dieses »Minderwertigkeitsgefühl« zu kompensieren. Dazu entwickelt er einen mehr oder weniger offenen, ihm selbst nur teilweise bewussten Lebensplan, der sich schon weitgehend in der Kindheit herausbildet. Er besteht in einem besonderen Stil des individuellen Verhaltens, des Umgangs mit anderen, des Umgangs mit Aufgaben, der Selbstpräsentation. Die Art der Kompensation des Minderwertigkeitsgefühls beeinflusst so maßgeblich die weitere persönliche Entwicklung. Diese Kompensation kann in einer produktiven und in einer unproduktiven Weise geschehen. Unproduktiv wäre die breite Palette gemeinschaftswidrigen Verhaltens, etwa das Bemühen, andere immer übertreffen zu müssen, das Bemühen, über andere Macht zu gewinnen, die vielfältigen Möglichkeiten Aufmerksamkeit zu erregen und sich in den Mittelpunkt zu spielen. Produktiv dagegen wäre der Einsatz für die Gemeinschaft, aber auch die persönliche Leistung. Nach Adler ist dieser Kompensationsversuch zugleich Triebkraft gesellschaftlichen und kulturellen Fortschritts überhaupt (vgl. Adler 1965; Ansbacher 1972).

Auf die schicksalhafte Bedeutung des Leistungswillens und der Leistungsfähigkeit ihrer Mitglieder für die Prosperität einer Gesellschaft muss nicht eigens hingewiesen werden (vgl. Mc Clelland 1986).

Diese Überlegungen sollen freilich nicht vergessen lassen, dass Leistungsstreben auch zur Quelle von Leid, Selbstentfremdung und sozial schädlichem Verhalten werden kann (Harten/Flitner 1978).

Kinder wollen etwas leisten, Kinder müssen etwas leisten, und sie müssen zur Leistung erzogen werden. Kinder dürfen andererseits an Leistungsanforderungen keinen Schaden nehmen oder gar daran zerbrechen. So stellte der Deutsche Bildungsrat programmatisch fest: »Das Leistungsprinzip, wie es im gesellschaftlichen Wettbewerb gilt, kann nicht auf den Bildungsprozess der Jugendlichen oder gar des Kindes übertragen werden. Der Wettbewerb muss vielmehr in Formen eingeübt werden, die dem Alter entsprechen und frei sind von der Drohung lebenslanger Nachteile oder sozialer Deklassierung« (Deutscher Bildungsrat 1970, S. 35).

War das Thema »Leistung« in den 70er-Jahren vor allem ein Kampfthema, mit dem gegen die »Verstümmelung« des Menschen durch die kapitalistische Leistungsgesellschaft und der auf sie vorbereitenden Schule zu Feld gezogen wurde, so hat dieses Thema in den letzten Jahren eine weniger spektakuläre Renaissance erlebt, allerdings mit verändertem Vorzeichen. Nicht wenige Eltern und andere gesellschaftliche Gruppierungen werfen der Schule vor, sie verlange zu wenig Leistung. Bereits Eltern von Grundschülern ermahnen nicht selten die Lehrer, von den Kindern mehr zu fordern, sie auf das Gymnasium und das Leben in der Leistungsgesellschaft schlechthin besser vorzubereiten. Eine zu schnelle Gleichsetzung von Lernen und Leistung verhindert aber die pädagogische Reflexion darüber, wie zentral das »Vermessen« der Lernergebnisse für das Lernen ist und sein muss, wer messen und welcher Art der Maßstab sein soll.

Der psychologische Leistungsbegriff

Im technisch-physikalischen Bereich wird Leistung definiert als Arbeit, die durch eine Krafteinwirkung in einer bestimmten Zeit verrichtet wird. Wann kann man aber davon sprechen, dass ein Mensch etwas geleistet hat? Diese Frage versuchte Heckhausen (1974) mit der Aufstellung eines psychologischen Leistungsbegriffs zu klären.

Danach müssen fünf Bedingungen gegeben sein:

1. Es muss ein objektivierbares Handlungsergebnis erzielt worden sein. Tätigkeiten ohne Anfang und ohne Abschluss können nicht als Leistung bezeichnet werden.
2. Das Handlungsergebnis bzw. die Kraftaufwendung, die zu dem Ergebnis führte, muss gemessen und nach einem Gütekriterium beurteilt werden können.
   Dabei lassen sich unterschiedliche Maßstäbe unterscheiden:
   Bei einem *sachbezogenen* Gütemaßstab entscheidet die der Aufgabe immanente Qualitätsnorm, wie die Leistung zu beurteilen ist. Ein derartiger sachbezogener Maßstab ist immer dann leicht anzuwenden, wenn eindeutig feststellbar ist, dass die Lösung der vorgenommenen Aufgabe gelungen ist. Dies gilt etwa für das Reparieren eines Fahrrads, oder das Lösen einer Mathematikaufgabe. Schwieriger wird es, wenn ein Kunstwerk, eine Schülerzeichnung, ein Aufsatz beurteilt werden sollen. Erst recht bereitet es Schwierigkeiten, wenn eine Aufgabe nur annähernd fehlerfrei gelöst wurde. Wie sollen fünf Fehler in einem Diktat, drei richtige Aufgaben von insgesamt sechs zu lösenden in einer Mathematikarbeit nach einem sachbezogenen Maßstab beurteilt werden?[1]

1 Die amtliche Notendefinition von »sehr gut«, »gut« usw. gaukelt zwar einen solchen sachbezogenen Maßstab vor. Da aber die Definitionen viel Beurteilungsspielraum lassen (z.B. 3 »befriedigend«, wenn die Leistung den Anforderungen *im Allgemeinen* entspricht oder 4, »ausreichend«, wenn die Leistung zwar Mängel hat, aber *im Allgemeinen* den Anforderungen entspricht), liegt es nahe, die mangelnde Eindeutigkeit durch Heranziehen eines anderen Maßstabs zu beheben.

Wegen der genannten Schwierigkeiten wird zur Beurteilung einer Leistung häufig der *sozialbezogene* Maßstab herangezogen. Jetzt wird die Leistung verglichen mit der von anderen, wobei diese »anderen« die Klassenkameraden, ein Klassendurchschnitt, die Zufallsverteilung (Gauß'sche Normalverteilungskurve), ein Spitzenschüler oder der eigene Bruder sein können.
Auf diesen Maßstab greifen nicht nur Lehrer zurück, sondern auch Schüler, wenn sie unsicher sind, wie die eigene Leistung bewertet werden soll. Durch den Vergleich mit anderen suchen sie mehr Sicherheit zu gewinnen. Dieser Maßstab ist freilich aus zwei Gründen äußerst problematisch: Einmal, weil der Vergleichspunkt, an dem gemessen wird, relativ zufällig ist. In einer guten Klasse liegt ein bestimmter Schüler vielleicht im Durchschnitt, in einer schlechteren würde er zu den guten Schülern gehören. Er ist zum andern deswegen problematisch, weil echte Leistungssteigerungen eines Schülers möglicherweise gar nicht honoriert werden, wenn er im Vergleich zur Leistung der anderen seinen Rangplatz beibehält.
Der dritte Maßstab ist der *personbezogene*. Bei ihm wird das erzielte Ergebnis an den Ergebnissen gemessen, die diese Person bei vergleichbaren Aufgaben früher erzielt hat. Man ist dann gegenüber früher besser oder schlechter geworden.

3. Um von Leistung sprechen zu können, müssen die Handlungen überhaupt gelingen oder misslingen können. Die Aufgaben müssen vom Schwierigkeitsgrad her, also zwischen den Extremen des zu Leichten und zu Schweren, angesiedelt sein.
4. Der Maßstab, an dem die Anstrengung oder das Handlungsergebnis gemessen wird, muss vom Handelnden als verbindlich akzeptiert werden. Die Person muss ihn als Indikator für ihre persönliche Tüchtigkeit anerkennen.
5. Das Handlungsergebnis muss vom Handelnden selbst verursacht sein. Handlungsergebnisse, die sich unbeabsichtigt ergeben haben, die durch Zufall, mit Hilfe anderer oder durch äußere Behinderung zu Stande kamen, gelten nicht als Leistung im eigentlichen Sinn.

Der psychologische Leistungsbegriff nennt die Bedingungen, die gegeben sein müssen, damit ein Mensch ein Handlungsergebnis als seine Leistung bezeichnen kann. Die genannten Bedingungen sind für schulische Lernergebnisse nicht immer gegeben. So kann beispielsweise eine Aufgabe für einen Schüler zu leicht oder zu schwer sein, so dass sie nicht misslingen oder nicht gelingen kann. Trotzdem wird sie vom Lehrer bewertet. Oder das Ergebnis einer Leistung kann auf Zufall beruhen. Trotzdem erhält der Schüler hierfür eine Note, weil der Lehrer die Ursachen des Ergebnisses nicht genau feststellen kann. Darüber hinaus müsste ein pädagogischer Leistungsbegriff eine Reihe weiterer Sachverhalte berücksichtigen.

Pädagogisierung von Leistungsanforderungen und pädagogischer Leistungsbegriff

Schulen legen fest, welche Leistungen Schüler innerhalb einer bestimmten Lernzeit zu erbringen haben. Derartige Normen lassen sich nur zum Teil aus Sachzusammenhängen ableiten. In sie gehen unreflektierte Traditionen, implizite Vorstellungen von Bildung, Erwartungen von abnehmenden Systemen wie Betrieben oder Universitäten und neuerdings auch Ergebnisse internationaler Vergleichsuntersuchungen ein. Aber was Betriebe oder Hochschulen von Schulabgängern erwarten, ist nur in Ausnahmefällen solide begründbar. Selbst der Hinweis, Deutschland liege nach den Ergebnissen der PISA-Studie im internationalen Vergleich nur im Mittelfeld (vgl. S. 21, 47f.), kann nicht begründen, was ein Schüler eines bestimmten Alters können muss. »Früher verlangte die Schule mehr«, hört man vielfach sagen, »das Abitur in Bayern ist schwerer als das in Nordrhein-Westfalen«, »die Prüfungen sind viel zu schwer« usw. Leistungserwartungen unterliegen Schwankungen und Konjunkturen. Kultusministerien schrauben Leistungsnormen hoch oder senken sie. Man kann sich des Eindrucks einer gewissen Beliebigkeit nicht erwehren.

Pädagogen dürfen derartige gesellschaftliche Ansprüche nicht blindlings übernehmen. Schon vor über zwei Generationen sah Hermann Nohl im »Wohl des Edukanden« und nicht in den Ansprüchen der »Mächte« das entscheidende pädagogische Kriterium.

> »*... In dieser Einstellung auf das subjektive Leben des Zöglings liegt das pädagogische Kriterium. Was immer an Ansprüchen aus der objektiven Kultur und den sozialen Bezügen an das Kind herantreten mag, es muss sich eine Umformung gefallen lassen, die aus der Frage hervorgeht: Welchen Sinn bekommt diese Forderung im Zusammenhang des Lebens dieses Kindes für den Aufbau und die Steigerung seiner Kräfte, und welche Mittel hat dieses Kind, um sie zu bewältigen?*« (Nohl 1949, S. 127)

Lehrer dürfen demnach nicht zu Handlangern des Staates, gesellschaftlicher Gruppierungen oder der Eltern werden. Sie sind zuerst dem Kind verpflichtet. Das heißt freilich nicht, dass sie sich leichtfertig über deren Ansprüche hinwegsetzen könnten. Lehrer sind nicht nur Anwalt des Kindes, sondern auch Repräsentanten der Gesellschaft. Ihre pädagogische Aufgabe besteht in der Vermittlung beider Ansprüche, auf der einen Seite des Anspruchs des Kindes auf sein subjektives Leben, auf der anderen Seite des Anspruchs der objektiven Mächte, des Staates, der Gesellschaft, der Eltern auf das Kind. In der Person des Lehrers wird das Anliegen der Gesellschaft präsent, aber zugleich auch »gebrochen« und – im Blick auf das Recht des Kindes auf Autonomie und Selbstentfaltung – modifiziert.

Auch die von außen kommenden Leistungsforderungen bedürfen einer solchen Vermittlung. Doch ohne eine Pädagogisierung der Leistungserwartungen können Kinder zerbrechen, ohne Konfrontation der Schüler mit den gesellschaftlichen Leistungsansprüchen wird der Lehrer seinem gesellschaftlichen Auftrag nicht gerecht und die Schüler werden später Schwierigkeiten haben, in dieser Gesellschaft zurechtzukommen.

Ein pädagogischer Leistungsbegriff müsste nach unserem Dafürhalten die folgenden Elemente enthalten:

- Ein Kind muss sich den von außen kommenden Ansprüchen stellen; es darf daran aber auch nicht zerbrechen. Dies setzt voraus, dass die an es gerichteten Leistungsansprüche dem oben dargestellten Vermittlungsverständnis entsprechen.
- Pädagogisches Ziel ist, dass an die Stelle des von außen kommenden Anspruchs der Selbstanspruch im Sinne eines Geöffnetseins für sachliche Ansprüche tritt.
- Bei der Wahrnehmung der Leistungen der Schüler ist nicht nur das Endprodukt, das direkt abfragbare Wissen zu beachten, sondern auch der Prozess, der zu dem Ergebnis führt.
- Um dem Schüler das Glück der Könnenserfahrung zu vermitteln, darf nicht von jedem das Gleiche verlangt werden. Eine individuelle Förderung statt einem Lernen im Gleichschritt steht im Mittelpunkt, zumal die Grundschüler in ihrer Entwicklung bei Schulbeginn drei bis vier Jahre auseinander liegen.
- Der sachbezogene und personbezogene Gütemaßstab haben gegenüber dem sozialen pädagogische Vorteile.[1]
  Das heißt nicht, dass auf den sozialen Gütemaßstab völlig verzichtet werden könnte. Vor allem ältere Schüler müssen in der Lage sein, ihr Können im Vergleich zu dem der andern einzuschätzen. Sie müssen akeptieren können, dass andere vielleicht mehr oder es besser können, ohne neidisch zu werden. Sie müssen ihre eigene Überlegenheit sehen lernen, ohne auf andere herabzublicken. Die Beurteilung nach einem sozialbezogenen Maßstab ist desgleichen wichtig, um berufliche Fehlentscheidungen zu vermeiden.
  Zumindest für die Grundschüler hat der personbezogene Maßstab aber deutliche pädagogische Vorteile. Es ist entmutigend, wenn ein Schüler trotz Anstrengung und objektivem Fortschritt schlechte Noten erhält, weil er im sozialen Vergleich den besseren Lernern immer hinterherhinkt. Bei einem personbezogenen Maßstab kann man sich über jeden individuellen Fortschritt freuen.

1 Einzelne Lehrerinnen haben uns berichtet, dass Kinder mit dieser neuen Form der individuellen Leistungsrückmeldung gut zurechtkommen können: Neid, Missgunst oder Ungerechtigkeitsempfinden gegenüber einem Mitschüler, der trotz fünf Fehlern mehr die gleiche Note erhält, bleiben aus, wenn den Kindern transparent gemacht wird, dass Anstrengung, Ernsthaftigkeit, Sorgfalt und der daraus resultierende Lernfortschritt die Faktoren sind, die bei der Notengebung Beachtung finden. Denn diese Größen sind es, die nicht nur den einzelnen Schüler, sondern die Klasse als Ganze weiterbringen. Es wird wohl schwierig sein, diese Beurteilungspraxis und Einsicht allen Schülern und vor allem allen Eltern nahe zu bringen. Jedoch im Hinblick darauf, dass die Leistungsbewertung immer, d.h. auch unter der Voraussetzung des scheinbar »objektiven« Ziffernnotensystems problembehaftet ist, scheint zumindest der Versuch lohnend, die am kindlichen Leistungsvermögen orientierte Bewertungspraxis anzuwenden. Die bestmögliche Einlösung von Transparenz und Offenheit sind hierfür oberstes Gebot.

- Pädagogisierung von Leistung heißt Änderung der Funktion der Leistungsbeurteilung: Statt eines Urteils über einen Schüler müsste sie zunehmend die Funktion der Information für den Schüler erhalten. Lernwege sollen geöffnet und aufgezeigt werden. Die Rolle des Beurteilenden wandelt sich dabei von der des »Richters« zu der des »Helfers«, der Antwort gibt auf die Fragen, »Was fehlt mir noch?«, »Woran liegt es, dass ich nicht weiterkomme?«, »Wer kann mir helfen?«.
- Das in der Schule vorherrschende traditionelle Leistungsverständnis ist konkurrenzorientiert. Pädagogisierung von Leistung heißt auch Vermeidung von Konkurrenzlernen. Durch Konkurrenzlernen aber wird das Verhältnis zur Sache, zur eigenen Person und zur Gruppe gestört (Klafki 1975). *Zur Sache*, weil diese gegenüber dem »Besser sein wollen als die andern« in den Hintergrund tritt. *Zur Person*, weil die Kinder, die mit dem Lernen Schwierigkeiten haben, dauerhaft entmutigt werden bzw. die »Sieger« sich vielleicht überschätzen. *Zur Gruppe*, weil Neid und Missgunst das soziale Klima vergiften können.
  Das an Konkurrenz orientierte Leistungsverständnis müsste ersetzt oder zumindest ergänzt werden durch ein Verständnis von Leistung, das am Prinzip der Solidarität der gemeinsam an einer Aufgabe arbeitenden Gruppe orientiert ist. Die individuelle Leistung sollte stärker als bisher an ihrem Beitrag zur Lösung gemeinsamer Aufgaben gemessen werden. Dies gilt zumal für unsere heutige Gesellschaft, in der die Leistung des Teams gegenüber der des Einzelnen immer mehr an Bedeutung gewinnt (vgl. Klafki 1975, 1985; Schwartz 1976).
  Für eine solche Leistung werden aber eine Reihe von Kompetenzen wichtig, die für die individuelle Leistung keine Rolle spielen: Die eigene Arbeit muss mit der der andern koordiniert werden. Man muss der Versuchung widerstehen, die andern für sich arbeiten zu lassen und den Mut haben, »Schmarotzer« zu kritisieren. Man muss helfen können, ohne die andern zu demütigen und Hilfe annehmen können, ohne sich gedemütigt zu fühlen. Derartige soziale Leistungen werden bislang für die Beurteilung von Schülern kaum herangezogen.
- Pädagogisierung von Leistung heißt auch Vermittlung der Erfahrung, dass man schon etwas kann. Schulisches Lernen zeichnet sich häufig dadurch aus, dass immer dann, wenn eine Sache einigermaßen beherrscht wird, etwas Neues kommt. Schüler kommen zu wenig dazu, sich ihres bereits erworbenen Könnens richtig freuen zu können.
- Leistungsforderungen sind nur dann pädagogisch, wenn sie innerhalb eines Sinnzusammenhangs ausgewiesen werden können. Leistung um der Leistung willen ist eine neurotische Ausprägung der Leistungsmotivation. Eine den Sinn außer Acht lassende Leistungsbereitschaft ist zudem leicht missbrauchbar. Hitlers minutiös durchorganisierte Konzentrationslager waren im pädagogischen Sinn eben keine Leistung. Ob etwas als Leistung angesehen werden kann, entscheidet sich auch an ethischen Normen.

Schulanfängern ist der Sinn ihrer Lernarbeit im Allgemeinen unmittelbar evident: Man kann selbst ein Buch lesen, anderen etwas schreiben und die Mitteilungen anderer lesen. Wer rechnen kann, kommt auch im Kinderalltag leichter zurecht, und der Sachunterricht hilft dazu, dass man sich in der Welt besser auskennt. Später sehen Schüler den Sinn mancher Leistungen, die sie in der Schule zu erbringen haben, nicht mehr unmittelbar ein. Die Erschließung ihres Sinns ist jedoch eine eminent wichtige pädagogische Aufgabe. Nur dann besteht die Chance, dass Lerninhalte in Bildung transformiert werden.

Was dies konkret im Schulalltag der Grundschule bedeutet, kann folgende Grafik veranschaulichen:

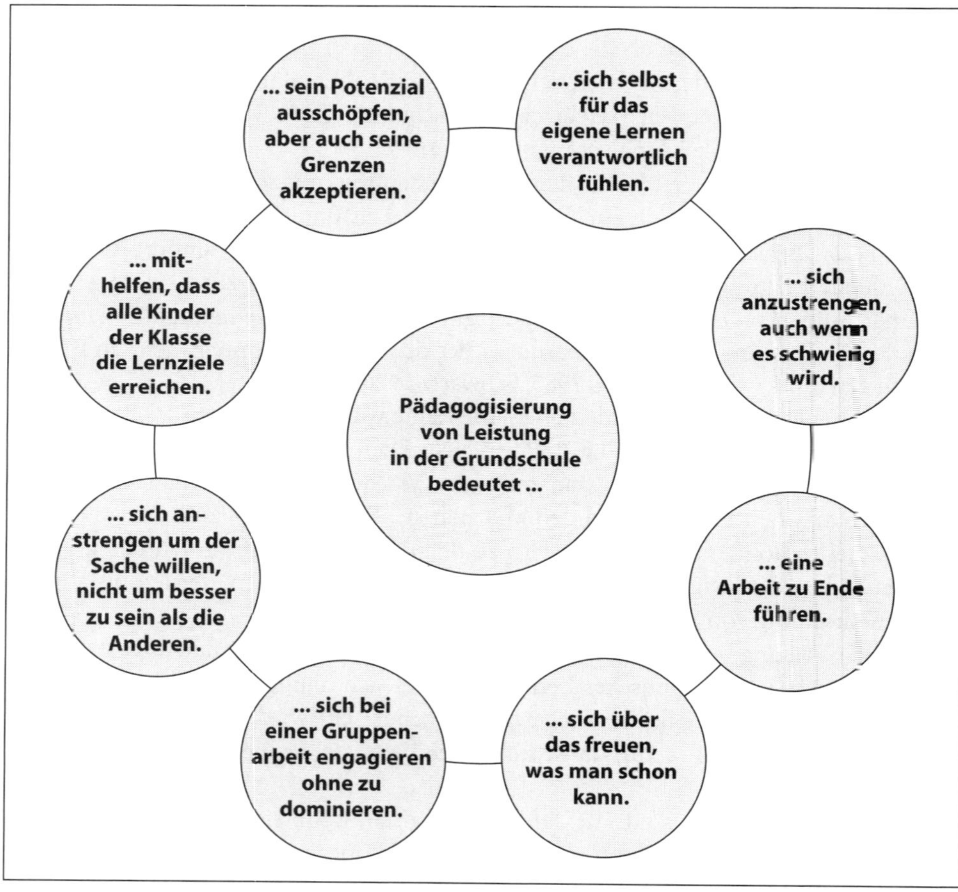

Die hier genannten Elemente sind auch wesentlicher Teil der pädagogischen Prinzipien für den Anfangsunterricht (S. 289 ff.). An dieser Stelle haben wir hierzu eine Anzahl konkreter unterrichtlicher Maßnahmen zusammengestellt.

Zur Geschichte des Zeugnisses

Jahrhundertelang gab es in der Schule keine Zeugnisse, sieht man von den universitären Abschlüssen des Baccalaureats, des Magisters und des Doktors ab. Mit einem schulischen Abschluss – das war die Kehrseite – war allerdings auch kaum etwas anzufangen. Berufliche Positionen wurden nach Stand und Empfehlung vergeben. Allerdings kannte die Schule einen Vorläufer, das Benefizienzeugnis, eine schulische Empfehlung an einen Patron oder Gönner, einem fleißigen Lateinschüler ein Stipendium zukommen zu lassen. Zudem entwickelten die Schulen ein teilweise ausgeklügeltes und wenig pädagogisches System von Wettkämpfen, schulinternen Belohnungen und Beschämungen (Sitzordnung nach Leistung, Ehrenbänder, Orden, Tugendnägel, Sitzen auf einer Schmachbank, Aufsetzen eines Eselskopfes), um Schüler zu motivieren.

Die eigentliche Einführung eines Leistungszeugnisses geht auf die Einführung des Abiturs in Preußen im Jahr 1788 zurück. Dieses Abitur hatte zunächst noch keine Notenstufen. Im Gegensatz zu heute hatte es nicht die Funktion, den Zugang zu den Universitäten zu regeln, sondern eröffnete vielmehr den Zugang zur höheren Beamtenlaufbahn in Preußen. Im Zuge des Aufbaus einer modernen Verwaltung sollten die Beamtenstellen nicht mehr einfach an teilweise unfähige Adlige vergeben werden, sondern auf der Basis von Leistung. Die Einführung des Abiturs war also eine demokratische Errungenschaft, auch wenn davon zunächst nur eine schmale bürgerliche Schicht profitierte. 1812 wurde das Abitur in drei Notenstufen spezifiziert, war aber weiterhin nicht Voraussetzung für einen Universitätsbesuch. Der Zugang zur Universität wurde durch ein teilweise sehr locker gehandhabtes Kolloquium seitens der Professoren geregelt, bei dem die adlige Herkunft (Hörergelder!) weiterhin eine überragende Bedeutung hatte. Dem Abitur folgte 1822 das »Einjährige«, eine Zugangsberechtigung für die nicht akademische Beamtenlaufbahn und eine Berechtigung für einen verkürzten Wehrdienst. Erst 1834 wurde das Abitur zur Voraussetzung für den Zugang zur Universität, nicht aber, um ein entsprechendes Niveau zu sichern, sondern um politisch unliebsame Gymnasiasten (Studentenunruhen an Universitäten im Zuge der restaurativen Maßnahmen durch den Wiener Kongress 1815 und die Karlsbader Beschlüsse 1819) durch entsprechende Vermerke (Kopfnoten) von den Universitäten fern zu halten. Das alles berührte die unteren Klassen des Gymnasiums nur wenig. Erst langsam weitete sich die Benotung der Abschlussklassen auch auf die anderen Klassenstufen aus.

Da Volksschülern keine privilegierten Laufbahnen offen standen, erhielten diese überhaupt keine Zeugnisse. Erst kurz vor dem Ersten Weltkrieg wurden auch für sie Abschlusszeugnisse und nach einiger Zeit Jahreszeugnisse am Ende jedes Schuljahrs eingeführt (vgl. Breitschuh 1979).

Die zunehmende Bedeutung, die Noten und Bewertungen in der Schule im Verlauf der Jahrhunderte erhalten haben, ist zwiespältig einzuschätzen. *Einerseits* – und das darf nicht vergessen werden – ging sie ursprünglich mit dem Abbau von Standesprivilegien einher und eröffnete, wenn bis heute auch immer noch nicht allen (vgl. S. 246, 279), so aber doch weitaus mehr Kindern als zu früheren Zeiten, höherwertige berufliche Chancen (vgl. Nath 2002, S. 185ff.). Denn neben der Herkunft fand zunehmend auch das universalistische Kriterium der Leistung Anerkennung. Die *andere Seite ist,* dass das Notenwesen wie ein Krebsgeschwür fast das ganze schulische Lernen überwuchert hat. Keine Woche ohne Klassenarbeit, keine Schüleräußerung ohne mündliche Bewertung, keine Schülerantwort ohne Schielen auf das Notenbuch des Lehrers, keine Lernanstrengung ohne die sofortige Frage, ob sich das auch in einer entsprechenden Note auszahle. Nicht die Inhalte interessieren, sondern die Noten, und dies umso mehr, je höher die Klassenstufe ist.

Formen der Leistungsbeurteilung

Verbalbeurteilung

1970 beschloss die Kultusministerkonferenz der Länder in ihren »Empfehlungen zur Arbeit in der Grundschule«, auf Zensuren für die Klasse 1 und 2 zu verzichten.

> *»In der 1. und 2. Klasse ist eine allgemeine Aussage über die Leistungen des Kindes im Hinblick auf das Ziel dieser Schulstufe bedeutsamer als die vorgeblich genaue Benotung der Leistungen in den einzelnen Teilgebieten des Unterrichts. In diesen beiden Klassen ist daher jeweils am Ende eines Schuljahres eine allgemeine Beurteilung des Kindes in freier Form im Zeugnis zu erteilen. Neben der Begutachtung des Sozial- und Arbeitsverhaltens sind Hinweise auf Interessen, besondere Fähigkeiten und Schwächen zu geben.«*[1]

Zu einer über die ersten beiden Jahre hinausgehenden Empfehlung konnten sich die Kultusminister aber nicht durchringen. Bei aller grundsätzlichen Zustimmung zur Pädagogisierung von Leistung waren die Meinungen darüber, was darunter im Einzelnen zu verstehen sei und wie weit diese zu gehen habe, zu kontrovers.

In der Tat haben sich an der Frage der Verbalbeurteilung bildungspolitische Kontroversen entzündet, die an den Streit um die Gesamtschule erinnern. Hinter der Frage, wie die Leistung von Schülern bewertet werden soll, steckt freilich auch mehr als die verschiedenen Meinungen über unterschiedliche Bewertungsformen. Es geht um das grundsätzliche Verständnis von Schule. Soll Schule primär auf die Leistungsforderungen der Gesellschaft vorbereiten oder dem jungen Menschen Spielräume zur Selbstentfaltung geben? Sollen Leistungsanforderungen eher am einzelnen Kind ausgerichtet sein oder am Vergleich mit anderen? Soll die Schule eher Rennstrecke sein, auf der es gilt, möglichst schnell zu laufen, oder soll sie ein Ort der Bildung, des gründlichen Verstehens und der Persönlichkeitsbildung sein? Soll das Zeugnis primär Lernhilfe sein und

1 Empfehlungen zur Arbeit in der Grundschule. Beschluss der Ständigen Konferenz der Kultusminister der Länder in der Bundesrepublik Deutschland vom 2. Juli 1970. In: Kultus und Unterricht, Amtsblatt des Kultusministeriums Baden-Württemberg, 1970, Sondernummer 2, S. 752.

der Ermutigung dienen, oder hat es vor allem der Selektionsfunktion Rechnung zu tragen? Braucht der Schüler zur Steigerung seiner Lernbereitschaft eher Ermutigung oder Druck? Soll sich die Beurteilung eines Schülers auf das relativ leicht Messbare und eindeutig Formulierbare, also auf Noten für einzelne Leistungen beschränken, oder soll sie sich auf das dornige Feld eines Entwicklungsberichts, in dem über die Leistung hinausgehend zentrale Bereiche der Persönlichkeit erfasst werden, vorwagen? Und wenn »bescheiden« nur das erste angestrebt wird, besteht dann nicht die Gefahr, dass auch der Unterricht auf das Messbare heruntergeschraubt wird, dass das gelehrt wird, was eben leicht abprüfbar und dann objektiv formulierbar ist? Sollen Eltern bezüglich der Schule, z.B. bei der Entscheidung, welche Beurteilungsform sie wünschen, ein Mitsprache- oder Entscheidungsrecht haben, oder soll dies staatlich geregelt werden?

Natürlich lassen sich die aufgeführten Alternativen trefflich mit einem »sowohl ... als auch« beantworten und für beide Positionen Argumente ins Feld führen. Aber dann werden die grundsätzlichen Meinungsverschiedenheiten zwischen den bildungspolitischen Positionen und Vorstellungen von Schule nur verkleistert (vgl. Barnitzky 1996).

Wie heftig umstritten diese Fragen sind, zeigen Kostproben aus dem Wahlkampf in Nordrhein-Westfalen aus dem Jahr 1995. Als der damalige Kultusminister Schwier ankündigte, den Schulen freizustellen, ob sie in Klasse 3 Noten erteilen oder eine Verbalbeurteilung ausstellen wollten, reagierte die CDU mit Flugblättern, welche die Überschrift trugen »Schule ohne Noten ist wie Coca ohne Cola!« Die Abschaffung der Noten wurde als »verhängnisvoller Irrweg zu Lasten unserer Kinder« bezeichnet. »Wer Kindern in der Grundschule komplett die Noten vorenthält«, so wurde argumentiert, »verhindert, dass diese mit Erfolgen und vor allem mit Misserfolgen umzugehen lernen«. Der SPD-Kultusminister wiegelte ab: »Im vierten Schuljahr wird es immer Noten geben!«

Auch Bundespräsident Roman Herzog setzte sich in einer viel beachteten Rede zur Bildungspolitik am 5. November 1997 in Berlin mit dieser Frage auseinander. »Es gibt keine Bildung ohne Anstrengung. Wer die Noten aus den Schulen verbannt, schafft Kuschelecken, aber keine Bildungseinrichtungen, die auf das nächste Jahrtausend vorbereiten.«

Natürlich gibt es keine Bildung ohne Anstrengung – wer wollte das bezweifeln? Natürlich darf Schule keine Kuschelecke sein; Kinder müssen in der Schule lernen zu arbeiten, sich anzustrengen, nicht gleich aufzugeben, wenn etwas schwierig wird, um die eigenen Potenziale zu entwickeln. Aber ob das durch Noten in den ersten Grundschuljahren geschehen muss? Noten können anspornen, aber Noten können auch entmutigen und die weitere Anstrengung blockieren.

Heute, rund 35 Jahre nach der Kultusministerempfehlung, auf Zensuren in den Klassen 1 und 2 zu verzichten, ist dies, wenn auch mit Einschränkungen, in allen Bundesländern verwirklicht. In Baden-Württemberg zum Beispiel wird die ziffernfreie Beurteilung aber nicht einmal für die beiden ersten Jahre durchgehalten; bereits am Ende des zweiten Schuljahrs erhalten die Schüler zusätzlich zur Verbalbeurteilung ein Ziffernzeugnis in den Fächern Deutsch und Mathematik. Demgegenüber ist es z.B. in Nordrhein-Westfalen der Schulkonferenz mit einfacher Mehrheit überlassen, ob in der 3. Klasse die Ziffernnoten durch Verbalbeurteilungen ersetzt werden sollen. In Brandenburg trifft dies sogar für die 4. Klasse zu.

Ein Blick in die Beurteilungspraxis anderer europäischer Länder zeigt, dass dort die Verbalbeurteilung zumindest teilweise bis weit in die Sekundarstufe 1 hinein praktiziert wird. So gibt es in Dänemark, den Niederlanden, in Schweden, Norwegen und Italien weit über das vierte Schuljahr hinaus nur Verbalberichte. Erst mit dem Übergang in den beruflichen Sektor und in höhere Klassen werden Ziffernnoten ausgestellt.

In Dänemark bekommen die Schüler bis einschließlich der siebten Klasse keine Noten. Die Lehrer sind allerdings verpflichtet, die Schüler und ihre Eltern mindestens zwei Mal im Jahr über die Leistungsfortschritte zu unterrichten. In Norwegen erhalten die Schüler bis einschließlich der sechsten Klasse kein Ziffernzeugnis. Auch hier muss der Klassenlehrer die Eltern mindestens zwei Mal im Jahr über Leistungsfortschritte benachrichtigen – entweder schriftlich, oder in einem persönlichen Gespräch. In Schweden bekommen die Schüler erst ab der achten Klasse Zeugnisse; zuvor werden Eltern und Schüler in Gesprächen über Fortschritte und Schwierigkeiten der Kinder unterrichtet. Auch in Italien gibt es während der fünfjährigen Grundschulzeit kein Ziffernzeugnis mehr. Jeder Schüler bekommt seine persönliche Karte (»scheda«), in die der Lehrer regelmäßig seine Beobachtungen einträgt. Auf der Basis dieser Eintragungen verfasst der Klassenlehrer eine Beurteilung über den Lernfortschritt des Kindes für die Eltern. Auch in den Niederlanden erhält jeder Schüler während der achtjährigen basis-school regelmäßig einen Beurteilungsbogen, in dem seine Fortschritte festgehalten werden (Amsbeck 1999).

Aber wir müssen notenfreie Schulen gar nicht im Ausland suchen. Auch bei uns erhalten Schüler von Waldorfschulen mit Ausnahme der Klasse, in der sie die Schule verlassen, kein Ziffernzeugnis. Erst zum Ende des letzten Abschlussjahres wird hier ein Zeugnis ausgestellt.

Wie sieht nun ein solcher Verbalbericht aus?

Im Folgenden präsentieren wir ein Beispiel für einen Schulbericht am Ende des ersten Schuljahrs. Es handelt sich um einen wirklichen Bericht mit allen in der Praxis üblichen Stärken und Schwächen.

> ***Verhalten:*** *Jürgen hat sein Verhalten besser dem Geschehen in der Klasse anpassen können, so dass er weniger vom Lehrer ermahnt werden musste. Er muss aber noch weiter lernen, sich im Unterricht und auch in den Pausen besser zu kontrollieren. In Gesprächen zeigt Jürgen sich einsichtig, er kann seine guten Vorsätze aber noch nicht über längere Zeit aufrechterhalten.*
>
> ***Arbeiten:*** *Jürgen zeigt sich dem Unterricht gegenüber recht interessiert, seine Mitarbeit und sein Arbeitseinsatz sind aber noch zu sprunghaft und zu wenig zielstrebig. Er verweilt noch nicht lange an einer Arbeit und lenkt sich und seine Umgebung noch zu*

oft ab. Einfache Aufgaben kann Jürgen bereits selbstständig lösen, allerdings ist die Ausführung oft noch zu flüchtig. Jürgen muss seine Handgeschicklichkeit noch weiter entwickeln, damit ihm schriftliche und gestalterische Arbeiten leichter von der Hand gehen.

***Lernen:** Jürgen fällt es noch schwer, sachlich klar und zusammenhängend zu erzählen. Beim Lesenlernen hat Jürgen gute Erfolge erzielt, geübte Texte gelingen recht fließend, ungeübte Texte geraten noch stockend und wenig sinngestaltend. Als Linkshänder hatte Jürgen beim Schreibenlernen erhebliche Mühen zu bestehen, aber mit anerkennungswertem Fleiß und viel Übung findet er sich nun in der vorgegebenen Lineatur einigermaßen zurecht. Die formgetreue und fließende Gestaltung der Buchstaben muss er weiterhin üben. Einfache Aufgabenstellungen im Mathematikunterricht kann er schon selbstständig lösen. In den anderen Fächern sollte er noch mehr Interesse zeigen und sich konsequenter und zielbewusster mit den dort gestellten Aufgaben beschäftigen. Auch in Religion sollte er noch mehr zum Unterricht beitragen.*

Was sagt nun eine derartige Verbalbeurteilung aus?

Sicher ist zunächst einmal, dass die Erstellung einer Verbalbeurteilung um ein Vielfaches aufwändiger ist als das Ausstellen eines Ziffernzeugnisses. Sicher ist auch, dass ein solcher Verbalbericht wesentlich stärker der Kritik unterzogen werden kann als eine Ziffernnote. Über Formulierungen lässt sich streiten, es lassen sich Alternativen denken, verbale Formulierungen sind individuell gefärbt. Werden Ziffernnoten erteilt, muss um Formulierungen nicht gerungen werden, es lässt sich höchstens darüber streiten, ob die Note gerecht ist. Zudem erwecken Ziffernnoten durch den Rückgriff auf Zahlen den Eindruck einer größeren Objektivität, Messgenauigkeit und Validität, ohne dass dies tatsächlich der Fall ist (vgl. S. 121f.).

Welche pädagogischen Hoffnungen verbinden sich nun mit dem wesentlich zeitaufwändigeren und angreifbaren Verfahren des Verbalberichts?

- Verbalbeurteilungen können einen höheren Informationsgehalt haben als Noten. Sie ermöglichen eine differenzierte Beschreibung der Stärken und Schwächen eines Kindes, als dies eine Ziffer zum Ausdruck bringen könnte. Das gilt zunächst für den engeren Bereich der fachlichen Leistungen. Hier können besondere Stärken oder Teilschwächen genannt und Hinweise für gezielte Fördermöglichkeiten gegeben werden. Hinzu kommt, dass der Leistungsbegriff nicht auf Fachleistungen eingeschränkt ist. So können auch Stärken und Schwächen im Arbeitsverhalten, im Sozialverhalten oder besondere Fähigkeiten wie Kreativität oder sprachliche Kompetenz berücksichtigt werden.
- Im Verbalbericht kann der Prozess des Lernens, sein Gelingen und die mit ihm verbundenen Schwierigkeiten, und nicht nur das fertige Resultat dokumentiert werden.

- Durch die stärkere Beachtung des personbezogenen Gütemaßstabs bei der Beurteilung kann das Zeugnis auch für schwächere Schüler eher den Charakter einer Ermutigung erhalten. Die Gefahr, dass aus der Beurteilung eine Verurteilung wird, die das Gefühl der Ohnmacht hinterlässt, ist geringer.[1]
- Ziffernnoten fordern in höherem Maß zu sozialen Vergleichen heraus und fördern dadurch das Konkurrenzdenken. Eine Verbalbeurteilung richtet den Blick auf die Sache (sachbezogener Maßstab) und den eigenen Fortschritt (personbezogener Maßstab).
- Verbalbeurteilungen legen Schüler nicht so fest, möglicherweise im Sinne einer Stigmatisierung, wie dies bei Ziffernnoten der Fall sein kann. Es kann vorsichtiger und hypothetischer formuliert werden.
- Die individuelle Gesamtentwicklung eines Schülers, momentane Krisensituationen, trendmäßige Verbesserungen, aber auch die Gefahr des »Nachlassens« können in Verbalbeurteilungen deutlicher zur Sprache gebracht werden. Eine Berücksichtigung dieser Entwicklungsdynamik wird der Wirklichkeit des Kindes eher gerecht als eine Momentaufnahme, wie sie in einer Ziffernnote zum Ausdruck kommt.
- Die Verbalbeurteilung hat gegenüber dem Ziffernzeugnis für die Eltern einen stärkeren Anreiz, mit der Lehrerin ein Gespräch über das Kind zu suchen. Eine Verbalbeurteilung sollte Aufforderung und Unterlage für ein qualifiziertes Elterngespräch sein. Nur so kann wohl auch der Gefahr der subjektiven und vielleicht fehlerhaften Interpretation des Berichts begegnet werden.
- Eine Ziffernote ist schnell niedergeschrieben. Verbalbeurteilungen hingegen zwingen die Lehrer dazu, genauer über jedes einzelne Kind nachzudenken. Das kann positive Rückwirkungen auf das Lehrerverhalten haben. Um einen qualifizierten Verbalbericht erstellen zu können, muss der Lehrer den Schüler individueller und vor allem längerfristig beobachten. Diese Veränderung hin zu einer längerfristigen und individualisierten Beobachtung birgt die Möglichkeit tiefer greifender Veränderungen: Ein rechtzeitiges pädagogisches Eingreifen seitens des Lehrers bei individuellen Lernstörungen oder Leistungsspitzen und die Chance zu einem stärker differenzierenden Unterricht, der mehr auf das jeweilige Kind zugeschnitten wird.

Den Chancen steht aber auch eine Reihe von Risiken und Problemen gegenüber, die nicht verschwiegen werden sollen:

- Trotz der prinzipiellen Möglichkeit, in einem Verbalbericht umfassender als durch eine Ziffernnote informieren zu können, erscheint vielen Eltern der Informationsgehalt eines Verbalberichts eher niedriger zu sein. Dies hängt damit zusammen,

1 Ob das in der Münchener Scholastikstudie festgestellte Absinken des Fähigkeitsselbstbildes und die Abnahme der Lernfreude in den Fächern Deutsch und Mathematik mit der Erteilung einer Ziffernnote ab Ende der zweiten Klasse in Zusammenhang zu bringen ist, muss dahingestellt bleiben (vgl. Helmke 1996).

dass ihnen der vertraute Bezugsrahmen fehlt, innerhalb dessen sie die Informationen bewerten können. Deswegen fragen sie nicht selten, ob diese Aussage nun eine 2 oder eine 3 bedeute. Bei einer 2 wissen sie beispielsweise, dass es darüber nur noch *eine* bessere, darunter aber vier schlechtere Noten gibt. Bei einer verbalen Formulierung ist der Bezugsrahmen nicht so eindeutig.

- Häufig werden in Verbalberichten Standardformulierungen benutzt, die schablonenhaft und floskelhaft wirken.
  Untersuchungen (Benner und Ramseger 1985) haben gezeigt, dass Lehrer, denen die von ihnen selbst geschriebenen Verbalbeurteilungen ohne Namen der Schüler gegeben wurden, diese nicht mehr den betreffenden Schülern zuordnen konnten bzw. sie falsch zuordneten – ein etwas blamabler Sachverhalt, wenn man bedenkt, wie aufmerksam von den Schülern und Eltern die Lehrerurteile beachtet werden. Es wäre allerdings noch zu überprüfen, ob eine solche Zuordnung bei Ziffernnoten besser gelingt.
- Verbalberichte haben nicht selten eine beschönigende Tendenz. Schließlich lässt sich über jedes Kind auch etwas Positives sagen. Aus dem pädagogisch richtigen Ratschlag, nicht zu entmutigen, wird oft eine beschönigende, Defizite verschleiernde Tendenz. Die häufig gehörte Aussage, im Verbalbericht dürfe nichts »Negatives« stehen, ist in dieser verkürzenden Formulierung unhaltbar und trägt ungewollt dazu bei, dass Eltern mit Verbalberichten unzufrieden sind und wieder die Einführung des alten Ziffernzeugnisses wünschen. Sinnvolle Kritik muss nicht entmutigend sein. Eltern fallen häufig aus allen Wolken, wenn sie (wie z.B. in Baden-Württemberg vorgeschrieben) am Ende des zweiten Schuljahrs zusätzlich zur Verbalbeurteilung auch eine Ziffernnote sehen.
- Verbalbeurteilungen sind, weil der Blick der beurteilenden Lehrerin über konkrete Einzelleistungen hinausgeht, stärker anfällig für Voreingenommenheiten und Beurteilungsfehler als Ziffernnoten. In Verbalberichte können sich besonders leicht Haloeffekte, logische Fehler, unreflektierte implizite Persönlichkeitstheorien, Vorurteile und Stereotype einschleichen. Die Schulung der Lehrer für exakte Beobachtung wird damit zu einer vordringlichen Aufgabe.
- Vor allem ältere Schüler können sich durch eine Verbalbeurteilung in ihrer Persönlichkeit eher verletzt fühlen als durch eine Ziffernnote. Eine Ziffernnote wahrt eine gewisse Distanz. Die Verbalbeurteilung ist persönlicher und kann so auch leichter verletzen.

Es dürfte klar geworden sein: Ein Schulbericht, der sich nicht auf präzise, über das ganze Jahr erstreckende Beobachtungen und entsprechende Notizen stützt, sondern unter Zeitdruck schnell vor dem Zeugnistermin angefertigt wurde, wird niemanden befriedigen, weder die Eltern noch die Schüler noch die Lehrerin selbst.

Benner und Ramseger haben 1980/81 im Auftrag des Kultusministeriums des Landes Nordrhein-Westfalen 450 Grundschulzeugnisse aus drei Schulen einer inhaltsanalytischen Untersuchung unterzogen. Dabei gelang es ihnen, vier Idealtypen von Verbalbeurteilungen zu identifizieren. Die Autoren sprechen von einem normativen Zeugnis, einem schönen Zeugnis, einem deskriptiven Zeugnis und einem Zeugnis auf dem Weg zum pädagogischen Entwicklungsbericht. Bei einem *normativen Zeugnis* wird festgestellt, ob die – etwa im Bildungsplan vorgegebenen – Soll-Ziele erreicht, oder in welchen Bereichen sie nicht erreicht wurden. So ist dann etwa zu lesen, dass das Kind erst innerhalb des Zahlenbereichs 1–10 sicher addieren und subtrahieren könne, nicht aber darüber hinaus im Zahlenbereich bis 20. Das *schöne Zeugnis* ist ein beschönigendes Zeugnis. Defizite werden verschwiegen oder kommen höchstens verklausuliert zur Sprache. Es heißt dann etwa ganz allgemein, das Kind habe Fortschritte gemacht, es arbeite im Unterricht mit, sei im Rechnen sicherer geworden, alles Beschreibungen, die für mehr oder weniger alle Schüler zutreffen. Ein *deskriptives Zeugnis* beschreibt den augenblicklichen Ist-Stand eines Schülers weitgehend ohne Wertung. Es lässt offen, woher mögliche Defizite kommen und wie sie behoben werden können. In einem deskriptiven Zeugnis kann man dann etwa lesen, dass das Kind stockend lese, oder dass es sich im Unterricht zurückgehalten habe. Die Frage, woher die Defizite rühren, bleibt offen. Der *Entwicklungsbericht* ist nicht eine einfache Beschreibung des Ist-Standes, er zeigt vielmehr Entwicklungen auf. Es werden Prozesse geschildert, nicht lediglich Resultate festgehalten. So ist dann etwa davon die Rede, dass sich ein Kind zunächst zurückhielt, dann aber immer mehr Zutrauen entwickelte, dass es sich mit zunehmendem Selbstvertrauen stärker am Unterricht beteiligte und dass es jetzt nach fleißigem Üben kurze zusammenhängende Texte fehlerfrei vorlesen kann. Eine solche, sich einem Entwicklungsbericht annähernde Verbalbeurteilung, verliert den Zeugnischarakter. Sie ist nur möglich, wenn sich ein Lehrer zuvor intensiv mit einem Kind auseinandergesetzt hat. Sie zwingt den Lehrer beim Schreiben des Zeugnisses überdies zur Auseinandersetzung mit seinem eigenen pädagogischen Tun und regt eine individualisierende Unterrichtsplanung an.

Benner und Ramsegger betonen, dass es sich hier um Idealtypen handelt. Von den untersuchten Zeugnissen enthielt jedes normative *und* deskriptive, und für den Fall eines schwachen Schülers auch beschönigende Passagen. Die tatsächlichen Zeugnisse lassen sich also nicht linear einem einzigen Typ zuordnen. Viel wichtiger als eine solche Zuordnung ist, »auf substantielle Probleme hinzuweisen, die sich mit jedem Zeugnis verbinden, die jedoch von den Lehrern, je nachdem, welchem Modell sie vorrangig folgen, unterschiedlich eingeschätzt werden«(Benner 1985, S. 155).

Wir wollen nicht verkennen, dass die Anfertigung eines pädagogischen Entwicklungsberichts sehr hohe Anforderungen an die Lehrkraft stellt. Er setzt eine kontinuierliche und systematische Beobachtung jedes einzelnen Kindes voraus. Dennoch scheinen uns die pädagogischen Möglichkeiten einer Verbalbeurteilung erst bei diesem Zeugnistyp ausgeschöpft zu sein.

Wir möchten dies an einem Beispiel dokumentieren, das wir den Ausführungen von Benner entnommen haben. Da heißt es in einem Schulbericht am Ende des ersten Schuljahrs:

Erstes Beispiel:

> »*Arbeits- und Sozialverhalten*
> *Frank schien zunächst nicht auf soziale Kontakte angewiesen zu sein. Er ruhte in sich selbst, beschäftigte sich mit sich selbst und mit Dingen seiner Umgebung. Er forschte, baute, arbeitete mit Werkzeug. Bei den Kindern war er bald als Sachverständiger anerkannt und gefragt. Bereitwillig informierte er seine Mitschüler über Steine, ließ sie durch sein Mikroskop sehen oder brachte ihnen das Schnitzen bei. Seine Kontakte begann er in der letzten Zeit zu intensivieren. Er schloss sich Spielgruppen an. Eine Freundschaft mit Ria bahnte sich an. Auch mit Susi und Hasko war er in der letzten Zeit häufig zusammen. In Widerspruch zu seinem selbstbewussten Verhalten, seiner konzentrierten Beteiligung, seiner Initiative bei Sachfragen stand seine vorsichtige Zurückhaltung bei Arbeiten in den Lernbereichen. Aufgabenstellungen unterzog er sich zwar willig, wartete aber meist auf eine Aufforderung oder Ansprache. Von sich aus wurde er dann aktiv, wenn er Schreiben oder Lesen für ein Spiel oder seine Sachauseinandersetzung benötigte (Ausweise und Schilder drucken oder auf der Schreibmaschine schreiben).*
>
> *Hinweise zu den Lernbereichen*
> *Sein anfängliches Ausweichverhalten baute er langsam ab, als er kleine Sätze erlesen konnte und seine Lesefähigkeit im Spiel und bei der Klärung von Sachfragen anwenden lernte. Er ist jetzt in der Lage, kurze zusammenhängende Texte zu erlesen und zu verstehen. Frank entwickelte seinen Schreibstil langsam, vorsichtig und manchmal etwas verkrampft. Bald aber konnte er Buchstaben formen, und Wortverbindungen gelangen ihm fast fehlerfrei. Die an ihn gestellten Anforderungen bewältigte er ohne nennenswerte Hilfe. Frank arbeitete konzentriert und ließ sich selten ablenken. Obwohl Frank Plus- und Minusgleichungen im Zahlenraum bis 10 lösen, Vergleiche mit entsprechenden Zeichen darstellen und Mengenoperationen richtig durchführen kann, braucht er häufig Zuspruch von Erwachsenen, um gestellte Aufgaben zu beginnen und zügig durchzuführen. Franks große Stärke ist sein Informationsvorsprung in allen Bereichen des Sachunterrichts, seine Gründlichkeit, Zusammenhänge zu erkunden, und seine Neugier, mit der er seine Umwelt betrachtet. Über sein Sachinteresse sollte noch bewusster versucht werden, ihm die sogenannten Kulturtechniken anzubieten als einen Weg, weitere Informationen einzuholen.*« (Benner 1985, S. 167)

Als besonders hilfreich empfinden wir, wenn ein solches für die Eltern bestimmtes Zeugnis durch einen Brief an das einzelne Kind ergänzt wird. So heißt es dann in einem solchen Brief zu dem oben aufgeführten Zeugnis:

> »*Lieber Frank! Fast ein Jahr ist es her, dass du in die Schule gekommen bist. Wir haben viel erlebt und gelernt. Lass uns zusammen nachdenken, wie es dir in diesem Jahr ergangen ist. Lesen, Schreiben, Rechnen kann man zum Forschen und Entdecken sehr gut gebrauchen. Willst du zum Beispiel wissen, wie ein Stein heißt, musst du im Lexi-*

kon nachsehen und schwere Wörter lesen können. Für Experimente musst du die Kosten ausrechnen und wissen, wie viel Material du brauchst. Schließlich musst du Lösungen aufschreiben, damit du sie nicht vergisst. Nutze die Zeit zum Üben gut aus! Hab keine Angst, Fehler zu machen! Glaubst du, wir haben keine Fehler gemacht? deine Lehrerin.«

Lerngespräche Schüler – Lehrerin

Die Heterogenität einer Grundschulklasse (siehe S. 154 ff.) erfordert einen Wandel des traditionellen Unterrichts hin zu einer offenen, an den Fähigkeiten der Kinder orientierten Lehr-Lernkultur (siehe S. 207 ff.). In einem solchen Lernumfeld sind die Schülerinnen und Schüler mit vielfältigen, teilweise anspruchsvolleren Aufgaben konfrontiert als dies im lehrerzentrierten Unterricht der Fall ist: Eigenverantwortlich bestimmen, woran gearbeitet werden soll; selbstständig Informationen beschaffen; eigene Fragestellungen entwickeln (an Stelle gestellte Fragen nur zu beantworten); einen Sachverhalt eigenständig oder mit anderen gemeinsam kreativ aufarbeiten und präsentieren. Eine Leistungsbewertung, die diesem Aufgabenspektrum gerecht werden soll, setzt zweierlei voraus: Erstens, den Kindern genügend Raum und Zeit dafür zur

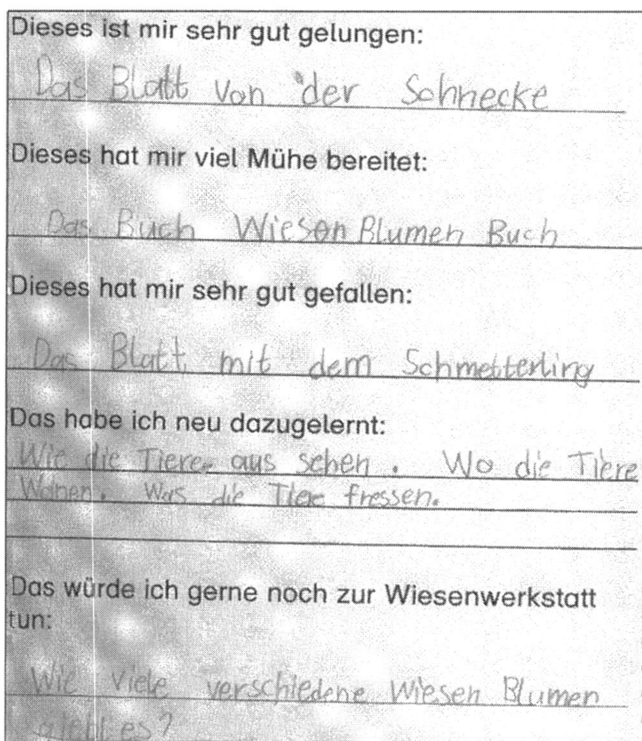
Dieses ist mir sehr gut gelungen:
Das Blatt von der Schnecke
Dieses hat mir viel Mühe bereitet:
Das Buch Wiesen Blumen Buch
Dieses hat mir sehr gut gefallen:
Das Blatt mit dem Schmetterling
Das habe ich neu dazugelernt:
Wie die Tiere aus sehen. Wo die Tiere Wohnen. Was die Tiere fressen.
Das würde ich gerne noch zur Wiesenwerkstatt tun:
Wie viele verschiedene Wiesen Blumen gibt es?

Verfügung zu stellen, die erbrachten Leistungen zu präsentieren, und zweitens, die Möglichkeit, auch selbst zu ihren Leistungen Stellung zu nehmen. Hierzu bieten sich beispielsweise *Lerngespräche* an, bei denen der Schüler seiner Lehrerin während der Arbeit oder am Ende den gewählten individuellen Lernweg beschreibt. Bei diesem Gespräch lernt der Schüler über seinen eigenen Lernweg nachzudenken und seine erbrachte Arbeit einzuschätzen und zu bewerten. Die Lehrerin kann entsprechende Sonnen- und Schattenseiten der Arbeit kommentieren und weitere Anregungen geben. Anlass zu so einem Lehrer-Schüler-Dialog kann auch die schriftliche Stellungnahme des Schülers zu einigen Leitfragen über die Arbeit sein. Das unten abgebildete Nachdenken eines Schülers über sein eigenes Lernen von Klenk, Schönknecht (2004, S. 24) ist ein Vorschlag hierzu. Mögliche Fragen, die sich für ein anschließendes Lehrer-Schüler-Gespräch anbieten, könnten sein »An was könnte es gelegen haben, dass dir das Wiesenblumen Buch viel Mühe bereitet hat?«, »Was müsstest du beachten, damit sich diese Probleme beim nächsten Mal nicht wiederholen?«.

Portfolio

Als weitere Möglichkeit einer selbstreflexiven Leistungseinschätzung findet in den letzten Jahren, aus Amerika kommend (Winter 2004), die Arbeit mit dem *Portfolio* Eingang in unseren Schulen. Es gibt allerdings nicht »das« Portfolio, sondern je nach Verwendungszweck unterschiedliche Arten. Winter (2004) unterscheidet *Vorzeigeportfolios* (vom Schüler zusammengestellte Arbeiten, auf die er besonders stolz ist), *Entwicklungsportfolios* (Arbeiten, die Fortschritte und Entwicklungen eines Schülers sichtbar werden lassen), *Prüfungsportfolios* (Arbeiten, die als Grundlage für eine mündliche Prüfung dienen) und *Bewerbungsportfolios* (zusammengestellte Arbeiten, deren Gesichtspunkte vor allem für die aufnehmende Institution von Bedeutung sind).

Im grundschulpädagogischen Zusammenhang sind vor allem Entwicklungsportfolios interessant. Hier sammelt der Schüler in einer Mappe sowohl Lernergebnisse zu Pflichtaufgaben als auch »Produkte«, die aus freiwilligen, selbst gewählten Aufgabenstellungen entstanden sind. Die Schüler und Schülerinnen selbst, aber auch die Lehrerin und der Lehrer können diese Leistungen kommentieren bzw. reflektieren. Auch diese Rückmeldungen werden dann in das Portfolio aufgenommen. Insofern liegt der Sinn dieser »Sammelmappe« in dem »Sichtbarmachen von Lernspuren« (Häcker 2002, S. 206).

Worin besteht die Leistung der Kinder bei der Arbeit mit Portfolios? Sie sammeln zunächst die Arbeitsergebnisse (z.B. in einer »Schatzkiste« oder einem Ordner), wählen dann aus der Gesamtzahl der Arbeiten eine bestimmte Anzahl aus, orientieren sich hierbei über ihren Arbeitsprozess und können schließlich die Sammlung durch Beilage eines Blattes mit einem Kommentar bewerten. Für die Lehrerin oder den Lehrer kann diese »Schatzkiste« dann als Grundlage sowohl für ein Gespräch mit dem Schüler oder mit den Eltern oder mit beiden sein, oder sie kann als Grundlage zum Schreiben einer Verbalbeurteilung dienen.

Welche pädagogischen Hoffnungen verknüpfen sich mit dieser Arbeit? Zunächst werden die Schüler bei der Zusammenstellung ihrer Mappe angeregt, verstärkt über den eigenen Lernprozess nachzudenken und in eigener Verantwortung eine Auswahl zu treffen. Des Weiteren lernen Schülerinnen und Schüler zunehmend, die Qualität ihrer Leistungen selbst zu beurteilen. Auch werden die Anstrengungen und die Stärken des einzelnen Kindes ersichtlich, womit der personbezogene und sachbezogene Gütemaßstab eine stärkere Beachtung findet. Schließlich kann ein Gespräch über das Portfolio zwischen Lehrerin und Schüler bzw. Eltern eine pädagogisch wünschenswerte Grundlage für die Leistungsbewertung sein.

Informationsgespräche Schüler, Lehrerin und Eltern

Viele Grundschulen sind dazu übergegangen, die Halbjahresinformation durch ein Elterngespräch zu ergänzen oder zu ersetzen. Die am weitest gehende Form wird unseres Erachtens im Rahmen eines Modellversuchs an einzelnen Grundschulen in Vorarlberg praktiziert. Hier nehmen die Schüler zusammen mit ihren Eltern an einem gemeinsam mit der Lehrerin vereinbarten Informationsgespräch teil. Dieses Gespräch dauert zwischen 45 und 60 Minuten. Im ersten Drittel stellt das Kind seinen Eltern drei selbst ausgewählte Arbeiten aus verschiedenen Fächern vor (Sprache, Mathematik, Sachunterricht). Während der Vorstellung protokolliert die Lehrerin stichwortartig die Arbeit. Danach berichten Vater und/oder Mutter über ihre schulischen Erfahrungen, Wünsche und Probleme. Auch hier führt die Lehrerin ein stichwortartiges Protokoll. Schließlich liest die Lehrerin den Eltern und dem Schüler die zu Hause geschriebene Verbalbeurteilung vor. Am Ende des Gesprächs unterschreiben alle Beteiligten das in gemeinsamer Arbeit entstandene Leistungsdokument.

Lohnt sich der zeitliche Aufwand bei der gegenwärtigen Klassenstärke? Immerhin dürfte er bei 24 Kindern rund sechs Nachmittage mit jeweils drei bis vier Stunden betragen. Uns erscheint er aus mehreren Gründen gerechtfertigt: Wenn ein Schüler seine eigenen Arbeiten »öffentlich« und oft auch ein wenig stolz erklären kann, dürfte er anschließend offener für Kritik sein. Er wird leichter akzeptieren, dass in dem einen oder anderen Fach größere Anstrengung erforderlich ist. Wenn die Lehrerin dem Schüler und seinen Eltern die Verbalbeurteilung »vorliest«, kann man unmittelbar nachfragen, wie das gemeint sein könnte. Auch beim Vortragen der persönlichen Vorstellungen und Sorgen von Vater und/oder Mutter können gemeinsam Hilfen erörtert werden.

Wir kennen Grundschulen in Baden-Württemberg, die diese Informationsgespräche im Frühjahr als Halbjahresinformation praktizieren. Am Schuljahresende erhalten die Schüler dann die üblichen Zeugnisse. Lehrerinnen und Lehrer berichten uns, dass sie Schüler und Eltern durch diese gemeinsamen Gespräche besser verstehen gelernt hätten.

Auf den Seiten 259–261 sind zwei (etwas verkleinerte) Beispiele für einen Schüler des ersten und des vierten Schuljahrs abgedruckt.

Protokoll des Zeugnisgespräches vom 30.1.2003 1. Schj.

Schuljahr 2002/2003, 1. Halbjahr — Y — GS Steinbach, Klasse M 13

Vorstellung eigener Arbeiten :	Beobachtungen der Eltern:	Beobachtungen der LehrerInnen:
Y stellt uns sein Buchstabenheft vor. Er kann alle Buchstaben aus seinem Heft lesen und hört die Laute an der richtigen Stelle. Dann zeigt er uns das Markenspiel. Er rechnet die Aufgabe: 4638 + 2151. Er bekommt 6789 heraus. Zum Schluss stellt uns Y sein Themenheft vor. Es ist voll von schönen Bildern und Texten. - und Überschriften. In der nächsten Zeit will Y noch besser lesen, rechnen und schreiben lernen. Y E	Herrn E gefällt gut, dass Y schon vor Weihnachten lesen und schreiben konnte. Er wünscht sich, dass er noch besser lesen und schreiben lernt. Vielleicht kann er seinem Bruder bald alleine vorlesen. Er ist sehr zufrieden, dass Y schon so viel gelernt hat. Herr E wünscht sich, dass Y nur einen Film am Tag im Fernsehen anschaut und am Computer nur zum Lernen (und ab und zu zum Spielen) ist. Y soll die Elternbriefe am gleichen Tag zu Hause zeigen. Herr E fand schade, dass Y nicht zur Adventsfeier gehen wollte	Du hast dich sehr gut in unserer Klasse eingelebt, Y. In der freien Arbeit arbeitest du oft mit deinen Freunden zusammen. Du kannst aber auch gut alleine arbeiten. In den vergangenen Monaten hast du viele Buchstaben lesen und schreiben gelernt. Einfache Wörter kannst du jetzt schon selbständig lesen. Du kannst deine Arbeiten jetzt alleine im Freiarbeitsbuch aufschreiben. Deine Paten müssen dir kaum noch helfen. In den letzten Wochen hast du jeden Tag am Computer Geschichten geschrieben. Du kannst schon fast alle Laute hören und aufschreiben. Das ist sehr gut und es macht dir auch viel Spaß - glaube ich. Du kennst dich am Computer gut aus. Deinen Freunden kannst du erklären, wie man mit dem PC arbeiten muss. Y du rechnest auch gerne in der freien Arbeit: Du hast mit den Goldenen Perlen gearbeitet, mit dem Schlangenspiel, mit der Hunderterkette und dem Hunderterbrett. Nach der Arbeit mit der Tausenderkette hast du dir eine Zahlenrolle gemacht - bis zu welcher Zahl eigentlich ? Zur Zeit arbeitest du jeden Tag mit dem Markenspiel. Das geht bei dir so schnell, dass ich es kaum mitbekomme. Kannst du mir deine Arbeit damit einmal zeigen ? Für die nächste Zeit wünsche ich mir einfach, dass du so weiter machst, wie bisher. Nur drei Sachen sollen von mir aus besser werden: 1. Nimm bitte alle Elternbriefe mit nach Hause und zeige sie deinen Eltern. 2. Gib jeden Montag von alleine die Hausaufgaben ab. 3. Komme jeden Dienstag von alleine um deine Hausaufgaben abzuholen und verbessere sie gleich. Ich freue mich sehr, dass du in unsere Klasse gekommen bist!
Unterschrift des Schülers	Ue. E Unterschrift der Erziehungsberechtigten	Unterschrift der LehrerInnen

Protokoll des Zeugnisgespräches vom 19.2.2003

S. U

4. Schj.

Schuljahr 2002/2003, 1. Halbjahr

GS Steinbach, Klasse M13

Vorstellung eigener Arbeiten :

S. : Zeigt uns ihr Wortartenheft. Die ersten Wortarten erklärt sie uns, die weiteren mag sie uns nicht mehr zeigen.

Anschließend stellt sie uns ihr Heft vom „Reich der Tiere" vor. Nach der Arbeit mit dem Tierbaum hat S. dieses sehr schön gestaltete Heft erarbeitet (mit Katharina).

Zum Schluss kommt das Bankspielheft an die Reihe. S. hat mit ihren Freundinnen so viele Aufgaben zum Bankspiel gerechnet, dass es ein ganzes Heft wurde. Sie erklärt die Arbeit damit sehr genau.

Zur Zeit arbeitet S. mit Katharina und Milena an einer Weltkarte mit Ländernamen und

Beobachtungen der Eltern:

S. Eltern sind mit ihrer Entwicklung sehr zufrieden. S. ist selbständiger geworden und sie kann jetzt auch ihre Arbeiten selbständig ordnen.

Auch die Hausaufgaben erledigt sie jetzt sehr selbständig. Wenn S. Fragen hat, kommt sie von sich aus.

In Mathematik hat sie auch zusätzliche Übungen gemacht. Das fand Frau U. gut, es hat auch zum Erfolg bei den Tests beigetragen.

S. hat ihre alten Lernwörter wiederholt und konnte sie alle noch richtig schreiben – von der Groß-Kleinschreibung abgesehen.

S. lässt sich jetzt mehr erklären, es gibt weniger Streit bei Erklärungen.

Das Buchvorstellen war S. sehr wichtig. Sie hat selbst eine sehr

Beobachtungen der LehrerInnen:

Mit deiner Lernentwicklung im vergangenen Halbjahr sind wir LehrerInnen zufrieden, S. Du hast in vielfältigen Bereichen gearbeitet und interessante und schöne Ergebnisse zu Stande gebracht: Koala-Referat, Mode im Wandel der Jahrtausende, Bank-von-Steinbach-Buch, Reisegeschichten, Fledermäuse, usw. Uns gefällt auch gut, dass du bei deinen Arbeiten nicht nur etwas nachmachst, sondern dass oft etwas Eigenes, etwas von dir selbst dazukommt - beim Koala-Referat zum Beispiel die vielen Bilder und lustigen Gedichte.

Ich wünsche mir nur, dass du in den kommenden Monaten die Mischung von Alleine-Tun und Zusammen-Tun noch besser hinbekommst: Das Zusammen-Tun überwiegt zur Zeit wieder in der freien Arbeit. Ein zweiter Wunsch: Bitte arbeite mehr im Bereich Geometrie (geometrische Stäbe, trinomischer Kubus, usw.) und plane wieder die täglichen Kopfrechenübungen mit Katharina ein (das haben wir ja schon besprochen). Du hast die Aufgaben, die wir in Mathematik machen, meistens verstanden, aber du bist noch nicht sicher und noch nicht schnell genug.

Schön ist, dass du im Bereich Rechtschreibung gut vorangekommen bist. Im standardisierten Rechtschreibtest vom 30. Januar hast du den Prozentrang von 72 erreicht - alle Achtung!

bitte wenden

Hauptstädten. S. will in der kommenden Zeit auf jeden Fall noch ein Referat machen – vielleicht über Pferde, über Hunde oder über Katzen. Kopfrechnen üben hat sie sich außerdem vorgenommen – alle Rechenarten. In Deutsch will sie endlich ihre lange Geschichte „Julia und das weiße Pferd“ fertigschreiben. S. ~~Julia~~ gefällt es in der Schule gut, nur in der Küche fühlt sie sich nicht wohl – da ist es zu dreckig. S. möchte gerne eine Realschule besuchen. „Das ist so mittendrin“ und würde für sie passen.	spannende Stelle ausgesucht. Sie hat ein Gefühl für Bücher und Sprache entwickelt. Frau wünscht sich, dass S. von sich aus mehr auf Bücher zugeht. S. Eltern wünschen sich auch noch, dass S. sorgfältiger ihre Arbeiten kontrolliert. Herr freut sich, dass S. jetzt gerne in die Schule geht. Das war am Anfang ihrer Schulzeit nicht so. S. Eltern denken an eine Realschule als geeignete Schule. (Zeit, praktisches Tun).	An welche weiterführende Schule du gehen sollst ? Ich würde dir zum Besuch einer Realschule raten. Auch wenn die Noten, die du zur Zeit hast, „als Eintrittskarte“ ins Gymnasium reichen würden, bin ich für die Realschule. Meine Gründe: Erstens benötigst du Zeit zum Lernen. Wenn es „hopp-hopp“ gehen muss, wirst du manchmal unsicher. Zweitens magst du es, wenn praktisch gearbeitet wird, und das kommt in einer Realschule öfter vor als im Gymnasium. Und drittens: Für dich ist wichtig, dass du auch Spaß bei der Arbeit hast. Ich könnte mir vorstellen, dass dir der Spaß am Lernen abhanden kommt, wenn du viel theoretischen Stoff in wenig Zeit lernen sollst. Das wäre schade!
S. Unterschrift der Schülerin/ des Schülers	H. Unterschrift der Erziehungsberechtigten	T. Unterschrift der LehrerInnen

Wir können uns gut vorstellen, dass die Grundschule auf Grundlage einer solchen von der Lehrerin, den Schülern und Eltern gemeinsam durchgeführten »dokumentierten Beratung« auf die gegenwärtig praktizierte Form des Halbjahres- bzw. Jahreszeugnisses verzichten kann. Ein Abschlusszeugnis am Ende der Grundschule wäre ausreichend, um die im gesamten Lernprozess kontinuierlich dokumentierten Schülerleistungen zusammenzufassen. Dass dies möglich ist, zeigen die Erfahrungen der Modellschulen in Vorarlberg (vgl. S. 258).

Aber sogar in weiterführenden Schulen ist diese Möglichkeit denkbar. So hat zum Beispiel die Helene-Lange-Gesamtschule in Wiesbaden in den Klassen 5 bis 8 die Ziffernnoten abgeschafft (Riegel 2004) und durch die oben erläuterte Form der Leistungsrückmeldung ersetzt. Das Ergebnis: Die Schüler haben sich bei der PISA-Studie überdurchschnittlich gut platziert. Schließlich sei noch auf die Erfahrungen anderer Länder wie zum Beispiel Schweden (Thieme 2004) hingewiesen. Hier findet von Klasse 1 bis einschließlich Klasse 7 ein zwei Mal jährlich stattfindendes »Entwicklungsgespräch« statt. Auch die hier lernenden Schülerinnen und Schüler lagen in der PISA-Studie sowohl bei der Lesekompetenz wie auch der mathematischen Grundbildung im Gegensatz zu Deutschland über dem OECD Durchschnitt (Baumert u.a. 2001).

Wollen Kinder Noten?

»Kinder wollen Noten!« – Wirklich? So die Überschrift eines Berichts von Bartnitzky (2006, S. 2). In Rheinland-Pfalz und Thüringen erhalten Schüler des 3. und 4. Schuljahrs für das Fach Englisch im Gegensatz zu den anderen Fächern keine Noten. In einer empirischen Untersuchung wurden Schüler, Eltern und Lehrerinnen hinsichtlich der Zustimmung oder Ablehnung der verbalen Kommentierung der Leistungen in Englisch befragt. Der Fragebogen wurde im Frühjahr 2005 in 50 nach dem Zufallsprinzip ausgewählten Klassen ausgeteilt. Zu diesem Zeitpunkt hatten alle Beteiligten bereits drei Mal Erfahrungen mit einer verbalen Kommentierung gesammelt. Die Rücklaufquote von den 1.193 Eltern und Schülern lag bei rund 80%. 66% der *Eltern* sehen die verbale Kommentierung als sehr positiv an. Als Grund geben sie an, dass die Atmosphäre für das Lernen dadurch unbelasteter sein. 32% lehnen diese Form der Verbalbeurteilung ab. Sie möchten vor allem »auf einen Blick« wissen, wo ihr Kind steht und hoffen außerdem, dass es sich auf Basis der Ziffernnoten mehr anstrengen würde.

Von den 1.193 befragten *Schülern* der vierten Klasse haben sich ebenfalls rund zwei Drittel gegen eine Zeugnisnote ausgesprochen. Sie gaben an, dass sie ohne Noten lieber Englisch lernen würden und Noten für sie die Anstrengungsbereitschaft nicht erhöhen würde. Ein knappes Drittel der Schülerinnen und Schüler, die Noten favorisierten, nennt als Grund größere Anstrengungsbereitschaft.

Ergebnisse der Befragung der Lehrerinnen: 76% der Lehrerinnen befürworten diese Art der Beurteilung. Als Grund glauben sie, dass die Atmosphäre unbelasteter sei. Von den 20%, die für Noten plädieren, wird größere Anstrengungsbereitschaft der Kinder als Grund genannt.

Hilfen für schwächere Schüler

Auf welche Weise hilft die Schule Schülern, die in einem oder mehreren Fächern Schwierigkeiten haben? Lange Zeit kannte sie nur zwei Antworten: das pauschale Wiederholen einer Klasse oder als letzte Möglichkeit die Umschulung in eine andere Schulform, die in ihren Anforderungen und Förderungsmöglichkeiten dem Leistungsniveau des betroffenen Schülers eher entsprach. Vor allem diese zweite Maßnahme wurde von den betroffenen Eltern und Schülern als besonders schmerzlich empfunden. Alle anderen Hilfen wie etwa Nachhilfeunterricht waren privater Initiative überlassen. In den Empfehlungen des Deutschen Bildungsrats zur Einrichtung von Schulversuchen mit Gesamtschulen 1969 wurde ein pauschales Sitzenbleiben in Frage gestellt und Förderkurse zum Ausgleich bestimmter Leistungsschwächen empfohlen. Seitdem ist die Förderung einzelner Schülergruppen aus den Schulen nicht mehr wegzudenken. Dabei werden ganz unterschiedliche Fördermaßnahmen angeboten: Sprachkurse für Kinder mit ungenügenden Deutschkenntnissen, Förderkurse für Legastheniker, gelegentlich auch für Kinder mit Dyskalkulie, Stützunterricht in einzelnen Fächern bei kurz- oder längerfristigen Leistungsproblemen, Fördermaßnahmen wie Flötenunterricht oder eine Theater AG.

Die offiziellen Sprachregelungen schwanken. Es ist von Stützunterricht oder Förderunterricht die Rede. Gelegentlich wird Förderunterricht nur im Sinne eines zusätzlichen inhaltliches Angebots (etwa Flöten AG) gebraucht, gelegentlich ist damit nur die Hilfe für schwächere Schüler gemeint.

Es geht uns im Folgenden nur um solche schulischen Fördermaßnahmen, die Schülern zugute kommen sollen, die mit dem Lernstoff Schwierigkeiten haben. Wir bezeichnen sie mit dem umfassenden Begriff »Förderunterricht«.

Der zeitliche Umfang dieses Förderunterrichts ist unterschiedlich. In Baden-Württemberg zum Beispiel erhalten die Schulen von der unteren Schulaufsichtsbehörde je nach örtlichen schulischen Besonderheiten entsprechende Anzahl von Stunden zugewiesen.

Zur äußeren Organisation des Förderunterrichts

- Förderunterricht ist jener Unterricht, der erfahrungsgemäß in einer Schule am häufigsten ausfällt oder gleich gar nicht erteilt wird. Bei Erkrankungen von Lehrern, beim Anfallen anderer Aufgaben, fällt meist zuerst der Förderunterricht aus. Das löst im Allgemeinen auch weniger Elternproteste aus als genereller Unterrichtsausfall. Es geht aber auf Kosten der Kinder, die am ehesten Hilfe bräuchten.
- Förderunterricht sollte nicht (nur) in die »müden« Stunden zwischen 11.30 Uhr und 13.00 Uhr verlegt werden. Da sind Schüler und Lehrer erschöpft. Natürlich bieten sich aus organisatorischen Gründen vor allem die Eckstunden für den Förderunterricht an. Aber es gibt nicht nur Eckstunden am Ende, sondern auch zu Beginn des Unterrichts.

- Um dem Individualitätsprinzip Rechnung zu tragen, müssen die Gruppen klein gehalten werden. Es hat wenig Sinn, wenn für vier Wochen die eine Hälfte der Klasse und in den nächsten vier Wochen die andere den Förderunterricht besucht, auch wenn sich in der kleineren Schülergruppe der Lehrer dann gezielter um einzelne Kinder annehmen kann und die Gefahr der Stigmatisierung einzelner Kinder vermieden wird.
- Die Zuweisung eines einzelnen Schülers zum Förderunterricht sollte in der Regel flexibel gehandhabt werden: Es gibt Schülerinnen und Schüler, die für 8 Wochen, für 4 Wochen oder vielleicht auch nur für zwei Stunden Förderung benötigen. Andere Schüler werden hingegen den Förderunterricht für lange Zeit brauchen. Bedeutsam ist der Blick auf das Kind, ganz nach dem Motto: »Jedem das Seine« (eben das, was er oder sie braucht) und nicht »jedem das Gleiche«.
- Der Förderunterricht sollte von jenem Lehrer und jener Lehrerin erteilt werden, der auch das Fach, in dem der Schüler Schwierigkeiten hat, unterrichtet. In der Grundschule wird dies in der Regel die Klassenlehrerin sein. Nur sie kennt die einzelnen Schüler genügend, um ihnen gezielt zu helfen und nur sie kann deren weitere Entwicklung im Klassenunterricht beobachten. Das Argument, ein Kind könne mit seinem Lehrer Schwierigkeiten haben und mit einem anderen »unbelasteten« Lehrer besser zurechtkommen, hat wohl nur für Einzelfälle seine Gültigkeit. Förderunterricht darf nicht zur Manövriermasse von Deputatsauffüllung werden und an irgendeinen Lehrer vergeben werden.
- Wichtig ist ein hohes Maß an Kooperation sämtlicher Lehrer, mit denen der Schüler zu tun hat. Gerade auch über die Maßnahmen im Förderunterricht müsste ein Austausch stattfinden.

Zur inneren Organisation des Förderunterrichts

- Oberstes Gebot auch für den relativ kleinen Förderkurs ist die innere Differenzierung. Zumindest phasenweise sollten die Schüler ihrem Lernstand entsprechend individuelle Aufgaben erhalten. Dazu bedarf es neben der Kenntnis der Lernlücken des einzelnen Schülers auch der gründlichen Vorbereitung seitens des Lehrers. Die innere Differenzierung ermöglicht dem Lehrer, sich ab und zu ganz individuell mit einem einzelnen Kind zu beschäftigen. Häufig wird er nur auf diese Weise erkennen können, wo die spezifischen Denkfehler sind, die dem Kind unterlaufen, welche Strategien nicht beherrscht werden usw. Für die Fehleranalyse kann es hilfreich sein, wenn ein Lehrer den Schüler bittet, den Denk- und Arbeitsprozess zu kommentieren, die einzelnen Schritte zu begründen, die Gedanken zu äußern, die sein Verhalten steuern. Die Hamburger Schreibprobe (vgl. S. 299) könnte hier wertvolle Hilfen bieten. Die innere Differenzierung macht es auch möglich, dass das eine Kind Mathematikaufgaben, das andere Deutschaufgaben bearbeitet. Wenn möglich sollte jedes Kind sein eigenes, spezifisches Lernmodul erhalten.

- Es versteht sich von selbst, dass für einzelne Schüler im Förderunterricht spezifische Lernprogramme eingesetzt werden können. Auch die Materialien, die für die Freie Arbeit vorhanden sind, ermöglichen dem Kind ein individuelles Lerntempo, eine Selbstkontrolle und die notwendigen Wiederholungen.
- Es ist ratsam, für alle Schüler, die wegen Schwierigkeiten auffallen, eine Lerndiagnose-Karteikarte anzulegen, auf der spezifische Schwierigkeiten, Fortschritte, Rückschläge festgehalten werden. Förderunterricht sollte im Zusammenhang mit dieser individuellen Diagnosekarte gestaltet werden.
- Der Förderunterricht müsste, falls nicht ohnehin die Schüler mit Freiarbeitsmaterialien individuell arbeiten, besonders abwechslungsreich sein und in kurze Phasen gegliedert werden. Die in Frage kommenden Schüler haben meist besondere Schwierigkeiten, länger an einer Sache zu verweilen. Dazu kommt, dass der Druck, aufmerksam zu sein und mitzuarbeiten, in einer kleinen Schülergruppe viel größer ist als in der Gesamtklasse, in der man leichter »abschalten« kann. Deswegen sollten die Stunden durch Arbeits- und Entspannungsphasen rhythmisiert sein. Die Abwechslung sollte sich auch auf Sozialformen und die Benutzung des Raums (geschrieben wird an den Tischen, gelesen evtl. hockend oder liegend in der Leseecke...) beziehen. Für den Förderunterricht sind Klassenzimmer mit verschiedenen Lernecken und einer Lese-Ruhe-Zone besonders hilfreich.
- Um eine Stigmatisierung zu verhindern und um den Kindern mehr Selbstvertrauen zu geben, sollten im Förderunterricht gelegentlich Vorarbeiten für den normalen Unterricht geleistet werden: etwa das Üben eines Lesestückes, welches die förderbedürftigen Kinder dann am nächsten Tag in der Klasse besonders ausdrucksvoll vorlesen können, oder eine Rechenart, die sie dann, wenn sie eingeführt wird, bereits sicher beherrschen.
- Es wäre zu überprüfen, ob man nicht auch gegebenenfalls einige bessere Schüler als »Paten« hinzuziehen könnte, die dann mit ihrem »Schützling« gelegentlich auch nachmittags Hausaufgaben machen. Um Überforderungen zu vermeiden, sollten solche Patenschaften aber zeitlich auf 14 Tage oder 4 Wochen begrenzt werden. Sie könnten ja dann neu zugeteilt werden.
- In diesem Zusammenhang ist auf das vielfach praktizierte Modell der »Lesemütter« zu verweisen. Mütter von Schülern werden gebeten, sich einem Kind, das mit dem Lesen besondere Schwierigkeiten hat, als Lesemutter zur Verfügung zu stellen. Sofern hierzu Bereitschaft besteht, ist eine kompetente Unterweisung durch den Lehrer vonnöten. Mit Zustimmung der Eltern und ggf. auch der Schulleitung, könnten die geschulten Lesemütter dann zunächst am Förderunterricht oder am regulären Leseunterricht teilnehmen. Auch wäre denkbar, dass sie ihren »Schützling« an einem oder mehreren Nachmittagen in der Woche zu Hause betreuen.
- Im Förderunterricht sollten auch Lerntechniken eingeübt und die Organisation des Lernens besprochen werden: Wie notiere ich die Hausaufgaben in meinem Hausaufgabenheft, damit sie nicht vergessen werden? Was kann ich tun, dass ich nicht immer das Mathematikbuch vergesse? Wie kann ich überprüfen, ob ich auch alles gemacht habe? Worauf ist zu achten, wenn man ein Diktat nochmals durch-

liest? Wann und wo macht man am Nachmittag am besten die Hausaufgaben? Wie kann ich mir etwas einprägen, das ich mir schlecht behalten kann usw.

- Im Förderunterricht sollte es nicht nur darum gehen, Lernlücken zu schließen. Oft haben die betreffenden Kinder auch eine Reihe motivationaler und emotionaler Schwierigkeiten: sie sind schüchtern oder aggressiv, sie können nicht durchhalten und sind lustlos, sie sind Außenseiter und haben Schwierigkeiten mit dem Lehrer usw. Vor allem wird es wichtig sein, den Kindern zu helfen, ihr meist sehr ungünstiges Fähigkeitsselbstbild zu verbessern. Dieses Fähigkeitsselbstbild hat für die Lernmotivation eine zentrale Bedeutung. Es bestimmt, ob man sich Aufgaben zutraut oder ihnen aus dem Weg geht, ob man meint, Anstrengung lohne sich oder nicht, ob der Lernvorgang von dem quälenden Gefühl begleitet wird »Du machst ja doch wieder alles falsch« oder aber von der Zuversicht »Das nächste Mal wird es besser«, ob ein erzielter Erfolg auf Zufall oder auf Anstrengung, ein Misserfolg auf mangelnde Anstrengung oder auf mangelnde Begabung zurückzuführen ist (vgl. S. 188, 217f.). Der Förderunterricht sollte den Kindern helfen, ihr Begabungspotenzial besser auszuschöpfen. Das bedarf meist der persönlichen Ermutigung: »Wir wollen einmal sehen, ob du das nicht in zwei Wochen kannst« ... »Jetzt hast du es geschafft.« So könnten diese Kinder ein gerade für sie sehr wichtiges persönliches Verhältnis zu ihrem Lehrer oder ihrer Lehrerin aufbauen.

Förderkurs und Lehrerengagement

Förderunterricht ist keine bequeme Möglichkeit zur Deputatsaufstockung. Vielmehr stellt die Vorbereitung einer Förderstunde incl. der Zusammenstellung der Lernmaterialien, die für die individuelle Förderung einzelner Kinder notwendig sind, eine zeitintensive Aufgabe dar. Förderunterricht gibt darüber hinaus Anlass dazu, die persönlichen Kontakte zu den Kindern zu intensivieren, evtl. auch über den eigentlichen Unterricht hinaus. Häufig gibt der Förderunterricht Impulse für eine gezielte Elternarbeit.

Im Förderunterricht haben Lehrer jene Kinder vor sich, die am meisten Hilfe brauchen, für die Schule besonders schwierig und frustrierend ist, die am leichtesten in Schulunlust hineinschlittern, die sich am ehesten aufgeben, die am meisten allein sind und oft am wenigsten Zuneigung erfahren.

Eventuell hilft der Förderunterricht dem Lehrer, eine Analyse seines regulären Unterrichts vorzunehmen. Aus den Schwierigkeiten der Kinder, mit denen er im Förderunterricht konfrontiert wird, kann er evtl. ableiten, was er im regulären Unterricht anders bzw. – insbesondere für die langsamer oder schwerer lernenden Kinder – besser machen könnte.

Der Leistungsdruck der Eltern

1983/84 befragte Bettina Paetzold (1988) etwa 100 Mütter von Erstklässlern mittels halbstündiger Interviews zu Beginn und gegen Ende des ersten Schuljahrs. Die Mütter wurden nach Zufall von Schülern aus 13 Klassen in 10 Schulen in Mainz, Ludwigshafen, Worms, Frankenthal, Germersheim und Schifferstadt ausgewählt. Es wurden nur deutsche Mütter befragt. Alle Klassen wurden von einer Lehrerin geführt.

Paetzold ging folgenden Fragen nach:

1. Was wissen Mütter aus den Erzählungen der Erstklässler über das schulische Befinden ihrer Kinder?
2. Welche Probleme werden von den Kindern genannt und wie reagieren die Mütter darauf?
3. Üben Mütter mit den Kindern zusätzlich zu den Hausaufgaben?
4. Welchen Einfluss hat die Schule auf das Familienleben?
5. Welche Veränderungen ergeben sich in den Berichten der Mütter im Laufe des ersten Schuljahrs?

Wir verfolgen hier nur die Fragen 3 bis 5.

Nach der Untersuchung von Paetzold übten 81% der Mütter mit ihren Kindern *zusätzlich* zu den Hausaufgaben. Als Gründe gab etwa die Hälfte der Mütter an, sie wollten ihren Kindern durch das zusätzliche Lernen noch mehr Sicherheit geben. 23% der Mütter meinten, das zusätzliche Üben diene dazu, Leistungsschwierigkeiten zu beheben. 19% der Mütter sagten, das Kind habe ein Bedürfnis danach, 6%, ihr Kind müsse noch besser werden und 3% glaubten irrtümlich, das zusätzliche Üben sei eine Forderung der Lehrerin. Zwei wörtliche Elternäußerungen: »Ich bin der Meinung, dass es nicht genügt, was sie in der Schule schreiben, das ist zu wenig, viel zu wenig.« – »Die Hausaufgaben allein reichen niemals aus.« Diese »Übungswut« geht quer durch alle Sozialschichten hindurch. Am Ende des Schuljahres hatte sich der Prozentsatz der Mütter, die zusätzlich mit ihren Kindern übten, noch weiter erhöht und lag jetzt bei knapp über 90%. Dabei konnten Schwierigkeiten in der Schule kein objektiver Grund sein, denn das zusätzliche Üben stand in keinem Zusammenhang mit den objektiven Leistungen der einzelnen Schüler.

Die elterliche Hilfe bei Hausaufgaben ist häufig eine Quelle von Ärger. Paetzold befragte die Mütter nach den im Alltag auftretenden Situationen, in denen sie sich über ihr Kind geärgert hatten und gruppierte diese nach Inhalten. Zu Beginn des Schuljahrs drehten sich 35% aller »Ärgersituationen« um Hausaufgaben; gegen Ende waren es 51%. Der mütterliche Ärger über die Hausaufgaben war für die Kinder zusätzlich mit Schimpfen oder auch körperlichen Strafen verbunden. Dabei waren es etwas häufiger Eltern der Unterschicht, die sich über die Hausaufgabenerledigung ihrer Kinder ärgerten, vor allem aber auch die Mütter, die der Leistungsfähigkeit ihrer Kinder gegenüber eher negative Erwartungen hatten ($r = .38$). Der Ärger über die Erledigung der Hausaufgaben stand dabei in keinem Zusammenhang mit dem Schulerfolg der Kinder. 59% der sich ärgernden Mütter hatten sogar Kinder mit gutem oder sehr gutem Schulerfolg.

Der Ärger hinsichtlich der Hausaufgabenerledigung nahm also zwischen erstem und zweitem Befragungspunkt zu. Die Freude der Mütter nahm hingegen ab. Auch sie war eng mit Schule verbunden. 61% der von den Müttern geschilderten »Freudesituationen« hingen zu Beginn des ersten Schuljahrs mit dem Leistungsverhalten des Kindes zusammen. Am Ende des ersten Schuljahrs waren es gar 82% aller Freudesituationen, die die Mütter nach ihren Angaben mit ihrem Kind erlebten. Freudige Ereignisse verbanden sich bei den Müttern offenbar vorrangig mit schulischen Leistungen, während andere Aspekte, wie z.B. die zunehmende Selbstständigkeit des Kindes oder seine guten Kontakte zu den Mitschülern nur ganz vereinzelt erwähnt wurden.

Die Mütter schätzten ihr Erziehungsverhalten als überwiegend unterstützend ein. Sie gaben gute Ratschläge und griffen zu konstruktiven Lösungsversuchen. Das änderte sich schlagartig in »Ärgersituationen«. Jetzt gaben 50% der Mütter an, sie würden schimpfen, Vorhaltungen machen und strafen. Jetzt wurden auch seltener gute Ratschläge gegeben (19% statt der 36% außerhalb von Ärgersituationen) und häufiger Erziehungsmittel eingesetzt, die nichts mit Förderung von Einsicht zu tun hatten (26% statt 42%).

Die Ergebnisse erschrecken, und man ist zunächst geneigt, sie als übertrieben abzutun. Aber auch eine Untersuchung des Arbeitskreises Schulentwicklungsforschung der Universität Dortmund (vgl. Rolff/Klemm/Tillmann 1988) kam für 1983 hinsichtlich elterlicher Mithilfe zu dem Ergebnis, dass 90% der Eltern von Grundschulkindern bei den Hausaufgaben helfen. Bei 50% der Eltern nahm nach dieser Untersuchung die Hilfe täglich mehr als eine halbe Stunde in Anspruch.

Vergleicht man die Ergebnisse mit denen früherer Untersuchungen, so hat es den Anschein, dass Eltern in zunehmendem Ausmaß mit den Kindern üben, die Hausaufgaben überwachen und an den schulischen Leistungen ihrer Kinder Anteil nehmen. Das hat sich in den letzten Jahren eher verschärft. Maßgeblich hierfür dürften Sorgen der Eltern um die Schullaufbahn ihrer Kinder sein. Diese Sorge beginnt schon in der ersten Grundschulklasse (vgl. S. 274ff.).

Für die Kinder hat dies vielerlei Folgen:

- Die Hausaufgabenerledigung wird zu einem der wichtigsten Konfliktfelder in der Eltern-Kind-Beziehung. Ältere Schüler gaben in Befragungen an, dass daran ihr gutes Verhältnis zu den Eltern in die Brüche ging. Auch nach Paetzold machen ja gegen Ende des ersten Schuljahrs die Auseinandersetzungen um die Hausaufgabenerledigung die Hälfte aller erlebten Ärgersituationen mit dem Kind aus.
- Die Hausaufgaben werden von vielen Eltern als nicht ausreichend angesehen. Deswegen wird zusätzlich mit den Kindern geübt und zwar unabhängig vom schulischen Leistungsstand und dem Sozialmilieu.
- Meist erleben die Kinder die Eltern als verlängerten Arm der Schule. Wenn der Lehrer lobt, loben die Eltern zusätzlich, wenn er tadelt, wird das Kind zu Hause

nochmals getadelt. Eine schlechte Note wiegt doppelt. Das schulische Ereignis wird auch zum familiären.

- Häufig stellen Eltern informelle Richtlinien auf, welche Noten, welche Leistungen sie noch akzeptieren. Diese Richtlinien sind anders als die Bewertungen der schulischen Notenskala. Häufig ist schon eine 3 nicht mehr akzeptabel, und wenn Kinder eine 2 erzielen, hören sie, dass es ja auch noch die 1 gäbe.
- Die Ergebnisse machen nicht nur deutlich, welch dominante Rolle schulische Leistungen im Familienalltag spielen. Sie zeigen auch, wie sehr Eltern durch sie emotional betroffen sind.

So konnte Stöckli (1989) an einer Untersuchung von 178 Eltern schweizer Schulanfängern zeigen, dass die erlebte affektive Nähe zum Kind von der Zufriedenheit der Eltern mit den Schulleistungen abhängt.[1] Entsprachen die Kinder am Ende des ersten Schuljahrs nicht den Erwartungen, welche die Eltern ihnen gegenüber beim Schuleintritt hegten, so kam es bei Müttern zu einer gewissen affektiven Entfremdung gegenüber ihren Söhnen. Desgleichen wurde das Kind in seinem Verhalten als weniger erfreulich wahrgenommen. Bei den Vätern trat dieser Effekt nicht auf.[2]

Stöckli (1991) gelang es, die motivationale Investition der Mütter beim Beobachten des Kindes in einer schul- bzw. hausaufgabenähnlichen Situation auch anhand physiologischer Reaktionen (Hautwiderstand) zu messen. An der Untersuchung nahmen 34 Mütter mit ihrem einschulungspflichtigen Kind teil. Die Kinder hatten Aufgaben aus verschiedenen Intelligenztests zu lösen, die Mütter sollten ihre Kinder dabei beobachten. Die Aktivierung der Mütter zeigte einen klaren Zusammenhang mit der Einschätzung der Schullaufbahn ihres Sohnes. Mütter, die vermuteten, ihre Söhne würden nicht ihren idealen Schullaufbahnerwartungen entsprechen, waren bei der Beobachtung ihres Kindes mehr erregt als Mütter, die damit rechneten, dass ihr Sohn sich in der Schule gemäß ihren idealen Erwartungen entwickeln würde. Auch bei diesem Experiment konnten die Zusammenhänge nur für die Söhne festgestellt werden.

Die Enttäuschung führt zu einem Rückgang der erlebten affektiven Nähe zum Kind. Einsetzender elterlicher Druck und Vorwürfe bewirken dann, dass die Kinder aufsässiger werden. Dass hier ein Teufelskreis in Gang gesetzt werden kann, liegt auf der Hand.

Und auf Seiten des Kindes ist es ähnlich. Die erlebte Entfremdung von den Eltern und der elterliche Druck können zu Rückzugsverhalten, zu erhöhter Aggressivität oder zu inadäquaten Formen des Kampfes um die Zuwendung der Eltern führen. Dann fällt es den Eltern noch schwerer, ihr Kind spontan und herzlich zu lieben.

1 Affektive Nähe zum Kind wurde in der Fragebogenuntersuchung erhoben über Items wie: ... habe Freude an meinem Kind, ... bin stolz auf ..., bin enttäuscht ..., ärgere mich ..., bin erleichtert, wenn das Kind nicht andauernd meine Nähe sucht, ... habe das Gefühl, dass das Kind die Gutmütigkeit der Eltern ausnutzt usw.

2 Entsprechende Items waren: Das Kind neigt zu Wutausbrüchen, ... schneidet auf, ... ist neidisch auf andere, ... ist böse auf Eltern, ... ist selbstsüchtig, ... ist vorlaut, ... versucht Aufmerksamkeit zu erregen, ... ist stark erregt, wenn ihm etwas gegen den Strich geht usw.

Kinder, die den elterlichen Erwartungen nicht entsprechen, haben also zu den Schulschwierigkeiten noch mit tief greifenden Beziehungsproblemen im Umgang mit ihren Eltern zu kämpfen.

Die hohe affektive Beteiligung der Eltern am Schulerfolg der Kinder, verbunden mit dem heute im Allgemeinen emotional warmen Beziehungsklima zwischen Eltern und Kindern, macht es sehr wahrscheinlich, dass Kinder die Leistungserwartungen ihrer Eltern internalisieren und es so zu einer engen Ankopplung des Selbstwertgefühls der Kinder an ihren Erfolg in der Schule kommt (vgl. Hopt 1987). Unter diesen Voraussetzungen kann auch eine mittlere Note in einem Wörterdiktat weit über ihre objektive Bedeutung hinaus als persönliche Katastrophe erlebt werden.

Und der Erfolg der elterlichen Bemühungen?

Verschiedene Untersuchungen zeigen, dass elterliche Nachhilfe sich meist nicht auszahlt. Die Noten werden nicht besser (Garbe/Lukesch/Strasser 1981; Trudewind/Wegge 1989), sondern längerfristig eher schlechter. Das gilt für gute und für weniger gute Schüler. Wir verweisen auf die bereits dargestellte Untersuchung von Trudewind und Husarek (1979) S. 203. Eltern sind häufig keine guten Nachhilfelehrer. Zu leicht kippt guter elterlicher Wille um in Ungeduld, in Vorwürfe und Abwertungen des Kindes, wenn dieses den Bemühungen der Eltern Widerstand entgegensetzt. Dort, wo es wünschenswert wäre, dass Eltern mit ihren Kindern üben, müssten viele Eltern dies in Trainingsseminaren eigens erst lernen.

Grundschullehrerinnen und -lehrer müssen also damit rechnen, dass viele Eltern – entgegen ihren eigenen Intentionen – erheblichen Leistungsdruck auf ihre Kinder ausüben.

Die aufgeführten Trends basieren auf Mittelwerten. Mittelwerte ebnen ein. Nicht alle Eltern werden auf Enttäuschungen hinsichtlich der schulischen Leistung ihres Kindes mit affektiver Entfremdung reagieren. Und es gibt sicher auch Fälle, bei denen Lehrerinnen und Lehrer froh wären, wenn Eltern die schulischen Bemühungen etwas mehr unterstützen würden. Trotzdem ist anzunehmen, dass Leistungsdruck in der Grundschule heute eher von den Eltern als von der Schule ausgeht. Wir sind der Meinung, dass diese Thematik unbedingt und ausgiebig in Elternabenden besprochen werden müsste.

Literaturverzeichnis

Adler, A. (1965): Praxis und Theorie der Individualpsychologie. Frankfurt a.M.: Fischer Taschenbuch.

Amsbeck, U. (1999): Leistungsbeurteilung ohne Noten im europäischen Ausland. In: Grundschule, H. 1, S. 24–26.

Ansbacher, A./Ansbacher, R. (1972): Alfred Adlers Individualpsychologie. München: Ernst Reinhardt.

Bambach, H. (1994): Ermutigungen. Nicht Zensuren. Lengwil am Bodensee: Libelle.

Barnitzky, H. (1995): Grundschule ohne Noten. In: Grundschule, H. 5, S. 20–21.
Barnitzky, H. (³1996): Leistung und Leistungsbeurteilung – Leistung der Kinder? Leistung der Schule. In: Haarmann, D. (Hrsg.): Handbuch Grundschule, Bd. 1. Weinheim und Basel: Beltz, S. 114–128.
Barnitzky, H. (1996): Ohne Noten oder mit Noten. In: Friedrich Jahresheft 1996: Prüfen und Beurteilen. Seelze: Erhard Friedrich Verlag GmbH, S. 130–135.
Barnitzky, H. (Hrsg.) (2005): Beiträge zum pädagogischen Leistungsbegriff. Pädagogische Leistungskultur: Materialien für Klasse 1 und 2. Frankfurt a.M.: Grundschulverband – Arbeitskreis Grundschule.
Bartnitzky, H. u.a. (Hrsg.) (2006): Grundschule aktuell. Zeitschrift des Grundschulverbands, Heft 93/Februar.
Barnitzky, H./Speck-Hamdan, A. (Hrsg.) (2004): Leistungen der Kinder wahrnehmen – würdigen – fördern. Frankfurt a.M.: Grundschulverband – Arbeitskreis Grundschule.
Bartnitzky, J. (2004): Wie Kinder lernen können, ihre Anstrengungen und Erfolge zu würdigen – ein Lerntagebuch. In: Barnitzky, H./Speck-Hamdan, A. (Hrsg.): Leistungen der Kinder wahrnehmen – würdigen – fördern. Frankfurt a.M.: Grundschulverband – Arbeitskreis Grundschule, S. 100–109.
Baumert, J./Lehmann, R. u.a. (1997): TIMSS. Mathematisch-naturwissenschaftlicher Unterricht im internationalen Vergleich. Opladen: Leske und Budrich.
Baumert, J. u.a. (2001): PISA 2000. Basiskompetenzen von Schülerinnen und Schülern im internationalen Vergleich. Opladen: Leske und Budrich.
Benner, D./Ramseger, J. (1985): Zwischen Ziffernzensur und pädagogischem Entwicklungsbericht: Zeugnisse ohne Noten in der Grundschule. In: Zeitschrift für Pädagogik, H. 2, S. 151–174. Wiederabdruck in: Benner, D. (1995): Zwischen Ziffernzensur und pädagogischem Entwicklungsbericht. Zeugnisse ohne Noten in der Grundschule (gemeinsam mit Jörg Ramseger). In: Benner, D.: Studien zur Didaktik. Weinheim, München: Juventa, S. 205–236.
Breitschuh, G. (1979): Zur Geschichte des Schulzeugnisses. In: Bolscho, D./Burk, K./Haarmann, D. (Hrsg.): Grundschule ohne Noten. Neue Zeugnisse in der Diskussion. Frankfurt a.M.: Arbeitskreis Grundschule, S. 35–63.
Bruner, J.S. (1971): Studien zur kognitiven Entwicklung. Stuttgart: Klett.
Bruner, J.S. (1972): Der Prozeß der Erziehung. Berlin: Berlin Verlag.
Deutscher Bildungsrat (1970): Strukturplan für das Bildungswesen. Stuttgart: Klett.
Fromm, E. (1985): Anatomie der menschlichen Destruktivität. Reinbek b. Hamburg: rororo Sachbuch.
Funk, R. (1978): Mut zum Menschen. Stuttgart: Deutsche Verlagsanstalt.
Galperin, P./Leontjew, A. (1974): Probleme der Lerntheorie. Berlin (DDR): Volk und Wissen.
Garbe, U./Lukesch, H./Strasser, E. (1981): Die Beziehung zwischen Schulnoten, leistungsbezogenen Merkmalen der Schülerpersönlichkeit und mütterlichen Erziehungsmaßnahmen am Ende der Grundschulzeit. In: Psychologie in Erziehung und Unterricht, H. 2, S. 65–71.
Häcker, Th. (2002): Der Portfolioansatz – die Wiederentdeckung des Lernsubjekts. In: Die Deutsche Schule, Heft 2, S. 204–216.
Harten-Flitner, E. (1978): Leistungsmotivation und soziales Verhalten. Weinheim und Basel: Beltz.
Hecker, U. (2004): Vom Wert der Mühe – gesammelte Lernspuren im Portfolio. In: Bartnitzky, H. u.a. (Hrsg.): Leistungen der Kinder wahrnehmen – würdigen – fördern. Frankfurt a.M.: Grundschulverband Arbeitskreis Grundschule.
Heckhausen, H. (1974): Leistung und Chancengleichheit. Göttingen: Hogrefe.
Helmke, H. (1997): Entwicklung lern- und leistungsbezogener Motive und Einstellungen. Ergebnisse aus dem Scholastik-Projekt. In: Weinert, F./Helmke, A. (Hrsg.): Entwicklung im Grundschulalter. Weinheim und Basel: Beltz, S. 59–76 und S. 496.
Jachmann, M. (2003): Noten oder Berichte? Die schulische Beurteilungspraxis aus der Sicht von Schülern, Lehrern und Eltern. Opladen: Leske und Budrich.

Jopt, U. (1987): Schulische Tüchtigkeitserziehung und Identitätsentwicklung – eine Gratwanderung. In: Frey, H.P./Haußer, K. (Hrsg.): Identität. Stuttgart: Enke, S. 58–70.

Jürgens, E. (1998): Blickpunkt Verbalbeurteilung. Schulische Praxis, Problemfelder, Lösungsmöglichkeiten. In: Grundschule, H. 3, S. 53–55.

Klafki, W. (1975): Probleme der Leistung in ihrer Bedeutung für die Reform der Grundschule. In: Die Grundschule, H. 10, S. 527–543.

Klafki, W. (1985): Sinn und Unsinn des Leistungsprinzips in der Erziehung. In: Klafki, W.: Neue Studien zur Bildungstheorie und Didaktik. Weinheim und Basel: Beltz, S. 155–193.

Klenk, G./Schönknecht, G. (2005): Sachunterricht. Pädagogische Leistungskultur: Materialien für Klasse 1 und 2. Frankfurt a.M.: Grundschulverband Arbeitskreis Grundschule.

Leontjew, A. (1972): Probleme der Entwicklung des Psychischen. Frankfurt a.M.: Fischer Athenäum.

Lichtenstein-Rother, J./Röbe, W. (1982): Grundschule. Der pädagogische Raum für Grundlegung der Bildung. München/Wien/Baltimore: Urban und Schwarzenberg.

Maslow, A. ([2]1954, 1970): Motivation and Personality. New York/Evanston/London: Harper and Row.

Maslow, A. (1985): Psychologie des Seins. Ein Entwurf. Frankfurt a.M.: Fischer Taschenbuch.

Mc Clelland, D. (1986): Die Leistungsgesellschaft. Stuttgart/Berlin/Köln: Kohlhammer.

Nath, A. (2002): Annäherung der sozialen Schichten im Bildungswachstum der letzten 200 Jahre. In: Mägdefrau, J./Schumacher, E. (Hrsg.): Pädagogische und soziale Ungleichheit. Aktuelle Beiträge – neue Herausforderungen. Bad Heilbrunn: Klinkhardt, S. 105–216.

Nohl, H. ([6]1963; orig. 1935): Die pädagogische Bewegung in Deutschland und ihre Theorie. Frankfurt a.M.: Pallach, Frankfurt a.M.: Schulte-Buhmke.

Nohl, H. (1949): Pädagogik aus dreißig Jahren. Frankfurt a.M.: Schulte-Buhmke.

Paetzold, B. (1988): Familie und Schulanfang. Bad Heilbrunn: Klinkhardt.

Piaget, J. (1969): Das Erwachen der Intelligenz beim Kinde. Stuttgart: Klett.

Piaget, J. (1974): Der Aufbau der Wirklichkeit beim Kinde. Stuttgart: Klett.

Piaget, J. (1975): Die Entwicklung des Erkennens III. Stuttgart: Klett.

Plessner, H. (1975; orig. 1928): Die Stufen des Organischen und der Mensch. Einführung in die philosophische Anthropologie. Berlin, New York: de Gruyter.

Preuß, E. (1994): Leistungserziehung, Leistungsbeurteilung und innere Differenzierung in der Grundschule. Bad Heilbrunn: Klinkhardt.

Rheinberg, F. (1980): Leistungsbewertung und Lernmotivation. Göttingen: Hogrefe.

Riegel, E. (2004): Schule kann gelingen! Wie unsere Kinder wirklich fürs Leben lernen. Frankfurt a.M.: S. Fischer Verlag.

Rolff, H./Klemm, K./Tillmann, K. (Hrsg.) (1974): Jahrbuch der Schulentwicklung, Daten, Beispiele, Perspektiven, Bd. 3. Weinheim und Basel: Beltz.

Rosenfeld, H./Valtin, R. (1997): Zur Entwicklung schulbezogener Persönlichkeitsmerkmale im Grundschulalter. Erste Ergebnisse aus dem Projekt NOVARA. Unterrichtswissenschaft, H. 4, S. 316–330.

Rosenthal, R./Jacobson, L. (1971): Pygmalion im Unterricht. Weinheim und Basel: Beltz.

Rumpf, H. (1992): Blutsaugerisch? Über die Wirkung von Noten. In: Pädagogik Extra, H. 10, S. 5–6.

Sandfuchs, U. (Hrsg.) (1990): Förderunterricht konkret. Bad Heilbrunn: Klinkhardt.

Sass, J./Holzmüller, H. (1982): Bildungsverhalten und Belastungen in Familien mit schulpflichtigen Kindern. Ergebnisse der empirischen Befragung »Familie und Plazierung 1977«. München: Deutsches Jugendinstitut.

Schmidt, H. (1981): Grundschulzeugnisse unter der Lupe. In: Die Deutsche Schule, H. 7/8, S. 486–496.

Schönsiegel, U. (1998): Eltern mit Argumenten überzeugen. In: Grundschule, H. 10, S. 16–18.

Schwartz, E. (1976): Leistung, Leistungsmessung und Grundschulreform. In: Die Grundschule, H. 4, S. 173–182.

Simons, R. (1992): Lernen, selbstständig zu lernen – ein Rahmenmodell. In: Mandl, H./Friedrich, F. (Hrsg.): Lern- und Denkstrategien. Göttingen: Hogrefe, S. 251–264.
Stöckli, G. (1989): Vom Kind zum Schüler. Bad Heilbrunn: Klinkhardt.
Stöckli, G. (1991): Nicht erreichte Schullaufbahn – enttäuschte Lebenspläne. In: Pekrun, R./Fend, H.: Schule und Persönlichkeitsentwicklung. Stuttgart: Enke, S. 149–163.
Thieme, A. (2004): Schule in Schweden. In: Schul-Qualitäten. Frankfurt a.M.: Grundschulverband Arbeitskreis Grundschule, Heft Nr. 88, IV. Quartal, S. 14–17.
Trudewind, C./Husarek, B. (1979): Mutter-Kind-Interaktion bei der Hausaufgabenanfertigung und die Leistungsmotiventwicklung im Grundschulalter – Analyse einer ökologischen Schlüsselsituation. In: Walter, H./Oerter, R. (Hrsg.): Ökologie und Entwicklung. Donauwörth: Auer, S. 229–246.
Trudewind, C./Wegge, J. (1989): Anregung – Instruktion – Kontrolle: Die verschiedenen Rollen der Eltern als Lehrer. Unterrichtswissenschaft, H. 2, S. 133–155.
Ulich, K. (1989): Schule als Familienproblem. Frankfurt a.M.: Athenäum.
Ulich, K. (1989): Eltern und Schüler. Die Schule als Problem in der Familienerziehung. In: Unterrichtswissenschaft, H. 2, S. 179–194.
Valtin, R. (2002): Was ist ein gutes Zeugnis? Noten und Beurteilungen auf dem Prüfstand. Weinheim und München: Juventa.
Winter, F. (2004): Leistungsbewertung. Eine neue Lernkultur braucht einen anderen Umgang mit den Schülerleistungen. Hohengehren: Schneider.

Übergänge: Von der Grundschule in die weiterführenden Schulen

Wir haben den Schuleintritt in die Reihe der kritischen Lebensereignisse eingeordnet und dessen Meisterung als wichtige Entwicklungsaufgabe charakterisiert (vgl. S. 174). Gilt dies auch nach der Grundschulzeit für den Übergang in weiterführende Schulen?

Hohe Brisanz für Kinder, Eltern und Lehrer

Katrin,[1] Gymnasialschülerin im ersten Halbjahr der fünften Klasse, hatte heute ihren elften Geburtstag gefeiert. Neun Freundinnen waren zum Feiern gekommen, darunter einige aus der neuen Klassengemeinschaft. Es waren aber auch drei Mädchen aus der alten Grundschulklasse dabei, die nun die Haupt- und Realschule besuchen. Lebhaft geht es im Auto zu, als vier der Mädchen am Abend nach der Geburtstagsfeier von Katrins Vater im Auto zurück nach Hause gefahren werden. Der Nachmittag war zu kurzweilig, um alles Wichtige auszutauschen, so dass sich im Wagen unter den Mädchen unter anderem noch ein Gespräch über ihre »neuen« Schulen ergibt. Die folgende Szene spiegelt das Ende dieser Unterhaltung wider, denn nachdem Mara aus dem Auto gestiegen war, war es für eine ganze Weile auffallend still geworden. Ein anderes Thema löste diese sprichwörtliche »Funkstille« schließlich ab.

Laura: *»Und in welcher Schule bist du jetzt?«*
Mara: *»In der Hauptschule, hier im Dorf.«*
Laura: *»Nur in der Hauptschule? Das ist aber schlecht, da kannst du später ja gar keinen guten Beruf haben und auch nicht viel Geld verdienen!«*
(Vor einem vornehmen Einfamilienhaus kam der Wagen zum Stehen.)
Laura: *»Oh, wer wohnt denn in diesem tollen Haus?«*
Mara: *»Ich!«*
Laura: *(unverkennbar ungläubig überrascht): »Du?«*

Was Laura nicht wusste, war, dass Mara die Tochter des Chefarztes der örtlichen Kreisklinik ist. Und auch ihre Mutter ist promovierte Ärztin.

Was Laura damals ebenfalls nicht wissen konnte, ist, dass Mara nicht den »Normalfall« abbildet, sondern zu den eher seltenen Ausnahmen zählt. Denn in aller Regel besuchen Akademikerkinder das Gymnasium, während Schülerinnen und Schüler der

1 Das folgende Beispiel hat einen realen Hintergrund, die Namen wurden abgeändert.

Hauptschule den sogenannten »einfachen Leuten« wie Arbeiterfamilien oder Arbeitslosen zugeordnet werden. Familien eben, die nicht in einem so tollen Haus wohnen wie Mara. So steckt es heute in unseren Köpfen drin und so weisen es die aktuellen Schulstatistiken aus.[1]

Vor diesem Hintergrund ist Lauras Verwunderung durchaus nachvollziehbar. Doch die geschilderte Szene befördert darüber hinaus auch noch weitere Tatsachen ans Tageslicht:

- Die Überlegungen, die durch Lauras Äußerung zum Ausdruck kommen, und die Empfindungen, die hierdurch bei Mara sowie den anderen Mitfahrerinnen ausgelöst werden, entsprechen nicht den alltäglichen zwischenmenschlichen Kommunikationsroutinen, die den Kindern vertraut sind. Dies ist auch an der »Funkstille« zu erkennen, die sich an Lauras Gedanken anschlossen. Der »small talk« wird unterbrochen durch ein Thema, bei dem ein existenzieller Bedeutungsgehalt mitschwingt: Die Kinder nehmen wahr, dass ihre Eltern sich angesichts der gegenwärtigen wirtschaftlichen Lage Sorgen um ihre Zukunft machen, und dies besonders auffällig mit dem anstehenden Schulwechsel. Dass von der Schulart, die ein Kind nach der Grundschule besucht, einiges abhängt, und dass der »beste Fall« die Empfehlung für das Gymnasium ist, bleibt den Kindern nicht verborgen. Die negativen Folgen, die sich aus diesem sozial geteilten Deutungsmuster für das eigene spätere Leben möglicherweise ergeben, können von den Kindern in ihrer augenblicklichen Lebenssituation aber weder real abgesehen noch als bedrohlich empfunden werden. Das Resultat dieses »Zeitensprungs« ist ein diffuses Gefühl, das von den Kindern kaum eingeordnet und verarbeitet werden kann.
- Fakt ist, dass die Unsicherheit, in welche Schule das Kind nach der vierten Klasse kommen wird, die vom Übergang Betroffenen schon sehr lange vor dessen tatsächlichen Eintreten beschäftigt. Spätestens in der dritten Klasse werden Zukunftspläne geschmiedet, aber ob sie in Erfüllung gehen, bleibt noch offen. Nach Berichten aus den Schulen setzt das »Heckmeck« mit dem Übergang von Jahr zu Jahr früher ein. Wurde früher erst zum Ende der dritten Klasse damit begonnen, Übergangsüberlegungen anzustellen und auszutauschen, steht das Thema heute häufig schon gleich zu Beginn der dritten Klasse auf der Tagesordnung. Selbst für Erwachsene ist es schwierig, abzuschätzen, welche Schulart für ein Kind die richtige sei. Dritt- und Viertklässler sind mit dieser Frage heillos überfordert. Sie verfügen weder über hinreichende Lebenserfahrungen noch über das notwendige Hintergrundwissen, das erforderlich ist, um die mit dem Übergang verknüpften Risiken, Chancen und möglichen Konsequenzen unter Berücksichtigung der eigenen realen Voraussetzungen und Lebensumstände einschätzen zu können.

1 Innerhalb Baden-Württembergs beispielsweise lag 2005/2006 die Übergangsquote in das Gymnasium in der traditionellen Universitätsstadt Heidelberg, in der auch heute die meisten Akademikerfamilien leben, landesweit mit ca. 56% am höchsten. Bundesweit hat ein Akademikerkind rund 7-mal höhere Chancen eine Empfehlung für das Gymnasium zu erhalten, als ein Kind aus einer Arbeiterfamilie bzw. ausländischer Herkunft.

- Die Viertklässler erleben den Übergangsprozess auf sehr unterschiedliche Weise, denn die außerschulischen und familiären Rahmenbedingungen und – verfügbaren oder nicht präsenten – familialen Unterstützungsleistungen steuern und prägen ihr Übergangserleben maßgeblich mit. Bei den meisten Schülerinnen und Schülern gibt es eingeschliffene Rituale: Sie vergleichen ihre Arbeitsergebnisse untereinander, mit jeder neu geschriebenen Klassenarbeit werden die »Karten« neu gemischt und mit Aufregung wird der Rückgabe durch die Lehrerin entgegen gefiebert. Aus den erzielten Noten werden die Durchschnittswerte errechnet, denn jedes Zehntel nach dem Komma zählt. Und wenn es eng zu werden scheint, dann wird immer häufiger die Nachhilfeinstitution eingeschaltet.[1]

Das ist auch kein Wunder, denn seit der Einschulung, die zwar nicht ganz so spannungsreich, aber ein ebenfalls großes Ereignis darstellte, wurde die Schule in der Familie einschließlich Oma, Opa und Patentante nicht so wichtig genommen. Jetzt gilt es, alle Wege offen zu halten und alle Anstrengungen zu unternehmen, um dem Kind eine erfolgreiche Zukunft zu bahnen. Und hierfür ist, so hat es den Anschein, die Gymnasialempfehlung das »oberste Gebot«.

In manchen Familien werden den Kindern Belohnungen in Aussicht gestellt, in anderen arbeiten die Eltern mit Druck und Strafe, wenn die Kinder die an sie gerichteten Erwartungen nicht erfüllen. Und an kaum einer anderen Schaltstelle unseres Bildungssystems werden die Kinder so augenscheinlich als »Visitenkarte« gehandhabt (vgl. S. 47, 267 ff.). Selbstverständlich wird dieser Umgang keinesfalls von allen Kindern als belastend empfunden. Belohnungen können auch eine motivierende Funktion haben, und die Kinder, die den schulischen Anforderungen gewachsen sind – und das ist glücklicherweise nach wie vor der Großteil der Grundschüler und Grundschülerinnen – nehmen die Übergangshürde als Herausforderung an.

Natürlich dürfen hier jene Eltern nicht unerwähnt bleiben, die ihr Kind wachen Auges und verantwortungsbewusst im Übergang begleiten. Diese Eltern haben nicht um jeden Preis das Gymnasium, sondern die passende Schule für ihr Kind im Blick. Nicht der Leistungsdruck, sondern die gute Balance zwischen fordern und fördern, heißt hier die Devise. Von Druckerleben und diesbezüglichen Belastungen bleiben die Kinder dieser Eltern vermutlich verschont.

Schließlich erleben auch jene Kinder keinen klassischen Übergangsdruck, deren Eltern grundsätzlich, und damit auch am Ende der Grundschulzeit kaum am schulischen Erleben ihrer Kinder teilhaben. Dies heißt allerdings nicht, dass diese Kinder vom Übergang völlig unbeschadet bleiben. Vielmehr greifen hier andersartige Belastungsfaktoren, die ihrerseits bewältigt werden müssen.

Der Übergang beschäftigt keinesfalls nur die Eltern und Kinder. Auch die weiterempfehlenden Grundschullehrerinnen und -lehrer sind immer stärker und früher von seinen belastenden Begleiterscheinungen eingenommen und prägen die Übergangszeit durch ihre Entscheidungen und durch ihr Verhalten maßgeblich mit.

1 Zur gestiegenen Nutzung privater Bildungsanbieter s. Rudolph 2004.

Das nächste Beispiel zeigt auf, wie damit über die persönliche Betroffenheit aller Beteiligten hinaus auch das gesamte Unterrichtsgeschehen beeinflusst werden kann:

Ein Informationsabend zur Thematik »Anschlussfähige Bildung – Übergang vom Kindergarten in die Grundschule und von der Grundschule in die weiterführenden Schulen«, veranstaltet von einem Elternverein, der sich um die Förderung und Weiterentwicklung der städtischen Bildungs- und Kindertageseinrichtungen einer süddeutschen Kreisstadt bemüht. Die Mitautorin wurde eingeladen, den Einführungsvortrag zu dieser Veranstaltung zu halten. In der sich anschließenden Podiumsdiskussion entzündete sich ein lebhafter Austausch, der von einigen Eltern ausging, die über ihre Übergangserfahrungen berichteten:
Die Kinder, die Eltern und die Klassenlehrerin der Grundschulklasse ihrer Kinder, hatten vom Tag der Einschulung an bis zum Ende des zweiten Schuljahres ein sehr gutes Auskommen miteinander. Die Klassenlehrerin war stets aufgeschlossen und reformorientiert. D.h. offene, an den individuellen Fähigkeiten der Kinder ausgerichtete Lehr-Lernverfahren wurden schon zu Beginn der Schulzeit vorbildlich eingeführt, so dass die Kinder im Verlauf der zweiten Klasse ein verantwortungsvolles Bewusstsein über ihr eigenes Lernen entwickeln konnten. Die Kinder fühlten sich wohl, es herrschte ein insgesamt vertrauensvolles Klassenklima. Sie waren motiviert, denn ihre Eigenaktivität und Selbsttätigkeit fand im Unterricht Beachtung und Anerkennung. Folglich gingen sie gerne zur Schule und hatten – auch aus Sicht der Eltern – in den ersten beiden Schuljahren sehr viel und gut gelernt.
Die Lehrerin wurde von den Eltern voll unterstützt. Den Eltern – zumeist Müttern –, die Zeit hatten, sich zu engagieren und das schulische Geschehen mit ihren Ideen und Aktivitäten zu unterstützen und zu bereichern, wurde von der Lehrkraft hierfür stets genügend Raum zur Verfügung gestellt. Damit funktionierte auch die Zusammenarbeit zwischen Elternhaus und Schule für alle Beteiligten äußerst erfolgreich und angenehm, alle zeigten sich zufrieden. Diese Zufriedenheit nahm jedoch mit dem letzten Elternabend im zweiten Schuljahr, kurz vor den Sommerferien, ein abruptes Ende. Was war geschehen? Eine Information, welche die Lehrerin u.a. an die Eltern im Ausblick auf das dritte Schuljahr weitergab, war es, die »den Stein ins rollen« brachte: Die bisher praktizierten freien Arbeitsformen, so erklärte die Lehrerin den Eltern, könnten im dritten Schuljahr nur noch eingeschränkt zum Einsatz kommen. Als Begründung hierfür trug sie vor, dass zum Ende des dritten Schuljahres die Bildungsempfehlung anstünde, und die hiermit verbundenen Entscheidungen vorbereitet werden müssten. Damit die notwendige Umstellung auf die dann größeren Leistungsanforderungen und härteren Beurteilungskriterien von den Kindern nicht zu hart empfunden würden, wolle sie zu Beginn der dritten Klasse langsam damit beginnen, die Kinder um- bzw. einzugewöhnen. Auch würden die weiterführenden Schulen und insbesondere das Gymnasium ganz anders arbeiten, auf die dort vorherrschenden Arbeitsformen wolle sie die Kinder vorbereiten. Schließlich würde der Bildungsplan im dritten und vierten Schuljahr gesteigerte Leistungsanforderungen stellen, die es einzulösen gelte. Auf diese Tatsache hätte sie im Übrigen auch schon einige Mütter und vor allem Vä-

ter hingewiesen, deren Befürchtungen und Wünsche sie nicht übergehen, sondern ernst nehmen wolle.[1]

Jetzt kam es zu einer Spaltung der Eltern. Die einen protestierten gegen die geplante Änderung des Unterrichtsstils. Die anderen, es war eine stärker männerdominierte Elterngruppe wollte ihren Kindern im Hinblick auf die Anforderungen des Gymnasiums entsprechend den Vorstellungen der Lehrerin in Zukunft eine strengere Schule angedeihen lassen. Beide Parteien argumentierten sachkundig, die Teilnehmer setzten sich mit Bildungsfragen ernsthaft und sachkundig auseinander, es zeigte sich, dass die meisten über Lehr-Lernmethoden fundierte Kenntnisse hatten.

Trotz der sachlichen und fairen Diskussion während des Elternabends eskalierte der Protest über die Pläne der Lehrerin so sehr, dass der Schulleiter und sogar der Schulrat eingeschaltet werden musste. Auf Grund der sich widersprechenden Interessen wurde schließlich ein Kompromiss ausgehandelt, über dessen Erfolg oder Misserfolg zum Zeitpunkt der Veranstaltung noch keine Aussage getroffen werden konnte.

Was dieser Diskussionsverlauf und auch der Dialog zwischen Laura und Mara zusammenfassend eindeutig zum Ausdruck bringt ist, dass die Bildungswegentscheidung am Ende der Grundschule ein äußerst spannungsgeladener Zeitraum ist, dessen Relevanz keinesfalls erst – oder etwa nur kurz – zum Schluss der vierten Klasse wirksam wird. Vielmehr greift der Übergangsprozess weit in die Grundschulzeit hinein, mit nicht übersehbaren Folgen für das schulische Lernen und die weitere schulische und auch persönliche Entwicklung der Kinder.

Was sich ferner zeigt, ist, dass nicht nur die Kinder, sondern ebenso die Eltern und die Klassenlehrerin in hohem Maße von der Übergangssituation tangiert werden (vgl. S. 276). Obwohl mittlerweile längst erkannt wird, dass auch der Anfang der Schulzeit und sogar schon die Bildungszeit im Kindergarten den späteren schulischen Erfolg oder Misserfolg der Kinder maßgeblich mitbestimmt,[2] birgt der Wechsel von der Grundschule in eine weiterführende Schule damit offensichtlich doch eine besondere Brisanz.

Die bildungspolitische Entscheidung, die Schüler am Ende der vierten Klasse voneinander getrennt in verschiedenen Schultypen zu unterrichten, hat gesellschaftspolitische und unterrichtsbezogene Konsequenzen und birgt für die Schüler spezifische Belastungen in sich. Hierzu liegen von der deutschen und vor allem der internationalen Übergangsforschung einige wichtige Erkenntnisse vor.

1 Interessant ist die Feststellung, die auch im Rahmen der geschilderten Veranstaltung von Lehrerinnen bzw. Lehrern und Eltern bestätigt wurde: Während zum Zeitpunkt des Übergangs vom Kindergarten in die Grundschule und auch in den ersten Grundschulklassen noch die Mütter ein aktiveres Interesse am schulischen Erleben ihrer Kinder zeigen, schalten sich die Väter eher am Ende der Grundschulzeit ein, denn dann erst »geht es ja endlich um wirklich Wichtiges«.

2 Die Bedeutsamkeit des Topos »Auf den Anfang kommt es an!« geht nicht nur auf die durch PISA offenbarte Schieflage im deutschen Bildungswesen zurück. Nicht nur der internationale Vergleich, sondern auch die aktuelle neurobiologische Hirn- und psychologische Lernforschung belegt, wie wichtig die frühen Bildungsjahre für den weiteren Lernweg von Kindern sind (vgl. S. 112ff.).

Gesellschaftliche Problematik: Zementierung sozialer Benachteiligung

Offensichtlicher als in den ersten Klassen tritt am Ende der Grundschulzeit hervor, zu welchen (standardisierten) Leistungen Kinder fähig sind, welchen Leistungskategorien sie zugeordnet werden und welchen schulischen Herausforderungen sie – nach Einschätzung ihrer Grundschullehrerinnen – voraussichtlich gewachsen sein werden. Damit markiert der Übergang von der Grundschule in das Gymnasium, die Realschule oder in die Hauptschule schon sehr *früh*, welchen schulischen und beruflichen Bildungsweg ein Kind einschlagen und mit großer Wahrscheinlichkeit in seinem Lebenslauf beibehalten wird. Zwar nutzen, wie die Bildungsstatistiken zeigen, ca. ein Drittel der Kinder und jungen Menschen die Durchlässigkeit unseres Bildungswesens, wie etwa die Möglichkeit, von einer Schulart in die andere aufzusteigen, mittlere Abschlüsse auch über und nach der Hauptschule zu erreichen oder etwa über berufliche Gymnasien nach der Mittleren Reife das Abitur oder die Fachhochschulreife zu erlangen. Aber wichtige Weichen werden schon nach der relativ kurzen Grundschulzeit gestellt. Anders als in anderen Ländern Europas oder weltweit trifft das deutsche Bildungssystem bereits nach vier Schuljahren und damit zu einem sehr frühen Lebenszeitpunkt der Kinder eine erste Entscheidung über deren statusorientierte Verortung in der Gesellschaft. Und dieses wiederum geht einher mit der Verteilung der Lebenschancen, die ihnen im späteren Erwachsenenalter vermutlich zuteil werden.

Kurze Grundschulzeit verbunden mit Einsortierung der Kinder in drei verschiedene Schularten führen zu einer kaum wieder rückgängig zu machenden sozialen Segregation mit unabsehbaren Folgen nicht nur für die individuellen Lebenschancen Einzelner, sondern auch für unsere Gesellschaft als Ganze. Dass Schüler/innen aus dem Arbeitermilieu und aus Migrationsfamilien selbst dann geringere Aussichten auf eine Gymnasialempfehlung haben als Schülerinnen und Schüler akademischer Herkunft, wenn sie über die gleiche Leistungsstärke verfügen, ist eine empirisch vielfach bestätigte Tatsache (Preuß 1970; Gresser-Spitzmüller 1973; Ditton 1992; Lehmann/Peek 1997; Hansen/Pfeiffer 1998; Merkens u.a. 1997; Fickermann 1999; Baumert 2001). Wie PISA und die weiteren genannten Untersuchungen eindrücklich bestätigten und wie seither immer wieder angemahnt wird, besteht damit in keinem anderen Untersuchungsland ein so großer Zusammenhang zwischen sozialer Herkunft und Bildungserfolg wie in Deutschland.

Doch es ist nicht die genannte strukturbedingte Doppelbelastung allein, die diesen Zusammenhang produziert. Ein weiteres Problem liegt offenbar in unserer zweifelhaften, nach wie vor stärker konkurrenz- als förderorientierten Leistungsbewertungspraxis (vgl. S. 245), die insbesondere im Rahmen der Bildungsempfehlung der Grundschullehrerinnen am Ende der Grundschulzeit folgenreich realisiert wird. Die in diesem Umfeld angesiedelten älteren und neueren Untersuchungen zeigen, dass nicht nur die Leistungen der Schülerinnen und Schüler darüber entscheiden, in welche weiterführende Schulart sie kommen. Neben dem Erwartungsdruck, der von manchen Eltern ausgeht, spielt die Zugehörigkeit zu einer bestimmten Schulklasse eine wichtige Rolle, denn die soziale Bezugsnorm und damit der Leistungsdurchschnitt aller Kinder einer Klasse leitet die Notenfindung – und damit auch die Empfehlung und Entscheidung für eine weiterführende Schule (vgl. S. 241f.).

Schulinterne Veränderungen

Neben diesen Schwierigkeiten, die von der Selektionsfunktion unseres Bildungssystems ausgehen und von denen das deutsche Bildungswesen besonders betroffen ist, hat die internationale Forschung im Vergleich der Bildungssysteme auf weitere Aspekte aufmerksam gemacht, die den Übergang von der Grundschule in die weiterführenden Schulen erschweren. Diese beziehen sich über die verschiedenen Schularten hinweg auf drei *inhaltliche Ebenen* (vgl. z.B. Harter/Whitesell/Kowalski 1992; Eccles et al. 1993; Hacker 1988; Mitzlaff 1989; Koch 2001):

Veränderungen im Lehr-Lernarrangement

Die – wenn auch mit Einschränkungen – in der Grundschule praktizierten schülerorientierten Arbeitsformen, wie z.B. Freiarbeit oder Offener Unterricht, werden in der Sekundarstufe oftmals nicht weitergeführt. An ihre Stelle tritt in der Regel ein stärker lehrerzentrierter Unterricht, der die aktive Unterrichtsgestaltung einschränkt und das Schülerverhalten stärker auf passive Zuhörerschaft reduziert.

In diesem Zusammenhang geht die »stage-environment-fit-Hypothese« (Etappen- oder Abschnitt-Umgebungs-Eignung) von Eccles et al. (1993) davon aus, dass es zwischen der Organisation der weiterführenden Schule und den entwicklungsbedingten Bedürfnissen der Schüler zu Passungsproblemen kommt. Zum Beispiel begegnet die Sekundarstufe dem Bestreben der Schüler, zunehmend selbstständig zu agieren, mit einem reglementierten Unterricht, der wenig Raum für Selbstverwirklichung lässt.

Weitere Unterschiede, die zur Nichtpassung zwischen den verschiedenen Schularten beitragen, lassen sich im inhaltlichen bzw. sachbezogenen Bereich ausmachen. So ist die Arbeit in der Grundschule mit stärkerem Blick auf die kindliche Entwicklung insbesondere von der Zielsetzung geleitet, die Kinder gemäß den didaktischen Prinzipien der Angemessenheit, Anschaulichkeit und Selbsttätigkeit vom spielerischen zum schulisch-systematischen Lernen zu führen. Nach Beendigung der Grundschulzeit kehrt sich dieses Verhältnis in den weiterführenden Schulen auf jeweils spezifische Weise um. Während sich die Hauptschule den zu behandelnden Wissensinhalten noch am ehesten auf der Praxisebene widmet, agiert das Gymnasium weitaus wissenschaftsorientierter. In der Realschule herrscht hingegen ein »mittlerer Abstraktionsgrad« vor. Ungeachtet dieser Niveauunterschiede in den drei weiterführenden Schularten erhöhen sich mit ansteigender Klassenstufe inhaltlicher Anspruch und Abstraktionsniveau. Der Entwicklungsaspekt, der in der Grundschule noch bedeutsam war, findet hier immer weniger Beachtung (vgl. Schumacher 2004).

Eine weitere Belastung stellt die Umstellung vom Klassenlehrer- auf das Fachlehrerprinzip dar, die mit einer ganzen Anzahl neuer Fächer einhergeht. Auch die veränderten räumlichen und zeitlichen Bedingungen (Schulgröße, mehr Hausaufgaben, längere Schulwege) stellen allgemeine Anforderungen im Übergang dar.

Veränderte Leistungsanforderungen

Während in der Grundschule eher binnendifferenzierend auf die Bedürfnisse des einzelnen Kindes eingegangen wird, verlangt der Unterricht an weiterführenden Schulen die Anpassung an das allgemeine Lerntempo. Damit verbunden ist ein Anstieg des Leistungsdrucks sowie des Anforderungsniveaus. Dieses schulartenspezifische Verständnis im Hinblick auf die Leistungserziehung der Schüler/innen spiegelt sich in den bundesweiten Bildungsplänen für die Grundschule und alle weiterführenden Sekundarstufenschulen (einschließlich Gesamtschule) wider.

Veränderungen im sozial-emotionalen Bereich

Wenn der Klassenverband der Grundschule aufgelöst wird und die einzelnen Schülergruppen in verschiedene Schularten aufgeteilt werden, entstehen Brüche im Sozialgefüge. Eine neue Situation mit gravierenden Auswirkungen entsteht dadurch, dass die in der Regel enge Bindung an die Klassenlehrerin/den Klassenlehrer in der Grundschule und die damit verbundene emotionale Sicherheit in der weiterführenden Schule geschmälert wird.

Die Grundschullehrer/in, die zumeist über einen längeren Zeitraum von bis zu vier Jahren als zuverlässige Bezugs- und Vertrauensperson erlebt wurde, wird in den weiterführenden Schulen und vor allem im Gymnasium durch eine den Schüler/innen zunächst unüberschaubar scheinende Anzahl von Fachlehrer/innen abgelöst. Der einzelne Schüler wird dann nicht mehr als individuelle Person mit eigenen Bedürfnissen gesehen, sondern als Teil einer größeren Lerngruppe wahrgenommen. Insbesondere Gymnasiallehrerinnen und -lehrer haben in aller Regel – im Vergleich zu ihren Grundschulkollegen/innen – ein weniger stark ausgeprägtes pädagogisches Selbstverständnis, zu Gunsten eines weitgehend fachorientierten Aufgabenbewusstseins. Zudem sind die persönlichen Bindungen zu ihren Schülerinnen und Schülern weniger stark ausgeprägt. Kannte die Klassenlehrer/in in der Grundschule ihre Schüler/innen und deren familiären Verhältnisse, ihre Stärken und Schwächen, Freuden und Nöte zumeist hinreichend, kennen die einzelnen Fachlehrer/innen in der weiterführenden Schule selbst nach ein oder zwei Schuljahren zuweilen noch nicht einmal den Vornamen ihrer Schüler/innen. Dies vermag im Hinblick auf die tradierte Schulorganisation kaum zu verwundern: Bis zu zweihundertvierzig Schülerinnen und Schüler in sieben Klassen zwei Stunden pro Woche[1] zu unterrichten, macht einen per-

1 Dieses Rechenbeispiel verdeutlicht die Situation einer Nebenfachlehrer/in (zwei Pflichtstunden pro Woche) im halben Deputat. Für Hauptfachlehrer/innen, die drei bis vier Stunden pro Woche in Klassenlehrerfunktion in ihrer Klasse unterrichten, kann sich – bei vollem Deputat – die Anzahl der zu betreuenden Schülerinnen und Schüler noch erhöhen.

sönlichen Kontakt zu den Kindern, selbst bei einem großen pädagogischen Engagement seitens der Lehrer/innen unmöglich.

Einen anderen Bruch im Übergang von der »alten« in die »neue« Schule stellt die unterschiedliche Beachtung des sozialen Lernens dar. In der Grundschule noch hoch geschätzt und von den meisten Grundschulpädagogen/innen sogar als bedeutsamer Aspekt in der Leistungsbewertung berücksichtigt (vgl. Schumacher 2002), erhält das soziale Lernen in den weiterführenden Schulen – und hier mit steigender Klassenstufe – zunehmend weniger Beachtung. Mögliche Gründe hierfür könnten sein:

- die Einschätzung der Lehrkräfte, in der fortgeschrittenen (oder pubertären) Altersstufe ohnehin nicht (mehr) viel bewirken zu können,
- die ungünstigen Rahmenbedingungen, wie die »Stippvisiten« in der Klasse und der gedrängte Stoffplan, lassen kaum Raum und Zeit für erzieherische Bemühungen (vgl. Lichtenstein-Rother 1989, S. 113),
- die Wahrnehmung, dass nicht wenige Eltern ihre Erziehungsverantwortung zu wenig ernst nehmen und die Erfahrung, auf das Erziehungsverhalten der Eltern nur wenig Einfluss nehmen zu können,
- die Resignation der Lehrer/innen, angesichts zunehmender Gewalt an den Schulen,[1]
- die für Lehrerinnen und Lehrer von den Schulen insgesamt widersprüchliche und insoweit belastende Situation: Einerseits leiden sie unter den bestehenden Disziplinproblemen, andererseits fühlen sie sich durch die ihnen zugewiesenen erzieherischen Aufgaben überfordert und verdrängen oder negieren dieselben, trotz aller Einsicht in die Notwendigkeit (vgl. Terhart 1996).

Wie die im emotionalen Bereich aufgetretenen Störungen, so hat auch die Vernachlässigung des sozialen Aspekts in den weiterführenden Schul- bzw. höheren Klassenstufen im gesamten Schulverlauf durchgängig negative Auswirkungen. Es kann vermutet werden, dass sich die mit dem ohnehin krisenhaften Wechsel von einer in eine andere Bildungseinrichtung verbundenen Schwierigkeiten dadurch noch potenzieren.

Vor diesem Hintergrund ist verständlich, dass in den weiterführenden Schulen seit einiger Zeit vermehrt Streitlotsen ausgebildet und anderweitige Schlichtermodelle erprobt werden. Leider aber beschränkt sich deren Einsatz in aller Regel auf befristete Vorhaben. Eine – wie im Kindergarten und Grundschule noch häufiger praktizierte – kontinuierliche und systematische Vermittlung sozialer Kompetenzen fällt in der Sekundarstufe bedauerlicherweise allzu häufig dem sogenannten Diktat der umfänglichen Stoffpläne zum Opfer.

1 Es gibt allerdings auch eine Reihe von schulischen Faktoren, die bei Schülern Aggressionen auslösen. So macht z.B. Krumm auf der Basis zahlreicher durchgeführter Interviews mit Schülern darauf aufmerksam, dass auch Lehrerinnen und Lehrer durch unzumutbares Fehlverhalten bei ihren Schülerinnen und Schülern negative Gefühlslagen und Aggressions- und Konfliktpotenzial erzeugen (vgl. Krumm 2002; Krumm/Weiß 2004). Heinzel/Prengel (2003) haben dies auch für die Grundschule nachgewiesen.

Auswirkungen auf Schüler

Im Zusammenhang mit diesen ausleseorientierten und inhaltlichen Schieflagen, die eine Passung zwischen abgebender und aufnehmender Bildungseinrichtung erschweren, macht die Übergangsforschung auf ein beachtliches Belastungspotenzial aufmerksam, das die vom Übergang betroffenen Kinder selbst betrifft.

So zeigte sich in einem in Hagen durchgeführten Übergangsprojekt, dass sowohl die Zeit vor dem Wechsel als auch die ersten Monate an der neuen Schule bei vielen Kindern von Ängsten und Orientierungsproblemen gekennzeichnet sind. Als direkte Folge der persönlichen Auseinandersetzung des Kindes mit der Übergangssituation wird vor allem die gestiegene Schulangst und -unlust gesehen, die in der fünften Klasse zu verzeichnen ist (vgl. Mitzlaff/Wiederhold, 1989; Weitzel 2004).

Dass die drei verschiedenen Schularten im Hinblick auf diese Schwierigkeiten unterschiedliche Wirkungen ausüben, konnte Sirsch nachweisen. In ihrer Untersuchung zeigte sich, dass ehemalige Grundschülerinnen und Grundschüler, die nach dem vierten Schuljahr in die Haupt- und Realschule überwechselten, eine andere, weniger entwicklungsfördernde Wahrnehmung übergangsspezifischer Empfindungen wie Freude oder Bedauern, Herausforderung und Bedrohung haben, als Grundschulkinder, die in das Gymnasium überwechselten (vgl. Sirsch 2000).

Als weitere übergangsbedingte emotionale Beeinträchtigungen gelten kindliche Ängstlichkeit und Depressivität (vgl. Karas/Kahlhammer/Moser 1990; Büchner/Koch 2001). Dass auch diese Probleme in den drei Schularten unterschiedlich stark ausgeprägt sind, haben Hartinger und Graumann nachweisen können (vgl. Hartinger/Graumann 2004).

Hauptschülerinnen und Hauptschüler sowie Schülerinnen und Schüler mit Migrationshintergrund sind weniger optimistisch in ihren Erwartungen als Schülerinnen und Schüler, die nach dem Übergang das Gymnasium besuchen dürfen. Sie befürchten vor allem Schwierigkeiten im sozialen Bereich, wie beispielsweise eine schlechte Beziehung zur Lehrkraft oder Probleme beim Finden neuer Freunde (vgl. Leffelsend/Harazd 2004).

Dass Mädchen und Jungen die Übergangssituation auf jeweils unterschiedliche, geschlechtsspezifische Weise erleben und verarbeiten, zeigen Holtappels und Leffelsend in ihrer Duisburger Übergangsstudie. Danach haben Mädchen pessimistischere Erwartungen als Jungen. Sie fürchten häufiger Probleme mit älteren Schülern, erwarten schlechtere Noten und zweifeln daran, sich im neuen schulischen Umfeld zurechtzufinden.

Trotz der genannten Untersuchungen kann die Forschungslage noch lange nicht als befriedigend bezeichnet werden. Es liegen insgesamt noch zu wenige Untersuchungen mit überdies teilweise widersprüchlichen Ergebnissen vor, so dass eine abschließende allgemein gültige Einschätzung über das Ausmaß der erkannten persönlichkeitsbezogenen Belastungsfaktoren im Augenblick nicht möglich ist. Was allerdings aus den bisher vorliegenden Studien zweifelsohne abgeleitet werden kann ist, dass der Übergang von der Grundschule in die weiterführenden Schulen zumindest die Wahrscheinlichkeit erhöht, dass im persönlichen Entwicklungsverlauf der Schülerinnen und Schülern im beachtlichen Ausmaß negative Veränderungen eintreten. Besonders betroffen scheinen hiervon die Kinder zu sein, die in die heute als »Restschule« bezeichnete Hauptschule übergehen. Dieses Los trifft auf knapp über zwanzig Prozent der deutschen Grundschulkinder zu, wobei ein Großteil dieser Gruppe Kinder aus Familien mit Migrationshintergrund sind. Aber selbst Kinder wie »Mara« (vgl. S. 274f.) erleben den Übergang im Kontext ihrer privilegierten Herkunft in die Hauptschule vermutlich als problematischen Bruch, wenn auch auf andere Weise als das »typische« Hauptschulkind aus der Arbeiter- oder Migrantenfamilie.

Was bleibt, ist die bisher vernachlässigte Frage danach, wie die Übergangssituation in der Praxis pädagogisch verantwortlich gestaltet werden kann.

Die Gestaltung des Übergangs als pädagogische Herausforderung

Da vor allem in CDU-regierten Bundesländern nicht von einer neuen Strukturdebatte ausgegangen werden kann, ist auch nicht zu erwarten, dass die seit langem eingeforderte Verlängerung der gemeinsamen Grundschulzeit auf zumindest sechs Jahre eingelöst oder die bisherige Aufspaltung der Kinder in drei hierarchisch gegliederte Schularten durch ein sozial verträglicheres Sekundarschulsystem abgelöst wird. So wird die Gestaltung und Bewältigung des Übergangs von der Grundschule in die weiterführenden Schulen auf längere Sicht weiterhin im Verantwortungsbereich der inneren Schulreform verbleiben. Wie sich betroffene Schulen und die in ihnen arbeitenden Lehrerinnen und Lehrer darauf eingestellt haben, ihre Aufgaben als »professionelle Übergangsbegleiterinnen und -begleiter« zu meistern, veranschaulicht die im Folgenden dargestellte, anregende »Checkliste« zur Vorbereitung auf das anstehende 5. Schuljahr der Wilhelm-Leuschner-Schule (Integrierte Gesamtschule) aus Wiesbaden/Hessen:

Diese lange Liste an Aufgaben lässt erahnen, wie viel Kreativität und Arbeitseinsatz damit verbunden ist, den Übergang für alle betroffenen Kinder, Eltern und Lehrerinnen und Lehrer der abgebenden Grund- und der aufnehmenden weiterführenden Schulen annehmlich zu gestalten. Von den ersten gegenseitigen Besuchen und Schnupperkontakten bis zur offiziellen Begrüßungsfeier, die durch die aufwändige und unterhaltsame Gestaltung durch die fünften Klassen mittlerweile einen großen Bekanntheits- und Beliebtheitsgrad erfahren, liegt ein ganzes Schuljahr. Der intensivste Arbeitszeitraum beginnt jedoch im Mai und wird, nach der Sommerpause, d.h. vor Ende der Sommerferien bis zu den Aktionen und Festivitäten zum Schuljahresbeginn fortgesetzt. Seit nunmehr fünfzehn Jahren praktiziert die Wilhelm-Leuschner-Schule ihr Übergangskonzept mit Erfolg, der sicherlich auch auf die regelmäßig durchgeführten Evaluationen zurückzuführen ist. Die hieraus gewonnenen Erkenntnisse fließen kontinuierlich in die Weiterentwicklung des Konzepts mit ein.[1]

1 Nähere Ausführungen zur Übergangsgestaltung an der Wilhelm-Leuschner-Schule, sind zu finden bei: Kuhn/Schüssler 2004.

Checkliste – Vorbereitung auf das Schuljahr – Klasse		
1.	Besuch der Grundschulklassen in der Wilhelm-Leuschner-Schule	
2.	Besuch der zukünftigen Klassenlehrer in den Grundschulen	
3.	Teambildung (in Absprache mit Kolleginnen und Kollegen)	
4.	Vorbereitungstreffen des Teams, Vorbereitungstreffen des neuen mit dem alten Team 5	
5.	Organisation der Elternkontakte der Klassen 4 und 5	
6.	Zu klärende Punkte:	
a)	Klasseneinteilung (auf Basis der Infos der ehemaligen Klassenlehrer: Anteile Mädchen und Jungen, Ausländerkinder, Eignungen…)	
b)	Termine: Info-Abend vor den Ferien, Schulbeginn: Programm (ehem. Klassen 5), Kennenlernparty	
c)	Info-Broschüre (Gestaltung, Inhalte)	
d)	Klassenfahrt kurz nach Schulbeginn	
e)	Gemeinsames Anschaffen der Arbeitsmaterialien (s. Extraliste)	
f)	Verabredete Regeln und Rituale	
g)	Ausstattung der Klassenräume	
h)	Der 1. Schultag: Gestaltung, die erste Schulwoche	
i)	Jahresplanung der einzelnen Fächer (Arbeitsmaterialien)	
j)	Wahl einer Teamsprecherin/eines Teamsprechers Info im Stundenplan vermerken (1. Schulwoche, Begrüßungsfeier)	
k)	Absprache im Kollegium: Wer muss für die ersten beiden Tage vertreten werden? Wer nimmt an der Begrüßungsfeier teil?	
l)	Hallenwart wegen Begrüßungsfeier informieren	
m)	Halle für Abend vorher sperren lassen (Vereine informieren)	
n)	Presse informieren (Begrüßungsfeier)	

»Gut Ding braucht Weil« – wie auch dieses Beispiel eines bewusst gestalteten Übergangs in die weiterführende Schule aufzeigt. Realistisch betrachtet, wird diese aufwändige Form kaum an jedem Standort umsetzbar sein. Denn neben dem Zeitaspekt spielen auch andere förderliche Faktoren und Rahmenbedingungen eine große Rolle, die nicht überall vorausgesetzt werden können.

Was die an den Schnittstellen unseres Bildungssystems aufgezeigten Problemlagen hingegen deutlich werden lassen, ist, dass Übergänge künftig zumindest einer stärkeren Beachtung bedürfen als bisher. Wenn die Schule Kinder stark machen und sie für die Zukunft rüsten will, dann kommt sie nicht umhin, ihnen Resilienz[1] zu vermitteln, d.h. die Fähigkeit, nicht nur ersehnte, sondern auch ungewollte Übergänge und deren Begleiterscheinungen schadlos zu bewältigen. Denn im Zuge der gegenwärtigen, sich immer schneller wandelnden pluralistischen gesellschaftlichen Entwicklungen werden Übergänge künftig ein noch weitaus größeres Gewicht in der Lebensbewältigung einnehmen, als das heute der Fall ist.[2]

In diesem Sinne führen auch die kleinen Schritte zum Ziel. Die an der Wilhelm-Leuschner-Gesamtschule erprobten und ritualisierten Bausteine wie die »Gegenseitigen Besuche«, die »Elternkontakte«, der ›Schnupperabend«, »gemeinsam abgestimmte Regeln und Rituale«, die »Begrüßungsfeier« oder die »Kennenlernparty« können hierfür als Anregung dienen.

Literaturverzeichnis

Baumert, J. u.a. (Hrsg.) (2001): PISA 2000. Basiskompetenzen von Schülerinnen und Schülern im internationalen Vergleich. Opladen: Leske u. Budrich.

Beck, U. (1996): Risikogesellschaft. Auf dem Weg in eine Moderne. Frankfurt a.M.: Beck.

Brügelmann, H. (2000): Wie veraltet ist Offener Unterricht? In: Lehrerprofessionalität – Lehrerprofessionalisierung, Jahrbuch Grundschulforschung Band 3. Bad Heilbrunn: Klinkhardt.

Büchner, P./Koch, K. (2001): Von der Grundschule in die Sekundarstufe. Der Übergang aus der Kinder- und Elternsicht. Opladen: Leske und Budrich.

Ditton, H. (1992): Ungleichheit und Mobilität durch Bildung. Theorie und empirische Untersuchungen über sozialräumliche Aspekte von Bildungsentscheidungen. Weinheim und München: Beltz.

Eccles, J.S. u.a. (1993): Development during adolescence: The impact of stage-environment-fit on young adolescents' experiences in school and families. In: American Psychologist: Heft 48, S. 9–101.

1 Während in der früheren Kindheitsforschung vor allem auf die Risiken für die Persönlichkeitsentwicklung die durch (extrem) belastende Lebensumstände auftreten, hingewiesen wurde, wurde in letzter Zeit vor allem den schützenden, gesund erhaltenden Faktoren besondere Aufmerksamkeit zuteil. Die Fähigkeit, solche belastenden Faktoren unbeschadet zu überstehen, wird als Resilienz bezeichnet.

2 Der Münchener Soziologe Ulrich Beck spricht in diesem Zusammenhang von »enttraditionalisierten Normalbiografien« im Sinne einer »Wahl-, Bastel-, Risiko-, Bruch-, oder Zusammenbruchsbiografie« (vgl. Beck 1996).

Fickermann, D. (1999): Grundschulzeugnis und Schulformwahlverhalten – Untersuchung zur Leistungsselektivität beim Übergang in die Sekundarstufe I. In: Weishaupt, H. (Hrsg.): Zum Übergang auf weiterführende Schulen – Statistische Analysen und Fallstudien. Erfurt: Pädagogische Hochschule, S. 113–156.

Gresser-Spitzmüller, R. (1973): Lehrerurteil und Bildungschancen. Eine Untersuchung über den Einfluss des Grundschullehrers auf die Wahl weiterführender Schulen. Weinheim und Basel: Beltz.

Hacker, H. (1988): Übergänge fordern uns heraus. In: Die Grundschule, Heft 20, S. 8–10.

Hansen, R./Pfeiffer, H. (1998): Bildungschancen und soziale Ungleichheit. In: Jahrbuch der Schulentwicklung 10, S. 51–68.

Harter, S./Whitesell, N.R./Kowalski, P. (1992): Individual differences in the effects of educational transition of young adolescents perceptions of competence and motivational orientation. American Educational Research Journal, 29, S. 777–807.

Hartinger, A./Graumann, O./Grittner, F. (2004): »Grundschule – Numerus Clausus« oder Orientierungsstufe? Auswirkung verschiedener Übertrittsbedingungen auf Motivationsstile und Leistungsängstlichkeit von Grundschulkindern. In: Empirische Pädagogik, 18. Jg. (2), S. 173–193.

Heinzel, F./Prengel, A. (2003): Unakzeptable Lehrerhandlungen und Anerkennungsprobleme in der Grundschule. In: Panagiotopoulou, A./Brügelmann, H. (Hrsg.): Grundschulpädagogik meets Kindheitsforschung. Jahrbuch Grundschulforschung Band 7. Opladen: Leske und Budrich, S. 69–73.

Karas, E./ Kahlhammer, J./Moser, E. (1990): Schulversuch »Übergangshilfen beim 10-Jährigen« im Bundesland Salzburg. Wien: Bundesverlag.

Koch, K. (2001): Von der Grundschule in die Sekundarstufe, Bd. 2: Der Übergang aus Lehrersicht. Opladen: Leske und Budrich.

Kuhn, D./Schüssler, K. (2004): Bewusst gestaltete Übergänge in die weiterführende Schule: Die Wilhelm-Leuschner-Schule (IGS) – Beispiel einer gelungenen Übergangssituation in Hessen. In: Schumacher, E. (Hrsg.): Übergänge in Bildung und Ausbildung. Gesellschaftliche, subjektive und pädagogische Relevanzen. Bad Heilbrunn: Klinkhardt, S. 253 ff.

Krumm, V. (2002a): Was Lehrer Schülern antun. Ein Tabu in der Forschung über »Gewalt in der Schule«. In: Salzburger Beiträge zur Erziehungswissenschaft 1 (6), S. 23–26.

Krumm, V./Weiß, S.: Ungerechte Lehrer. Zu einem Defizit in der Forschung über Gewalt an Schulen. In:http://www.learnline.nrw.de/angebote/schulberatung/main/downloads/Krumm_ungerechte_lehrer.pdf (Zugriff: 5/2004).

Leffelsend, S./Harazd, B. (2004): Erwartungen an die weiterführende Schule. Empirische Untersuchung zu den Übergangserwartungen von Grundschülern. In: Empirische Pädagogik 18(2), S. 252–272.

Lehmann, R./Peek, R. (1997): Aspekte der Lernausgangslage. Hamburg. Behörde f. Schule, Jugend u. Berufsbildung.

Lichtenstein-Rother, I. (1989): Übergänge im gegliederten Schulwesen. In: Fthenakis, W./Greipel, R. u.a. (Hrsg.): Übergänge und Brüche im Bildungswesen. Bericht über eine Tagung im Zentrum für Bildungsforschung in München. München: Ehrenwirth, S. 99–125.

Merkens, H./Wessel, A./Dohle, K. u.a. (1997): Einflüsse des Elternhauses auf die Schulwahl der Kinder in Berlin und Brandenburg. In: ZfPäd. Beiheft 37: Kindheit, Jugend und Bildungsarbeit im Wandel. Weinheim: Beltz, S. 255–276.

Mitzlaff, H./Wiederhold, K.A. (1989): Gibt es überhaupt Übergangsprobleme? In: Portmann, R. u.a.: Übergänge nach der Grundschule. Frankfurt a.M.: S. 9–41.

Preuß, O. (1970): Soziale Herkunft und Ungleichheit der Bildungschancen. Eine Untersuchung über das Eignungsurteil des Grundschullehrers. Weinheim/Berlin/Basel: Beltz.

Rudolph, M. (2004): Nachhilfe als Indikator für Übergangsprobleme bei Schülern, Eltern und Schule: In: Denner, L./Schumacher, E.: Übergänge im Elementar- und Primarbereich reflektieren und gestalten. Beiträge zu einer grundlegenden Bildung. Bad Heilbrunn: Klinkhardt-Verlag, S. 185 ff.

Schumacher, E. (2002): Die soziale Ungleichheit der (Grundschul-)Lehrer/innen – oder: Gibt es eine Milieuspezifität pädagogischen Handelns? In: Schumacher, E. (mit Jutta Măgdefrau) (Hrsg.): Bildung und Soziale Ungleichheit. Bad Heilbrunn: Klinkhardt, S. 136ff.

Schumacher, E. (2004): Zum Übergang von der Grundschule in das Gymnasium. In: Schumacher, E. (Hrsg.): Übergänge in Bildung und Ausbildung. Bad Heilbrunn: Klinkhardt, S. 147ff.

Sirsch, U. (2000): Probleme beim Schulwechsel – Die subjektive Bedeutung des bevorstehenden Wechsels von der Grundschule in die weiterführende Schule. Münster: Waxmann.

Terhart, E. (1996): Neuere empirische Untersuchungen zum Lehrerberuf. Befunde und Konsequenzen. In: Böttcher, W. (Hrsg.): Die Bildungsarbeiter. Weinheim: Beltz.

Weitzel, Ch. (2004): Bruch, Brücke, Chance – oder nur ein nutzloses historisches Relikt? Übergänge nach dem 4. Schuljahr. In: Denner, L./Schumacher, E.: Übergänge im Elementar- und Primarbereich reflektieren und gestalten. Beiträge zu einer grundlegenden Bildung. Bad Heilbrunn: Klinkhardt-Verlag, S. 106ff.

Pädagogische Prinzipien für die ersten Schulwochen und Schuljahre

Die vielfachen kleinen und großen Beanspruchungen, denen Lehrerinnen und Lehrer im Schulalltag ausgesetzt sind, können dazu führen, dass die großen Leitlinien, die das pädagogische Handeln bestimmen sollten, im Dickicht der Alltagsforderungen aus dem Blick geraten. Es besteht die Gefahr, sich im vielfältigen »Kleinkram«, der gebieterisch seine Erledigung fordert, zu verlieren. Pädagogische Prinzipien kann man mit einem Kompass vergleichen, der einem Schiff auf hoher See hilft, auf Kurs zu bleiben.

Bei den folgenden pädagogischen Prinzipien hatten wir vor allem die Schüler im Blick, die am Anfang ihrer Schulzeit stehen. Ihre ersten Erfahrungen mit schulisch organisiertem Lernen sollen Weichen stellen für ihr weiteres Lernen überhaupt. Auf den Anfang kommt es an!

Leitlinien für die Formulierung dieser Prinzipien waren drei Überlegungen:

1) Die Schulanfänger sollen Freude am Lernen in der Schule haben. Dazu müssen sie sich ganz allgemein in der Schule wohl fühlen.
2) Sie sollen lernen, Verantwortung für ihr Lernen zu übernehmen, ihr Potenzial auszuschöpfen, sich anzustrengen und durchzuhalten, wenn etwas nicht gleich gelingt.
3) Sie sollten ermuntert werden, sich in ihrer Eigenart und ihren Stärken einzubringen, sich aber auch an die in der Schule geltenden Regeln zu halten, die für das Zusammenleben, das gemeinsame Lernen und einen geordneten Unterricht unentbehrlich sind. Sie sollten ein gesundes Selbstbewusstsein entwickeln, aber auch andere Kinder in ihrer Eigenart respektieren. Sie sollten individuelle Lerninteressen entwickeln und verfolgen, aber auch mit anderen zusammenarbeiten.

Wir denken, dass diese Zielsetzungen die Lebenswelten, in denen unsere Kinder aufwachsen (vgl. S. 34 ff.) ebenso berücksichtigen wie die zukünftigen Anforderungen, die auf sie zukommen werden.

Natürlich ließe sich die Zahl derartiger Prinzipien erweitern. Studierende, Lehrerinnen und Lehrer sind aufgefordert, dies zu tun.

Pädagogische Prinzipien für die ersten Schulwochen und Schuljahre – ein Überblick

Die Erfahrung vermitteln, in der Schule persönlich willkommen zu sein

Jedes Kind ist eine einmalige Persönlichkeit und will auch in seiner Einmaligkeit, persönlich, nicht nur als Teil der Klasse angesprochen werden. Es will erfahren, dass die Lehrerin es ganz persönlich für wichtig und wertvoll hält und sich mit ihm abgibt. Bereits beim ersten Kontakt mit der Schule sollte dieses Prinzip beachtet werden. Bei einem Besuch der Kindergartenkinder zusammen mit ihrer Erzieherin in der Schule ist z.B. eine persönliche Begrüßung der Kinder und Ansprache mit ihrem Namen alles andere als nebensächlich (siehe S. 98). Das Einladungsschreiben zum ersten Schultag in Form eines persönlich an das Kind adressierten Briefs, unterschrieben von der zukünftigen Klassenlehrerin, bietet sich ebenfalls zur Realisation dieses Prinzips an. Auf den Seiten 105 und 106 sind hierzu zwei Beispiele abgebildet.

Und wenn dann der erste Schultag beginnt, sollten die Kinder von Anfang an spüren, dass sie in der Schule willkommen sind, dass Schule, Lehrer und Mitschüler sich darüber freuen, dass sie da sind. »Es freut mich, dass du da bist« ist wohl der wichtigste Satz für die Kinder, den sie aus dem Munde ihrer Eltern, aber auch ihres Lehrers hören können. Kinder müssen diesen Satz immer wieder hören. Ohne mechanischen und seelenlosen Begrüßungs- und Verabschiedungszeremonien das Wort reden zu wollen, regen wir an, zwanglos immer wieder das eine oder andere Kind persönlich beim Hereinkommen in das Klassenzimmer zu begrüßen, am Ende des Unterrichts zu verabschieden, während des Vormittags persönlich anzusprechen. Das wird nicht jeden Tag mit allen Schülerinnen und Schülern gehen, und man wird dafür Sorge tragen müssen, dass sich nicht manche Kinder gegenüber anderen benachteiligt fühlen. Der Schüler sollte spüren, dass seine Lehrerin ihn persönlich meint und an seinem Leben Anteil nimmt. »Schön, dass du wieder da bist«, wenn ein Kind krank war, »Morgen sehen wir uns wieder« bei der Verabschiedung, »Jetzt vertragen wir uns wieder«, wenn es mit einem Kind Schwierigkeiten gab, »Du kannst stolz darauf sein, dass du mit dem Lesen so weit vorangekommen bist«, »Ist der kleine Zahn jetzt herausgefallen?«, ein persönliches Lob bei einer Arbeit, »Du schaffst es, hab noch etwas Geduld!« als persönliche Ermutigung sind Beispiele dafür, die sich beliebig vermehren ließen.

Die Lehrerin bzw. der Lehrer muss allerdings zu solchen Bemerkungen auch stehen können; die Worte müssen wirklich den Gefühlen entsprechen. Fassadenhafte und routinierte Freundlichkeit zerstört mehr als sie nützen könnte und zwar bei Lehrern wie bei Schülern: der Lehrer entfremdet sich mehr und mehr von seinen echten Gefühlen und verliert den Kontakt zu zentralen Teilen seiner Persönlichkeit, und die Schüler nehmen mit feinen Antennen sehr rasch wahr, dass die Freundlichkeit »gemacht« ist.

Als eine weitere Möglichkeit, einem Kind zu zeigen, dass es persönlich geschätzt wird, bieten sich die gemeinsame Gestaltung eines Geburtstagskalenders sowie ein kleines »Geburtstagsritual« an. Zwei von mehreren Möglichkeiten: im Rahmen einer Stilleübung mit einem Schwungtuch darf sich das Geburtstagskind unter das Tuch legen oder die Lehrerin lässt eine Geburtstagsrakete[1] steigen. Schön ist es auch, wenn der Brauch entsteht, dass die Lehrerin und die Kinder immer zu derselben Zeit, etwa kurz vor der Pause um 10 Uhr, einem abwesenden kranken Kind gemeinsam wünschen, dass es bald wieder gesund wird. Das kranke Kind zu Hause wird sicher in dieser »Gedenkminute« an die Lehrerin und seine Mitschüler denken. Auch ein evtl. jede Woche veranstaltetes gemeinsames Frühstück, das 15 Minuten vor der Pause beginnt

1 Auf einer einlagigen, dünnen Papierserviette werden zwei gegenüberliegende Seitenränder mit Klebestift eingestrichen, so dass ein »stehender« Zylinder geformt werden kann. Er wird auf einen Teller gestellt und oben an allen Seiten angezündet. Die letzten Teile der fast abgebrannten Serviette steigen in die Höhe und werden beim Absinken mit dem Teller wieder aufgefangen.

und noch einen Teil der Pausenzeit in Anspruch nimmt, bietet der Lehrerin die Möglichkeit, sich zu ein paar Kindern zu setzen und mit ihnen ganz persönlich zu sprechen.

Nichts dürfte für ein Kind motivierender sein, als einen Brief von der Lehrerin zu erhalten. Antworten muss man selbstverständlich – nicht mündlich, nein, das wäre nicht ebenbürtig – schriftlich. Aber auch untereinander schreiben sich die Kinder gerne Briefe, zumal wenn in der Klasse ausgelegte Vordrucke wie abgebildet zum Schreiben einladen.

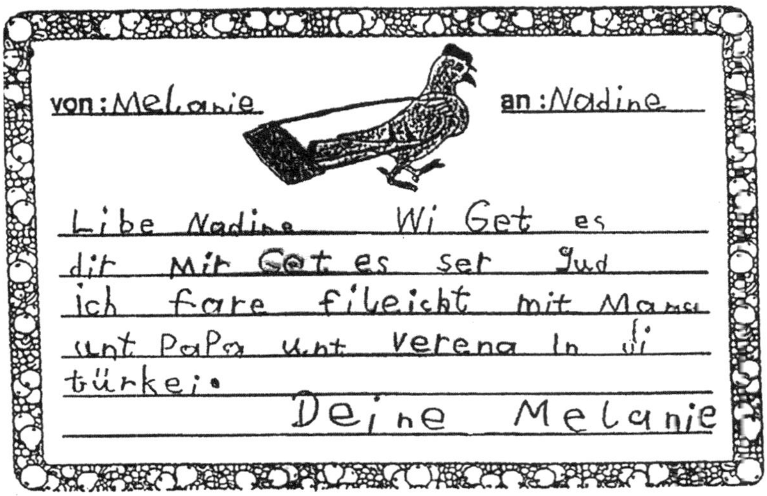

H. Bartnitzky. In: Balhorn, H. u.a. (Hrsg): Von den Wegen der Kinder in die Schrift. Frankfurt a.M. 1998: Grundschulverband Arbeitskreis Grundschule, S. 38

»Wann wird man die Kinder lehren, was sie selber sind? Jedem dieser Kinder sollte man sagen: Weißt du auch, was du bist? Du bist ein Wunder! Du bist einmalig! Auf der ganzen Welt gibt es kein zweites Kind, das genauso ist wie du!« (Pablo Casals[1])
Hier eine Zusammenstellung der Vorschläge, wie Kinder vermittelt werden kann, in der Schule *persönlich* willkommen zu sein:

- Ein persönliches Einladungsschreiben zum ersten Schultag verfassen.
- Mit Kindern einen ungekünstelten, herzlichen Umgang (Sprache, Tonfall, Mimik, Körperkontakt) pflegen, dabei die Kinder immer wieder persönlich ansprechen, begrüßen, verabschieden.
- Ein Geburtstagsritual einführen.
- Eine Gedenkminute an Kinder, die krank sind, einlegen.
- Kindern immer wieder einen persönlichen Brief schreiben.

1 Casals, P.: Licht und Schatten auf einem langen Weg. Freiburg 1974: Herder, S. 219.

Den Kindern helfen, eine Balance zu finden zwischen der eigenen persönlichen Einmaligkeit und der Unterordnung unter die für alle geltenden Regeln

Das Kind sollte vom ersten Schultag an erfahren, dass es sich als individuelle Person in den neuen Kontext einbringen kann, dass es sein Leben mit in die Schule bringen darf. Schüler brauchen in der Schule Zeit und Gelegenheit, »sie selbst zu sein«; und sie brauchen jemanden, dem sie dies sagen und zeigen können. Lehrer sollten hierfür bestimmte Gelegenheiten schaffen. Gleichzeitig muss das Kind aber auch lernen, auszuhalten, dass es nicht das einzige Kind in der Klasse ist, dass es Regeln und Ordnungen gibt, die eingehalten werden müssen, dass ein Stück Anpassung notwendig ist, dass man sich gelegentlich »zurücknehmen« muss (vgl. S. 179 ff.).

Es geht hier um die Balance zwischen persönlicher Einmaligkeit und Anpassung an soziale Erwartungen. Ich bin ich und ich darf ich sein, aber ich bin auch Teil der gesamten Klasse – das sollten alle Kinder lernen.

In vielen Grundschulklassen ist es üblich, zusätzlich zu der üblichen Bezeichnung der Zimmer ein Foto mit allen Schulanfängern und der Lehrerin sowie den einzelnen Unterschriften an die Außenseite der Klassenzimmertür anzubringen. So erfährt das Kind bildhaft jeden Tag aufs Neue: Da bin ich, und da sind alle anderen. Ich gehöre zu ihnen. Aber nur zusammen sind wir eine Klasse.

Welche Möglichkeiten bieten sich an, sich individuell den anderen darzustellen? Da gibt es den Morgenkreis und den Klassenrat. Im Morgenkreis werden kleine Erlebnisse erzählt, eine Geschichte oder ein Gedicht vorgelesen, die kommende Arbeit besprochen. Hier haben Kinder auch die Möglichkeit, ein von zu Hause mitgebrachtes Buch, ein Spiel, vielleicht sogar einmal ein Tier vorzustellen. Oder sie sollten die Möglichkeit haben, etwas, das sie und vielleicht nur sie allein besonders gut können, den Klassenkameraden vorzuführen. Im Klassenrat können Regeln, die für alle Schülerinnen und Schüler gelten, aufgestellt, besprochen und verändert werden. Kinder erleben hierbei dann verschiedene Sichtweisen und Interessen, für die eine Lösung zu finden ist. Konflikte gemeinsam zu bewältigen wird so ein Teil des Schullebens.

Da gibt es das Ich-Heft (Hegele 1991; Hagedorn 1995) und das Klassenbuch (Dankwarts 1997). Beides sind hervorragende Möglichkeiten, Kindern zu ermöglichen, sich selbst in *ihrer* Einmaligkeit und Eigenart in die Gesamtgruppe der Schulklasse einzubringen.

Schon in den ersten Wochen lassen viele Lehrerinnen und Lehrer ihre Schülerinnen und Schüler ein sogenanntes »Ich-Heft«, ein persönliches Tagebuch, anlegen. Es beginnt meistens mit einem selbst gemalten Bild, mit Namen, Adresse, Geburtstag, Haarfarbe, Daumenabdruck, Größe und Gewicht und wird dann weitergeführt durch kleine Bilder und Texte von Ereignissen, die einen persönlich bewegt haben. Am Ende des Schuljahrs zeigt dieses Heft dann auch, dass man nicht nur an Körpergröße zugenommen hat.

Das Klassenbuch ist eine gemeinsame Arbeit von allen Kindern. Es existiert nur als einziges Exemplar. Jedes Kind wird eingeladen, in diesem Klassenbuch eine Seite zu gestalten, das Lieblingsspielzeug vorzustellen, über das Meerschweinchen zu berichten oder den Wellensittich, der leider gestorben ist, oder etwas anderes.

Viele Lehrerinnen und Lehrer öffnen ihr Klassenzimmer 10 Minuten oder eine Viertelstunde vor dem offiziellen Schulbeginn. Diesen Zeitraum des »Ankommens« kann dann jedes Kind individuell dafür nutzen, ein Arbeitsblatt zu Ende zu bringen, ein Freiarbeitsmaterial zu holen, oder einfach der Lehrerin etwas zu erzählen.

Vielleicht hatten früher mehr Kinder als heute Schwierigkeiten, sich in die schulischen Interaktionen einzubringen. Sie blieben eher verschlossen, passten sich an, unterdrückten, was sie wirklich bewegte. Diese angepassten Kinder, von denen man nicht richtig weiß, wer sie wirklich sind, sitzen natürlich auch heute noch in unseren Schulklassen. Unbestritten aber dürfte sein, dass es zunehmend mehr Kinder gibt, die Schwierigkeiten haben, sich zurückzunehmen und die Regeln in der Klasse zu respektieren.

Kinder brauchen institutionelle Regeln, die ihnen individuelle Spielräume lassen, die aber auch Grenzen ziehen und damit Halt geben. Feste, verbindliche Regeln sind so nicht nur eine Erfordernis für das Gelingen gemeinsamer Arbeit. Auch die Kinder finden an ihnen Halt und Sicherheit. Sie sind gewissermaßen äußere Stützen zur Entwicklung innerer Sicherheit.

Solche Regeln müssen zahlenmäßig begrenzt sein. Sie müssen besprochen werden, aber dann verbindlich sein.

Viele Grundschullehrerinnen und -lehrer haben mit Ritualen, die in der Klasse eingeführt, und mit ihren Schülern eingeübt wurden, gute Erfahrungen gemacht. Rituale legen die Bedingungen fest, die gültig sind, um »dazu zu gehören«. Sie tun dies nicht auf dem Weg der Belehrung, der rationalen Begründung, der Ermahnung, sondern durch ihren Vollzug, in den die Interaktionsteilnehmer gleichsam »hinein gesogen« werden (vgl. S. 141 ff.). Rituale können eingeführt werden, um Ruhe herzustellen, wenn der Lehrer etwas Wichtiges zu sagen hat, zur Reduzierung der Lautstärke, mit der sich Schüler in Gruppen- oder Partnerarbeit unterhalten, oder zur Bildung oder Auflösung eines Stuhlkreises.

In einer Schulklasse sollten nicht mehr als zwei bis drei Rituale eingeführt werden; sie müssen mit den Schülern abgesprochen sein und eingeübt werden. Eingeführte Rituale sollten nicht inflationär eingesetzt werden, wenn aber, dann müssen alle Schüler sie beachten, nicht nur 90%, sonst verlieren sie ihre »psychologische Macht«. Gegenüber den üblichen Aufforderungen haben sie den Vorteil, einen bestimmten fraglosen Automatismus in Gang zu setzen. Ihr spielerischer Charakter verhindert das Gefühl der Beeinträchtigung durch eine persönliche Schikane der Lehrerin. Wenn einige Schüler dem Ritual nicht Folge leisten, kann auch der Hinweis, sich dem Ritual zu unterwerfen, in eher spielerischer Form geschehen, ohne den Eindruck zu hinterlassen, getadelt worden zu sein.

Im Folgenden finden Sie einige Ritualvorschläge. Hier ist dem Erfindungsreichtum keine Grenze gesetzt. Aber auch die Vorlieben einer Klasse sind bedeutsam.

- Das rote Feld einer Verkehrsampel (auf Karton aufgezogen) als Signal für absolute Stille wird gezeigt. Alle Kinder, die dies sehen, legen einen Finger auf den Mund

und machen ohne Worte (durch Gesten oder leichtes »Stupfen«) die anderen darauf aufmerksam, dass der Lehrer dieses Zeichen gegeben hat. Der Finger wird erst vom Mund genommen, wenn alle ruhig sind und der Lehrer dazu auffordert.

- Das optische Signal der Ampel kann ersetzt werden durch ein akustisches: ein Gongsignal eine beruhigend wirkende Glocke. (Achtung! Das Signal darf nicht aufregend wirken!)
- Der Lehrer beginnt mit einem Sprüchlein, in das nach und nach alle Kinder einfallen.
  Hier ein Beispiel: »Kommt ein Elefant daher, ist ganz riesig und ganz schwer, sagt den Kindern: Hört mal her!« Die Kinder legen anschließend den Zeigefinger an den Mund. Andere Reimsprüche wären:
  »Keiner macht jetzt, was er will, alle Kinder sind ganz still!«
  »Ich hoffe nur, dass du's nicht bist, der jetzt noch nicht ganz stille ist.«
- Stecknadelspiel:
  Die Lehrerin lässt nach vorheriger Ankündigung eine große Büroklammer fallen, dann eine kleine Klammer und schließlich eine Stecknadel. Die Schüler versuchen – evtl. bei geschlossenen Augen – sie zu hören.
- Ritual der »stillen Minute«:
  Wenn der Lärmpegel in der Klasse ein erfolgreiches Arbeiten erschwert, ertönt drei Mal der Gong. Alle Kinder legen ihr Schreibzeug aus der Hand, nehmen eine bequeme Sitzhaltung ein, legen Kopf und Arm auf den Tisch und schließen die Augen. Nach einiger Zeit ertönt der Gong wieder. Die Kinder »wachen auf« und fahren mit ihrer Arbeit fort.

Regeln, Rituale und Reviere heißt die Zauberformel (die drei R), von der sich von Hentig ([7]1985) eine Einbindung der Schüler in einen persönlichen und gemeinsamen Verantwortungsbereich erhofft. Unter Revieren versteht er einen für die Klassengemeinschaft wichtigen Bereich, für den ein einzelner Schüler verantwortlich ist. Es geht zum Beispiel um das regelmäßige Gießen der Zimmerpflanzen, das sachgerechte Füttern des Meerschweinchens, das pünktliche Einstellen des Tageskalendariums, das Austeilen und Aufräumen der Spielgeräte vor und nach der Pause, die Übernahme des Teedienstes usw. Durch derartige Aktivitäten und persönliche Zuständigkeiten bringt sich das Kind persönlich ein, aber nicht in beliebiger Weise, sondern im Rahmen der in der Klasse geltenden Regelungen.

Hier eine Zusammenstellung der Vorschläge für die Realisierung dieser Balance, das Einbringen der persönlichen Einmaligkeit mit der Unterordnung unter die für alle geltenden Regeln zu verbinden:

- Ein Klassenfoto an der Außenseite der Tür aufhängen.
- Einen »Klassenzug« mit den Fotos aller Kinder und der Lehrerin an einer Seitenwand anbringen.
- Ein Gruppenbuch zum Eintragen der Namen nach der jeweiligen Ankunft bei einem offenem Beginn auslegen.

- Regelmäßig den Schultag mit einem Morgenkreis beginnen.
- Ein Ich-Heft anlegen lassen.
- Mit den Kindern ein Ferientagebuch gestalten.
- Ein Klassenbuch mit persönlichen Beiträgen einzelner Kinder führen.
- Einen Ausstellungstisch einrichten.
- Ein Buch, ein Lieblingstier mitbringen lassen.
- Regeln und Rituale zur Sicherung von Ordnung einführen.
- Verschiedenen Kindern eine begrenzte Aufgabe, für die sie verantwortlich sind, zuweisen.

Die Schule als Ort aktiven Lernens erfahren: Freie Arbeit von Schulbeginn an

Vom ersten Schultag an sollten Kinder ermuntert werden, von sich aus, aktiv, Möglichkeiten des Lernens aufzugreifen. Sie sollten erfahren, dass sie selbst Verantwortung für ihr Lernen tragen und nicht gleichsam auf einem laufenden Band liegen, das vom Lehrer bewegt wird. Kinder müssen erleben, dass sie selbst etwas bewirken können, dass es auf ihre Interessen, auf ihren Fleiß, auf ihre »Hartnäckigkeit«, an einem Problem zu arbeiten, ankommt.

Hierzu bietet die Freie Arbeit (vgl. S. 207ff.) eine hervorragende Möglichkeit. Die Schüler müssen freilich darauf gründlich vorbereitet werden (siehe S. 226f.). Entscheidend wird auch die Gestaltung des Raumes sein. Regt er dazu an, in einem Buch zu blättern, ein Arbeitsmaterial in die Hand zu nehmen, etwas auszuprobieren, etwas zu basteln oder nachzuschauen oder bietet er nur eine Sitz- und Schreibgelegenheit und ein Dach über dem Kopf?

Die Betonung des selbstständigen Zugriffs zu Lernmaterialien und der selbstständigen Steuerung des Lernprozesses soll die Bedeutung der Lehrerin bzw. des Lehrers keineswegs schmälern. Vor allem für die ersten Klassen bleibt der Lehrer die entscheidende Bezugsperson, die Sicherheit gibt, deren Zuwendung die Kinder suchen, der man die fertigen Arbeiten zeigt, bei der man Lob sucht, deretwillen man Regeln einhält. Die Freie Arbeit ermöglicht vielmehr, dass sich Lehrer gezielt einzelnen Kindern ganz persönlich zuwenden können, um ihnen Tipps zu geben, ihnen etwas zu erklären, sie zu ermuntern, ihnen zu helfen.

Aktives Lernen kann aber nicht nur im Zusammenhang mit Freier Arbeit angebahnt werden. Auch in anderen Stunden können die Kinder erfahren, dass sie selbst dazu in der Lage sind, ihr Können zu steigern, dass es auf ihr Engagement ankommt. So kann gezielt die Kompetenz, eine Geschichte ausdrucksvoll vorlesen zu können, etwas schön oder einen diktierten Text fehlerfrei zu schreiben, geübt werden. Dabei müssen die Kinder erleben, dass sich ihre Anstrengung auszahlt. Voraussetzung hierfür ist aber wohl, dass nicht ständig alle Schüler das Gleiche zu leisten und im gleichen Tempo voranzuschreiten haben.

Aktives Lernen bezieht sich aber auch auf persönliche Aktivitäten zu Hause, auf persönliches Üben, wenn einem etwas schwer fällt. Das sollte allerdings nicht zu unangemessenem Leistungsdruck führen.

Schüler sollten erkennen, dass sie selbst für ihr Lernen Verantwortung tragen. Sie sollten lernen, nicht immer zu warten, bis die Lehrerin ihnen eine Aufgabe gibt, sondern von sich aus Aktivitäten entfalten. Sie sollten lernen, dass es auf das eigene Engagement ankommt. Hier eine Zusammenstellung von Möglichkeiten hierzu:

- Lernmaterialien, auf die die Schüler ständig zugreifen können, bereitstellen.
- Freie Arbeit, nach sorgfältiger Hinführungszeit nach den ersten Schulwochen, einführen.
- Schüler zu selbstständigen Lernkontrollen anregen.
- Schüler gelegentlich dazu auffordern, selbstständig einen Text so lange zu üben, bis man keinen Fehler mehr macht, einen Text so oft zu lesen, bis man ihn frei vorlesen kann.

Schule als einen Ort erfahren, an dem jeder die für ihn individuell notwendige Lernzeit hat

Kinder lernen nicht gleich schnell. Die Beachtung der individuell nötigen Lernzeit ist deshalb eines der wichtigsten Prinzipien des Anfangsunterrichts. Zugleich werden aber auch gemeinsam für alle wichtige Lernziele verfolgt. So versuchen viele Grundschullehrerinnen gerade im Anfangsunterricht den Schülern die individuell erforderliche Lernzeit zu gewähren, ohne die für alle vorgesehenen Lernziele aus dem Auge zu verlieren. Voraussetzung zu der Einräumung einer individuell notwendigen Lernzeit ist eine möglichst genaue Kenntnis der Lernvoraussetzungen des Kindes.

Diesem Prinzip fühlen sich auch die gegenwärtigen Modellversuche zur Neugestaltung der Eingangsstufe verpflichtet (vgl. S. 133 ff.). Kinder werden nicht als fertiges Schulkind angemeldet, sie werden vielmehr erst durch die Schule zum Schulkind. Das bedeutet, dass die Schule sich in weit höherem Maße als bisher auf die unterschiedlichen Lernvoraussetzungen und das verschiedenartige Lerntempo der Schüler einstellen muss. Aus diesem Grund wird in einigen Modellen auch Klasse 1 und 2 als Einheit gesehen, die unterschiedlich schnell durchlaufen werden kann. Die meisten Kinder werden wie bisher zwei Jahre in dieser Eingangsstufe bleiben, manche vielleicht nur ein Jahr, andere aber auch drei Jahre. Nicht nur von Sonderpädagogen (vgl. Reiß u.a. ^{3}1997) wird immer wieder betont, dass einer der wichtigsten Ursachen von Defiziten im Leistungsbereich die mangelnde Zeit sei.

So hat etwa Carroll (1963) in einem Modell der Bedingungsfaktoren von Schulleistung das Verhältnis von individuell benötigter und schulisch gewährter Zeit in den Mittelpunkt gestellt (vgl. auch Anderson 1984). Diesem Sachverhalt hat vor allem der Anfangsunterricht Rechnung zu tragen. Zu wenig gewährte Lernzeit beim Anfang der Schulzeit kann die ganze Schullaufbahn eines Kindes in Mitleidenschaft ziehen.

Um trotz hoher Individualisierung des Lernens den Kindern die erforderliche Sicherheit durch die Wiederkehr gleicher Elemente im schulischen Alltag zu geben, versuchen viele Lehrerinnen, den Schulvormittag durch regelmäßig wiederkehrende vertraute Ereignisse und Tätigkeiten klar zu strukturieren. Als »Rhythmisierungselemente« bieten sich an: gleitender Tagesbeginn, straff organisierter lehrerzentrierter Unterricht nach dem Morgenkreis, dann Freie Arbeitsphasen (oder umgekehrt), Pausen, Abschlusskreis.

Das Prinzip, den einzelnen Kindern genügend Lernzeit zu lassen, kann möglicherweise dann besser realisiert werden, wenn der in vielen Schulen übliche Lehrerwechsel nach zwei Schuljahren in Frage gestellt wird. Dann entfällt der Druck, dass bis zur Übergabe der Klasse an den anderen Lehrer möglichst alle Kinder die Anforderungen des Lehrplans für diese Klasse erfüllt haben. Wenn die Lehrerin das Kind noch länger unterrichtet, kann sie u.U. bei bestimmten Kindern Defizite leichter hinnehmen und darauf setzen, dass im kommenden Jahr diese Rückstände aufgeholt werden. In vielen Montessorischulen ist es zum Beispiel seit langer Zeit Tradition, dass eine Lehrerin eine Klasse über die ganze Grundschulzeit hinweg unterrichtet. Im Unterschied zu den herkömmlichen Schulen gibt es hier dann für die einzelnen Schuljahre keine für alle Kinder verbindlichen Standards, die zu erreichen sind. Erst am Ende der vierten Klasse müssen dann *alle* Kinder die vom Lehrplan geforderten Ziele erreicht haben. Einem Lehrerwechsel erst nach vier Jahren steht allerdings entgegen, dass manche Schüler mit einem bestimmten Lehrer und manche Lehrer mit bestimmten Schülern nicht so gut auskommen. Ein früherer Lehrerwechsel könnte in solchen Fällen hilfreich sein.

Welche Möglichkeiten gibt es, sicherzustellen, dass möglichst alle Schüler die Lernziele erreichen, aber jedem auch die hierfür notwendige Lernzeit eingeräumt wird?

- Langsamen Lernern mehr Lernzeit einräumen. Nicht im Gleichschritt alle Schüler frontal unterrichten. Schnellen Lernern im Rahmen der Freien Arbeit besondere Lernangebote unterbreiten.
- Schnellere Schüler als Tutoren für Mitschüler einsetzen. Sie können zusammen mit ihnen lesen, rechnen, ein Dosendiktat durchführen.
- Unterschiedliche Verweildauer in der Eingangsstufe ermöglichen.
- Gemeinsame Lernfortschritte durch einen Wechsel von lehrerzentriertem Unterricht und Freier Arbeit sichern.
- Evtl. Wechsel der Lehrerin nicht grundsätzlich nach zwei Jahren.

Schule als Ort erfahren, an dem Fehler nicht entmutigen, sondern Hilfen für weiteres Lernen sind

In die Schule gehen heißt nicht nur lernen, sondern auch »gemessen«, mit anderen verglichen, beurteilt, bewertet werden (vgl. S. 241 f.) Schule kann so für manche Kinder mit der schmerzlichen Erfahrung verbunden sein, in bestimmten Bereichen im

Vergleich zu den Mitschülern nicht so schnell »voranzukommen«. Dies kann zu Selbstzweifeln und Selbstabwertungen führen (vgl. S. 187). Lehrerinnen sollten deshalb bemüht sein, jedem Kind zu zeigen, was es schon kann. Sie sollten ihm die Zuversicht vermitteln, dass es das, was es jetzt noch nicht kann, bald können wird, wenn es sich anstrengt.

Nun lässt sich nicht vermeiden, dass Kindern beim Lernen einer Sache Fehler unterlaufen. Entscheidend ist aber die Frage, wie die Lehrerin mit diesen Fehlern umgeht. Die Aussage von Hans Brügelmann, Fehler seien Fenster in die Denkwelt des Kindes, ist ein wichtiger Hinweis auf den Umgang mit Fehlern. Sie sind nicht einfach Defizite, sondern wichtige Hinweise für die Lehrerin, wie sie dem Kind weiterhelfen kann. So ist zum Beispiel die Hamburger Leseprobe (Arntzen 1992), im November, Januar und Mai des ersten Schuljahrs mit Hilfe von Lesekassetten durchgeführt, eine gute Möglichkeit zur Lernbeobachtung im Lesen bei Schulanfängern. Erwähnt sei auch die Hamburger Schreib-Probe (HSP) zur Diagnose orthographischer Kompetenzen und zur Erfassung der grundlegenden Rechtschreibstrategien (May ³1997). Hier stehen nicht Fehler im Mittelpunkt, sondern das Gekonnte, das sich auch in teilweise richtigen Schreibungen zeigt.[1] Weitere konkrete Hilfen bei Schwierigkeiten im Schriftspracherwerb erwähnen Dehn (1998), Huth (1998), v. Wedel-Wolff (1998) und Dräger (1999). Auch in Mathematik versuchen viele Lehrerinnen, durch eine genaue Fehleranalyse dem Denkweg des Kindes nachzugehen und individuelle Hilfen anzubieten (Lauter 1991; Lorenz/Radatz, H. 1993; Milz ³1995; Grassmann 1999).

Manche Lehrerinnen versuchen die Forderung einzulösen: »Fördert das Rechtschreiblernen und schafft die Klassendiktate ab!« (Erichson u.a. 1998). Dieser Satz muss genau gelesen werden. Es geht nicht um eine Vernachlässigung des Rechtschreibens. Mangelnde Rechtschreibkenntnisse der Schulabgänger werden allenthalben beklagt. Es geht darum, von der Fixierung auf die Fehlerzahl und die damit möglicherweise einhergehende Entmutigung wegzukommen. Auch wenn diese Forderung vor allem für die Klassen 3 und 4 gilt, so findet doch bereits im Anfangsunterricht eine gewisse Weichenstellung statt: Wenn Kinder beim Schreiben eigener Texte, beim Lesen durch Selbst- und Partnerkontrolle oder in Schreibkonferenzen ihre Texte zeigen, haben sie selbst, die Eltern und die Lehrerin auch ohne explizite Feststellung der Fehleranzahl viele Möglichkeiten, orthographisch richtiges Schreiben einzuüben. Zudem könnte überlegt werden, ob alle Kinder zur gleichen Zeit sich einer Leistungskontrolle unterziehen müssen oder ob es ihnen ermöglicht werden könnte, sich für ein Diktat zu melden, wenn sie sich entsprechend darauf vorbereitet haben. Das tangiert freilich nicht die Pflicht, sich dieser Prüfung zu unterziehen. Eine derartige Maßnahme wäre ein wichtiger Baustein zur Erhöhung der Selbstverantwortung für den eigenen Lernfortschritt.

1 Lehrerinnen können mit dem HSP 1 M1 (Mitte der Klasse 1) feststellen, welche der aufeinander aufbauenden Strategien (logographemisch, alphabetisch, ortographisch, morphematisch, wortübergreifend) von einem Kind bevorzugt wird und wie Übungen zur Förderung der jeweiligen Strategie eine Hilfe sein könnten.

In der Regel werden in der Schule die Kinder vor allem auf ihre Fehler hingewiesen, auf das, was sie noch nicht so gut können. Der Hinweis darauf, was sie schon alles können, wäre wichtig, kommt aber meist zu kurz. Eine entsprechende Veränderung der Sichtweise käme fast einem Paradigmenwechsel gleich. Diese, eher der Ermutigung dienende Sichtweise, ist vor allem für Grundschüler wichtig – nur für Grundschüler? Manche Lehrerinnen und Lehrer feiern ein »Buchstabenfest«, wenn alle Schüler der Klasse alle Buchstaben kennen. Schüler sollten nicht nur immer vor *neuen* Aufgaben und *neuen* Anforderungen stehen, sie sollten auch das, was sie können, »genießen« dürfen.

Das Anliegen, Schule als einen Ort zu erfahren, an dem Fehler nicht entmutigen, sondern Hilfen für weiteres Lernen sind, kann durch folgende Maßnahmen verfolgt werden:

- Nicht die Anzahl, sondern die Art der Fehler in den Blickpunkt rücken.
- Gezielte individuelle Fördermaßnahmen anbieten.
- Immer wieder Möglichkeiten anbieten, Aufgaben wiederholen zu können.
- Den personbezogenen Gütemaßstab favorisieren; jedes Kind sollte seinen Lernfortschritt erkennen.
- Kindern die Erfahrung vermitteln, dass sie schon etwas können, durch Anstrengung vorangekommen sind.
- Traditionelle Muster der Klassenarbeiten überdenken:
  - ➔ Müssen alle Kinder z.B. bei einer Nachschrift den gleichen Text schreiben?
  - ➔ Müssen alle Kinder eine Arbeit am gleichen Tag schreiben?

Die Schule als einen Ort erleben, an dem man sich wohl fühlt

Die große Mehrzahl der Grundschüler geht gern in die Schule und fühlt sich in der Schule wohl. Entsprechend hoch ist ihre Lernfreude (vgl. Weinert/Helmke 1997). Auch die Eltern, die wohl am besten das Wohlbefinden ihrer Kinder beurteilen können, stellen der Grundschule immer wieder ein gutes Zeugnis aus (vgl. etwa Rolff u.a. 1996).

Für dieses Wohlbefinden spielt die Beziehung zur Lehrerin oder zum Lehrer eine entscheidende Rolle. Eltern wissen, wie schlagartig Schulfreude, Lerneifer und Leistungen absinken, wenn ihr Kind – aus welchem Grund auch immer – mit der Lehrerin nicht zurechtkommt, wenn es sich zu wenig beachtet, zurückgesetzt, ungerecht behandelt oder durch entsprechende Bemerkungen verletzt fühlt. Störungen auf der Beziehungsebene führen auf Seiten des Kindes rasch zu Verschlossenheit, Renitenz und Störverhalten, auf Seiten der Lehrerin zu größerer Distanz, weniger Herzlichkeit, strengerem, evtl. unfreundlichem Ton – ein Teufelskreis ist in Gang gesetzt. Derartige Beziehungsstörungen können vor allem in der Grundschule bei einzelnen Kindern unter Umständen einen massiven Leistungsabfall nach sich ziehen, der, wie der Verfasser in einem Fall erlebt hat, bis hin zu drohender Sonderschulüberweisung führen kann. Wenn es dann zu einem Lehrerwechsel kommt, ist das Kind wie verwandelt, und auch die Leistungen gehen sprunghaft in die Höhe. Das ist nicht verwunderlich, weiß man doch, dass das wichtigste Lernmotiv der Grundschüler das Bemühen ist, von Eltern und auch der Lehrerin Anerkennung zu erhalten. Fällt dieses Motiv aus, fehlt ein wichtiger Lernanreiz. Seit Jahren beschäftigt sich die Lernforschung mit dem Zusammenhang von Emotion und Kognition (Ulich 1998; Pekrun, Jerusalem 1996), und aus der neueren Gehirnforschung wissen wir, dass Menschen, die sich wohl fühlen, klarer denken können und leichter lernen.[1]

Dass Grundschüler ihre Lehrerinnen und Lehrer mögen, wird oft durch Kleinigkeiten bestimmt, durch einen freundlichen Blick, eine kurze Berührung, ein persönliches Wort, eine Anerkennung (vgl. S. 291 f.).

Empirische Untersuchungen (Czerwenka 1990) belegen, dass mit dem Aufrücken in höhere Klassen die Schulfreude kontinuierlich abnimmt und dass in keiner anderen Schulart die Lehrerinnen und Lehrer von den Schülern so positiv beurteilt werden wie in der Grundschule. Das kann nicht hoch genug bewertet werden.

Lehrerinnen und Lehrer sind entscheidende, wenn auch nicht die einzigen Faktoren für das Sichwohlfühlen der Schüler. Auch die Beziehung zu den Mitschülern spielt eine wichtige Rolle. Da wird ein Kind gehänselt, weil es zu dick, körperlich unbeholfen ist oder einen Sprachfehler hat; da wird ein schwächeres Kind ständig weggeschubst, wenn andere sich vordrängen; da findet ein Kind keinen Platz in einem der Beziehungsgeflechte (vgl. S. 176 f.), wird aus einer der Cliquen ausgeschlossen oder von mehreren Schülern gemobbt. Grundschullehrerinnen und -lehrer werden auf derartige, das soziale Miteinander der Schüler betreffende Sachverhalte, ein besonderes Augenmerk richten. Sie werden um Verständnis für Schüler werben, die es den andern schwer machen, mit ihnen auszukommen, sie werden Toleranz gegenüber Verhaltensweisen von Schülern aus anderen Kulturkreisen einfordern, sie werden schnelle Lerner dazu bewegen, denen, die sich schwer tun, ohne ihre Überlegenheit zur Schau zu tragen, unter die Arme zu greifen und sich um Integration aller Kinder zu bemühen.

Aber auch das Klassenzimmer und das Gebäude spielt für das Sichwohlfühlen in der Schule eine wichtige Rolle.

Das Verhältnis eines Menschen zu dem Raum ist nicht rein äußerlich. Raum und Mensch definieren sich gegenseitig. Menschen gestalten nicht nur ihre Räume, Räume strukturieren auch Möglichkeiten für die Entfaltung des Menschen vor.

Der Tübinger Pädagoge und Philosoph Otto Friedrich Bollnow hat dies in seiner anthropologischen Studie »Mensch und Raum« dargelegt. »Der Mensch befindet sich nicht im Raum wie ein Gegenstand sich etwa in einer Schachtel befindet, und er verhält sich auch nicht so zum Raum, als ob zunächst etwas wie ein raumloses Subjekt vorhanden wäre, das sich dann hinterher auch zu einem Raum verhielte, sondern das Leben besteht ursprünglich in diesem Verhältnis zum Raum und kann davon nicht einmal in Gedanken abgelöst werden.« (Bollnow 1963, S. 23)

1 Gehirnforscher machen hierfür den Neurotransmitter Dopamin verantwortlich, der unter anderem im Frontalhirn die Ausschüttung endogener Opioide auslöst (Spitzer 2002).

An der Identität von Menschen haben immer auch Raumerfahrungen mitgewirkt wie der Mensch wiederum, dieser Identität entsprechend, auch seine Räume zu gestalten versucht. Auch Klassenzimmer, in denen Schüler neun und mehr Jahre zubringen, prägen. »Der räumliche Rahmen zählt zur tief ins Bewusstsein eindringenden Sprache der Schule.« (Maurer 1990, S. 41)

Räume sind Selbstauslegungen der Menschen und Gruppen, die sie bewohnen. Klassenzimmer sind Selbstauslegungen von Schule und ihrer Schüler. Sie sind ein Teil des heimlichen Lehrplans und stellen »eine grundlegende Vor-Ordnung der schulischen Lern- und Lebensprozesse dar« (Kasper 1979, S. 22).

Räume vermitteln Botschaften. Das gilt bei Klassenzimmern für die Art der Lern- und Kommunikationsprozesse, die in ihnen ablaufen sollen. Räume können die Bedeutung des Lehrers unterstreichen und Lehrerzentrierung nahe legen. Dies ist etwa der Fall, wenn sich in ihnen nur streng nach vorn ausgerichtete Tische und Stühle befinden. Sie können aber auch sagen: »Hier findest du viel, was dich interessiert. Werde aktiv. Warte nicht, bis dich jemand dazu auffordert.« Die Sitzordnung legt Einzelarbeit oder Gruppenarbeit nahe. Räume strukturieren soziale Beziehungen vor, Nähe und Distanz, Über- und Unterordnung, Gemeinschaft und Vereinzelung. Heruntergekommene Räume signalisieren, dass es nichts ausmacht, sie weiter zu demolieren, schöne gestaltete und verletzliche Räume fordern auf, pfleglich mit ihnen umzugehen.

Das Grundschulklassenzimmer sollte anregen, es sollte Lebendigkeit und Ordnung ausstrahlen, den Hinweis geben, dass man mit anderen zusammenarbeiten oder auch sich zurückziehen kann, Wohnlichkeit und Aufforderung zum Lernen vermitteln. Vor allem muss das Klassenzimmer zu einem spezifischen Ort der spezifischen Schülergruppe werden. Die Schüler sollen es als *ihr* Klassenzimmer erleben. Dazu ist es notwendig, ausgehend von einer einladenden Grundausstattung am ersten Schultag, das Klassenzimmer mit den Kindern kontinuierlich zu gestalten, aber auch wieder zu verändern.

Schülerinnen und Schüler sollten deshalb das Empfinden haben

- Meine Lehrerin, mein Lehrer mag mich.
- Es wird mir geholfen, wenn ich nicht weiterkomme oder Schwierigkeiten habe.
- Bei uns wird niemand ausgelacht.
- Ich habe Freunde in dieser Klasse.

Und ein Klassenzimmer sollte folgende Botschaften vermitteln:

- Du findest in diesem Raum viel, was dich interessieren könnte. Werde aktiv! Suche dir etwas aus! Warte nicht, bist du aufgefordert wirst!
- Du kannst allein oder mit anderen arbeiten.
- Du kannst den Raum mitgestalten. Mache Vorschläge!

Literaturverzeichnis

Anderson, L. (Hrsg.) (1984): Time and school learning. London, Canberra: Croom Hell.

Andresen, U. (⁶1993): Das zweite Schuljahr. In der Schule leben. In der Schule lernen. Weinheim und Basel: Beltz.

Arntzen, H. u.a. (1992): Die Hamburger Leseprobe. Handreichung zur Beobachtung der Leseentwicklung in der Grundschule. Hamburg: Behörde für Schule, Jugend und Berufsbildung.

Balhorn, H. u.a. (Hrsg.) (1998): Schatzkiste Sprache 1. Von den Wegen der Kinder in die Schrift. Frankfurt a.M.: Arbeitskreis Grundschule.

Bartnitzky, H. (1998): »Die rechte weis aufs kürtzist lesen zu lernen« oder: Was man aus der Didaktik-Geschichte lernen kann. In: Balhorn, H. u.a. (Hrsg.): Von den Wegen der Kinder in die Schrift. Frankfurt a.M.: Arbeitskreis Grundschule.

Bollnow, O. (1963): Mensch und Raum. Stuttgart: Kohlhammer.

Breuer, H./Weuffen, M. (³1997): Lernschwierigkeiten am Schulanfang. Schuleingangsdiagnostik zur Früherkennung und Frühförderung. Weinheim und Basel: Beltz.

Burk, K. (Hrsg.) (1996): Jahrgangsübergreifendes Lernen in der Grundschule. Frankfurt a.M.: Arbeitskreis Grundschule.

Burk, K. u.a. (1998): Die neue Schuleingangsstufe. Lernen und Lehren in entwicklungsheterogenen Gruppen. Weinheim und Basel: Beltz.

Carrol, J.B. (1963): A model of schoollearning. Teacher College Record 64, S. 723–733.

Czerwenka, K. u.a. (1990): Schülerurteile über Schule. Bericht einer internationalen Untersuchung. Frankfurt: Peter Lang.

Danckwarts, B. (1997): Alleine und gemeinsam lernen. In: Dräger, M. (Hrsg.): Der Anfangsunterricht in Regel- und Intergrationsklassen. Heinsberg: Dieck, S. 43–50.

Dehn, M. (1998): Lehrerhilfen bei Leseschwierigkeiten. In: Crämer, C. u.a. (Hrsg.): Lesekompetenz erwerben und fördern. Braunschweig: Westermann, S. 45–70.

Erichson, Chr./Brügelmann, H./Bartnitzky, H. (1998): Fördert das Rechtschreiblernen – schafft die Klassendiktate ab. In: Grundschulverband aktuell, Heft 1, S. 3.

Fachbereich Erziehungs- und Sportwissenschaften der Universität Rostock (Hrsg.) (1997): Grundschulen mit jahrgangsübergreifendem Unterricht. Rostock: Universitätsdruckerei.

Faust-Siehl, G./Schmitt, R./Valtin, R. (Hrsg.) (1990): Kinder heute – Herausforderung für die Schule. Dokumentation des Bundesgrundschulkongresses 1989 in Frankfurt a.M. Frankfurt a.M.: Arbeitskreis Grundschule.

Fölling-Albers, M. (Hrsg.) (1989): Veränderte Kindheit – veränderte Grundschule. Frankfurt a.M.: Arbeitskreis Grundschule.

Garlichs, A. (1984): Grundschule als Weg des Kindes. In: Grundschule, 7/8, S. 14–17.

Grassmann, M. (1997): Förderkultur im mathematischen Anfangsunterricht. In: Grundschule 6/1999, S. 15–19. Grundschulen mit jahrgangsübergreifendem Unterricht. Rostock: Universitätsdruckerei.

Hagedorn, O. (1995): Vom Ich-Heft zur bewussten Selbststeuerung. Berlin: Berliner Institut für Lehrerfort- und Weiterbildung.

Hegele, I. (1991): Wer bin ich? Wer möchte ich sein? Ich-Hefte in einem ersten Schuljahr. In: Pädagogische Welt, Heft 9, S. 386–191.

von Hentig, H. (⁷1985): Was ist eine humane Schule? München: Hanser.

Huth, E. (1998): Leseentwicklung am »laufenden Band«. Ein Vorschlag zur Lernbeobachtung im Lesen. In: Balhorn, H. u.a.(Hrsg.): Schatzkiste Sprache 1. Von den Wegen der Kinder in die Schrift. Frankfurt a.M.: Arbeitskreis Grundschule, S. 206–209.

Kasper, H. (1979): Vom Klassenzimmer zur Lernumgebung. Ulm: Vaas.

Kasper, H. (1987): Den Schulanfang pädagogisch gestalten. In: Grundschule 2, S. 17–22 und 3, S. 46–49.

Kiper, H./Nauck, J. (Hrsg.) (1999): Unterrichten im ersten Schuljahr. Hohengehren: Schneider.

Krappmann, L./Oswald, H. (1983): Beziehungsgeflechte und Gruppen von gleichaltrigen Kindern in der Schule. Kölner Zeitschrift für Soziologie und Sozialpsychologie, Sonderheft 25, S. 420–450.

Langer, A. (Hrsg.) (1996): Ich übernehme eine erste Klasse. München: Oldenbourg.

Lauter, J. (1991): Fundament der Grundschulmathematik. Donauwörth: Auer.

Lorenz, J./Radatz, H. (³1995): Handbuch des Förderns im Mathematikunterricht. Hannover 1993: mathematisch Denken. Dortmund: Borgmann.

Maurer, F. (1990): Lebenssinn und Lernen. Zur Anthropologie der Kindheit und des Jugendalters. Ulm: Vaas.

May, P. (³1997): Diagnose orthographischer Kompetenz. Zur Erfassung der grundlegenden Rechtschreibstrategien mit der Hamburger Schreib-Probe. Unter Mitarbeit von U. Vieluf und V. Malitzky. Hamburg: Verlag für pädagogische Medien.

Meier, R./Bahns, M. (1981): Miteinander lernen. Differenzierung und Freie Arbeit in der Grundschule. Stuttgart: Klett.

Milz, I. (³1995): Rechenschwäche erkennen und behandeln. Teilleistungsstörungen im mathematischen denken. Dortmund: Borgmann.

Möller-Andresen, U. (1979): Das erste Schuljahr. Stuttgart: Klett.

Nägele, I.M./Haarmann, D. (Hrsg.) (1999): Schulanfang heute. Ein Handbuch für Elternhaus, Kindergarten und Schule. Weinheim und Basel: Beltz.

Pekrun, R./Jerusalem, M. (1996): Leistungsbezogenes Denken und Fühlen. Eine Übersicht zur psychologischen Forschung. In: Möller, J./Köller, O. (Hrsg.): Emotion, Kognition, Schulleistung. Weinheim: Beltz.

Regelein, S. (1995): Unser Ich-Heft. In: Ehrenwirth Grundschulmagazin 4, S. 5/6.

Reiß, G. u.a. (³1997): Offener Unterricht mit lernschwachen Schülerinnen und Schülern. In: Reiß, G./Eberle, G. (Hrsg.): Offener Unterricht Freie Arbeit mit lernschwachen Schülerinnen und Schülern. Weinheim: Deutscher Studienverlag.

Röbe, E. (1987): Ein Schulkind muß das können. Probleme von Schulanfängern mit der Anforderungsstruktur alltäglich-schulischer Lernsituationen. In: Grundschule 5, S. 20–23.

Rolff, H.G./Klemm, K./Bauer, K./Pfeiffer, H. (Hrsg.) (1996): Jahrbuch der Schulentwicklung, Bd. 9. Weinheim/München: Juventa.

Sandfuchs, U. u.a. (Hrsg.) (1997): Kleine Grundschule und jahrgangsübergreifendes Lernen. Bad Heilbrunn: Klinkhardt.

Seidel, G. (1986): Wie fange ich an – im 1. Schuljahr? In: Grundschule 6, S. 48–50.

Sennlaub, G. (Hrsg.) (1983): »Guten Morgen, lieber Lehrer!« 77 Geschichten und Berichte aus dem Schulleben. Lesebuch für Grundschullehrer. Heinsberg: Agentur Dieck.

Spitzer, M. (2002): Lernen. Gehirnforschung und die Schule des Lebens. Heidelberg/Berlin: Spektrum.

Ulich, D./Mayring, Ph. (1996): Psychologie der Emotionen. Stuttgart: Kohlhammer.

von Wedel-Wolff, A. (1998): Lesediagnose als Voraussetzung für eine sinnvolle Förderung. In: Crämer, C. u.a. (Hrsg.): Lesekompetenz erwerben und fördern. Braunschweig: Westermann, S. 22–36.

Weinert, F.E./Helmke, A. (Hrsg.) (1997): Entwicklung des Grundschulalters. München: Psychologie Verlags Union.

Grundschullehrerin, Grundschullehrer – ein anspruchsvoller, verantwortungsvoller und »schöner« Beruf?

Kindheit heute, Chance und Gefährdung, dieser Themenkreis stand am Anfang des Buchs. Der Zeit vor dem Schuleintritt, den Problemen des Übergangs vom Kindergarten in die Grundschule, den Ausführungen zur Freiarbeit und den Fragen um eine den kindlichen Leistungen besser entsprechende Leistungsbewertung folgten Überlegungen zu den pädagogischen Prinzipien, die insbesondere für *die ersten* Schulwochen und Schuljahre von Belang sind.

Mit dem folgenden Kapitel zum Beruf der Grundschullehrerin bzw. des Grundschullehrers soll unsere Einführung in die Grundschulpädagogik unter besonderer Berücksichtigung des Anfangsunterrichts geschlossen werden.

Diese Rundung bietet sich deshalb an, weil – so meinen wir – sich mit der Persönlichkeit der Lehrerin bzw. des Lehrers der Kreis unserer Überlegungen schließen lässt. Denn keine der im Umfeld der thematisierten Problemlagen angestellten Reflexionen wird Gehör oder gar den Weg in die Praxis finden, wenn die Lehrerpersönlichkeit ausgeblendet bleibt. Jeder Reformansatz an unseren Schulen ist von vornherein zum Scheitern verurteilt, wenn er »über die Köpfe« der Lehrerinnen und Lehrer hinweg in die Bildungseinrichtungen getragen wird. »Schule neu denken«, wie von Hartmut von Hentig und anderen seit langem eingefordert, d.h. pädagogisch-didaktische Professionalität weiter entwickelt und damit Verbesserungen im schulischen Alltag zum Wohle der Kinder engagiert und wirkungsvoll beitragen, das lässt sich nicht »von oben« verordnen. Vielmehr setzt dieser Anspruch eine pädagogische, Kind zugewandte Haltung sowie die Bereitschaft voraus, den hohen professionellen Anforderungen, die heute an den Grundschullehrerberuf gestellt sind, gerecht werden zu wollen.

Hierüber Klarheit zu gewinnen macht notwendig, sich ein realistisches Bild über das Berufsbild Grundschullehrerin, Grundschullehrer zu machen.

Hierzu zunächst drei Erfahrungsberichte von Grundschullehrerinnen aus dem Schulalltag.

> *»Ein halbes Jahr hat es gedauert, bis Nathalie es schaffte, mich anzuschauen. Es war ihr offenkundig unangenehm, angesprochen zu werden. Und sie sah mich nie an, wenn ich mit ihr sprach. Aber ich wusste, dass ich sie aus dem Gefängnis ihrer Verschlossenheit und Isolierung befreien musste, wenn es nicht zu großen Schwierigkeiten im sozialen Umfeld der Schule und der weiteren Persönlichkeitsentwicklung des Kindes kommen sollte. Ich wusste, dass ich ihre Sympathie gewinnen musste, wenn sich ihre Leistungen und damit auch ihr Selbstvertrauen verbessern sollten.*

Nathalie meldete sich nie, hatte nach einem halben Jahr immer noch erhebliche Schwierigkeiten, einzelne Buchstaben zu schreiben, und wenn sie etwas vorlesen sollte, verstummte sie nach den ersten gestammelten Wörtern völlig. Viele meiner Aufforderungen ignorierte sie einfach. Und wenn ich sie ansprach, so freundlich wie nur möglich, schaute sie auf den Tisch, auf den Boden, aber nie mir in die Augen. Bei jeder Körperberührung zuckte sie zusammen. Meine morgendliche Begrüßung oder meine Verabschiedung der Kinder mit Handschlag nahm sie widerwillig ein. In der Klasse war sie ziemlich isoliert, zu ihren Klassenkameraden hatte sie kaum Kontakte.
Was war mit Nathalie los? Hatte sie leicht autistische Züge? Waren es schlimme häusliche Erlebnisse, die sie dazu getrieben hatten, sich hinter diesen Schutzwall zu flüchten? Oder handelte sie einfach nach dem Grundsatz vieler kleiner Kinder: wenn ich die Augen zumache, existiert das auch nicht, was ich nicht sehen will. Nathalie machte ihre Augen nicht zu, sondern schaute weg. Wollte sie mich nicht sehen? Und warum nicht? Wollte sie die schulischen Anforderungen nicht sehen, die auf sie zukamen und die ich in meiner Person repräsentierte? War das der Weg, ihre Misserfolge zu verarbeiten?
Wann immer es einen Anlass gab, lobte ich sie. Ich begann, ihr vorzulesen, ihr Geschichten zu erzählen, ich erzählte von mir, von meiner Schulzeit, als ich noch so alt war wie sie. Langsam lockerte sich der Panzer, in den sie sich einschloss. Sie blickte mich meist noch nicht an, wenn ich mit ihr sprach, aber ich hatte den Eindruck, dass das Wegschauen nicht mehr so entschlossen, so zwanghaft geschah. Und manchmal kam da ein scheuer Blick.
Nach einem halben Jahr geschah es: sie hatte in meiner Anwesenheit ein Rechenpuzzle gelöst, sprach dabei kein Wort, aber alle Aufgaben waren richtig. Ich lobte sie gehörig. Und als ich weggehen wollte, hielt sie meinen Arm fest und umarmte mich. Nathalie umarmte mich! Das Eis war gebrochen. Das war einer der schönsten Augenblicke in meinem Lehrersein. Ich musste mit den Tränen kämpfen. Ich hatte Nathalie für mich, für das Lernen in der Schule gewonnen. Was immer dieses Kind auch belastete, ihr Herz hatte sich geöffnet.
Heute ist Nathalie eine fleißige, unauffällige Schülerin. Sie hat lesen gelernt, liest einen Abschnitt fast fließend vor, wenn auch noch etwas leise. Und sie arbeitet mit Mario in den Freiarbeitsstunden zusammen, lässt sich vorlesen, liest selbst vor, schreibt Sätze, die Mario ihr diktiert. Und sie schaut jeden an, wenn er mit ihr spricht.
Wäre Nathalie auch ohne mein beharrliches Bemühen dahin gelangt? Ich weiß es nicht. Bei solchen Überlegungen komme ich mir irgendwie wichtig vor: Grundschullehrerin sein, was für ein schöner Beruf! Aber zugleich denke ich auch: Nathalie ist mir aufgefallen. Und andere Kinder, die ich vielleicht übersehen habe?«

»Ich komme von einem Hausbesuch. Im Studium hatte mein Dozent für Schulrecht vor Hausbesuchen eher abgeraten; wir sollten die Eltern besser in die Schule bestellen, dort hätten wir das Hausrecht und mögliche Unfallschäden würden von der Versicherung bezahlt.

Aber gerade die Eltern, mit denen ich unbedingt sprechen sollte, die Eltern meiner Sorgenkinder kommen nicht, nicht zu den Elternabenden und auch nicht zu einem persönlichen Gespräch über ihr Kind. Immer die gleichen Ausreden: »Keine Zeit«, »Ich arbeite Schicht«, und als ich deswegen einen »Elternabend« auf den Samstagvormittag verlegte »Ich bin auf Besuch bei Verwandten«.
Wenn ich also mit diesen Eltern sprechen will, muss ich sie besuchen. Und das ist notwendig. Wenn Tschare zu Hause nicht vorliest und kleine Sätze schreibt, wird sein Rückstand immer größer. Und wenn Aishe zu Hause nicht rechnet, wird sie in der Schule immer mehr den Mut verlieren, selbstständig Rechenaufgaben zu lösen. Aber werden die türkischen Eltern mich überhaupt herein lassen?
Ich hatte mich angekündigt. Mein Besuch war genehm, und die Herzlichkeit, mit der ich empfangen wurde, war geradezu überwältigend. Eigens für mich wurde ein süßer Kuchen gebacken, ein starker türkischer Kaffee gebraut. Zwar lief der Fernseher ununterbrochen, aber der Vater von Tschare versicherte mir in relativ gutem Deutsch immer wieder, wie wichtig es für ihn sei, dass sein Sohn einen guten Beruf ergreife, am besten Arzt oder Ingenieur. Die Mutter bediente mich, sprach kaum ein Wort, nickte, wenn ich sie ansprach, aber ich weiß nicht, ob sie mich verstanden hat.
In meiner Tasche hatte ich Lese- und Schreibmaterialien. Vorlagen für Übungsaufgaben, Bild- und Wortkarten, mit denen die Eltern mit ihrem Kind üben sollten. Aber der Vater selbst war nur vier Jahre in der Schule, die Mutter nur zwei. Wie sollte ich die Eltern davon überzeugen, dass die Übungszeit in der Schule für Tschare nicht ausreichte, wie erklären, was sie mit Tschare machen sollten? Und wie würde das Üben, wenn es tatsächlich zu Stande kam, ablaufen?
Zum Abschied bekam ich noch ein Päckchen Haselnüsse mit auf den Weg. Der Vater hatte versprochen, sich für Tschare Zeit zu nehmen, sagte aber auch, er müsse neben seinem Beruf noch für Freunde und Bekannte Arbeiten erledigen, an vielen Abenden kämen Verwandte zu Besuch und er müsse sie dann wieder besuchen.
Zwei Wochen hielt der Vater durch. Und dann meinte er, es sei genug. Vielleicht vermittle ich Tschare an eine meiner Lesemütter, die jede Woche einmal am Vormittag in die Schule kommen und mit verschiedenen Kindern lesen. Tschare sollte freilich jeden Tag üben! Wird die Lesemutter auch an einem oder zwei Nachmittagen eine Stunde für Tschare opfern? Und wird Tschare überhaupt zu ihr kommen?«

»Bravo, dass du kommst«, rufen mir ein paar Schüler entgegen. Meine Kollegin, die ein paar Stunden Fachunterricht in meiner Klasse erteilt, ist diese Woche krank, also halte ich den Unterricht.
»Bravo dass du kommst!« Das tut mir gut. Genauso wie letzthin, als einige meiner Schüler »Guten Morgen Frau …« an die Tafel schrieben, und das Geschriebene mit Blumen und Herzchen umrahmten. Aber zugleich habe ich ein beklemmendes Gefühl. Wird diese offenkundige Zuneigung mir gegenüber nicht die Zusammenarbeit mit meiner Kollegin noch weiter erschweren? Sie weiß, dass die Schüler lieber bei mir Unterricht haben. Und ich glaube auch zu wissen, warum. Seit zwei Jahren sind sie Freie Arbeit gewohnt, haben Eigeninitiativen entwickelt, arbeiten gemeinsam an Aufgaben

und prüfen selbst, ob sie diese richtig gelöst haben. Meine Kollegin praktiziert typischen Frontalunterricht; sie trägt vor, stellt Fragen, verwickelt die Schüler in ewig lange sogenannte erarbeitende Unterrichtsgespräche, und am Schluss müssen sie den Text abschreiben, den sie fein säuberlich auf zwei oder drei Tafelseiten geschrieben hat. Die Schüler meiner Klasse sind das nicht gewohnt, sind unaufmerksam, lustlos, stören. Ich hätte meine Klasse nicht im Griff, meint sie, und das meinen auch andere Kollegen.
Wiederholt habe ich die anderen Lehrerinnen und Lehrer eingeladen, einmal zuzuschauen, wie es bei mir in den Freiarbeitsstunden zugeht, wie fleißig die Kinder bei der Sache sind. Wiederholt habe ich meine Materialien gezeigt und angeboten, sie zur Verfügung zu stellen. Wiederholt habe ich darauf aufmerksam gemacht, dass alle vier Wochen in einer von Lehrern und einem Dozenten veranstalteten Lernwerkstatt gemeinsam solche Materialien hergestellt würden. Aber das Echo war mager. Zwei Mal wurden Freiarbeitsmaterialien bei mir ausgeliehen, das war alles.
Jetzt fühle ich mich isoliert, wünsche mir ein paar Lehrer in meiner Schule, die mit mir am gleichen Strick ziehen. Die Schule weiterzuentwickeln gehöre zu den Aufgaben des Lehrers habe ich gelernt. Ein so ehrgeiziges Ziel hatte ich gar nicht. Ich wollte nur ein paar Lehrerinnen dazu bewegen, ein Unterrichtskonzept auszuprobieren, von dem ich überzeugt bin und mit dem ich gute Erfolge erziele. Aber nur höfliches Desinteresse. Habe ich es falsch angefasst? Ein junger Lehrer, den ich seit der PH-Zeit gut kenne, hat es da besser: Er hat mir kürzlich am Telefon berichtet, sein Kollegium sei im Augenblick daran, ihre Schule zu einer Ganztagsschule umzugestalten. Fast alle Lehrer hätten dem Vorschlag zugestimmt und fast alle ziehen jetzt am gleichen Strick. »Unsere Schule wird in ein paar Jahren eine ganz andere Schule sein: Vormittagsunterricht entzerrt, mehr Hilfen für schwächere Schüler, Hausaufgabenbetreuung, Freizeitangebote…«Vielleicht lässt sich im Lauf der Zeit doch auch etwas bei uns bewegen.«

Die drei Berichte beziehen sich auf drei unterschiedliche Tätigkeitsfelder des Lehrers, seine erzieherische Aufgabe, auf Elternarbeit und das Bemühen, den Unterricht und die Schule organisatorisch zu verändern. Sie spiegeln das Engagement der drei Lehrerinnen, ihre Freuden, Hoffnungen und Enttäuschungen. Sie zeigen zudem, dass es im Lehrerberuf nicht nur darum geht, guten Unterricht zu halten.

Die bei Studierenden häufig auch heute noch präsente Vorstellung, in ihrer späteren Grundschularbeit (noch) »unverdorbenen«, schulmotivierten, wissbegierigen (kleinen) Kindern, die »ihre« Lehrerin anhimmeln, spielerisch die ersten Kulturtechniken »Lesen, Schreiben, Rechnen« zu vermitteln, ist eine trügerische. Diese Tatsache ist aus den vielen Anforderungen, die zusammen genommen aus allen Kapiteln des vorliegenden Buches sprechen, deutlich erkennbar. Im Lehrerberuf sind weitaus mehr, vielfältige und anspruchsvolle Aufgaben zu leisten.

Kernaufgaben in der (Grund-)Schularbeit

Die nach dem PISA-Schock verstärkt eingesetzte Auseinandersetzung mit der Lehrerbildung und dem Lehrerberuf[1] hat dieser Feststellung Rechnung getragen und das Anforderungsprofil des individuell und gesellschaftlich bedeutsamen Berufsbildes »Lehrerin« erneut auf einem höheren Niveau spezifiziert und systematisiert (vgl. Terhart 1996, 2001, 2003, 2005; Bayer/Bohnsack/Koch-Priewe 2000; Bauer 1997; Bauer/Kanders 2000; Röbe 2002; Kiper/Meyer/Topsch 2003).

In der einschlägigen Literatur werden folgende Kernaufgaben genannt:

- Unterrichten
- Erziehen
- Diagnostizieren
- Beurteilen
- Beraten/ Kooperieren
- Schule weiterentwickeln
- Organisieren und Verwalten
- Evaluieren/Qualitätssicherung

Diese Kernaufgaben sollen im Folgenden unter Berücksichtigung der besonderen Aufgabenstellung in der Grundschule näher erläutert werden.

Unterrichten

Die Grundschule ist der Ort der »grundlegenden Bildung«. D.h. insbesondere im Übergang vom Kindergarten in die Grundschule und in den Anfangsklassen, im Grunde aber die ganze Grundschulzeit hindurch, geht es darum, den Kindern das grundlegende Rüstzeug mit auf den Weg zu geben, das sie für das erfolgreiche Durchlaufen ihres Bildungsweges benötigen. Der in diesem Zusammenhang formulierte Topos »Auf den Anfang kommt es an« beinhaltet, die Kinder dort abzuholen, wo sie stehen. Dies kann naturgemäß nicht gehen, ohne auf die individuellen Voraussetzungen, Fähig- und Fertigkeiten, Stärken und Schwächen der Kinder einzugehen. In der Grundschule, der – neben dem Kindergarten – einzigen Bildungsstätte für *alle* Kinder, sind diese Voraussetzungen am stärksten ausdifferenziert.

Hierauf wurde bereits in mehreren Kapiteln des vorliegenden Buches eingegangen. Im besonderen Maße haben sich der »Schulanfang auf neuen Wegen« (vgl. S. 133 ff.)

1 Die Kultusministerkonferenz der Länder setzte unter Vorsitz von Ewald Terhart eine eigene Kommission ein, die mit der Aufgabe betraut wurde, auf der Grundlage einer eingehenden deutschlandweiten Ist- und Problemanalyse der bundesdeutschen Lehrerbildung, neue Perspektiven für die Lehrerbildung aufzuzeigen. Die abgegebenen Empfehlungen sind unter dem Titel: Terhardt, E. (Hrsg.): Perspektiven der Lehrerbildung. Abschlussbericht der von der Kultusministerkonferenz eingesetzten Kommission, Weinheim 2000: Beltz publiziert.

und die neueren Entwicklungen im Bereich der Leistungsbewertung (vgl. S. 248ff.) auf die heterogene Ausgangslage in der Grundschule eingestellt.

Für den praktischen Unterricht in der Grundschule bedeutet dies, eine Unterrichtskultur zu entwickeln, die neben der unverzichtbaren Freien Arbeit einschließlich ihrer hinführenden und affinen Organisationsformen (vgl. S. 221ff.) eine Vielfalt an weiteren offenen, kindorientierten, ganzheitlichen Methoden bereithält. Vor allem das projektorientierte Arbeiten, das Experimentieren, das Lernen anhand des Präsentierens und Referierens, das Lernen mit dem Portfolio oder Lerntagebuch (vgl. S. 257f.), sowie das Lernen durch Lehren (Kinder helfen Kindern) und die Partner- und Gruppenarbeit sind in einem zeitgemäßen Grundschulunterricht nicht wegzudenken. Jede Klassenstufe, insbesondere aber der jahrgangsübergreifende Grundschulunterricht ist auf diese Vielfalt angewiesen. Heterogene Lerngruppen bedürfen einer vielfältigen Unterrichtskultur.

Von höchster Bedeutsamkeit für das Unterrichten in der Grundschule ist aus entwicklungsorientierter Sicht ferner die Einsicht, dass diese Methoden am Anfang der Schulzeit bei den Kindern nicht als bereits vorhanden vorausgesetzt werden können. Die Vermittlung von »notwendigem Rüstzeug« und grundlegender Bildung beinhaltet vielmehr, die genannten Methoden selbst auch zum Unterrichtsgegenstand zu machen. Denn sonst droht die Gefahr, dass das zu Recht allseits angestrebte selbstverantwortliche »Lernen lernen« eine leere Worthülse bleibt. Ziel muss sein, in kleinen Schritten den Schülern mehr Methodenkompetenz zu vermitteln.

Ebenso wie die Freie Arbeit einer behutsamen Hinführung bedarf, gilt beispielsweise für die Partner- und Gruppenarbeit, die Regeln des miteinander Arbeitens im Rahmen kleiner Schritte zu erlernen. Denn allzu häufig ist in der Schulpraxis beobachtbar, dass die Lehrerin oder der Lehrer zwar zur Gruppenarbeit aufruft und die Kinder auch an Gruppentischen zusammensitzen. Beim genaueren Hinschauen zeigt sich jedoch, dass es mit der Zusammenarbeit hapert, weil die Kinder streiten oder doch lieber für sich allein arbeiten. Strategien wie: »Welches Gruppenmitglied übernimmt welchen Aufgabenteil?«, »Wer ist für die Informationsbeschaffung zuständig?«, »Welche Materialien werden benötigt?«, »In welcher Reihenfolge wollen wir vorgehen, um gemeinsam am besten und schnellsten zum Ziel zu gelangen?«, »Wie können wir es schaffen, dass die ›vorlauten‹ oder schnellen Lerner sich zurücknehmen und die zu Ruhigen sich stärker einbringen?« gehören heute selbst in der Grundschule, dem »Musterkind der Reform« (vgl. Gudjons 1995) noch nicht zu den gängigen Unterrichtsroutinen.

Zur weiteren Veranschaulichung und Anregung können die folgenden Erfahrungen, die im Rahmen eines in ersten und dritten Grundschulklassen sowie mit jahrgangsübergreifenden Lerngruppen durchgeführten Forschungsprojekts im Kontext »Kinder helfen Kindern« gewonnen werden konnten, dienen (vgl. Schumacher 2004):

- Im »ungeübten« Kontext »Schüler helfen Schülern« – wie auch in der affinen Arbeitsform »Gruppenarbeit« – sind selbst reformorientierte Lehrer/innen noch sehr stark ihrer Belehrungs- und Vermittlungsrolle verhaftet, obwohl sie den Kindern eigentlich mehr Raum zum eigenen bzw. gemeinsamen Lernen geben wollen. Sie lassen ihren Schülern und Schülerinnen nicht genügend Zeit zum selbst Nachdenken, zum eigenen Entdecken oder dazu, Probleme selbstständig zu lösen, sondern übernehmen allzu rasch die Helfer- oder Bedienerrolle (die ja eigentlich einem Mitschüler/in zugewiesen war), wenn eine Aufgabe nicht kurzfristig gelöst werden kann.

- Die aus dieser »Silbertablett-Didaktik« sprechende Haltung, mögliche Schwierigkeiten möglichst schon vorbeugend zu vermeiden (etwa durch überaus dezidierte Arbeitsanweisungen, Strichellinien als Ausschneidehilfe oder visuell klar strukturierte Tafelbilder oder Arbeitsblätter, die möglichst keine Widersprüchlichkeiten zulassen), überträgt sich wiederum auf die Schüler/innen. Das von ihnen geäußerte und bei ihnen auch beobachtete Selbstverständnis lautet: Die Lehrer/in ist zuständig und hilft weiter, wenn etwas nicht klar ist, und nicht mein Sitznachbar. Entsprechend schnell wird die Lehrerin gerufen, wenn ein Kind etwas nicht sofort versteht. Die Haltungen und Gewohnheiten, die – trotz grundsätzlicher Bejahung des gemeinsamen Lernens und sich gegenseitigen Helfens – hinter diesen Verhaltensmustern stehen, bringen die Kinder selbst auf den Punkt: »Frau X weiß es besser als mein Sitznachbar«, »Ich kann meiner Nachbarin nicht helfen, weil mir auch nichts einfällt«, »Immer soll ich helfen, das mag ich nicht«, »Frau X sagt uns immer alles, weil sie ja weiß, was wir tun sollen« oder »Wenn Frau X hilft, ist es richtig und dann geht es auch schneller«.

Vor dem Hintergrund dieser ernüchternden Beobachtungen wurden in einem nächsten Schritt exemplarische Unterrichtseinheiten für den Deutschunterricht entwickelt und durchgeführt. Ziel war nun, die Kinder und Lehrerinnen für die ausgewählte Unterrichtsmethode zu sensibilisieren. Hierbei standen die folgenden Aspekte im Mittelpunkt:

- Thematisierung persönlicher Stärken und Schwächen (Was ich im Allgemeinen gut kann, was ich – noch – nicht so gut kann).
- Was ich im Fach Deutsch am liebsten mag/gut kann, was ich schwierig finde und/oder noch nicht so gut kann.
- Aufbau von Frustrationstoleranz und Empathie.
- Aufbau einer positiven Fehlerkultur (Fehler helfen uns beim Lernen).
- Wie »funktioniert« Helfen? (Helferregeln)
  Was muss beim Helfen vermieden werden? (Vorsagen, Abschreiben ...)
  Wie sollte ich mich verhalten, wenn mir ein anderes Kind Hilfe anbietet?
  Was muss ich beachten, wenn ich einem Andern beim Lernen helfen will?

Dass diese kleinschrittige Hinführung zu der bislang kaum praktizierten Lehr-Lernmethode »Kinder helfen Kindern« mehr als notwendig war, zeigte sich in den sich hieran anschließenden »Trainingsstunden«. Denn selbst in diesem Unterricht, der passgenau auf die Zielsetzung des Projekts und die Lerngruppen abgestimmt war, taten sich die Kinder und ihre Lehrerinnen mit der neuen Methode zunächst noch schwer. Im weiteren »Trainingsverlauf« konnten dann aber doch zunehmend Erfolge beobachtet werden, die in den abschließenden Rückmeldungen und Interviews bestätigt wurden.

Wie anspruchsvoll das Unterrichten im Anfangsunterricht ist, wird aus diesen Berichten deutlich. Doch damit nicht genug: Denn weder Ganzheitlichkeit und Vielfalt, noch die »kleinen Schritte« allein reichen aus, um eine neue Lehr-Lernkultur entstehen zu lassen, die Grundschulkindern einen tragfähigen Einstieg in das schulische Lernen ermöglicht. Von ebenso elementarer Bedeutung ist, was der Grundschulverband schon seit langem, und nicht nur im Hinblick auf die Entwicklungen im Ganztagsschulbetrieb in seinem Grundsatzprogramm festgeschrieben hat: »Mehr Zeit für Kinder – mehr Zeit zum Lernen«. Zur praktischen und kindgemäßen Einlösung dieser Grundsätze bedarf es aber auch Grundschullehrerinnen, die sich die Zeit nehmen, die nötig ist, um sich ernsthaft und mit professionellem Anspruch den neuen Entwicklungen und reformorientierten Unterrichtskonzepten anzunähern.

Welch große Anforderungen hiermit an die Lehrkräfte gestellt sind, veranschaulichen die im Umfeld der einschlägigen Modellversuche zur neuen Schuleingangsphase gewonnenen Einsichten (vgl. S. 133 ff.), insbesondere die im Zusammenhang der »Pädagogischen Grundhaltungen« stehenden Untersuchungen: »... Die Annahme liegt nahe, dass ein Modell {...oder ein *Lernkonzept*, Anmerkung d.V.} erst dann verständlich und umsetzbar ist, wenn die subjektiven Theorien der Lehrkraft mit dem theoretischen Hintergrund des Modells harmonieren und mit den Erfahrungen und den ausgebildeten Vorstellungen von Handlungsmustern im Unterricht verbunden werden können. Hierfür werden außerdem passende und handhabbare Umsetzungsstrategien benötigt« (vgl. Carle, 1995). Daraus folgt, dass Lehrkräfte dazu angehalten sind, ihre eigenen Haltungen und praktischen Ausführungsweisen zu reflektieren und zu verändern. Erst wenn es ihnen gelingt, sich aus habitualisierten, (noch) nicht hinterfragten Denk- und Handlungsmustern zu befreien, können die erweiterten Möglichkeiten, die sich aus dem Neuen ergeben, für die Gestaltung eines kind- bzw. entwicklungsorientierten Grundschulunterrichts genutzt werden (vgl. Berthold 2004; Carle 2000; Kornmann 1998).

Erziehen

Bildung in der Schule ist ohne Erziehen nicht möglich – ein Grundsatz, der von praktizierenden Lehrerinnen und Lehrern wohl kaum angezweifelt wird. Dies gilt für Lehrer aller Schularten, in besonderer Weise aber für die Arbeit in der Grundschule. Der oben stehende Erfahrungsbericht über die Bemühung der Lehrerin, der kleinen Nathalie zu helfen, aus ihrem starren Persönlichkeitsgefüge auszubrechen und sich für soziale Interaktionen zu öffnen, ist ein beredtes Beispiel hierfür (vgl. S. 306). Erziehung ist mehr, als Kindern gute Manieren beizubringen. Erziehung ist dem jungen Menschen angebotene Hilfe, zu sich zu finden, sich zu einer reifen, sozial akzeptierten

Persönlichkeit zu entwickeln. Die Notwendigkeit von Erziehung legt sich auch aus dem Zusammenarbeiten in der Schule nahe. Die sich hier zusammenfindenden Lerngemeinschaften sind immer auch Lebensgemeinschaften. Diese Überzeugung spiegelt sich u.a. auch an den zahlreich und vielfältig publizierten theoretischen Auseinandersetzungen und Praxisberichten zum Themenfeld »Schulleben« wider (vgl. Heim 1994). Wo zusammen gelebt wird, geht es niemals nur um die Sache oder um kognitives Verstehen. Vielmehr kommen hier vornehmlich auch soziale und emotionale Fähigkeiten zum Tragen, die das alltägliche zwischenmenschliche Miteinander prägen.

Nun wird jeder Grundschullehrer und jede Grundschullehrerin im Zuge ihrer akademischen Ausbildung nicht umhin kommen, sich auf theoretischer Ebene eingehend mit dem Thema Erziehung auseinanderzusetzen. Überdies hat jeder Lehramtstudierende in Erziehungsangelegenheiten seine persönlichen Erfahrungen, und – weitgehend durch das Elternhaus geprägte – eigene Vorstellungen darüber, welche Erziehungsgrundsätze und Ziele unabdingbar und wie diese am besten zu erreichen sind.

Dem größeren (nach unserem Dafürhalten unterschätzten) Problem, nämlich der Umsetzung dieser persönlichen Überzeugungen im schulischen Praxisfeld, begegnen Lehrerinnen in aller Regel erst später, manchmal schon im Referendariat, häufiger aber erst im späteren Schuldienst.

Was es in diesem Zusammenhang zu bewältigen gilt – und darauf bereitet die Lehrerbildung bislang kaum vor – ist, zwischen den eigenen Erziehungsvorstellungen und denen der Elternschaft zu vermitteln. Die große Herausforderung dies zu leisten, ergibt sich zum einen aus der gemeinsamen Erziehungsverantwortung von Elternhaus und Schule. Nachdruck erhält diese Verantwortung zum anderen dadurch, dass Grundschulkinder aus entwicklungspsychologischer und sozialisationstheoretischer Perspektive auf das altbewährte »Ziehen an einem Strang« angewiesen sind. Dies einzulösen setzt voraus, dass Eltern und Lehrer einen für alle Beteiligten annehmbaren Konsens darüber finden, welche Erziehungsnormen und Verhaltensregeln zu Hause und in der Schule gelten und eingeübt werden sollen.[1] Um diesen notwendigen Prozess, der sich unter den gegebenen heterogenen Voraussetzungen insbesondere in der Grundschule sehr schwierig gestalten kann, kommt keine Grundschullehrkraft umhin. Denn nur dann, wenn dieser Konsens auch praktisch gelebt wird, erfährt das Grundschulkind die Sicherheit und den Rahmen, den es für ein gesundes Aufwachsen in der Gemeinschaft benötigt.

1 Inhalt eines derartigen Konsenses könnten die bereits erwähnten Grundhaltungen des »magischen Dreiecks der Erziehung« von Hurrelmann/Unverzagt (2000), nämlich Herzenswärme, klare Regeln und Selbstständigkeit (vgl. S. 37) sein. Eine Alternative wären die fünf Säulen der Erziehung, die Tschöpe-Scheffler (2003) für wichtig hält: (1) Liebevolle Zuwendung, Vertrauen, (2) Achtung, Respekt, (3) Kooperation, Mitbestimmung, (4) Struktur, Grenzen, (5) Förderung, Unterstützung.

Diagnostizieren

Mit dem Einzug offener Lernumgebungen hat die tradierte Lehrerrolle einen tief greifenden Wandel erfahren. Ausgehend von der lernpsychologisch und -biologisch gestützten Einsicht, dass Wissen keinesfalls so linear vermittelbar ist, wie lange angenommen wurde (die Lehrperson bereitet den Lernstoff auf und vermittelt diesen an die Schüler, welche ihn quasi im Gleichschritt aufnehmen), ist die Beobachtung der Lernentwicklung der Kinder ins Zentrum der Unterrichtsarbeit gerückt. Insbesondere im Rahmen der durch PISA und anderen internationalen Vergleichsstudien wiederentdeckten »Frühen Bildung« gelten die kompetente Frühdiagnose zur Messung der Lernausgangslage und die kontinuierliche Beobachtung der individuellen Lernentwicklung der Kinder – über die älteren und neueren Schuleintrittstests hinaus (vgl. 119ff.) – insbesondere in den Anfangsklassen, im Grunde aber darüber hinaus bis zum Übergang in die weiterführenden Schulen, als zentrale grundschulpädagogische Kernaufgabe. Denn die Diagnose des Leistungs- bzw. Entwicklungsstandes bildet die grundlegende Voraussetzung zur weiteren Förderung und Weiterentwicklung des kindlichen Lern- und Leistungspotenzials.

Beurteilen

Folgt man den ausführlichen Erläuterungen zur Leistung und Leistungsbewertung (vgl. S. 239ff.), erschließt sich die zentrale Bedeutung, die das Beurteilen im beruflichen Alltag einer Grundschullehrerin hat. Schließlich nimmt die Bewertung von Schülerleistungen nicht nur hinsichtlich der historisch geprägten Selektionsfunktion der Grundschule, sondern darüber hinaus auch unter Entwicklungs- und Fördergesichtspunkten einen wichtigen Stellenwert ein.

Ob die Beurteilung einer Leistung durch den Lehrer für die Schüler auch wirklich zu einem konstruktiven Anstoß wird, steht oder fällt damit, ob es gelingt, ein vertrauensvolles Verhältnis zwischen Kindern und Lehrer bzw. Lehrerin aufzubauen und zu pflegen. Kinder, die Ablehnung erfahren oder sich von ihrer Lehrerin anderweitig benachteiligt fühlen, werden wohl kaum in der Lage sein, die entgegengebrachte Kritik offen anzunehmen und somit für seine Weiterentwicklung zu nutzen. In Situationen, in denen es in der Schule um Bewertung und Beurteilung von Leistungen oder persönlichem Verhalten geht, sind die Empfindlichkeiten besonders groß, nicht nur bei Kindern (vgl. S. 184ff.).[1]

1 Dies belegen die von Krumm/Weiß (2004)und Heinzel/Prengel (2003) durchgeführten Untersuchungen und die in diesem Rahmen geführten Interviews mit Kindern aufs Anschaulichste.

Kommunizieren / Beraten / Kooperieren

Neben den Kindern stellen auch die häufig sehr engagierten Grundschuleltern eine Personengruppe dar, die im Schulalltag den größten Beratungsbedarf beansprucht. Zu der in diesem Zusammenhang stehenden Notwendigkeit, die Eltern kooperativ und aktiv in das Schulleben mit einzubeziehen, wurden an verschiedenen Stellen des Buches bereits eine Reihe von Überlegungen angestellt (vgl. S. 65, 102f.).

Darüber hinaus gehören aber noch weitere Personen zum Kommunikations-, Beratungs- und Kooperationsumfeld, die häufig übersehen werden: Die Schulsekretärin, die Putzhilfen, der Hausmeister, das Personal für die Rand- bzw. Kernzeitbetreuung. Mancherorts kommen noch Sozialpädagogen oder Schulsozialarbeiter von anderen sozialen Stellen hinzu. In Folge der vorherrschenden didaktischen Prinzipien »Ganzheitlichkeit«, »Fächerverbindendes Lernen« und »Öffnung des Unterrichts« zielt die Grundschule verstärkt darauf ab, im außerschulischen Nahumfeld Lerngänge und Kooperationsprojekte durchzuführen.

So erfordern beispielsweise die Vorbereitung und die Besichtigung des regionalen Zeitungsverlags, der Einblick in die Geschäftsabläufe der Post oder ein Besuch in der örtlichen Backstube oder Metzgerei Kontakte mit sich, die weit über die traditionellen Vermittlungsaufgaben hinausreichen.

Grundschule, gedacht als »Haus des gemeinsamen Lernens und Lebens«, kann nur dann gelingen, wenn sich alle Betroffenen und Beteiligten engagiert einbringen und die Aktionen, die einen lebendigen Schulalltag kennzeichnen, kooperativ und fair mit unterstützen. Dort, wo sich hierfür alle gleichermaßen verantwortlich fühlen, herrscht Offenheit auf »gleicher Augenhöhe« und gegenseitiger Respekt im Umgang miteinander. Dieses Gebot schließt mit ein, die wechselseitigen Erwartungen nicht nur im Stillen zu denken, sondern auch tatsächlich in adäquat höflicher Form zum Ausdruck zu bringen.

Schließlich ist wichtig, alle betroffenen Personen zuverlässig mit den generellen und im Einzelfall notwendigen Informationen zu versorgen. Denn häufig sind es die hier entstehenden »kleinen« versehentlichen Versäumnisse, die Empfindlichkeiten hervorrufen und sich schließlich zu Missverständnissen oder sogar zu einem größeren Konflikt auswachsen. Auf derart schwierige Situationen kompetent einzuwirken und Lösungen herbeizuführen, liegt primär im pädagogischen Verantwortungsbereich des Lehrers. Dieses zu leisten ist jedoch eine hohe Kunst, deren Vermittlung in der Lehrerbildung bisher bedauerlicherweise kaum Beachtung findet. Aus diesem Grund ist jeder Lehrerin anzuraten, sich bezüglich den zentralen Kompetenzbereichen »Kommunikation/Beratung/Kooperation« Anregungen aus den hierzu angebotenen Fortbildungsangeboten zu beschaffen.

Organisieren und Verwalten

Fragt man Grundschullehrerinnen und -lehrer, warum sie diesen Beruf gewählt haben, bekunden die meisten von ihnen als erstes Berufswahlmotiv die »Arbeit mit Kindern«.[1] Vor diesem Hintergrund ist für sie, wie für das Lehrpersonal in der Sekundarstufe auch, das Handlungsfeld »Organisieren und Verwalten« der am wenigsten beliebte Aufgabenbereich. Dies ist im Hinblick auf den geringen Stellenwert, den dieser Bereich in der Ausbildung einnimmt, auch gar nicht verwunderlich. Organisation, Verwaltung und diesen nahe stehende Kompetenzen wie Zeitmanagement, Konferenzgestaltung usw. waren nie und sind bis heute in unserer Lehrerbildung nicht vorgesehen. Im schulischen Alltag stehen aber eine ungeahnte Fülle von Organisations- und Verwaltungsaufgaben an: Die Ausrichtung von Konferenzen, die Verwaltung von Schülerdaten, die Organisation, kontinuierliche Beobachtung und zuverlässige Sicherung der von Schülern erbrachten Leistungen, notwendige Ordnungs- und Ablagesysteme zur Strukturierung und Archivierung vorhandenen Materials, Organisation der Eltern- und anderer Außenkontakte einschließlich Ablage der anfallenden Korrespondenz erfordern Kompetenzen, die bei den Lehrpersonen quasi als »naturgegeben« vorausgesetzt werden. Im Hinblick auf den hohen Belastungsgrad[2] dieser Organisations- und Verwaltungsaufgaben scheint die identifizierte »Qualifizierungslücke« nahezu unverantwortlich. Ein anschaulicher Vergleich: Man stelle sich eine Arztpraxis vor, in welcher der Arzt neben seinen medizinischen Dienstleistungen auch die anfallenden Sekretariatsaufgaben erledigt. Einzige realistische Möglichkeit auch hier: Eigenverantwortlich handeln und entsprechende Fortbildungsangebote nutzen, als Beitrag zur Berufszufriedenheit und persönlichen Gesunderhaltung!

Schule weiterentwickeln

Die an Lehrerinnen und Lehrer gestellte Forderung, aus der alltäglichen pädagogisch-didaktischen Arbeit heraus einen Beitrag zur Erneuerung der Schule zu leisten, ist in mehr oder weniger allen anderen Aufgabenbereichen mit enthalten. Insofern ist die Weiterentwicklung der Institution Schule, wie aus den obigen Überlegungen und Ausführungen zum Unterrichten, Beurteilen, zum Erziehen und zum Kommunizieren/Beraten/Kooperieren zu entnehmen ist, permanente Aufgabe der »inneren Schulreform«.

Die in den neuen Bildungsplänen bundesweit neu gesetzten Zielmarken wie: Ganztagsschulbetrieb, weitere Öffnung der Schule, alternative Formen der Leistungs-

1 Vgl. die einschlägigen Studien und Publikationen, in denen u.a. die Berufswahlmotive von Lehrerinnen und Lehrern erforscht wurden, z.B. Terhart/Czerwenka u.a. 1994.

2 In den in diesem Bereich einschlägig vorliegenden Studien weisen zusammenfassend nahezu übereinstimmend aus, dass Lehrerinnen und Lehrer in der Aufgabenfülle der Schulorganisation das größte Belastungsempfinden (50,3%) haben (vgl. Terhart/Czerwenka/Ehrich 1994; Terhart 1996).

messung, Flexibilisierung der Stundentafeln etc. werden nur einlösbar sein, wenn das, was gegenwärtig unter »Bildungsoffensive« diskutiert wird, weiterhin Reformanliegen bleibt. Insofern ist zu erwarten, dass der bisher eher randständig thematisierte Innovationsaspekt unter dem Druck und Diktat des internationalen Vergleichs und der knappen Ressourcen im Zuge der aktuellen bildungspolitischen Entwicklungen stärker als bislang ins Blickfeld rücken wird. Die Schule von gestern oder heute wird nicht die Schule von morgen sein.

Evaluieren / Qualitätssicherung

Das aktuelle Kompetenzfeld »Evaluieren und Qualitätssicherung« basiert auf dem Bemühen, erziehungswissenschaftliche Theorie für die in der pädagogischen Praxis vorhandenen Problemlagen nutzbar zu machen. Dieser Versuch, Theorie und Praxis besser miteinander zu verzahnen, ist nicht neu, sondern schon nahezu 100 Jahre alt.

So suchte beispielsweise die Universität Hamburg und der Hamburger Lehrerverband schon Ende 1920 im Rahmen der Besetzung des Pädagogiklehrstuhls der Universität Hamburg durch Wilhelm Flitner gemeinsam nach einem Lehrstuhlinhaber, der die wissenschaftliche und zugleich praktisch orientierte Ausbildung für alle Lehrämter versprach. Auch Peter Petersen versuchte bereits in dieser Zeit, die zwei Instanzen »universitäre Lehrerbildung« und »Schulpraxis« in einen fruchtbaren Dialog zu bringen. Später war es Hartmut von Hentig, der in seiner Laborschule in Bielefeld dahin zielte, die Ausbildung von »Lehrer-Forschern« zu fördern.

Andere Ansätze, die Lehrkräften dazu verhelfen wollen, ihren eigenen Unterricht selbst zu erforschen, gehen auf die britische Tradition der Lehrer-Aktionsforschung zurück.

In der westdeutschen Lehrerbildung wurden diese Überlegungen erstmals Ende der 60er-Jahre unter dem Konzeptbegriff »Forschendes Lernen« in die Diskussion gebracht, weitergedacht und stetig weiterentwickelt. Dabei kristallisierte sich hier immer stärker ein Wissenschaftsverständnis heraus, das seitens der Lehrenden nicht am statischen Besitz bestimmter Techniken und Wissensbestände, sondern vielmehr am dynamischen Vollzug oder Prozess der Reflexion des eigenen pädagogischen Handelns (in der Arbeit mit Schülerinnen und Schülern) orientiert ist.

Sinngemäß forderte auch der Wissenschaftsrat in seinen Empfehlungen zur zukünftigen Struktur der Lehrerbildung (2001) dazu auf, die zukünftigen Lehrer im Lehramtstudium zu befähigen, ihr Theoriewissen für die Analyse und Gestaltung des Berufsfeldes nutzbar zu machen und auf diese Weise ihre Lehrtätigkeit nicht wissenschaftsfern, sondern in einer forschenden Grundhaltung auszuüben.

Gemäß diesem Verständnis ist Schulpraxis keinesfalls nur als Handlungsfeld zu verstehen, in dem wichtige Kompetenzen professionell erworben und gefestigt werden, sondern auch als Forschungsfeld, in dem die Gültigkeit und Reichweite von Alltagstheorien und der im Rahmen des Hochschulstudiums vermittelten wissenschaftlichen Theorien kontinuierlich überprüft werden.

Demnach sind auch in der Praxis stehende Grundschullehrer dazu aufgefordert, ihren eigenen Unterricht nicht nur zu halten, sondern darüber hinaus zu erforschen. Zielsetzung hierbei ist, auf Basis der durchgeführten Selbstbeobachtungen ein tieferes Verständnis über die eigene Unterrichtssituation und die eigenen pädagogisch-didaktischen Handlungsroutinen zu gewinnen und über dieses zur Verbesserung und Sicherung der Unterrichtsqualität zu gelangen. Zur weiteren Unterstützung dieses Prozesses eignet sich die Fremdbeobachtung, die sich mittels gegenseitiger Beobachtung im Lehrerkollegium realisieren lässt (aktuelle, praxisorientierte Anregungen hierzu siehe Altrichter/Posch 2006).

Messlatte für die Evaluation der eigenen Schule könnten die Qualitätsmerkmale sein, die die »Gute-Schule-Forschung«, eine seit Mitte 1980 im deutschsprachigen Raum im Anschluss an amerikanische Untersuchungen etablierte Forschungsrichtung, identifiziert hat.

- An guten Schulen ist der Unterricht Kern der Qualitätsentwicklung, verbunden mit hohen Leistungsanforderungen an Lehrer und Schüler,
- diese Schulen sind »auf dem Weg« und nicht endgültig am Ziel,
- sie sind selbstreflexiv bzw. selbstkritisch und bewerten ihr Profil, ihre Ziele und ihre Methoden selbst,
- gute Schulen erörtern schulöffentlich regelmäßig, was gelernt wird, wie gelernt wird und welche Leistungen auf welche Weise gemessen werden,
- gute Schulen vermitteln ein Gefühl der Sicherheit und Klarheit der gemeinsam verabredeten Regeln, mit dem Ziel, ein Wir-Gefühl in der Schulgemeinde zu realisieren,
- es passiert etwas, es ist »viel los«. Feste werden gefeiert, Ausflüge organisiert, Ausstellungen arrangiert, wobei die jeweilige Vorbereitung wichtiger ist als die Durchführung,
- gute Schulen haben ein entspanntes Schulklima, zugleich aber auch eine effektive Organisation und eine wirksame Schulleitung,
- Unzufriedenheiten und Gereiztheiten im Lehrpersonal sind nicht chronisch, es herrscht eine kompetente Kommunikationskultur,
- an guten Schulen wird Teamarbeit praktiziert, sie haben ein eigenes Konzept zur Fortbildung des gesamten Schulpersonals, und schließlich
- bauen gute Schulen Brücken, d.h. sie pflegen Kontakte zu außerschulischen Partnern und insbesondere zu den Eltern ihrer Schülerinnen und Schüler.

Den Qualitätsstudien zufolge gingen die an effektiven Schulen arbeitenden Lehrer insgesamt stärker auf ihre Schüler ein, wenn diese noch Fragen hatten. Sie ermutigten häufiger dazu, Fragen zu stellen und machten niemanden vor der Klasse lächerlich. Sie nahmen ihre Schülerinnen und Schüler ernst, trauten ihnen etwas zu und fühlten sich für ihren Lernfortschritt verantwortlich. Sie verstanden, mittels kreativer, schülerorientierter Methoden Selbsttätigkeit und Lernfreude statt Lernunlust zu wecken und dadurch Störungen, Aggressionen und Gewalt zu reduzieren. Das heißt sie förderten ein positives Schulklima und die Identifikation der Schüler und Lehrer mit ihrer Schule. Einerseits finden die Meinungen der Schülerinnen und Schüler also Anerkennung, andererseits aber wird von ihnen Selbstständigkeit und ein hohes Maß an Mitwirkung erwartet. »Die Einbeziehung der Schüler in die selbstverantwortliche Mitgestaltung schulischen Lernens und Lebens scheint ...«, so fasst einer der führenden Forscher auf diesem Gebiet (vgl. Fend 1998) zusammen, »... ein strategisch überaus wichtiger Aspekt zu sein.«

Sind alle diese wichtigen Aufgaben überhaupt leistbar?

Im Rahmen einer Einführungsveranstaltung mit Studierenden zum Seminar: »Grundschullehrer/in werden – Grundschullehrer/in sein« wurden nahezu alle der oben genannten Kernaufgaben von den Studierenden gefunden. Es schloss sich aber unausweichlich und mit Recht die Frage an, ob ein Lehrer oder eine Lehrerin den vielfältigen Anforderungen, die sich aus diesen Kernaufgaben ergeben, überhaupt gerecht werden könne. Eine erste Antwort auf diese Frage war: Es wird sicher keinem Lehrer, der zwischen 20 und 30 Grundschulkinder zu betreuen hat, möglich sein, im quirligen Schulalltag alle Handlungsfelder »perfekt« zu bedienen. Doch wenn auch hier die Idee der »kleinen Schritte« gilt, wenn die Anforderungen an die eigene Person nicht zu hoch geschraubt und persönliche Schwerpunktsetzungen möglich sind, dann könnte am Ende doch etwas Gutes dabei herauskommen.

Aber die in dieser Antwort mitschwingende »Unverbindlichkeit« oder »Beliebigkeit« vermochte noch nicht ganz zu überzeugen. Ein Lehrer müsste doch schon zu Beginn seiner Tätigkeit über einen bestimmten Kompetenzkanon verfügen, die für seine Arbeit unentbehrlich sind.

Zur Klärung dieser Frage nach den Faktoren, die für eine erfolgreiche Grundschularbeit offenbar unausweichlich notwendig sind, wurde eine in der Managerausbildung häufig praktizierte Demonstration herangezogen:

Die Dozentin füllte ein großes Einweckglas mit Golfbällen, und es kam zu folgendem Dialog:

Dozentin: »Ist das Glas nun voll?«
Studierende: (spontan) »Ja!« (denn schließlich geht ja kein Ball mehr hinein.)

Nun holte die Dozentin eine Tüte mit Kieselsteinen hervor, die sie zu den Golfbällen in das Glas schüttete. Nach einigen Schüttelbewegungen waren alle Steinchen zwischen die größeren Golfbälle gerieselt.

Dozentin: »Ist das Glas denn jetzt voll?« (diesmal waren die Teilnehmer vorsichtiger.)
Studierende: »Nein!«

Und tatsächlich: Die Dozentin holte aus ihrer Tasche eine zweite Tüte. Diesmal war es feiner Sand, den sie in das Einweckglas rieseln ließ. Schließlich schüttete sie auch noch eine Flasche Wasser oben drauf und fuhr fort:

»Stellen Sie sich vor, das gefüllte Einweckglas symbolisiert ein ganzes Menschenleben. In diesem Kontext gewinnt die Reihenfolge der von mir durchgeführten Aktionen eine besondere Bedeutung: Hätte ich zuerst das Wasser oder den Sand oder die Kieselsteine in das Glas geschüttet, dann hätten die großen Golfbälle keinen Platz mehr bzw. ihre jetzige Durchmischung und Positionierung wäre nicht möglich gewesen.

Stellen Sie sich jetzt vor, die Golfbälle, also die größten Körper im Glas, stehen für die wirklich wichtigen Dinge und Entscheidungen im Leben, wie: Schulbildung, Berufsfindung, Annahme einer Arbeitsstelle, Partnersuche, Familiengründung, Aufbau und Pflege sozialer Kontakte, Immobilienkauf, Altersvorsorge, etc. Diese Entscheidungen bilden in unserem Kulturkreis gewissermaßen die Pfähle oder Eckpunkte, die über den Erfolg oder über das Misslingen eines menschlichen Lebens entscheiden. Und diese müssen, wie es die Reihenfolge der Gegenstände, die in das Einmachglas kamen, zeigte, rechtzeitig bzw. zum richtigen Lebenszeitpunkt gesetzt sein, denn nicht alle wichtigen Pfähle lassen sich auch später noch setzen.«

Übertragen wir diesen Zusammenhang nun auf den Lehrerberuf:

Auch hier gibt es Gesetzmäßigkeiten, die über Gelingen oder Misserfolg entscheiden, auch hier gilt es, rechtzeitig »Pfähle« zu setzen. Um die im Schullalltag vielfältigen Aufgaben lösen zu können, muss man sich sicher schon während der Ausbildungszeit mit den Kernaufgaben des Lehrers auseinandersetzen, sich notwendige Wissensbestände aneignen, bestimmte Grundkompetenzen erwerben. Nur so lassen sich später die oben angesprochenen Aufgaben des Lehrers bewältigen. Im Glasexperiment stehen hierfür die Golfbälle. Im Beruf müssen diese Kompetenzen dann kontinuierlich vertieft und erweitert werden. Dabei geht es um mehr als bloß um den Erwerb von Routine.

»Empirische Untersuchungen belegen, dass Routine im Lehrerberuf keine Garantie für Qualität ist. Wichtig ist offensichtlich vielmehr professionelles Wachstum, also die eigene persönliche Weiterentwicklung im Laufe der eigenen Berufsbiographie. Entscheidend sind dafür Bedingungen, die auf der Ebene der Einzelschule und des jeweiligen Kollegiums liegen. Die Theorie vom ›Naturtalent Lehrer‹ lässt sich empirisch nicht halten.« (Bauer 2000)

Ist damit aber auch schon alles gesagt, was eine gute Lehrerin, einen guten Lehrer ausmacht? Gibt es nicht noch etwas, das vielleicht sogar als das Allerwichtigste bezeichnet werden kann? »Doch, das gibt es«, war die Antwort der Studierenden: Persönliche Anteilnahme und Sensibilität zur Schaffung einer von emotionalem Wohlbefinden und Vertrauen geprägten Atmosphäre im Klassenverband, Echtheit, Wertschätzung und Offenheit. Dieses »Etwas« spielt schon bei allen oben genannten Aufgabenfeldern eine Rolle, und es verzeiht sogar die eine oder andere Unzulänglichkeit und persönliche Schwäche. Jenseits der wissenschaftlichen Profilierungsdebatte brachten die Studierenden damit schließlich selbst auf den Punkt, auf was es im Lehrerberuf ganz besonders ankommt: Ein positives Lebens- und Menschenbild, Vertrauen in die Kinder und die Zuversicht, dass jeder neue Tag die Chance in sich birgt, an der Verbesserung unserer Lern- und auch Lebenswelt mitzuwirken.

Eine solche positive Grundhaltung verhilft zu Geduld und einem »langen Atem« (wie in dem Praxisbeispiel, in welchem die Lehrerin über ihre Bemühungen um Nathalie berichtet, vgl. S. 306 f.), aber manchmal gehen von ihr auch nur kleine, fast unbemerkte »Lichtblicke« aus, die in komplexen oder schwierigen Alltagssituationen Ordnung, Entspannung und Zuversicht vermitteln. Bei den Schülerinnen und Schülern bleiben diese Fähigkeiten nicht ohne Wirkung. Wer als Kind das Glück hatte, in der Schule einer solchen Lehrerin oder einem solchen Lehrer zu begegnen, wird das nicht vergessen. Solche Lehrerinnen und Lehrer behält man in guter Erinnerung.

Das Fazit? – Grundschullehrerin, Grundschullehrer sein, ist zweifelsohne ein anspruchsvoller, verantwortungsvoller, auf jeden Fall aber auch ein besonders »schöner« Beruf!

Literaturverzeichnis

Altrichter, H./Posch, P. (^{3}2006): Lehrer erforschen ihren Unterricht. Eine Einführung in die Methoden der Aktionsforschung. Bad Heilbrunn: Klinkhardt.

Arbeitskreis Forum Bildung in der Geschäftsstelle der Bund-Länder-Kommission für Bildungsplanung und Forschungsförderung (Hrsg.) (2001). Bonn: Digitale Zeiten GmbH, S. 69–79.

Arbeitskreis Grundschule, Grundschulverband (2006): Mehr Bildungszeit für Kinder: Schritte auf dem Weg zum Ganztag. In: Grundschule aktuell, Heft 94.

Bauer, K.O./Kanders, M. (2000): Burnout und Belastung von Lehrkräften. In: Rolff, H.D. u.a.: Jahrbuch der Schulentwicklung, Bd. 11. Weinheim/München: Juventa.

Bayer, M./Bohnsack, F./Koch-Priewe, B. (2000): Lehrerin und Lehrer werden ohne Kompetenz? Professionalisierung durch eine andere Lehrerbildung. Bad Heilbrunn: Klinkhardt.

Berthold, B. (2004): Übergänge zur flexiblen und integrativen Eingangsphase. In: Denner, L./ Schumacher, E.: Übergänge im Elementar- und Primarbereich reflektieren und gestalten. Bad Heilbrunn: Klinkhardt, S. 239.

Bauer, K.O. (1997): Professionelles Handeln in pädagogischen Feldern. Ein Übungsbuch für Pädagogen, Andragogen und Bildungsmanager. Weinheim/München: Juventa.

Bauer, K.O. (2000): Pädagoge – Profession oder Nebenbeschäftigung? In: Jaumann-Graumann, O./ Köhnlein, W. (Hrsg.): Lehrerprofessionalität – Lehrerprofessionalisierung. Bad Heilbrunn: Klinkhardt, S. 38.

Carle, U. (1995): Mein Lehrplan sind die Kinder. Eine Analyse der Planungstätigkeit von Lehrerinnen und Lehrern an Förderschulen. Weinheim: Deutscher Studienverlag.

Carle, U. (2000): Was bewegt die Schule? Internationale Bilanz, praktische Erfahrungen, neue systemische Möglichkeiten für Schulreform, Lehrerbildung, Schulentwicklung und Qualitätssteigerung. Baltmannsweiler: Schneider.

Fend, H. (1998): Qualität im Bildungswesen. Weinheim/München: Juventa.

Gudjons, H. (^{3}1995): Pädagogisches Grundwissen. Bad Heilbrunn: Klinkhardt.

Heim, E. (1994): Schulleben. In: Kohls, E. (Hrsg.): Grundbegriffe zur Erziehung, zum Lernen und Lehren in der Grundschule. Heinsberg: Agentur Dieck, S. 256–262.

Heinzel, F./Prengel, A. (2003): Unakzeptable Lehrerhandlungen und Anerkennungsprobleme in der Grundschule. In: Panagiotopoulo, A./Brügelmann, H. (Hrsg.): Grundschulpädagogik meets Kindheitsforschung. Jahrbuch Grundschulforschung Bd. 7. Opladen: Leske und Budrich, S. 69–73.
von Hentig, H. ([3]1994): Die Schule neu denken. München: Hanser.
Hurrelmann, K./Unverzagt, G. ([3]2000): Kinder stark machen für das Leben. Freiburg: Herder.
Kiper, H./Meyer, H./Topsch, W. (2002): Einführung in die Schulpädagogik. Berlin: Cornelsen-Scriptor.
Kornmann, R. (1998): Die pädagogische Grundhaltung und das Unterrichtskonzept überprüfen. In: Burk, K./Mangelsdorf, M./Schoeler, U. (Hrsg.): Die neue Schuleingangsstufe. Lernen und Lehren in entwicklungsheterogenen Gruppen. Weinheim: Beltz, S. 40–50.
Krumm, W./Weiß, S.: Ungerechte Lehrer. Zu einem Defizit in der Forschung über Gewalt an Schulen. In: www.learn-line.nrw.de/angebote/schulberatung/main/downloads/Krumm_ungerechte_lehrer.pdf (Zugriff 5/2004).
Röbe, E. (2002): Lehramt Grundschule – Reformperspektiven für das Studium eines pädagogischen Berufs. In: Melenk, H./Fingerhut, K./Rath, M./Schweizer, G. (Hrsg.): Perspektiven der Lehrerbildung – das Modell Baden-Württemberg. 40 Jahre Pädagogische Hochschulen. Freiburg: Fillibach-Verlag, S. 199–210.
Schumacher, E. (2004): Kinder helfen Kindern: Entwicklung und (computergestützte) Gestaltung von Lernmaterialien für den Deutschunterricht in der Grundschule. In: Kompetenzen entwickeln – Unterrichtsqualität in der Grundschule steigern. Baltmannsweiler: Schneider Verlag Hohengehren, S. 81–93.
Terhart, E./Czerwenka, K./Ehrich, K./Jordan, F./Schmidt, H.J. (2004): Berufsbiographien von Lehrern und Lehrerinnen. Frankfurt a.M.: Lang.
Terhart, E. (1996): Neuere empirische Untersuchungen zum Lehrerberuf. Befunde und Konsequenzen. In: Böttcher, W. (Hrsg.): Die Bildungsarbeiter. Weinheim: Beltz.
Terhart, E. (Hrsg.) (2000): Perspektiven der Lehrerbildung. Abschlussbericht der von der Kultusministerkonferenz eingesetzten Kommission. Weinheim: Beltz.
Terhart, E. (2001): Lehrerberuf und Lehrerausbildung. Forschungsbefunde, Problemanalysen, Reformkonzepte. Weinheim: Beltz.
Terhart, E. (2003): Die Lehrerbildung. In: Cortina, K.S./Baumert, J./Leschinsky, A./Mayer, K.U. (Hrsg.): Das Bildungswesen in der Bundesrepublik Deutschland. Strukturen und Entwicklungen im Überblick. Reinbek: Rowohlt, S. 787–810.
Terhart, E. ([2]2005): Grundschularbeit als Beruf. In: Einsiedler, W. u.a. (Hrsg.): Handbuch Grundschulpädagogik und Grundschuldidaktik. Bad Heilbrunn: Klinkhardt, S. 97–108.
Tschöpe-Scheffler, S. (2003): Fünf Säulen der Erziehung. Mainz: Matthias Grünewald.
Wissenschaftsrat (Hrsg.) (2001): Empfehlungen zur künftigen Struktur der Lehrerbildung. Köln.

Stichwortverzeichnis

Recht auf ungestörten Unterricht

Heidrun Bründel / Erika Simon
Die Trainingsraum-Methode
Umgang mit Unterrichtsstörungen:
klare Regeln, klare Konsequenzen.
2003. 195 Seiten. Broschiert.
ISBN 3-407-62513-8

Methoden und Verfahren für ein stressfreieres Unterrichten der Lehrerinnen und Lehrer aller Schulformen und für eine Erziehung der Schülerinnen und Schüler zu verantwortungsbewusstem Denken und Handeln.

Das Unterrichten ist heute für Lehrerinnen und Lehrer anstrengender denn je. Schülerinnen und Schüler kommen in die Schulen und haben es häufig nicht gelernt, sich an Regeln zu halten und eigenverantwortlich zu handeln. Sie wenden die unterschiedlichsten Strategien der Verantwortungsweitergabe an, stehen für ihre eigenen Handlungen nicht ein und suchen die Schuldigen oft in den anderen. Sie denken meistens auch nicht an die Folgen ihres Tun, sondern handeln spontan und unüberlegt. Unterrichtsstörungen sind sowohl für Schüler als auch für Lehrer ein leidiges Thema: diejenigen Schülerinnen und Schüler, die lernen wollen, werden permanent durch Störungen anderer daran gehindert, und Lehrerinnen und Lehrer müssen ständig ihren Unterricht unterbrechen, um sich mit störenden Schülern zu beschäftigen. Klare Regeln und klare Konsequenzen geben den Schülerinnen und Schülern für den Umgang miteinander Halt und Orientierung. Die Trainingsraum-Methode ist konkret, praktikabel und führt zur Stärkung der Eigenverantwortlichkeit der Schülerinnen und Schüler. Der Erziehungsauftrag der Schule wird in den Mittelpunkt gerückt, der zentrale Satz heißt: Jeder hat das Recht auf ungestörten Unterricht.

BELTZ Beltz Verlag · Postfach 100154 · 69441 Weinheim

Weitere Infos und Ladenpreis: www.beltz.de